中華禮藏

禮樂卷　樂典之屬　第二冊

浙江大學出版社
ZHEJIANG UNIVERSITY PRESS

禮

樂　書

（下）

陳　暘　撰
束景南　點校

樂書卷一百十四　樂圖論

俗部

　　漢晉宋齊樂縣　　梁樂縣　　後魏樂縣　　後周樂縣

　　隋樂縣　　　　　唐樂縣　　後周樂縣　　聖朝樂縣

　　　漢晉宋齊樂縣

　　《漢史》：“舊儀，高廟撞千石之鐘十枚。”司馬相如所謂“千石之鐘，萬石之簴”者也。古者以鐘磬十二爲縣，未聞用其十者矣。豈漢興之始，未知用宮縣，至孝武、光武然後用之邪？自兩漢而下，晉及宋、齊，鐘、磬之縣皆不過十六簴。黃鐘之宮，北方北面，編鐘起西，其東編鐘①，其東衡，其東鎛；太蔟之宮，東方西面，起北；蕤賓之宮，南方北面，起東；姑洗之宮，西方東面，起南，所次並如黃鍾之宮。設建鼓於四隅，縣內四面各有枂敔。梁武帝曰：“今太樂有黃鍾、姑洗、蕤賓、太蔟四格，號爲四廂，各置五鐘，別以五鐘應之。”然《大傳》言：“天子出，撞黃鍾，右五鐘皆應，是起建丑月至建巳月也；入，撞蕤賓，右五鐘皆應，是起建未月至建亥月也。”合二五，而合之就黃鍾、蕤賓，則十二律之數備矣。晉太元中，楊蜀正四箱。宋元嘉中，鐘宗之調金石。不知乎此乃用四律，律各鑄五鐘，奏樂之日，各以參之，置左則缺右，置右則缺左，失之遠矣。晉、宋史臣，皆言元嘉四箱金石大備，止有黃鍾、姑

――――――――――

　　①　按：“編鐘”，似當作“編磬”。

洗、蕤賓、太蔟而已。然則十二律不備，安得謂四箱邪？

梁樂縣

凡律吕，十二月而各一鍾。天子宮縣，黃鍾、蕤賓在南北，自餘則在東西也[①]。黃鍾箱宜用鐘、磬各二十四，以應二十四氣也。當是時，因去衡鐘，設十二鎛鐘，各依辰位而應律，每一鎛鐘設編鐘、磬各一簨，合三十六架，植鼓於四隅，元會備用焉。初，宋、齊以太蔟代夾鍾，在東廂西嚮；以姑洗代南吕，在西箱東嚮，不亦失乎！

後魏樂縣

後魏詔劉芳更造金石，又詔祖瑩理之。太樂令張乾龜謂瑩曰："劉芳所造六格，郊丘宗廟用之。北箱黃鍾之均，實是夷則之調；餘三箱宮商不和，共用一笛，又有姑洗、太蔟二格用之後宮，檢其聲用，復是夷則。鍾、磬之縣，各十有四。"瑩復更爲十六。其後元孚復詢張乾龜等，前置宮縣四箱，筍簨十六；又有儀鐘十四，簨縣架首，初不叩擊。元孚始案律求聲，依十二月設縣，會旋相爲宮之義，又得律吕相生之體，亦可謂用心矣。然樂縣十二，應十二月中氣，古之制也；四箱十六簨，用四清之過也；儀鍾十四簨，用正倍七音之過也。

後周樂縣

後周長孫紹遠謂："樂以八爲數。"時裴正上書，以爲大舜欲

---

①　"自餘"，光緒刻本作"其餘"。

聞七始，周武爰創七音，特林鍾作黃鍾，以爲正調之首。詔與紹遠詳議，遂定以八數焉。後武帝讀史書，見武王克商而作七始，又欲廢八縣七，并除黃鍾正宮，用林鍾爲調首。紹遠復奏曰："天子縣八，肇自先民，詳諸經義，又無廢八之典。且黃鍾爲君，天子正位，今欲廢之，未見其可。"後帝終廢七音，屬紹遠遘疾，慮有司遽損樂器，乃與樂部齊植言之。要之，廢八縣七非也，廢七縣八亦非也，折之聖經，惟縣十二爲合古制矣。

隋樂縣

隋初，宮縣四面，面各二簴，通十二鎛，爲二十簴。各一員建鼓，四員歌，琴、瑟、簫、筑、箏、搊箏、臥箜篌、小琵琶，面各十人，在編磬下；笙、竽、長笛、橫笛、簫、篳篥、篪、塤，面各八人，在編鐘下。舞各八佾，宮縣笋簴金五博山，飾以流蘇植羽。其樂器應漆者，天地之神皆朱，宗廟、殿庭加五色漆畫天神，縣内加雷鼓，地示加靈鼓，宗廟加路鼓，殿庭不加鼓縣，工皆平巾幘，朱連裳。後牛洪等更定其制，襲後周故事，用七正七倍，合爲十四。長孫紹遠援《國語》、《書傳》七律七始之説，並據一言之也。梁武帝加以濁倍三七，而同爲簴。後魏公孫崇設鐘磬，正倍參縣之，洪等並以爲非，而據《周官》"縣鐘磬堵肆，編縣二八"之文，并引《樂緯》宮爲君，商爲臣，君臣皆尊，各置一副，故加十四，而架十六。又參用《儀禮》及《大傳》，爲宮架陳布之法：北方南面，應鍾起西，磬次之，黃鍾次之，林鍾次之，大吕次之，皆東陳，一建鼓在其東；東方西向，太蔟起北，磬次之，夾鍾次之，鐘次之，姑洗次之，皆南陳，一建鼓在其東；南鼓南方北向，中吕起，東鐘次之，蕤賓次之，磬次之，林鍾次之，皆西陳，一建鼓在其西；西鼓西方東向，夷則起，南鍾次之，南呂次之，磬次之，無射次之，皆北陳，一建鼓在其北。西鼓若大射，則撤北面，而加鉦鼓祭天，雷鼓祭地，靈鼓宗廟，路鼓各有鞉焉。《儀禮》宮架四面設鎛鐘，十二簴各依辰位，甲丙庚壬之位設鐘，乙丁辛癸之位陳磬，共二十簴。宗廟、殿庭、郊丘及社用之植建鼓於四隅，以象二十四氣，依月爲均，四箱同作，取《詩毛公傳》四架皆同之義也。每鎛鐘、建鼓別一工，鐘、磬簴別一工，歌工二，執節工一，每磬簴、琴、瑟、箏、筑別一工，每鐘簴、竽、笙、簫、笛、塤、篪別一工，縣內柷在東，敔在西，別一工。高祖時，宮架樂器裁有一部，殿庭用之。平陳又獲二部，宗廟、郊丘分用之。至是並藏樂府，更造三部、五部，二十格，工一百四十三；宗廟二十格，工一百五十；饗宴二十格，工一百七；舞工各二等，並一百三十二。惟罷搊箏、臥箜篌、小琵琶、橫笛、篳篥五器，然箏、筑尚存，亦未純《周官》之制歟？

唐樂縣

　　唐制，天子宮縣，皇太子軒架。宮架之樂，鎛鐘、編磬、編鐘各十有二，合三十六簴。宗廟、殿庭用之，損十二簴；郊丘、社稷用之，陳布皆仍隋制。設巢、笙①、笛、箸②、篪、塤，繫編鐘之下；偶歌，琴、瑟、筑，繫編磬之下；殿庭，加鼓吹十二案於建鼓之外，羽葆鼓、大鼓、金錞、歌簫、笳置其上焉。軒架之樂，去南面凡九簴，設於辰丑申之位，三建鼓亦如之，餘如宮架。凡宮架、軒架，奏文武之舞，爲衆樂之容，宮架之舞八佾，軒架之舞六佾。凡簨、簴，

---

①　"笙"，光緒刻本作"竽"。
②　"箸"，原作"言"，據光緒刻本改。

飾以崇牙、流蘇、植羽，飾簨以飛龍，飾趺以飛廉，鐘簨以鷙獸，磬簨以鷙鳥。宮架每格金五博山，軒架金三博山，鼓承以華趺，覆以華蓋。初，高宗蓬萊宮成，增七十二架，爲充庭之舞。武后省焉。凡樂器之飾，天地尚赤，宗廟、殿庭尚彩，東宮尚赤。凡中宮之樂，則以大磬代鐘鼓。凡磬，天地之神用石，宗廟、殿庭用玉，天地廟社所加之鼓，如隋制。凡大讌會，則設十部之伎於庭，以備華夷。每先奏樂三日，太樂令宿架於庭。其日，率工人入居次，協律郎舉麾樂作，仆麾樂止，文舞退，武舞進，以爲常制也。天寶之亂，肅宗尅復兩京。至德以來，惟正旦含元殿受朝賀，設宮架，自餘郊廟大祭①，但有登歌，無壇下廷中樂舞矣。僖宗廣明之後，金奏幾亡，而搜募架器略無存者。昭宗將謁郊廟，而有司請造架樂，於是宰相張濬爲修奉器架使，悉集太常諸工，詢逮不得其法。博士商盈孫練故實轉等取法，以鑄鐘之輕重高昂②，還定編鐘，以相參檢，正黃鍾九寸五分，倍應鍾三寸三分半，凡爲四十八等，繪狀以聞。乃詔金工依法鑄之，得二百四十枚，濬先令處士蕭承訓、梨園樂工陳言校定石磬，至是合奏焉，音韻克諧。時營復太廟，其庭陋狹，濬因建議曰：“舊制，太廟含元殿設架三十六格，南北郊社稷太清宮及餘殿用二十格。兵興以來，雅樂淪缺。請仍周漢故事，設樂簨二十。”詔以爲可，亦姑適時宜也。唐之樂架雖稍罷隋之侈長，然自皇太子而下，並無樂架之制，而尊卑無別，非先王之舊也。

---

①　“自餘”，光緒刻本作“其餘”。
②　“高昂”，原作“高印”，元刻明修本同，據光緒刻本改。

後周樂縣

周世宗詔王朴詳正雅樂，朴以爲今之鐘磬在架者，皆唐商盈孫所定，雖有作器之名，無相應之實。至於十二鎛鐘，不考宮商，但循環擊之，鐘磬徒架而已。朴乃作準求律，以備樂器。張昭等議，以爲朴之新法可習而行之。未幾，朴卒。明年，周室禪位。故制度器服粗而未完，豈不惜哉！

聖朝樂縣

聖朝建隆初，修復器服四架二舞十二案之制，位置陳布，多仍唐舊。然承兵戰之餘，制度草創，故施於殿庭樂架二十格。乾德中，秘書監尹掘建言，宜增三十六簴，唐設工員頗多，今則至少宜補其數，使無闕而已。於是詔定架工一百四十，登歌工二十五，樂簴三十六，舊編鐘之下，列笙、竽、笛、篁、篪、塤之工，編磬之下，列偶歌、琴、瑟、箏、筑之工。其後悉集樂工，重列於架中，歌者最在前，而以九絃琴、五絃、七絃琴、箏、瑟、筑，分列歌工之左右①，又篪、塤、笛、簫、巢、竽之工十六，次歌者之後。真宗享見昭應景靈宮，皆用備樂，景靈庭中，止施二十格。唐制，大中小祠用樂，咸以宮架、軒架爲之序，雖有司攝事，亦如之。至聖朝，惟天地感帝宗廟用樂，天子親行宮架，登歌具焉。有司攝祠②，止奏登歌。初，太祖即位，並準唐禮，郊祀樂設二十簴。開寶中，祠南郊，有司設增三十六格。至太宗時，有司發其誤，欲復舊禮，詔不

---

① "分列"，原作"分別"，據元刻明修本、光緒刻本改。
② "攝祠"，原缺"祠"字，據元刻明修本、光緒刻本補。

許，因遂爲常。真宗景德中，乃詔大祠悉用樂。仁宗又詔釋奠文宣王、武成王及祀先農，得用樂。是時垂意制作，勑李照等改鑄鐘鎛，權損鐘磬架十六之數，用十二枚，以應月律。先是架隅建鼓不擊，別施散鼓於架內代之。乾德中，尹掘奏去散鼓，而樂工積習，遂不能罷。又祀天地宗廟雖設雷鼓、靈鼓、路鼓，擊不能聲，又無三鼗。至於簨簴，刻畫亦多失傳，或鷙禽飾於鐘簴，或猛獸負於磬跗，或木鳳於鼓上，或山華以爲植羽，至是悉詔有司，革正其謬，更造建鼓鞞應十二，依李照所奏，以月建爲均，與鎛鐘相應。照又請別作晉鼓，以爲樂節。按乾德詔書，去散鼓不用，復造三鼗，祀天以雷鼓八面，面各一工，前一工左播鼗，右擊鼓，餘七工皆隨擊焉。靈鼓、路鼓亦如之。又增大竽①、大笙、雙鳳管、兩儀琴、十二絃琴五器於樂架。未幾，照所建白皆罷，真可爲太息也！然古之樂架，特鐘十二，編鐘十二，特磬十二，編磬十二，合四十八簴而爲宮架，今用三十六簴，恐未合先王之制也。誠詔有司去箏、筑之器，削二變四清之聲，而講先王樂架之制，亦庶乎復古矣。

---

① “大竽”，光緒刻本作“大箏”。

樂書卷一百十五　樂圖論

雅部

八音 土之屬

土鼓	瓦鼓	古缶	古塤
大塤	小塤	雅塤	頌塤

土　鼓

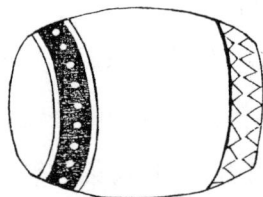

《禮運》曰："夫禮之初,始諸飲食。其燔黍捭豚,汙尊而抔飲,蕢桴而土鼓,猶若可以致其敬於鬼神。"《明堂位》曰："土鼓蕢桴,伊耆氏之樂也。"蓋樂以中聲爲本,土也者,於位爲中央①,於氣爲冲氣,則以土爲鼓,以蕢爲桴,所以達中聲者也。伊耆氏之樂,所尚者土鼓,則中聲作焉;所擊者蕢桴,則中聲發焉。禮之初,始諸燔黍捭豚以爲食,汙尊抔飲以爲飲,然則蕢桴土鼓有不爲樂之初乎?《周官·籥章》:"凡逆暑於中春,迎寒於中秋,祈年於田祖,祭蜡以息老物,一於擊土鼓而已。"有報本反始之義焉,

---

①　"中央",原缺,據光緒刻本補。

夫豈以聲容①節奏之末節爲哉！此所以猶若可以致其敬於鬼神也。然土鼓之制，窐土而爲之，故《禮運》之言土鼓，在乎未合土之前②，與壺涿氏炮土之鼓異矣。杜子春謂以瓦爲皋陶，以革爲面，不稽《禮運》之過也。《記》曰“伊耆氏始爲蜡”，《周禮》伊耆氏掌王之杖，咸以老者待杖而後安，猶老物待蜡而後息也③。由是推之，伊耆氏蓋有功於耆老者，非古王者之號也④。故後世以其官爲姓，周人又以其姓名⑤而序之於銜枚氏、壺涿氏之列也。先儒以爲古王者號⑥，豈其然乎？

瓦　鼓　　　　古　缶

 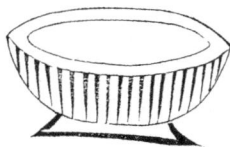

《周官·壺涿氏》：“除水蟲以炮土之鼓。”康成以爲瓦鼓也。

土音缶，立秋之音也。古者盎謂之缶，則缶之爲器，中虛而善容，外員而善應，中聲之所自出者也。唐堯之時，有擊壤而歌者，因使鄭以糜鞈，冥缶而鼓之。是以《易》之盈缶見於《比》，用缶見於《坎》，鼓缶而歌見於《離》，《詩》之擊缶見於《宛丘》。是缶之爲樂，自唐至周所不易也。昔秦趙會於澠池，秦王爲趙王擊缶，亦因是已，孰謂始於西戎乎？先儒之説一何疏邪！徐幹曰：

---

① “容”，光緒刻本作“音”。
② “合土”，原缺“合”字，據元刻明修本、光緒刻本補。
③ “待蜡”，原缺“待”字，據光緒刻本補。
④ “古王”，原缺“古”字，據光緒刻本補。
⑤ 按：光緒刻本“名”下有“官”字。
⑥ “號”，原缺，據元刻明修本、光緒刻本補。

“聽黃鍾之音，知擊缶之細。”土缶之樂①，特其器之細者歟？秦王與趙王會澠池，藺相如從。秦王曰：“寡人聞趙王好音，請奏瑟。”趙王鼓瑟。秦御史書曰：“某年某月，秦王命趙王鼓瑟。”相如亦進缻秦王，秦王不懌，爲一擊之。相如亦命趙御史書曰：“某年某月，趙王使秦王擊缶。”一曰：“形如瓦盆。”一曰：“形如覆盆，以□□擊之。”

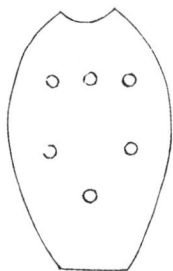

大　塤古塤

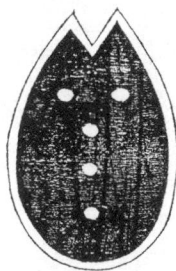

小　塤

　　《周官》之於塤，教於小師，播於瞽矇，吹於笙師。以塤爲德音，見於《禮》。如塤如篪，見於《詩》。則塤之爲器，立秋之音也。平底六孔，水之數也。中虛上鋭，如秤錘，然火之形也。塤以水火相合而後成器，亦以水火相和而後成聲。故大者聲合黃鐘、大呂，小者聲合太簇、夾鐘，一要宿中聲之和而已。《風俗通》謂：“圍五寸半，長一寸半，有四孔，其二通，凡六空也。”蓋取諸此。《爾雅》：“大塤謂之嘂。”以其六孔交鳴而喧譁故也。焦周曰：“幽王之時，暴卒公善塤。”《世本》曰：“暴公作塤。”蓋塤之作其來尚矣，謂之暴公善塤可也，謂之作塤，臣未之敢信矣。塤又作壎者，金方而土圓，水平而火鋭，一從熏火也。其徹爲黑，則水而已，從圓，則土之形圓故也。或謂塤，青之氣，陽氣始起，萬物喧動，據水土而萌，始於十一月，成於立春，象萬物萌出於土中。是生土

---

①　“土”，光緒刻本作“則”。

主四季所言^①，非主正位六月而言，亦一説也^②。塤六，在上一^③，前三，後二。《王子年拾遺記》曰：“春王庖犧氏^④，易土爲塤，祖系於是興矣。”

雅　塤

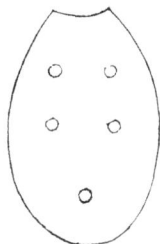

頌　塤

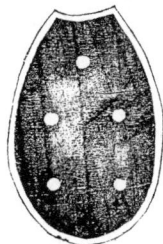

　　古有雅塤如雁子，頌塤如雞子。其聲重濁，合乎雅頌故也。今太常舊器無頌塤，至皇祐中，聖制頌塤，調習聲韻，並合鐘律。前下一穴，爲太蔟；上二穴，右爲姑洗，啓下一穴爲仲吕，左雙啓爲林鐘；後二穴，一啓爲南吕，雙啓爲應鐘，合聲爲黃鐘。頌塤、雅塤對而吹之，尤協律清和，可謂善矣。誠去一變而合六律，庶乎先王之樂也。

---

　①　“主”，原作“王”，據光緒刻本改。
　②　“一説”，原作“二説”，據光緒刻本改。
　③　“塤六，在上”，原缺，據元刻明修本、光緒刻本補。
　④　“春王”，光緒刻本作“春皇”。

樂書卷一百十六　樂圖論

雅部

八音　革之屬上

拊	足鼓	楹鼓	建鼓	縣鼓
靁鼓上	靁鼓下	靁鼗	靈鼓上	靈鼓下
靈鼗	路鼓上	路鼓下	路鼗	鼗鼓

拊

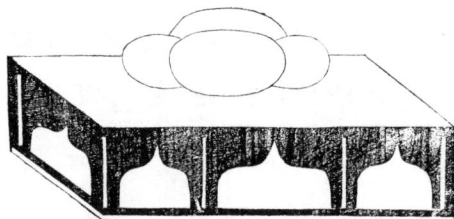

　　拊之爲器，韋表糠裏，狀則類鼓，聲則和柔，倡而不和，是徒鏗鏘而已。《書傳》謂“以韋爲鼓”，《白虎通》謂“革而糠”是也[1]。其設則堂上，《虞書》所謂“搏拊”是也。其用則先歌，《周禮》所謂“登歌令奏擊拊”是也。《書》言“搏拊”，《明堂位》言“拊搏”者，以其或搏或拊，莫適先後也。蓋乘水者付之泲，作樂者付之拊。搏拊之搏從尃，有父之用焉。荀卿曰：“架一鐘而尚拊。”《大戴禮》曰：“架一磬而尚拊。”則拊設於一鐘一磬之東，其衆器之父歟？

---

① “是也”，原缺“也”字，據光緒刻本補。

荀卿曰："鼓，其樂之君邪？"然鼓無當於五聲，五聲不得不和，其
衆聲之君歟？《樂記》曰："會守拊鼓。"堂上之樂衆矣，所待以作
者在拊；堂下之樂衆矣，所待以作者在鼓。蓋堂上則門內之治，
以拊爲之父；堂下則門外之治，以鼓爲之君。內則父子，外則君
臣，人之大倫也。而樂實通而合和之，此修身及家，平均天下，所
以爲古樂之發也，與夫新樂之發獶雜，子女不知父子者，豈不有
間乎？

足　鼓　　　　　　　　　楹　鼓

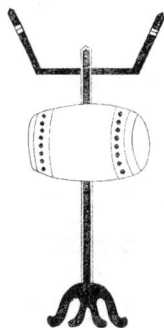 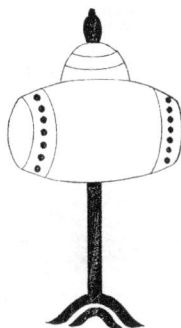

《明堂位》曰："夏后氏之鼓足。"《左氏傳》曰："楚伯棼射王鼓
跗。"蓋少昊氏冒革以爲鼓，夏后氏加四足焉，謂之足鼓。周王兵
士之鼓有跗，亦因夏制之遺歟？

《明堂位》曰："殷楹鼓。"以《周官》考之，太僕建路鼓於大寢
之門外。《儀禮・大射》："建鼓在阼階西，南鼓。"則其所建楹也。
是楹鼓爲一楹而四稜焉，貫鼓於其端，猶四植之桓圭也。莊子
曰："負建鼓。"建鼓可負，則以楹貫而置之矣，《商頌》曰"置我鞉
鼓"是也。魏晉以來，復商制而植之，亦謂之建鼓。隋唐又棲翔
鷺於其上。聖朝因之，其制高六尺六寸，中植以柱，設重斗方蓋，
蒙以珠網，張以絳紫繡羅，四角有六龍竿，皆銜流蘇璧翣，以五采

羽爲飾，竿首亦爲翔鷺，旁又挾鼙應二小鼓而左右。然《詩》言
"應田縣鼓"，則周制應田在縣鼓之側，不在建鼓旁矣。

建　鼓^①　　　　　　縣　鼓

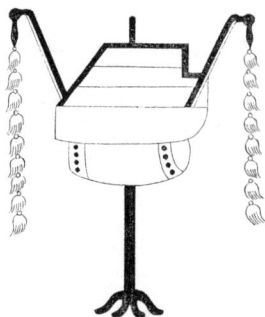 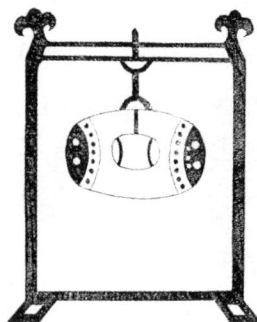

鼓之制，始於伊耆氏、少昊氏。夏后氏加四足，謂之足鼓。
商人貫之以柱，謂之楹鼓。周人縣而擊之，謂之縣鼓。而《周
官·鼓人》"晉鼓鼓金奏"，《鎛師》"掌金奏之鼓"，《鐘師》"以鼓奏
《九夏》"，所謂縣鼓也。《禮》曰："縣鼓在西，應鼓在東。"《詩》曰：
"應田縣鼓。"則縣鼓周人所造之器，始作樂，而合乎祖者也；以應
鼓爲和終之樂，則縣鼓其倡始之鼓歟？蓋宮縣設之四隅，軒縣設
之三隅，判縣設之東西。李照謂西北隅之鼓，合應鍾、黃鍾、大呂
之聲；東北隅之鼓，合太簇、夾鍾、姑洗之聲；東南隅之鼓，合仲
呂、蕤賓、林鍾之聲；西南隅之鼓，合夷則、南呂、無射之聲。依月
均而考擊之，於義或然，議者非之，疏矣！且三代所尚之色，夏后
氏以黑，商人以白，周人以赤，則鼓之色稱之亦可知之。《三禮圖》
曰："商人加左鞞^②右應，以爲衆樂之節。"

---

　　① 按：四庫本圖上有翔鷺。
　　② "鞞"，光緒刻本作"鞞"。

靁鼓上

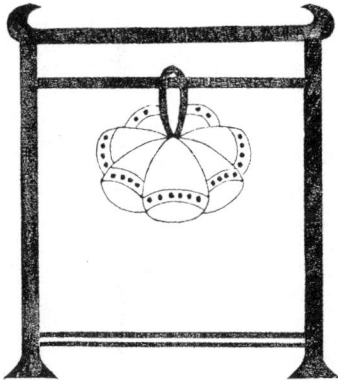

右聶崇義《三禮圖》所傳者

靁鼓下

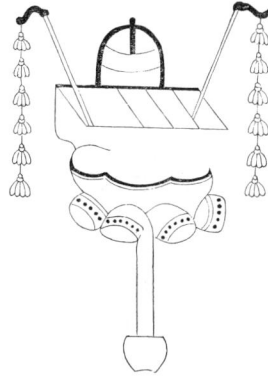

右今太常所用者

靁鼗

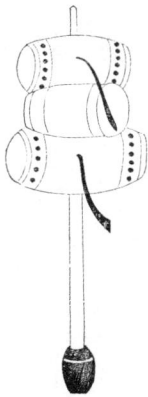

靈鼓上

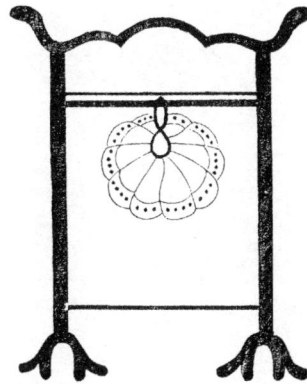

右聶崇義《三禮圖》所傳者

靈鼓下　　　　　靈鼗

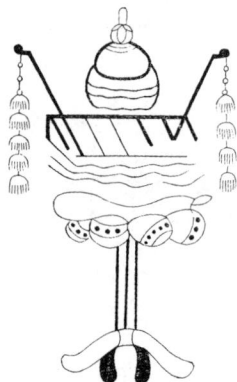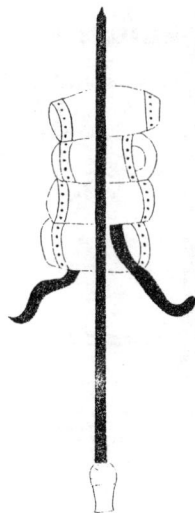

路鼓上　　　　　路鼓下

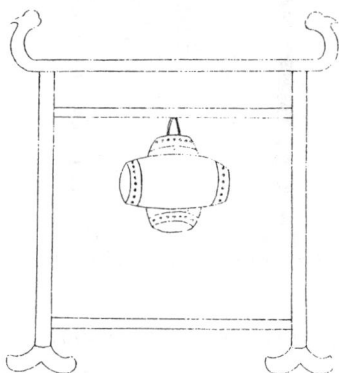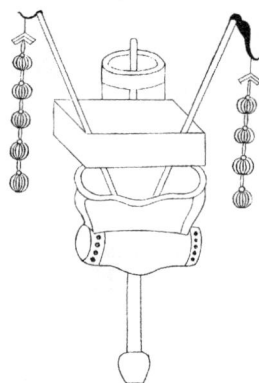

右聶崇義《三禮圖》所傳者　　　右今太常所用者

路鼗

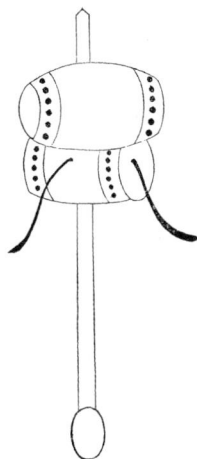

鼓人掌教六鼓四金之音聲，以節聲樂，教爲鼓，而辨其聲用。以雷鼓鼓神祀，以靈鼓鼓社祭，以路鼓鼓鬼享，則鼓之聲用，莫先於此。《儀禮・大射》："鼗倚于頌磬西紘。"《虞書》："下管鼗鼓。"《商頌》："置我鞉鼓。"則鼗之爲器，如鼓而小，掌之於小師，播之於瞽矇、眡瞭，則鼗之聲用，未嘗不兆奏鼓矣。蓋坎主朔易，而其音革，則鼗鼓皆冬至之音，堂下之樂也。《穆天子傳》曰："天子讀書于梨邱，奏廣樂，遺其靈鼓。"則雷，天聲也；靈，地德也；路，人道也。天神之樂六變，而雷鼓、雷鼗六面；地示之樂八變，而靈鼓、靈鼗八面；人鬼之樂九變，而路鼓、路鼗四面者。金之爲物，能化不能變，鬼亦如之。金非土不生，以土之五加金之四，此其樂所以九變歟？鄭司農謂"雷鼓、雷鼗六面"，則是靈鼓、靈鼗四面，路鼓、路鼗兩面非也。古之人辨其聲用，鼓人救日月以雷鼓，則詔王鼓以救日月，亦天事故也；冥氏攻猛獸，以靈鼓毆之以攻猛獸，亦地事故也；司馬振旅，王執路鼓，大僕建路鼓於大寢之門外，以達窮者與遽令，以田獵達窮與遽令，亦人事故也。其所以不同者，特不用鼗爾。賜伯子男樂，則以鼗將之者，特不用鼓爾。
凡此三鼓，皆設宮縣之四隅，而擊之以節樂，以鼓無當於五聲，弗
得不和故也。聖朝景祐中，太宗詔太常，凡祀天神、祭地祇①、享
宗廟，宮架每奏降神四曲，送神一曲，先播鼗，次鳴柷，次擊散鼓。
凡三擊而樂作，散鼓隨樂，每間一字二擊之，以爲樂節。凡樂終，
即播鼗戛敔，散鼓相間，三擊而止。然以散鼓代雷、靈、路鼓用
之，至於升降等樂，復不用鼗鼓，臣恐未合先王雅樂也。且舊制，
三鼓皆以木交午相貫，以兩端爲面，故不能聲，又竿首爲木鳳焉。
聖朝詔爲靁鼓八，各冒革爲一面，承以樂軶，轉以金樞，髹朱繪
雲，冠柱以升龍，作靁車之象。靈鼓六，路鼓四，飾亦如之。其所
異者，竿首作翔鷺，跗作猛獸而已，其爲建鼓一也。隋制，路作
鷺，豈以竿首有翔鷺而遂誤之邪？臣嘗論古者立鼗鼓之制，祭祀
則先播鼗，以兆奏三鼓，饗燕則先擊朔鼙，以兆奏建鼓，蓋未嘗並
用也。後世祀天神，祭地祇，享人鬼，並設建鼓、鞞應於四隅，又
設雷鼓、靈鼓、路鼓於架內道之左右，晉鼓於架內道之中間，非先
王異祭饗、別同異之意也。雷鼓以馬革，乾爲馬故也；靈鼓以牛革，坤爲牛
故也。

夔鼓

　昔東海流波之山有獸焉，其音如雷，命之爲夔。黃帝得之以
作鼓，撅以雷獸之骨，聲聞五百里，以威天下，蓋有所傳聞然也。
唐搖鼓有《靈夔吼》之曲②，豈本此歟？

---

① "祭地祇"，原作"地祇"，據光緒刻本補。
② "搖鼓"，原缺"搖"字，據元刻明修本、光緒刻本補。

樂書卷一百十七　樂圖論

雅部

八音革之屬中

鼗麻鞞鞮　料鞀　鼖鼓　鼛鼓　晉鼓
提鼓　大鼙　中鼙　小鼙

鼗麻鞞鞮　料鞀

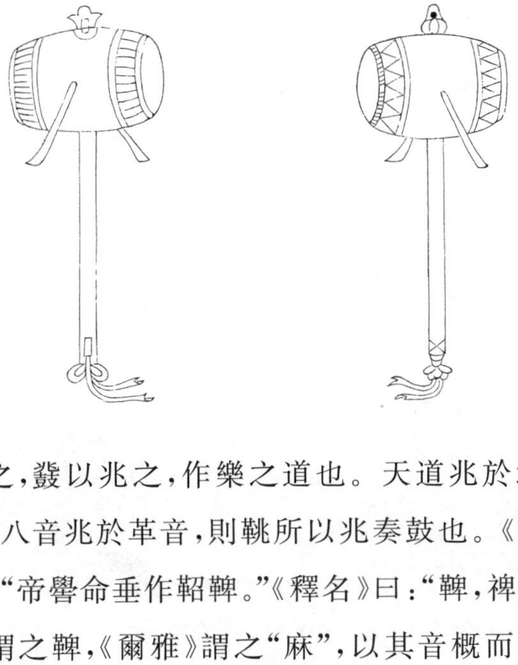

鼓以節之，鼗以兆之，作樂之道也。天道兆於北方，則冬所以兆生物也；八音兆於革音，則鞉所以兆奏鼓也。《月令》："修鞀鞞。"《世紀》："帝嚳命垂作鞀鞞。"《釋名》曰："鞞，裨也，裨助鼓節也。"蓋大者謂之鞞，《爾雅》謂之"麻"，以其音概而長也；小者謂之鞀，《爾雅》謂之"料"，以其音清而不亂也。蓋鼓則擊而不播，鼗則播而不擊。靁鼓、靁鼗六面，而工十有二，以二人各直一面，左播鼗，右擊鼓故也。靈鼓、靈鼗八面，而工十有六，路鼓、路鼗四面，而工八人，亦二人直一面①。《商頌》言"置我鞉鼓"②，則鞉與鼓同植，非有播擊之異，與周制固殊矣。鬻子曰："禹之治天下也，縣五聲以聽，曰：'語寡人以獄訟者，揮鞀。'"《呂氏春秋》曰："武王有誡謹之鞀。"由是觀之，欲誡者必播鞀鼓矣。蓋鞀，兆奏鼓者也，作堂下之樂，必先鼓鼓者，豈非《樂記》所謂"先鼓以警戒"之意歟？漢以大鞉施於大儺，亦一時制也。後世無聞焉。鞉，_{一本作鼗。}臣伏思聖朝始詔復二鞉，以備郊廟之樂，亦可謂知復古矣。觀鄭滑之《東陽記》，載晉嘗遣偏師謝咸攻東陽，東陽岑山下，民聞嶺上有鼓鞞聲，若數萬人，咸既破潰，而山上鼓鞞亦絕，何其怪邪？載記述石勒少嘗耕，每聞鞞鐸之音，歸以告其母，母曰："作勞耳鳴，非不祥也。"然則神怪之事，聖人曼云，亦誠有之矣，置而勿論可也。

鼓　鼓　　　　　　　　鼖　鼓

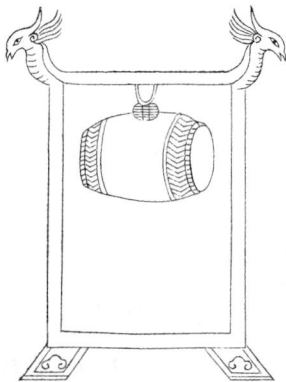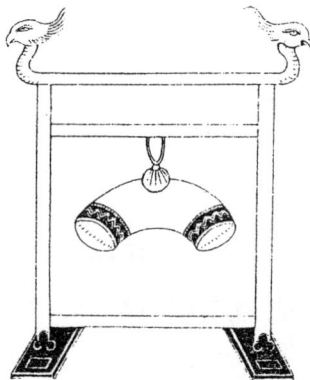

鼓之小者謂之應，大者謂之鼖。《書・顧命》："鼖鼓在西序。"

---

① "亦二人直一面"，光緒刻本作"亦若是歟"。

② "商頌"，原缺，據光緒刻本補。

《周官·鼓人》:"鼖鼓鼓軍事,司馬中春振旅,諸侯執鼖鼓。"《春秋傳》曰:"師之耳目在吾鼓旗。"又曰:"一鼓作氣,再而衰,三而竭。"則以鼓鼓軍事,其可忽乎?《司馬法》:"千人之師執鼙,萬人之師執大鼓,韗人鼓,長八尺,面四尺,中圍加三之一,謂之鼖鼓。"則所謂鼖鼓者,大鼓而已。鼖鼓鼓軍事,則畫□□□之鼓[①],非夜以警衆之鼕也。鄭氏以鼛爲鼖,誤矣。□□□特用之以和軍旅,錐節聲樂亦用之,故《詩》言"鼖鼓維鏞",以文王能作大事,考大功,作樂以象其成也。鼖鼓、路鼓皆謂之大者,路者,人道之大;鼖者,人事之大。國之大事,在祀與戎,故鬼享以路,軍事以鼖。

鼖鼓以賁爲義,鼛鼓以皋爲義。《詩》曰:"鶴鳴于九皋。"《傳》曰:"下濕皋。"則皋者,下濕之地,其土潤以緩。欲舞之緩,謂之皋舞;欲役之緩,謂之皋鼓。《春秋傳》曰:"魯人之皋。"《考工記》:"韗人爲皋陶,長尋有四尺,鼓四尺,倨勾磬折。"則皋鼓中高而兩端下矣。《詩》曰:"鼛鼓弗勝。"又曰:"鼓鐘伐鼛。"蓋鼛鼓所以鼓役事也。文王説以使民,雖以鼛鼓節之使緩,而民各致其巧而不止,雖鼛鼓有所弗勝也。幽王拂民而役之,雖伐鼛不足使之勸功,適以勞之而已。此詩人所以美文王於《緜》,刺幽王於鼓鐘也。馮元謂鼛鼓長尋有四尺,不容有流蘇筍簴之飾,而聶崇義《三禮圖》有之,蓋失之矣。

---

① 按:自"畫□□□之鼓"以下直至"騎,舉以況周"之前,元刻明修本、光緒刻本皆缺。

<table>
<tr><td style="text-align:center">晉　鼓</td><td style="text-align:center">提　鼓</td></tr>
</table>

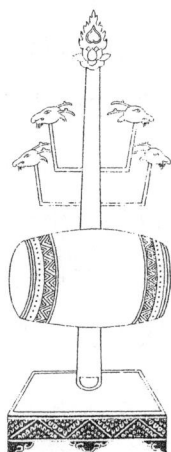 

《考工記》：“韗人爲皋陶，長六尺有六寸，左右廣六寸，中尺厚三寸[①]，穿者三之一，上參正。”先儒以爲晉鼓。其制大以短，蓋所以鼓金奏也。《鍾師》：“以鐘鼓奏《九夏》。”《鎛師》：“掌金奏之鼓。”豈晉鼓歟？《易》曰：“晉，進也。”古者兵法，以鼓進，以金止，以晉鼓金奏，進其所止故也。司馬春振旅，軍將執晉鼓。吳與越戰，載常建鼓，韋昭謂：“建鼓，爲楹而植之。”蓋晉鼓之建於軍，猶路鼓之建於寢故也。李照制，晉鼓爲樂節，然晉鼓所以鼓金奏，非所以節樂也。

《大司馬》：“春振旅，師帥執提。”鄭氏曰：“馬上鼓有曲木提，持鼓立馬髦上者，故謂之提。”賈公彦曰：“鄭氏據當時有單騎，舉以況周。其實周時無騎法也。”然古者軍容以車，非無騎法也。不然，左氏何以稱齊魯相遇，以鞍爲几乎？《禮記》稱“前有車騎”，《史記》稱“趙王騎射”，蓋騎法之設，其來尚矣。後世鼓吹有

① “尺厚三寸”，原漏“尺”字，據《周禮・考工記》補。

節鼓，以木持而擊之，豈其遺制歟？

大　鼜　　　　　中　鼜　　　　　小　鼜

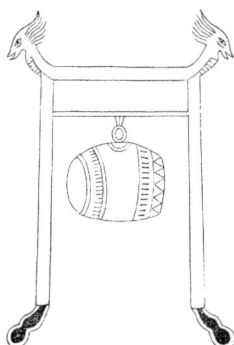 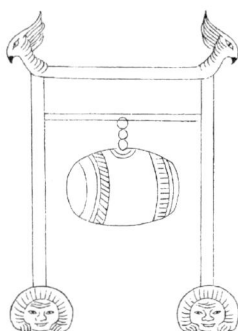 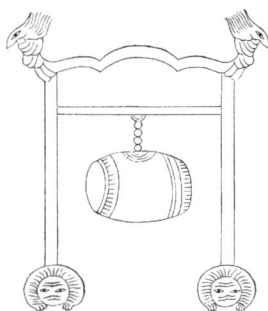

《鎛師》：“凡軍之夜，三鼜皆鼓之。守鼜亦如之。”《掌固》曰：“夜三鼜以號戒[1]。”鄭氏皆謂鼓之以鼖鼓，然鼖雖鼓人用之以鼓軍事，諸侯執之以振旅，要皆非警夜之鼜鼓也。《司馬法》曰：“昏鼓四通爲大鼜，夜半三通爲晨戒，平旦五通爲發明。”三鼜之制大致若此。鄭氏之説不亦昧乎？宋沈約《樂志》曰：“長丈二尺，曰鼜鼓。凡守備及役事鼓之。”其言守備則是，及鼓役事則非矣。《鼓人》不云乎：“鼜鼓鼓役事。”曷嘗以鼜鼓合而一之乎？蓋役事，上之所以役下；警守，下之所以事上。役下必以仁，未嘗不欲緩，故以皋鼓；事上必以義，未嘗不欲蚤，故以鼜鼓。鼜愷之樂，比賓射爲輕，故《眡瞭》先言賓射，而鼜愷獻亦如之。然軍之警夜以鼜[2]，所以同憂戚也；獻功以愷，所以同和樂也。惟能同憂戚，然後可與同和樂，故愷樂獻於社，而眡瞭奏鐘鼓以樂之，若然者，人人孰不出死斷亡而愉哉！

---

① “號戒”，原作“戒號”，誤，據《周禮·掌固》改。
② “軍之警夜”，原缺“之”，據元刻明修本、光緒刻本補。

樂書卷一百十八　樂圖論

雅部

八音 _{革之屬下}

鼓論　　朔鼓　　棟鼓　　應鼓

鼜鼓　　魯鼓　　薛鼓　　咢

鼓論

雷積陽氣而後成聲，蟲待雷聲而後啓蟄。先王之爲鼓，其冒之也，必以啟蟄之日；其伐之也，必爲冬至之音。蓋冬至之節，五陰用事，而一陽復焉；啟蟄之日，三陰用事，而三陽泰焉。以一陽之器，冒於三陽之時，其聲象雷，其形象天，其於樂象君。故凡鼓琴、瑟、鼓鐘、鼓磬、鼓柷、鼓敔、鼓簧、鼓缶，皆謂鼓①，以鼓無當於五聲，五聲不得不和故也。《傳》曰："鼓所以檢樂，爲羣音之長。"是鼓爲五聲之君，五聲又以中聲爲君。故鼓大而短，則其聲疾而短聞；小而長，則其聲舒而遠聞。然則大而不短，小而不長，則其聲必適舒疾之節，其聞必適短遠之衷，一會歸中聲而已。鼓之爲用，豈不大矣哉！以之祀天神曰雷，以之祭地祇曰靈，以之享人鬼曰路，鼓軍事則爲鼖，鼓役事則爲鼛，鼓金奏則爲晉，以至引之而爲棟，應之而爲應，始之而爲朔，警之而爲鼜，執之而爲提，卑

---

① "謂鼓"，光緒刻本作"謂之鼓"。

之而爲鼛,兆之而爲鼖。其所以和之、節之、止之、通之,又不過
錞、鐃、鐲、鐸焉。然則先王之爲樂也,節矣。蓋樂之作也,用雅
部之鼓;先王之樂也,用胡部之鼓;四夷之樂也,用俗部之鼓,則
世俗之樂而已。世俗之樂,孟子之所深闢。四夷之樂,先王陳之
於門外,以示遠人來服,而不以夷樂亂華音也。蓋四夷之樂,陳
於國門之外可也。唐明皇雖通音律,尤善羯鼓,而宋璟相之,不
知師用雅樂,以革君心之非,反善腰鼓、羯鼓,深論制作之法,使
其君聞而悦之。夫豈知周公之於成王作六樂,禁四聲,以善其心
之意哉!唐之賢相,稱於前者,不過房、杜;聞於後者,不過姚、
宋。然文皇有興禮樂之問,而房、杜不能對;明皇有喜夷樂之心,
而宋璟又從而道之。終唐之世,典章文物雖號爲至盛,然卒於昏
亂而後已,無禮樂以文之故也。彼哉彼哉,亦焉用彼相爲哉!今
大鼓,冬至之音也,《風俗通》謂:"鼓者,春分之音,萬物皆鼓甲而
出,故謂之鼓。"其言不經,君子不取也。

朔　鼓 棟鼓　　　　　應　鼓

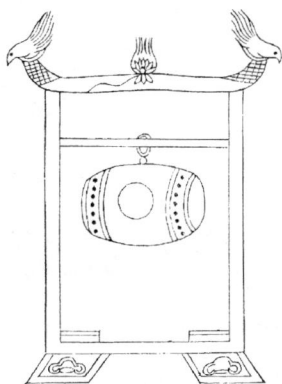 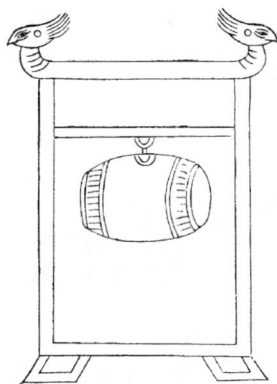

　《周官・小師》:"凡小樂事,鼓棟。"《儀禮・大射》:"一建鼓
在其南東鼓,朔鼙在其北。"《有瞽》詩曰:"應田縣鼓。"先儒以田

爲棟，則朔鼙皆小鼓也。以其引鼓，故曰棟；以其始鼓，故曰朔。《儀禮》有朔無棟，《周禮》有棟無朔，互備故也。然鼓棟小師之職，而大師非不與也，特令奏之而已。後世樂府有左鼙右應之鼓，設而不擊，用四散鼓在縣四隅，擊以爲節，不合《儀禮》之制，革而正之可也。棟，亦作胤，一名鞞。

《禮器》曰："縣鼓在西，應鼓在東。"《詩》曰："應田縣鼓。"《爾雅》曰："小鼓謂之應。"蓋堂下之樂，以管爲本，器之尤小者也，應之爲鼓鞞之尤小者也。《周官·小師》："大祭祀，下管擊應鼓，徹歌。大饗亦如之。"是作樂及其小者，乃所以爲備也，大師大祭祀擊拊鼓棟，亦此意歟？今夫祀天神以雷鼓、雷鼗，祭地示以靈鼓、靈鼗，享人鬼以路鼓、路鼗，而又擊應鼓棟者，當堂上擊拊之時，則堂下擊應鼓棟以應之，然後播鼗而鼓矣。應施於擊拊，又施於歌徹，其樂之終始歟？

鼙　鼓

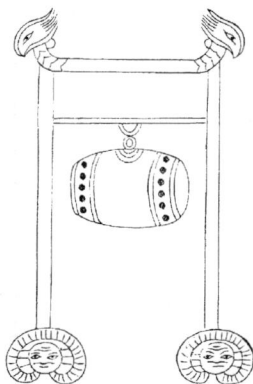

鼙，卑者所鼓也[1]。故周人論司馬所執五鼓，推而上之，王執

---

[1]　"鼙，卑者所鼓也"，原作"行軍者所鼓也"，據光緒刻本改。

路鼓,鼓之尤大者也;推而下之,旅師執鼗,鼓之尤小者也。尊者執大,卑者執小,上下之分也。《司馬法》曰:"萬人之師,執大鼓;千人之師,執鼗。"《儀禮·大射》:"應鼙在阼階西,建鼓之東。朔鼙在西階西,建鼓之北。鼙兩鼓其聲①,皆以譁爲主,及比建而用之,則鼙常在其左矣。古之奏樂,先擊西朔,而東鼙應之,是朔鼙倡始者也,應鼙和終者也。《禮圖》謂商人加左鞞右應,爲衆樂之節,蓋不考《儀禮》左應右朔之過也。鼙,或鼓在卑上,於鼓爲卑故也;或革在卑右,以其上革故也。

魯鼓　薛鼓

○□○○○□○□○○□半○□○□○○○□○□○魯鼓○□○○○□□□○□○□○○○□○半○□○○○□□○薛鼓,取半以下爲投壺禮,盡用之爲射禮。司射,庭長及冠士立者,皆屬賓黨;樂人及使者、童子,皆屬主黨。魯鼓○□○○□○○半○□○○○○□○○○○□○薛鼓○□○○○○□□□○□○○○○□○半○□○□○○○○○□○②

《少儀》曰:"侍射則約矢,侍投則擁矢,勝則洗而以請。客亦如之。"是投壺之禮,大槩與射禮相似,其所異者,特繁簡不同爾。以魯、薛鼓節論之,圓者擊鼙,方者擊鼓,取半以下爲投壺禮,盡用之爲射禮,聞鼓節,則知其事矣。魯、薛所令之辭,所制之鼓,雖見於經,其詳不可得而知也。觀春秋之時,齊、晉之君蓋嘗用此,中行穆子相之晉侯,先穆子曰:"有酒如淮,有肉如坻,寡君中

---

① "兩鼓",原缺"兩"字,據光緒刻本補。
② 按:此段四庫本與光緒本有差異,今從四庫本。

此，爲諸侯師。"中之。齊侯舉矢曰[①]:"有酒如澠，有肉如陵，寡人中此，與君代興。"中之。古之人以此行燕禮，爲會同之主，於其中否，以卜興衰，其重投壺之禮如此，則魯、薛之詳亦不是過也。後世有驍壺之樂，豈其遺制歟？

咢

《韓詩》曰:"有章曲曰歌，無章曲曰謠。"故《釋樂》以徒歌謂之謠，則徒擊鼓謂之咢，其無章曲可知矣。《詩》曰:"或歌或咢。"蓋歌，樂之正也；咢，非樂之正也，特歌之助而已。周成王之時，内親睦九族，外尊事黄耈，而燕饗之，其樂無所不備如此，抑何誠禮之至邪？

---

① 按:自"齊侯舉矢曰"以下直至"抑何誠禮之至邪"，光緒刻本皆缺。

樂書卷一百十九　樂圖論

雅部

八音_{絲之屬上}

琴瑟上　　琴瑟中　　琴瑟下　　大琴　　中琴　　小琴

次大琴　　雅琴　　十二絃琴　　兩儀琴

琴瑟上

古者琴瑟之用，各以聲類所宜。雲和，陽地也，其琴瑟宜於圜丘奏之。空桑，陰地也，其琴瑟宜於方澤奏之。龍門，人功所鑿而成也，其琴瑟宜於宗廟奏之。顓帝生處空桑，伊尹生於空桑，禹鑿龍門，皆以地名之，則雲和豈《禹貢》所謂"雲土"者歟？《瞽矇》："掌鼓琴瑟。"《詩·鹿鳴》："鼓瑟鼓琴。"《書》曰："琴瑟以詠。"《大傳》亦曰："大琴練絃達越，大瑟朱絃達越。"《爾雅》曰："大琴謂之離，大瑟謂之灑。"由是觀之，琴則易良，瑟則靜好，一於尚宮而已，未嘗不相須而用也。《明堂位》曰："大琴、大瑟、中琴、小瑟，四代之樂器也。"古之人作樂，聲應相保而爲和，細大不踰而爲平，故用大琴，必以大瑟配之；用中琴，必以小瑟配之，然後大者不陵，細者不抑，而五聲和矣。《鄉飲酒禮》："二人皆在左何瑟，後首，挎越。"《燕禮》："小臣左何瑟，面執越。"《樂記》曰："《清廟》之瑟，朱絃而疏越。"《詩》曰："並坐鼓瑟。"何不曰鼓瑟？傳言趙王爲秦鼓瑟，皆不及琴者，以瑟見琴也；舜作五絃之琴，歌

《南風》之詩，而不及瑟者，以琴見瑟也。後世有雅琴、雅瑟、頌琴、頌瑟，豈其聲合於雅頌耶？琴一也，或謂伏羲作之，或謂神農作之，或謂帝舜使晏龍作之；瑟一也，或謂朱襄氏使士達作之，或謂伏羲作之，或謂神農、晏龍作之①，豈皆有所傳聞然邪？

琴瑟中

古之論者，或謂朱襄氏使士達制爲五絃之瑟，瞽叟又判之爲十五絃，舜益之爲二十三絃。或謂大帝使素女鼓五十絃瑟，帝悲不能禁，因破爲二十五絃。郭璞釋大瑟，謂之灑，又有二十七絃之説。以理考之，樂聲不過乎五，則五絃、十五絃，小瑟也；二十五絃，中瑟也；五十絃，大瑟也。彼謂二十三絃、二十七絃者，然三於五聲爲不足，七於五聲爲有餘，豈亦惑於二變二少之説而遂誤邪？漢武之祠太一、后土，作二十五絃瑟，今太樂所用，亦二十五絃，蓋得四代中瑟之制也。莊周曰：“夫或改調一絃，於五音無當也。”鼓之，二十五絃皆動，其信矣乎！聶崇義《禮圖》亦師用郭璞二十三絃之説，其常用者十九絃，誤矣！蓋其制，前其柱則清，後其柱則濁，有八尺一寸、廣一尺八寸者，有七尺二寸、廣尺八寸者，有五尺五寸者，豈三等之制不同歟？然《詩》曰：“椅桐梓漆，爰及琴瑟。”《易通》：“冬日至，鼓黄鍾之瑟，用槐八尺一寸；夏日至，用桑五尺七寸。”是不知美櫝。槐桑之木，其中實而不虛，不若桐之能發金石之聲也。昔仲尼不見孺悲，鼓瑟而拒之；趙王使人於楚，鼓瑟而遣之。其拒也所以愧之，不屑之教也；其遣也所以諭之，不言之戒也。聖朝太常，瑟用二十五絃，具二均之聲，以

---

① “神龍晏龍”，原作“晏龍神農”，據元刻明修本、光緒刻本改。

清中相應，雙彈之，第一絃，黃鍾中聲，第十三絃，黃鍾清應。其按習也，令左右手互應，清正聲相和，亦依鍾律擊數合奏，其制可謂近古矣。誠本五音互應，而去四清，先王之制也。二均二節聲，於瑟聲十二、清聲十二極清①，一絃象琴第一暉。大抵於瑟半身設柱子，右手彈中聲十二，左手彈清聲十二，其律並同。第一絃，大呂中；第十三絃，大呂清；第三絃，太蔟中；第十五絃，太蔟清；第四絃，夾鍾中；第十六絃，夾鍾清；第五絃，姑洗中；第十七絃，姑洗清；第六絃，仲呂中；第十八絃，仲呂清；第七絃，蕤賓中；第十九絃，蕤賓清；第八絃，林鍾中；第二十絃，林鍾清；第九絃，夷則中；第二十一絃，夷則清；第十絃，南呂中；第二十二絃，南呂清；第十一絃，無射中；第二十三絃，無射清；第十二絃，應鍾中；第二十四絃，應鍾清。臣嘗考之《虞書》：“琴瑟以詠。”則琴瑟之聲，所以應歌者也。歌者在堂，則琴瑟亦宜施之堂上矣。竊觀聖朝郊廟之樂，琴瑟在堂，誠合古制。紹聖初，太樂丞葉防乞宮架之內，復設琴瑟，豈先王之制哉？

琴瑟下

形而上者謂之道，形而下者謂之器。琴者，士君子常御之樂也。樸散而爲器，理覺而爲道，惟士君子樂得其道，而因心以會之，蓋將終身焉，雖無故斯須不徹也，故能出乎樸散之器，入乎覺理之道，卒乎載道而與之俱矣。然琴之爲樂，所以詠而歌之也，故其別有暢，有操，有引，有吟，有弄，有調。堯之《神人暢》，爲和樂而作。舜之《思親操》，爲孝思而作也；《襄陽》、《會稽》之類，夏后氏之操也；《訓佃》之類，商人之操也；《離憂》之類，周人之操。謂之引，若魯有《關雎引》，衛有《思歸引》之類也。謂之吟，若《箕子吟》、《夷齊吟》之類也。謂之弄，若《廣陵弄》之類也。謂之調，

---

① “清聲十二極清”，光緒刻本作“律至十二極”。

若《子晉調》之類也。黄帝之清角，齊桓之號鍾，楚莊之繞梁，相如之緑綺，蔡邕之焦尾，以至玉牀、響泉、韻磬、清英、怡神之類，名號之别也。吟木、沉散、抑抹、剔操、擽擘、倫戢、綽瓅之類，聲音之法也。暢則和暢，操則立操，引者引説其事，吟者吟詠其事，弄則習弄之，調則調理之。其爲聲之法十有三，先儒之説詳矣。由是觀之，琴之於天下，合雅之正樂，治世之和音也。得其粗者，足以感神明，故六馬仰秣者，伯牙也；鬼舞於夜者，賀韜也。得其妙者，幾與造化俱矣。故能易寒暑者，師襄也；召風雲者，師曠也。小足以感神明，大足以奪造化，然則琴之爲用，豈不至矣哉！

大　琴

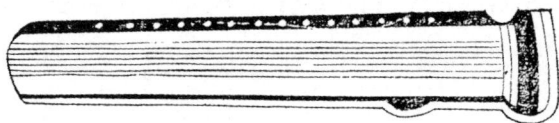

中　琴

小　琴

賾天地之和，莫如樂；窮樂之趣，莫如琴。蓋八音以絲爲君，

絲以琴爲君，而琴又以中暉爲君。是故君子常御，不離於前，非若鐘鼓陳於堂下，列於縣簴也。以其大小得中而聲音和，大聲不喧譁而流漫，小聲不湮滅而不聞，固足以感人善心，禁人邪志，一要宿中和之域而已。夫揮五絃之琴，歌《南風》之詩，以合五音之調，實始於舜。蓋南風，生養之氣也；琴，夏至之音也。舜以生養之德，播夏至之音，始也，其親底豫而天下化；終也，其親底豫而天下之爲父子者定。然則所謂琴音調而天下治，無若乎五音，豈不在兹歟？揚子曰：“舜彈五絃之琴，而天下化。”《傳》曰：“舜彈五絃之琴，詠《南風》之詩，不下堂而天下治。”由是觀之，舜以五絃之琴歌《南風》，亦不過詠父母生養之德，達孝思之心，以解憂而已，豈特解民愠、阜民財哉！蓋五絃之琴，小琴之制也；兩倍之而爲十絃，中琴之制也；四倍之而爲二十絃，大琴之制也。《明堂位》曰：“大琴中琴，四代之樂器也。”《爾雅》曰：“大琴謂之離。”以四代推之，二琴之制始於有虞氏，明矣。《樂記》述其制，《爾雅》述其大，則中者見矣。《明堂位》并舉小大而言之也。先儒謂伏犧、神農作洞越練朱五絃之琴，無所經見，豈出臆説歟？

次　大　琴

古者大琴二十絃，次者十五絃，其絃雖多少不同，要之本於五聲一也。蓋衆器之中，琴德最優，故柳世隆善彈琴，世稱柳公雙璅，爲士品第一。

雅　琴

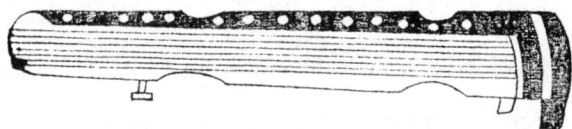

　　西漢趙定善鼓雅琴，爲散操。東漢劉昆亦能彈雅琴，知清角
之操。則雅琴之制，自漢始也。聖朝太宗皇帝因太樂雅琴更加
二絃，召錢堯卿按譜，以君、臣、文、武、禮、樂、正、民、心九絃按
曲，轉入大樂十二律，清濁互相合應。御製《韶樂集》中，有正聲
翻譯字譜，又令鈞容班部頭任守澄，并教坊正部頭花日新、何元
善等，注入唐來讌樂半字譜，凡一聲先以九絃琴譜對大樂字，并
唐來半字譜，並有清聲。今九絃譜内有《大定樂》、《日重輪》、《月
重明》三曲，并御製大樂《乾安曲》、景祐《韶樂集》内《太平樂》一
曲，譜法互同，他皆倣此，可謂善應時而造者也。誠增一絃，去四
清聲，合古琴之制，善莫大焉。仲呂宮，《大定樂》一百三十字；南呂角，《日重
輪》一百四十一字，《月重明》一百二十一字；無射宮，《乾安曲》四十八字。太宗因前代
七絃加二絃，曰清角、清徵，爲九絃：一絃黃鍾，二絃大呂，三絃太蔟，四絃夾鍾，五絃姑
洗，六絃仲呂，七絃蕤賓，八絃林鍾，按上爲夷則，九絃南呂，按上爲無射、應鍾。令隨編
鍾按習，每一擊一彈，各依節奏焉。

十二絃琴

　　聖朝嘗爲十二絃琴，應十有二律，倍應之聲，靡不悉備，蓋亦
不失先王制作之實也。然古人造曲之意，感物以形於聲，因一聲
而動於物。伯牙流水之奏，士野清徵之音，夫心往形留，聲和意

適,德幽而調逸,神契而感通,則古人之意明矣。

兩　儀　琴 二絃,每絃各六柱

　　聖朝初制兩儀琴,琴有二絃,絃各六柱,合爲十二。其聲洪迅而莊重,亦一時之制也。

樂書卷一百二十 樂圖論

雅部

八音_{絲之屬下}

七絃琴	大瑟	中瑟	小瑟
次小瑟	煩瑟	琴操	步

七 絃 琴

　　古者造琴之法，削以嶧陽之桐，成以㦥桑之絲，徽以麗水之金，軫以崑山之玉。雖成器在人，而音含太古矣，蓋其制，長三尺六寸六分，象朞之日也；廣六寸，象六合也；絃有五，象五行也；腰廣四寸，象四時也；前廣後狹，象尊卑也；上圓下方，象天地也；暉十有三，象十二律也；餘一，以象閏也。其形象鳳，而朱鳥，南方之禽，樂之主也。五分其身，以三爲上，二爲下，參天兩地之義也。司馬遷曰："其長八尺一寸，正度也。"由是觀之，則三尺六寸六分，中琴之度也；八尺一寸，大琴之度也。或以七尺二寸言之，或以四尺五寸言之，以爲大琴則不足，以爲中琴則有餘。要之，皆不若六八之數，爲不失中聲也。至於絃數，先儒謂伏犧、蔡邕以九，孫登以一，郭璞以二十七，頌琴以十三。揚雄謂陶唐氏加二絃，以會君臣之恩。桓譚以爲文王加少宮、少商二絃。釋知匠以爲文王、武王各加一，以爲文絃、武絃，是爲七絃。蓋聲不過五，小者五絃，法五行之數也；中者十絃，大者二十絃，法十日之數也。一絃，則聲或不備；九絃，則聲或太多。至於全之爲二十七，半之爲十三，皆出於七絃倍差，溺於二變、二少以應七始之數也。爲是説者，蓋始於《夏書》，而曼衍於《左氏》、《國語》，是不知《夏書》之在治忽，有五聲而無七始，豈爲《左氏》者求其説不得而遂傅會之邪？故七絃之琴存之，則有害古制，削之可也。聖朝太常琴制，其長三尺六寸三百六十分，象周天之度也。絃有三節聲：自焦尾至中暉爲濁聲，自中暉至第四暉爲中聲，上至第一暉爲清聲。故樂工指法，按中暉第一絃黃鐘，按上爲大呂。二絃太簇，按上爲夾鐘。第三絃姑洗，按上爲仲呂。第四絃蕤賓，單彈。第五絃爲林鐘，按上爲夷則。第六絃爲南呂，按上爲無射。第七絃爲應鐘。按上爲黃鐘清。凡此，各隨鐘律彈之，莫不合中呂之商，中太平之曲，非無制也。誠損二絃，去四清，合先王中琴之制，則古樂之發不過是矣。唐李沖《琴操》通中呂、黃鐘、無射三宮之説，蓋未完其本矣。先儒之論，有宮聲，又有變宮聲，已失尊君之道；而琴又有少宮、少商之絃，豈古人祝壽之意哉？其害理甚矣！

大　瑟

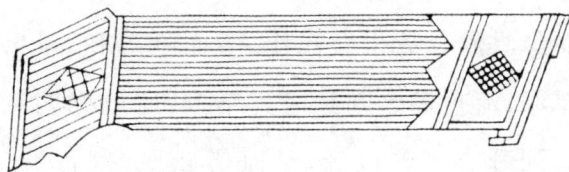

中　瑟

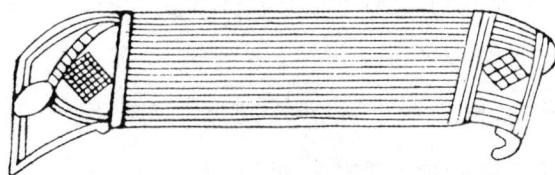

小　瑟

次小瑟

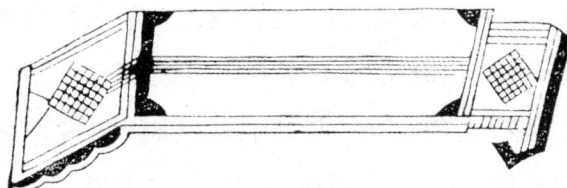

瑟之爲樂，其軫玉，其絃朱，其絲分，其音細。出乎器，入乎
覺，而君子無故不徹焉，非悅其聲音而已，樂得其道故也。古人
論瑟，嘗謂君父有節，臣子有義，四時和，萬物生。則君父有節，
臣子有義，所以樂人道也；四時和，萬物生，所以樂天地之道也。
三材之道，而瑟具焉。故朱襄氏作之，而陰陽和，羣生定；趙瓠巴
鼓之，而丹鳳舞，流魚聽。則瑟之爲樂，其所以動四氣之和，著萬
物之理如此，則舜之琴瑟以詠，足以儀鳳凰，舞百獸，豈足怪哉！
昔孔子見狸之搏鼠，欲其得之也，故其鼓瑟於室，而聲從以變，閔
子怪之，孔子以謂可與聽音。客有見螳螂之向蟬，恐其失之也，
故彈琴於屏，而聲亦從以變，蔡邕聞而去之，時人以爲知音。由

是觀之，君子之於琴瑟，聲隨物變如此，其可僞爲哉？

頌瑟

瑟者，閑也，所以懲忿窒欲，正人之德也。故前其柱則清，却其柱則濁。按《三禮圖》，頌瑟七尺二寸，廣尺八寸，二十五絃並用也。其合古制歟？尸子曰："夫瑟二十五絃，其僕人鼓之，則爲笑；賢者以其義鼓之，欲樂則樂，欲悲則悲。雖有暴君，亦不爲之變。"誠有味其言也。

琴操

自三代之治既往，而《樂經》亡矣。《樂經》亡，則《禮》素而《詩》虛，是一經缺而三經不完也。今夫琴者，君子常御之樂，蓋所以樂心而適情，非爲憂憤而作也。苟遇乎物，可詠者詠之，可傷者傷之，大爲典誥，小爲雅頌，而諷刺勸戒，靡不具焉，其利於教也大矣。古之明王君子，多親通焉，故堯有《神人暢》，舜有《思親操》，《襄陵》始禹，《訓佃》始湯，以至文王《拘幽》，周公《越裳》，成王《儀鳳》，老聃《列仙》，伯牙之《水仙》、《懷陵》，孔子之《將歸》、《猗蘭》，曾子《歸耕》、《殘形》之類，大抵因時事而作，豈爲憂憤邪？後世論之者過也。降自唐虞，迄于晉宋，善琴者八十餘人。周秦以前，其聲傷質；漢魏而下，其音淺薄。故漢末太師五曲，魏初中散四弄，其間聲含清側，文質殊流。吳弄清潤，若長江緩流，有國士之風；蜀聲峻急，若蹙浪奔濤，有少年壯氣。凡若此類，不可勝數。然世罕知音，反以箏勢入琴，譜録雖存，其亡益乎？

步

《爾雅》曰："徒鼓琴，謂之步。"蓋鼓琴而無章曲，則徒鼓而已，猶之舍車而徒也。其謂之步，不亦可乎？

樂書卷一百二十一　樂圖論

雅部

八音 _{竹之屬上}

箮簫①　筊簫　韶簫　洞簫　葦簫　竹簫
幽簫　篴簫　仲簫　箹簫　竹律

箮　簫②　　　　　　　　　　筊　簫

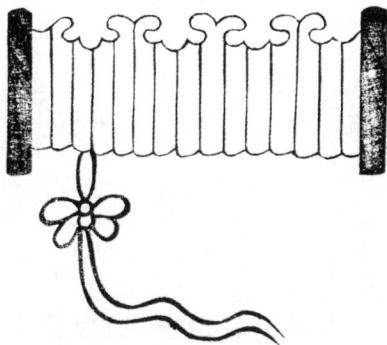　　　　

　　萬物辨於北③,交於南。辨於北,正固之時也,其性智,其情悲,其類爲介,有龜蛇之象焉;交於南,嘉會之時也,其性禮,其情樂,其類爲羽,有鳳凰之象焉。荀卿曰:"鳳凰于飛,其翼若干,其聲若簫。"蓋簫之爲器,編竹而成者也,長則聲濁,短則聲清,其狀鳳翼,其音鳳聲,中吕之氣,夏至之音也。然鳳凰聲中律吕,以五

---

①　"箮簫",原無,據光緒刻本補。
②　"箮簫",原無,據光緒刻本補。
③　按:自"萬物辨於北"直至"取陰氣自然之數",原缺,據光緒刻本補。

行推之，廼南方朱鳥，則火禽也。火生數二，成數七，而夏至又火用事之時，二七十四，則簫之長尺有四寸，蓋取諸此。《爾雅》："大簫謂之笙，小者謂之筊。"郭璞謂"大者長尺四寸，小者尺二寸"是也。然尺四寸者，二十四管，無底而善應，故謂之笙；尺二寸者，十二管，有底而交鳴，故謂之筊。蓋應十二律正倍之聲也。郭璞謂大者二十三管，小者十六管，失之矣。簫者，陰氣之管也。坤以二四爲六，而地數至十而止，故大者二十四管，小者十二管，取陰氣自然之數。

韶　簫

舜作十管韶簫，長尺有二寸。其形參差象鳳翼，所以應十日之數，聲所由生也。《風俗通》之論，疑有所本矣。或以三尺言之，毋乃太長乎？《釋名》曰："簫，肅也。其聲肅肅而清也。"

洞簫

《周官》之於簫，鼓之小師，播之瞽矇，吹之笙師。則簫之爲樂，其器細，其音肅，必待衆職而後致用，堂下之樂，備舉之奏也。蔡邕曰："簫大者二十四管，無底；小者十六管，有底。"古有洞簫無底，豈有大者歟？然則邕時無洞簫小者矣。蓋簫之爲管，長則濁,短則清,以蠟密實其底而增損之,然後其聲和矣。舜帝《簫韶》九成,鳳凰爲之來儀,法度彰、禮樂著之效也。昔穆公之時,樂吏善吹簫,感三鳳至,則鳳凰來儀,固有是理也。元帝自善洞簫,爲漢室兆衰之主,其法度不修,禮樂不興之效歟?古者造簫之法,或以玉,或以竹。以玉,若《梁州記》得玉簫是也;以竹,若《丹陽記》有慈姥山生簫管竹是也。論爲簫者,或以伏犧,或以舜,豈二帝相襲而爲之邪?《詩》、《禮》凡言管,而簫在管前。《書》言簫管,而簫在管後。則簫者,樂之成終始也。聖朝太常簫,皆蜜底十六管,從右手爲頭,次第吹之,至左成曲。今按習所以律管通底造成洞簫,十二律皆清聲,與頌塤同律協和,亦依底簫,從右手起黃鍾,至林鍾,自夷則以上,即開竅,次第至應鍾,清而止,其音尤清亮,與底簫清正相參用之,非不善也。然四清未去,未全於雅樂矣。其制盡依律管,分小協律取聲,第一管黃鍾,二管大呂,三太簇,四夾鍾,五姑洗,六仲呂,七蕤賓,八林鍾,九夷則,十南呂,十一無射,十二應鐘,十三黃鍾清,十四大呂清,十五太簇清,十六夾鐘清。許慎曰:"筒,通簫也。筒,一作洞。"

葦籥　竹籥

《易》曰:"震爲萑葦,爲蒼筤竹。"《爾雅》曰:"葦,醜芀。"郭璞曰:"其類皆有芀秀。葭,蘆葦也。"則葦籥、竹籥皆震音也。蓋太極元氣,函三爲一,行於十二辰,而律呂具矣。始動於子,參之於丑,得三而籥之。爲器本於黃鍾之籥,竅而三之,所以通中聲而上下之,律呂之所由生也。古之人始作樂器,而葦籥居其先焉。震爲六子之首,籥爲衆樂之先。其斯以爲稱,始乎葦,伊耆氏施於索饗也;成乎竹,周人以之本始農事也。或以伊耆爲堯,然堯時八音已具,豈特葦籥、土鼓而已哉!

豳籥

詩者,中聲所止也;籥者,中聲所通也;土者,中聲所本也。《周官·籥章》"掌土鼓豳籥"者,以其迎寒逆暑,必以中聲之詩,奏之中聲之鼓,歈之中聲之籥,則所道者中德,所詠者中聲,所順者中氣,無往不爲中和之紀矣。

籆　籥　　　仲　籥　　　箹　籥

《爾雅》曰:"大籥謂之産,中謂之仲,小謂之箹。"籥之大者,其聲生出不窮,非所以爲約也;小者其聲則約而已;若夫大不至於不窮,小不至於太約,此所以謂之仲也。然則鄭、郭三孔之籥,豈其中者歟?毛萇六孔之籥,豈其大者歟?雖然,皆不出乎中聲,而《廣雅》有七孔籥爲笛之説,豈傅會七音而遂誤乎?

竹　律

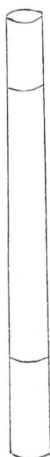

天有六氣，降生五味。天有六甲，地有五子，故六律六吕而
成天道，所以宣揚六氣九德，究極中和，順天地之體，合鬼神之
德，通五行之性，遂萬物之情者也。是故上古聖人本陰陽，別風
聲，審清濁，鑄金作鐘，主十二月之聲，効升降之氣，立和適之音。
然鍾難分別，又截竹爲管，謂之律者。聲之清濁，率法以長短爲
制故也。黃帝以聽鳳爲之，遠取諸物也；夏禹以聲爲之，近取諸
身也。今夫王者制事立法，物度軌則，一禀於六律。六律爲萬事
根本，雖法存形器，而道契精微，探賾索隱，鈎深致遠，窮天下之
妙者，莫不準焉，豈非八音之管轄，五聲之喉衿邪？京房欲益中
吕一分，且合黃鐘九寸，是使周元之度六甲無遷移歸餘之法，五
歲無再閏之期，失陰陽之大紀，乖律吕之本原也。

樂書卷一百二十二　樂圖論

雅部

八音_{竹之屬下}

管　簹　箈　都良管　班管　彤管　孤竹管
孫竹管①　陰竹管　籦　大籥　小籥　沂　和　簜

管	簹	箈
		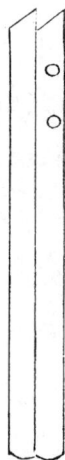

　　樂以木爲末，以竹爲本。古者以候氣律管裁而吹之，濁倍其
聲，爲堂下之樂，頭管所以和衆樂之聲，以其探本故也。《爾雅》
"大者謂之籟"，以其聲大而高也；"小者謂之箈"，以其聲小而深
也；"其中謂之簹"，則其聲不小不大，不高不深，如黑土之在水中

---

　　①　"孫竹管"，原作"絲竹管"，誤，據元刻明修本、光緒刻本改。

也。蓋其狀如篪笛,而六竅又有底焉,長尺,圍寸,併兩漆而吹之,漢大予樂有焉。其所主治①,相爲終始,所以道陰陽之聲,十二月之音也。女媧始爲都良管,以一天下之音;爲班管,以合日月星辰之會。帝嚳展管,有虞氏下管,則管爲樂器,其來尚矣。至周而大備,教之於小師,播之於瞽矇,吹之於笙師。辨其聲用,則孤竹之奇;禮天神,孫竹之衆;禮地示,陰竹之幽;禮人鬼,各從其聲類故也。後世爲雙鳳管,以足律音,豈得古制歟?《禮記·文王世子》曰:"登歌《清廟》,下管《象》、《武》。"《郊特牲》曰:"歌者在上,匏竹在下。"《仲尼燕居》曰:"升歌《清廟》,示德也;下而管《象》,示事也。"《祭義》曰:"昔周公有勳勞於天下,成王賜之升歌《清廟》,下而管《象》。"《燕禮》、《大射儀》升歌《鹿鳴》、《四牡》、《皇皇者華》,下管《新宮》。周之升歌,不過《清廟》、《鹿鳴》、《四牡》、《皇華》,而下管不過《象》、《武》、《新宮》,則舜升歌、下管之詩,雖不經見,要之歌以示德,管以示事,一也。德成而上歌以詠之於堂上,事成而下管以吹之於堂下,豈非以無所因者爲上,有所待者爲下邪?《廣雅》管象簫,長八寸,圍寸,八孔無底,豈非以後世之制言之歟②?《周頌》言"磬筦將將",《商頌》言"嘒嘒管聲,依我磬聲",則堂上之磬,堂下之管,其聲未嘗不相應,然其所依者,磬聲而已。

---

① "主",光緒刻本作"生"。
② "豈非",原作"豈",據光緒刻本補。

班　管　　都良管　　　　彤　管

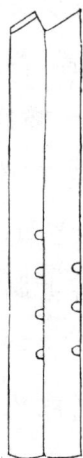

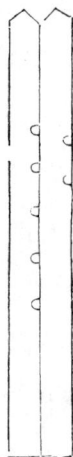

　　昔女媧氏命娥陵氏制都良之管，以一天下之音。又命聖氏
爲班管，合日月星辰，名曰"充樂"。至於帝嚳命咸墨吹筝展管，
亦因是矣。

　　有敵愾之功，而以文明之物旌之，謂之彤弓；有安人之德，而
以文明之物昭之，謂之彤几。然則有美德，而以文明發之，謂之
彤管，不亦可乎？樂之爲道，和順積中，英華發外，而其節不可
亂，信乎不可以爲僞矣！貽我彤管，樂也；俟我於城隅，禮也。靜
女以至靜爲德，有禮以節之，不至於盈而淫；有樂以和之，不至於
乖而亂。節之以禮，則爲可愛，故繼之以愛而不見，搔首踟蹰；和
之以樂，則爲可悅，故繼之彤管有煒，悅懌女美。

孤竹管　孫竹管　陰竹管

　　先王之制管，所以道達陰陽之聲。然陽奇而孤，陰偶而羣；
陽大而寡，陰小而衆；陽顯而明，陰幽而晦。孤竹之管與圜鐘之
宮合，以之降天神，取其奇而孤也；孫竹之管與函鐘之宮合，以之

出地示，取其小而衆也；陰竹之管與黃鐘之宮合，以之禮人鬼，取其幽而晦也。《易》曰：“方以類聚，物以羣分。”於斯見矣。

篴

《周官·笙師》：“掌教吹籥、簫、篪、篴、管。”五者皆出於笙師所教，無非竹音之雅樂也。杜子春謂“如今時所吹五孔竹篴”，則是謂當讀爲滌蕩之滌，非矣。漢部所用雅笛七竅，不知去二變以全五聲之正也。蔡邕曰：“形長尺，圍寸，無底有穴。”今亡。大抵管、笛一法爾。唐制尺八，取倍黃鐘九寸爲律，得其正也。漢丘仲笛，以後一穴爲商聲。晉荀勗笛法，以後一穴爲角，謂於九寸穴上開也。聖朝太常笛無尺寸，第依編架黃鐘爲合聲，然兼二變而吹之，未盡得先王雅樂之制也。今太常笛，從下而上，一穴爲太簇，半竅爲大吕，次上一穴爲姑洗，半竅爲夾鍾，次上一穴爲仲吕，次上一穴爲林鍾，半竅爲蕤賓，次上一穴爲南吕，半竅爲夷則，變聲爲應鍾，謂用黃鍾清與仲吕雙發爲變聲，半竅爲無射，後一穴爲黃鍾清。中管起應鍾爲首爲宮，其次上穴大吕爲商，又次上穴夾鍾爲角，又次上穴仲吕爲變徵，又次上穴蕤賓爲正徵，又次上穴夷則爲羽，變宮爲無射，謂後穴與第三穴雙發是也。如此，即不用半竅①，謂十二律用兩笛成曲也。今按習所且以太常半竅法起間聲，以協律施用②。

大篪

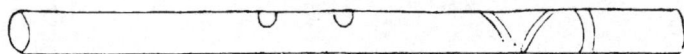

---

① “半竅”，原作“七竅”，據光緒刻本改。
② “以”，光緒刻本作“亦”。

小　籭_沂

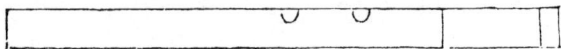

籭之爲器，有底之笛也。暴辛公善之，非其所作者也。大者尺有四寸，陰數也；其圍三寸，陽數也。小者尺有二寸，則全於陰數。要皆有翹以通氣，一孔上達，寸有二分，而橫吹之，或容覆，或潛伏。籭爲不齊者也。《爾雅》："大壎謂之嘂。"嘂則六孔，交鳴而喧譁；沂則一孔，而其聲清辨。或曰：籭之爲言，啼也。或曰：沂之爲言，悲也。豈其聲自空而出，若嬰兒之悲啼然邪？《周官·笙師》："教吹壎、籭。"《詩》曰："伯氏吹壎，仲氏吹籭。"又曰："天之牖民，如壎如籭。"是壎、籭異器而同樂，伯仲異體而同氣，故詩人取以況焉。《世本》以籭爲管，沈約非之，當矣。先儒言籭有六孔、七孔、八孔、十孔之說，以中聲論之，六孔，六律之正聲也；八孔，八音之正聲也；十孔，五聲正倍之聲也。豈其大小異制然邪？鄭司農有下七孔之異論，未免泥乎七音之失也。_{籭吹孔如酸棗。}聖朝籭，六孔而橫吹，_{下二穴在底節外①，次四穴，在前一，在後一。}太常籭，無尺寸，第依編架黃鍾爲合聲，然兼七竅而用之，未純乎雅樂也。_{節外一穴爲太簇，半竅爲大呂，次上一穴爲姑洗，半竅爲夾鍾，又次上一穴爲蕤賓②，半竅爲仲呂，又次上一穴爲林鍾，又次上一穴爲南呂，半竅爲夷則，七竅全開爲應鍾，半竅爲無射。黃鍾、大呂、太簇、夾鍾，哨次各有清聲③。}

---

① "下二穴"，原作"下一穴"，據元刻明修本、光緒刻本改。

② "次上一穴"，原作"次上穴"，據光緒刻本補。

③ "次各"，原缺，據元刻明修本、光緒刻本補。

和

《爾雅》曰：“徒吹謂之和。”蓋聲過則淫，中則和故也。《周禮》之吹作龡，此其意歟？

簜

《書》於海岱惟揚州，言“篠簜既敷”，繼之以“瑤琨篠簜”。孔安國以竹箭爲篠，大竹爲簜，則簜之爲竹，特大於篠，其笙、簫之類歟？《儀禮·大射儀》：“簜在建鼓之間。”此之謂也。

樂書卷一百二十三　樂圖論

雅部

八音_{匏之屬}

笙　巢笙　和笙　鳳笙　大竽　小竽　簧
笙　　　　　　　　　　　　　巢　笙

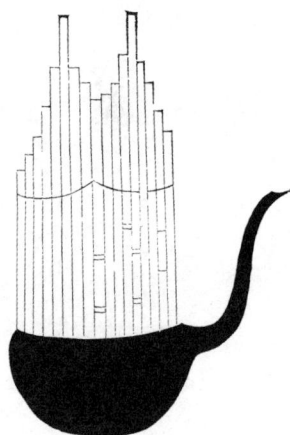

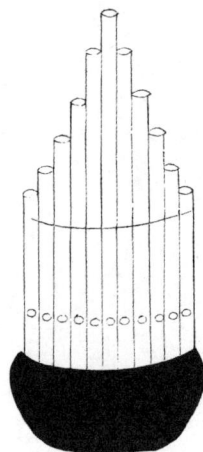

　　萬物盈乎天地之間，入乎坎，則革故而趨新，故其音革而爲鼓；
成乎艮，則始作而施生，故其音匏而爲笙。古者造笙，以曲沃之匏，
汶陽之篠，列管匏中，而施簧管端，則美在其中，鐘而爲宮，蓋所以
道達冲氣，律中太簇，立春之音也。故有長短之制焉，有六合之和
焉。故《五經析疑》曰："笙者，法萬物始生，道達陰陽之氣，故有長
短。黃鐘爲始，法象鳳凰，蓋笙爲樂器，其形鳳翼，其聲鳳鳴，其長
四尺。大者十九簧，謂之巢，以眾管在匏，有鳳巢之象也；小者十三

管，謂之和，以大者唱則小者和也。《儀禮》有之，三笙一和而成聲是已。《大射儀》："樂人宿縣于阼階東，笙、磬西面，其南笙、鐘。"蓋笙，艮音也，於方爲陽；鐘，兌音也，於方爲陰。《周官》笙師掌教吹笙，共其鐘、笙之樂以教誠。《夏書》曰："笙、鏞以間。"是鼓應笙之鐘，而笙亦應之也。眡瞭掌擊笙、磬，《詩》曰："笙磬同音。"則磬，乾音也，與笙同爲陽聲，是擊應笙之磬，而笙亦應之也。笙、磬則異器而同音，笙、鐘則異音而同樂。《儀禮》有衆笙之名，而簜在建鼓之間，蓋衆笙所以備和，奏洽百禮，豈特應鐘、磬而已哉！《鹿鳴》所謂"鼓瑟鼓琴"、"吹笙鼓簧"，應琴瑟之笙也。《賓之初筵》曰："籥舞笙鼓。"應鼓之笙也。《檀弓》："孔子十日而成笙歌。"《儀禮》歌《魚麗》，笙由庚笙之類，應歌之笙也。然則笙之爲用，豈不備矣哉！此帝舜用之所以鳳儀，子晉吹之所以鳳鳴也。《記》曰："女媧之笙簧。"《世本》曰："隨作笙簧。"庸詎知隨非女媧氏之臣乎？黃帝制律以伶倫，造鐘以營援，則女媧作笙竽以隨，不足疑矣。聖朝李照作巢笙，合二十四聲，以應律呂正倍之聲；作和笙，應笙竽合清濁之聲；又自制大笙，上之太樂，亦可謂知復古制矣。今太常笙，濁聲十二，中聲十二，清聲十二，俗呼爲"鳳笙"。孟蜀主所進樂工不能吹，雖存而不用。比者按習清濁正三倍聲，皆得相應，誠去四清聲吹之，雖用之雅樂，亦惡在其爲不可哉？今巢笙之制，第一管□子應鐘清聲，應；第二管二中音黃鐘正聲，應中音子三；第三管應鐘正聲，應頭子□；第四管南呂正聲，應第五子；五中呂管無射正聲，無應；六大托管蕤賓濁聲，應托聲；七十五管大呂正聲，無應；八大韻管姑洗濁聲，有應；九第五子南呂清聲，應第四管；十中音子黃鐘清，應中音；十一托聲管蕤賓正聲，應大托；十二著聲管姑洗正聲，應□韻①；十三仙呂管夾鐘正聲，無應；十四高聲管太簇正聲，十五平調子林鐘清聲，十六平調管林鐘正聲，十七□

---

① "□韻"，光緒刻本作"大韻"。

韻太簇濁聲①，應高聲；十八義聲管夷則正聲，無應；十九托聲管仲呂正聲，無應聲。

鳳笙　和笙

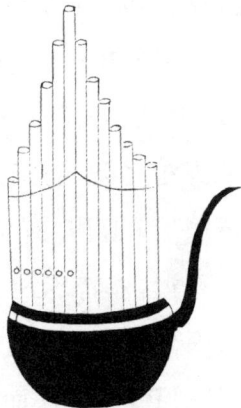

　　《傳》曰："大笙，音聲衆而高也；小者，音相和也。"斯不亦笙大小之辨乎？《説文》曰："笙，正月之音，十三簧，象鳳身。"蓋其簧十二，以應十二律也；其一，以象閏也。聖朝登歌用和笙，取其大者倡，則小者和，非阮逸所謂取其聲清和也；用十三簧，非阮逸所謂十九簧也。巢、和若均用十九簧，何以辨小大之器哉？阮逸謂竽笙起第四管爲黄鐘，巢笙起中音管爲黄鐘，和笙起平調爲黄鐘，各十九簧，皆有四清聲、三濁聲、十二正聲，以編鐘四清聲參驗，則和笙平調子是黄鍾清也，竽笙第五子是太簇清也，中呂管是大呂清也，中音子是夾鍾清也。既已謂之竽矣，謂之笙矣，安得合而一之爲竽笙邪？《儀禮》所謂"三笙一和"者，不過四人相爲倡和爾，孰謂竽和之類邪？蔡邕《月令章句》曰："季秋之月，上丁入學，習吹笙，所以通氣也，管、簫、笙、竽，皆以吹鳴者也。"

---

①　"十七□韻"，光緒刻本作"十七大韻"。

大　竽　　　　　　　　小　竽

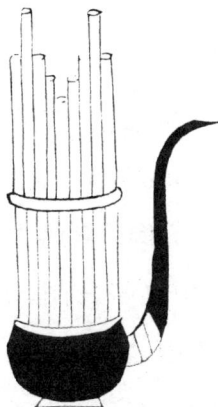

　　昔女媧氏使隨裁匏竹以爲竽，其形參差，以象鳥翼，火類也，火數二，其成數則七焉；冬至吹黃鍾之律，而間音以竽，冬則水王，而竽以之，則水器也，水數一，其成數則六焉。因六而六之，則三十六者，竽之簧數也；因七而六之，則四十二寸者，竽之長數也，《月令》“仲夏調笙竽”，《淮南子》謂“孟夏吹笙竽”，蓋不知此《周官》笙師掌教吹竽笙，則竽亦笙類也。以笙師教之，雖異器同音，皆立春之氣也。《樂記》曰：“聖人作爲鼗鼓、椌、楬、塤、篪，然後爲之鐘、磬、竽、瑟以和之。”是樂之倡始者在鼗鼓、椌、楬、塤、篪，其所謂鐘、磬、竽、瑟者，特其和終者而已。韓非子曰：“竽者，五聲之長。竽先，則鐘、瑟皆隨；竽倡，則諸樂皆和。”豈聖人制作之意哉？《說文》曰：“竽管，三十六簧，象笙。”以竽宮管在中故也。後世所存多二十三管，具二均聲焉。聖朝宋祁曾於樂府得古竽，有管而無簧，列管參差，及曲頸皆爲鳳飾，樂工皆以爲無用之器。惟葉防欲更造，使具清正倍三均之聲，是不知去二變四清，以合乎聲律之正也。《通禮義纂》曰：“漢武帝丘仲作竽笙，三十六管。"豈以丘仲作尺四寸之笛,遂誤以爲竽邪? _{竽聲重濁,與巢相}和,堂下之樂也。《樂法圖》曰:"吹竽,有以知法度,竽音調,則度數得矣。"

簧

《易》曰:"天玄而地黄。"蓋天色以玄爲正,以赤爲盛;地色以黑爲正,以黄爲盛。在《坤》之六五:"黄裳元吉,文在中也。"《月令》中央土,律中黄鐘之宫,則樂之有簧,以宫管在中也,莫非簧也。有笙中之簧,有非笙中之簧。《鹿鳴》曰"吹笙鼓簧",莊子言"簧鼓",笙中之簧也。《君子陽陽》曰"左執簧",《巧言》曰"巧言如簧",非笙中之簧也。《傳》稱"王遥有五舌竹簧",今民間有鐵葉之簧,豈非簧之變體歟?

樂書卷一百二十四　樂圖論

雅部

八音_{木之屬}

柷_{控擊}　敔_{楬戛}　籈　止　應　鐘筍　磬筍
鐘簴　磬簴_鏤　論上　論下　植羽
璧翣　業　崇牙_樅　樅

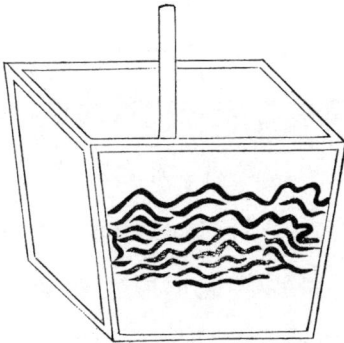

柷_{控擊}

敔_{楬戛}

籈

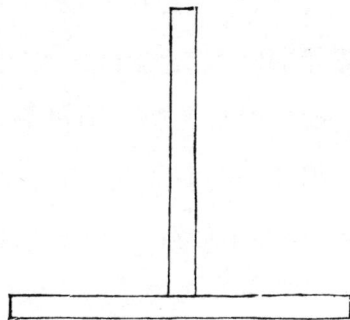

止

　　《周官·小師》:"掌教播鼗、柷、敔。"《周頌·有瞽》亦曰:"鼗磬柷圉。"蓋堂下樂器以竹爲本,以木爲末,則管、簫,本也;柷、敔,末也。柷之爲器,方二尺四寸,深一尺八寸,中有椎柄連底挏之,令左右擊也。陰始于二四,終于八十,陰數四八,而以陽一主之,所以作樂,則于衆樂先之而已,非能成之也,有兄之道焉,此柷所以居宮縣之東,象春物之成始也。敔之爲器,狀類伏虎,西方之陰物也,背有二十七鉏鋙,三九之數也①。櫟之長尺十之數也,陽成于三,變于九,而以陰十勝之,所以止樂,則能以反爲文,非特不至于流而失已,亦有足禁過者焉,此敔所以居宮縣之西,象秋物之成終也。《書》曰"戛擊",《禮》曰"楷擊",《樂記》曰:"聖人作爲椌、楬。"荀卿曰:"鞉、柷、拊、椌、楬,似萬物。"蓋柷、敔以椌、楬爲體,椌、楬以戛、楷擊爲用也。《爾雅》曰:"所以鼓敔,謂之止;所以鼓柷,謂之籈。"則柷以合樂而作之,必鼓之欲其止者,戒之于蚤也;敔以節樂而止之,必鼓之欲其籈者,潔之於後也。然樂之出虛,故其作樂虛,椌必欲空,琴必用桐,拊必用穅,皆以虛爲本也;及其止,則歸于實焉,此敔所以爲伏虎形歟? 然樂之張陳戛擊,必于堂上,柷、敔必于堂下,何邪? 曰:柷、敔,器也;戛擊,所以作器也。器則卑而在下,作器者尊而在上;是作樂者在下,所以作之者在上;在上命物者也,在下受命者也,豈非貴賤之等然邪? 本夫堂上之樂,象廟朝之治;堂下之樂,象萬物之治。荀卿以拊柷椌楬爲似萬物,則是以堂上之拊亦似之,誤矣。柷敔椌楬皆一物而異名,荀卿以柷椌離而二之,亦誤矣。桓譚《新論》謂"椌楬不如流鄭之樂",真有意哉。止者,柷之椎名也;籈者,鼓敔之名也。

聖朝太樂，柷爲方色以圖瑞物，東龍西虎南鳳北龜，而底爲神蟆。敔因唐制，用竹以二尺四寸，折爲十二莖樂將作先擊其首，次三戛鉏鋙而止，與舊柷四面畫山卉，用木櫟鉏鋙者，異矣。雖曰因時制宜，要之非有意義，孰若復古制之爲愈哉！先儒以柷爲立夏之音，又謂乾主立冬，陰陽終始，故聖人承天以制柷敔，一何疏邪？晉宋故事，四箱各有柷敔，同時戞作，亦非古人之制也。隋牛洪罷之，不亦宜乎？

應

　　應樂，猶應之應物，其獲也小矣。故小鼓謂之應，所以應大鼓所倡之聲也；小舂謂之應，所以應大舂所倡之節也。《周官》笙師掌教牘、應，牘長七尺①，應則如桶，而方六尺五寸，中象柷，有椎連底，左右相擊，以應柷也，斯不亦大小之辨乎？《禮圖》其形正圓，而外皆朱。《唐樂圖》及《大周正樂》皆外黑内朱。然以理

推之，一在木下爲本，在木上爲末①，在木中爲朱，則木之爲物②，含陽于內，南方之火所自而藏也，故應以木爲之，而內外朱焉，固其理也。彼持內黑之説，真臆論歟？

鐘筍　磬筍

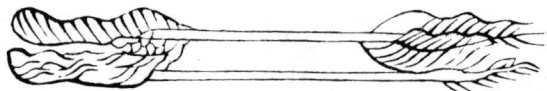

鐘簾　　　　　　　　　磬簾鐻

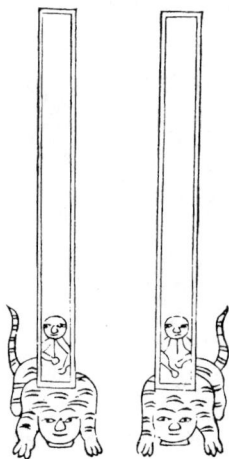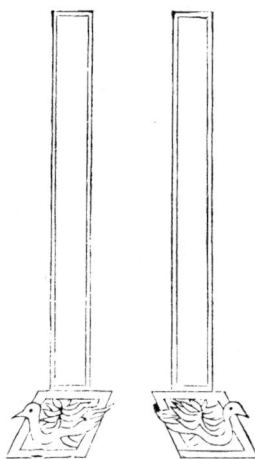

論上

樂出於虛，而寓于器；本於情，而見於文。寓於器，則器異異虡；見於文，則文同同筍。鐘虡飾以贏屬，磬虡飾以羽屬，器異異

---

① "在木上爲末"，原缺"在木"，據光緒刻本補。

② "木"，原作"本"，據光緒刻本改。

虞故也。鐘、磬之筍，皆飾以鱗屬，其文若竹之有筍然，文同同筍
故也。筍則橫之，設以崇牙，其形高以峻；虞則植之，設之以業，
其形直以舉。是筍之上有業，業之上有崇牙，筍之兩端又有璧
翣，鄭氏謂“戴璧垂羽”是也。蓋簨、虞所以架鐘、磬，崇牙、璧翣
所以飾筍、簨。夏后氏飾以龍，而無崇牙。商飾以崇牙，而無璧
翣。至周，則極文而三者具矣。故《周頌》曰“設業設虞，崇牙樹
羽”是也。鶡子謂大禹銘於筍、虞曰：“教寡人以道者擊鼓，教以
義者擊鐘，教以事者振鐸，語以憂者擊磬，語以訟獄者揮鞀。”其
言雖不經見，彼蓋有所受，亦足考信矣。《周官‧典庸器》“祭祀，
帥其屬，設筍、虞”，吉禮也；“大喪，廞筍、虞”，凶禮也。喪禮旌
旐、璧翣，與筍、虞同者，爲欲使人勿之有惡焉爾。筍亦爲簨者，
以生東南故也；虞亦爲虞者，以樂出虛故也。

論下

木謂之虞，大版謂之業。故《靈臺》詩曰：“虞業維樅，賁鼓維
鏞。”《有瞽》詩曰：“設業設虞，崇牙樹羽。”其詳見於《考工記》。
以《梓人》推之，天下之大獸五：脂者、膏者、臝者、羽者、鱗者。脂
者、膏者，宗廟以爲牲；臝者、羽者、鱗者，樂器以爲筍、簨。故厚
脣，弇口，出目，短耳，大胷，燿後，大體，短脰，若是者謂之臝屬，
常有力而不能走，其聲大而宏，有力而不能走，則於任重宜，大聲
而宏，則於鐘宜，故梓人以爲鐘簨。銳喙，決吻，數目，顧脰，小
體，騫腹，若是者謂之羽屬，常無力而輕，其聲清揚而遠聞，無力
而輕，則於任輕宜，其聲清揚而遠聞，則於磬宜，故梓人以爲磬
虞。擊其所縣，而由其虞鳴，故《書》、《傳》言鳴鐘鳴球，孰非本此

歟？小首而長，搏①其身而鴻，若是者謂之鱗屬，以爲鐘、磬之筍，其文凡攫絅援噬之類，必深其爪，出其目，作其鱗之而，則於眠必撥爾而怒，其於任重也何有？爪不深，目不出，鱗之而不作，則必頹爾如委矣，其於加任也何有？故且其匪色，必似鳴矣；措其匪色，必似不鳴矣。古人爲筍虡之制，遠取諸物，而象其宜如此，故古人銘之曰：“周因商禮，損益可知。”不其偉歟？秦始皇建千石之鐘，立萬石之虡，《漢儀》“高廟撞千石之鐘十枚”，豈亦襲秦人侈心之弊而不釐正之邪？李尤銘曰：“漢因于周，由若重規。人因秦器，事有可施。”其言過矣！漢魏以來，有四廂金石之樂，其架少則或八、或六，多則十六、二十。至隋唐，始益爲三十六架。高宗蓬萊宮，充庭有七十二架，飾筍以飛龍，飾跌以飛廉；飾虡以摯獸，上列植羽，旁垂流蘇。武后稱制，飾宮縣之樂，廟朝以五采，軒縣以朱，五郊各從方色，非三代之制也。聖朝依做古制，天子宮縣鑄鍾十二虡，編鐘十二虡，編磬十二虡，凡三十六虡，各依辰次。每鑄鐘左右設編鐘、編磬，再辰次列三架。今太常按習御製曲譜，宮縣每奏一聲，鑄鐘一擊之，編鐘、磬三擊之②，清濁先後互相爲應，大昭小鳴，和之道也。簴，亦爲鐻者，莊周述梓慶將削木爲鐻，未嘗敢以耗氣，齊七日，忘吾四支；然後入山林，觀天性，區別見；成鐻，然後加手。故見者驚猶鬼神，抑何妙哉！古者鐘、磬虡皆取中虛之木，故擊其所縣，而由其虡鳴。今鍾、磬之虡則以實木爲之，故其鳴不由虡，非先王制作之意。

---

① “搏”，光緒刻本作“摶”。
② “三擊”，原作“三聲”，據元刻明修本、光緒刻本改。

植　羽　　　　　　　　璧　翣

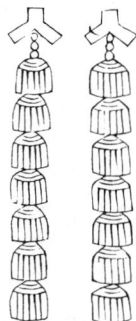

業

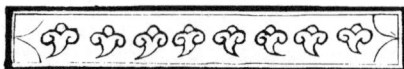

《爾雅》:"木謂之虡,大版謂之業。"筍簴之有業,蓋所以形容先王德業成於上,而樂作於下,象其成焉爾。故文王德業成於《靈臺》,曰"虡業維樅";成王德業成于《有瞽》,而曰"設業設虡",意可覩矣。

崇　牙椌　　　　　　　　椌

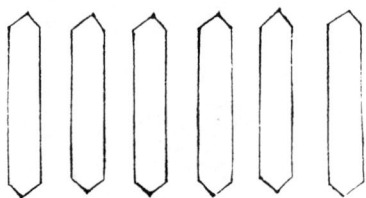

　　木之性，主乎仁。故檜之爲木，栢葉松身，則葉與身皆曲，以曲而會之，故音會計之檜。椌之爲木，松葉栢身，則葉與身皆直而從之，故音從容之椌。崇牙之體也，文王以德行仁，亦如之矣。

　　撞鐘鼓謂之椌。《漢書·司馬相如傳》謂“椌金鼓”，古樂歌所謂“戛玉椌金”，豈謂是邪？

樂書卷一百二十五　樂圖論

胡部

八音_{金之屬}

序胡部	方響	響鐵	編鐘_{此係胡樂編鐘}	
正銅鈸	和銅鈸	銅盤	銅鐃	銅鉦
銅角	吹金	龍頭角	大銅鼓	
中銅鼓	小銅鼓	鐵拍板	銅鑼	

序胡部

《周官》鞮師"掌教鞮樂",旄人"掌教舞夷樂",鞮鞻氏"掌四夷之樂,與其聲歌",凡祭祀、饗燕用焉。然則胡部之樂,雖先王所不廢,其用之,未嘗不降于中國雅部之後也。故鞮師、旄人、鞮鞻氏所以居大司樂之末歟?後世以觱篥爲頭觱,進之雅部之前,失先王所以立樂之方也。臣嘗觀漢明帝時,北單于來請音樂,詔報曰:"前單于言,先帝時賜呼韓邪竽、瑟、箜篌,皆敗,願復裁賜。念單于國尚未安,方屬武節,以攻戰爲務,竽瑟之用,不如良弓利劍,故不以賫,朕不愛小物於單于也。"然則匈奴亦通用中國樂矣。用華音變胡俗可也,以胡音亂華,如之何而可!

方　響響鐵　　　　　編　鍾

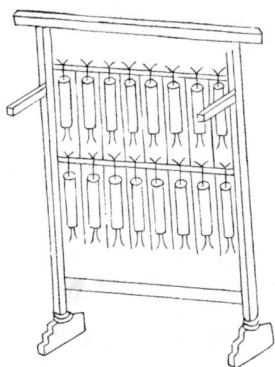
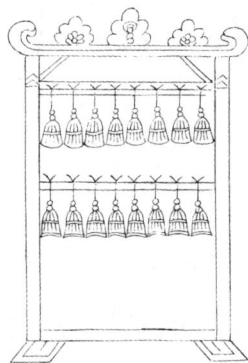

《大周正樂》載西涼清樂方響，一架十六枚，具黃鍾、大呂二均聲。唐武宗朝，朱崖李太尉有樂吏廉郊，嘗携琵琶於池上彈蕤賓調，忽聞芰荷間有物躍出其岸，际之，乃方響蕤賓鐵也，豈指撥精妙，能致律呂之應然邪？和凝有《響鐵》之歌，蓋本諸此。

唐西涼部，非特有方響，亦有編鍾焉，豈中國之制流入於四夷邪？齊武帝始通使于魏，僧虔謂其兄子儉曰："古語謂：'中國失禮，問之四夷。'"計樂亦如之，非虛言也。

正銅鈸　　　　　　和銅鈸銅盤

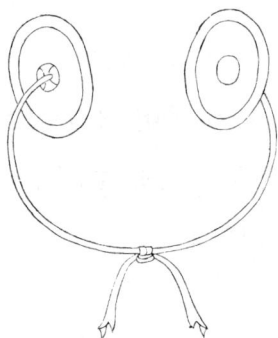
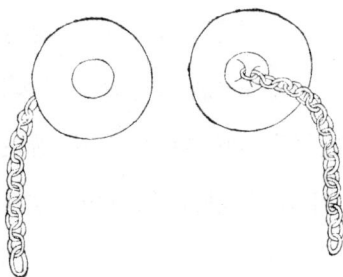

銅鈸，本南齊穆士素所造，其圓數寸。大者出于扶南、高昌、

疏勒之國，其圓數尺，隱起如浮漚，以韋貫之，相繫以和樂。唐之燕樂法曲，有銅鈸相和之樂，今浮屠氏法曲用之，蓋出于夷音也。唐胡部合諸樂，繫小銅鈸子合曲，西梁部、天竺部、龜茲部、突厥部、康國部亦用之。然有正與和，其大小清濁之辨歟？

　　銅鈸，謂之銅盤，本西戎南蠻之器也。昔晉人有銅藻盤，無故自鳴，張茂先謂人曰：“此器與洛陽宮鍾聲相諧，宮中撞鍾，故鳴也。”後驗之果爾。大抵音比則和，聲同則應，非有物使之然也。

銅　鐃　　　　　　　　　銅　鉦

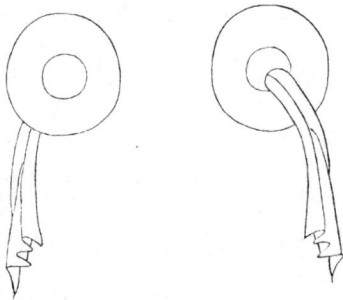
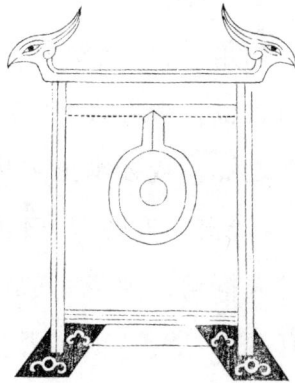

　　浮屠氏所用浮漚，器小而聲清，世俗謂之鐃。其名雖與四金之鐃同，其實固異矣。

　　鉦，如大銅疊，縣而擊之，南蠻之器也。

銅　角 吹金

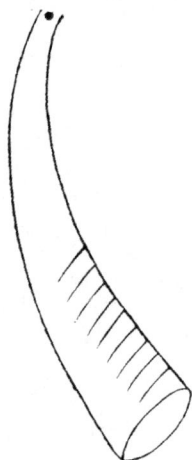

龍頭角

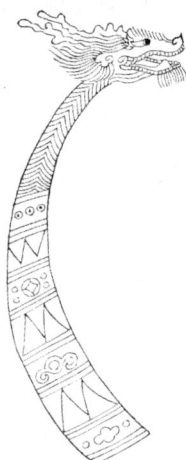

銅角，高昌之樂器也。形如牛角，長二尺。西戎有吹金者，銅角是也。陶侃表有"奉獻金口角"之説，謂之吹金，豈以金其口而名之邪？或云本出吴越，非也。

《晉書·安帝記》曰："相玄製龍頭角。"或曰："所謂亢龍角者也。"大抵角頭象龍，其詳不可得而知之。史苓《武昌記》曰："武昌有龍山，欲雨，上有聲如吹角。"然則龍頭角豈推本而爲之乎？《傳》曰："角十二，具於鼓左右，後列各六具，以代金。"然則四金之制不同，其來舊矣。

大銅鼓图

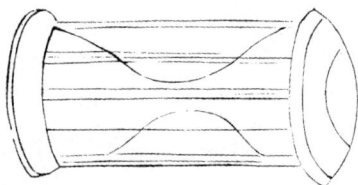

中　銅　鼓

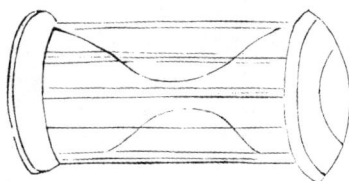

銅鼓，鑄銅爲之，作異獸以爲飾，惟以高大爲貴，而闊丈餘，

出于南蠻、天竺之國也。昔馬援南征交阯,得駱越銅鼓,鑄爲馬式,此其迹也。今祕閣所藏頗多,特其大小異制爾。

銅鼓之小者,或大首纖腹,或容體廣面,雖以銅爲體,要須待革成聲。

小　銅　鼓
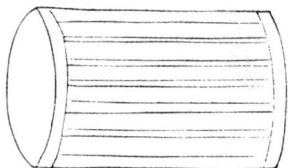

鐵　拍　板
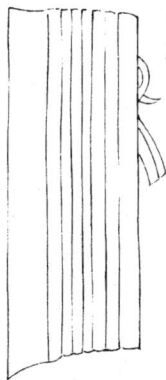

《唐樂圖》所傳,天竺部用之,蓋以革冒其一面,形如腰鼓,面廣二尺①,面與身連②,遍有蟲魚草之狀,擊之響亮,不下鳴鼉。唐貞元中,驃國進樂,亦有是鼓。咸通末,龔州刺史張直方因葺城池,掘得一銅鼓,以爲無用之物,捨于延慶寺,以代木魚,其不好事如此。僖宗朝,林藹守高州,鄉墅牧童聞田中蛤鳴,欲進捕之,一蛤躍入穴中,掘而取之,得一銅鼓,其上隱起,多鑄蛙黽之狀,豈鳴蛤乃銅鼓之精耶?

胡部夷樂有拍板③,以節樂句,蓋亦無譜也④。明皇令黃幡綽

---

① “二”,光緒刻本作“三”。
② “面”,原缺,據光緒刻本補。
③ “胡部”,光緒刻本作“九部”。
④ “亦”,光緒刻本作“本”。

造譜①,乃於紙上畫兩耳進之,上問故,對曰:"聰聽②,則無失節奏矣。"韓文公自爲樂句。《大周正樂》所傳連九枚③,今教坊所用連六枚,蓋古今異制也。

銅　鑼

後魏孝文帝討淮漢,收其聲伎,江左所傳中原舊曲《明君》、《聖主》、《公莫》、《白鳩》之屬及江南吳歌、荆楚西聲,總謂清商,至于殿庭饗燕兼奏之,其員丘、方澤、上辛、地祇、五郊、四時、拜廟、三元、冬至、社稷、馬射、藉田,樂人之數,各有差等焉。自宣武以後,始好胡音。洎于遷都,屈茨琵琶、五弦、箜篌、胡箜、胡鼓、銅鈸、打沙鑼,其聲大抵初頗紓緩,而轉躁急。蓋其音源出西域,而被之土木,故感其聲者,莫不奢淫躁競,舉止佻輕,或踧或躍,乍動乍息,蹻腳彈拍,搖頭弄目,情發于中,而不能自止,此誠胡聲之敗華俗也,可不禁之哉!

---

① "明皇",光緒刻本作"唐明皇"。

② "聰聽",光緒刻本作"但有耳道"。

③ "所傳連九枚",原缺,據元刻明修本、光緒刻本補。

樂書卷一百二十六　樂圖論

胡部

八音_{石之屬}

夷樂論　　編磬　　玉蠡　　骨管　　牙管

八音_{土之屬}

胡缶①

夷樂論

王者用先王之樂,明有法也;用當代之樂,明有制也;用四夷之
樂,明有懷也。東夷之樂曰《昧》,持矛以助時生;南夷之樂曰《任》,
持弓以助時養;西夷之樂曰《株離》,持鉞以助時殺;北夷之樂曰
《禁》,持楯以助時藏。皆于四門之外右辟四夷之樂也。東夷之音
怨而思,南蠻之音急而苦,西戎之音悲而洌,北狄之音雄以怒,四夷
之聲也;東夷之舞緩弱而淫褻,南夷之舞蹻迅而促速,西夷之舞急
轉而無節,北夷之舞沉壯而不揚,四夷之舞也。四夷樂舞如之,則
其歌可知。先王之於夷樂,雖有所不廢,然夷不可亂華,哇不可干
雅,蓋亦後之而弗先,外之而弗内,此夾谷之會,而齊人奏之,孔子
所以却而欲兵之歟?然《周官》夷樂必使鞮鞻氏掌之,何也?曰:以
《王制》推之,被髮文身爲東夷,雕題交趾爲南夷,衣羽毛爲北夷,至

---

① "八音_{土之屬}胡缶",原缺,據元刻明修本、光緒刻本補。

于西夷則被髮衣皮，而謂西方曰狄。鞮鞻氏，以衣皮名官也。鞮則去毛以爲革，有去彼適我之意；而所履者，有是而無非矣。揚雄所謂"東鞮"，後世有鞮音，亦是意也。匈奴謂漢曰"若鞮"，豈知禮義者之言乎？由是觀之，鞮鞻，蓋四夷所履也，記禮者以之名其官，非特所履爲然。韎師以所服名之，旄人以所執名之，是夷人之樂不可得而詳，所可得而知者，不過是三者而已。《明堂位》曰"納蠻夷之樂于太廟"，言廣魯于天下也。今夫四夷之樂，惟天子得用之，豈魯以蕞爾之國，亦得用之乎！以爲周公有人臣不可及之功，用之于太廟可也；以爲廣魯于天下，是啟魯公僭亂之心，非達禮者之言也。竊意魯之俗儒，溢美其國而張大之，以欺惑後世歟？

編　磬十六枚

玉　螺

唐西涼部之樂，非特有編鐘，亦有編磬者焉，段安節《樂府雜録》論之詳矣。以西涼方響推之，一架用十六枚，則其編鐘、編磬亦不過十六爾。

唐正元中，天子宅位二十有三載，輔臣司徒公鎮蜀十有七年，五印度種落有驃國王子獻樂器，躬總樂工，凡一十二曲，皆演釋氏經，吹螺擊鼓，式歌且舞，纓絡四垂，珠璣粲發，周流萬變，爛然可觀。自漢以還,有德所感文字或至聲樂,未聆如斯之盛也。已而付史臣,下太常,附伶官,隸樂章,薦清廟,而唐次爲之作頌,使焜燿圖牒,被後世而垂無窮,亦一時盛事也。蠡聲若竽籟。林邑每擊鼓以警衆,吹蠡以即戎,則蠡又不特用于樂矣。

骨　管

牙　管

哀笳,以羊骨爲管,而無孔,惟恤禮用之。今鼓吹備而不用,以觱篥代之。鹵簿與熊羆十二案,工員尚存焉。聖朝更以紅象牙管,竅而吹之,其聲與律隔八相吹,仍存羊骨舊製焉。

胡　缶土之屬

　　昔者①西戎用缶以爲樂，党項國亦擊缶焉。然則缶本中國樂，竊意夷人竊而用之也。李其曰：“擊甕扣缶，真秦之聲。”豈以秦人盡有西戎之地，而爲此聲故也。

---

① “昔者”，光緒刻本作“古者”。

樂書卷一百二十七　樂圖論

胡部

八音^{革之屬}

　　羯鼓上　　羯鼓中　　羯鼓下　　兩杖鼓　　檐鼓

　　都曇鼓　　毛員鼓　　答臘鼓上　　答臘鼓中

　　答臘鼓下　　雞婁鼓上　　雞婁鼓下　　齊鼓上

　　齊鼓下　　漢鼓　　震鼓　　魏鼓　　杖鼓

　　拍故　　細腰故　　正鼓　　和鼓　　鞉牢上

　　鞉牢下　　駱越鼓　　密須鼓　　鼓桙

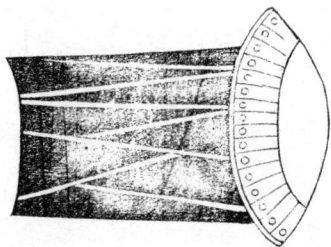

　　　　　羯　鼓　上　　　　　　　　　　羯　鼓　中^{兩杖鼓}

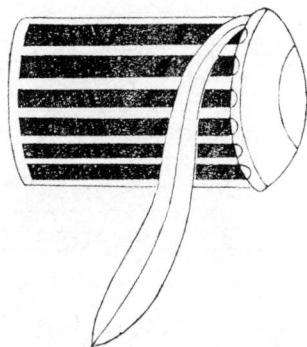

羯鼓，龜兹、高昌、疏勒、天竺部之樂也。狀如漆桶，下承以

牙床，用兩杖擊之。其聲噍殺明烈[①]，合太蔟一均，在雞婁鼓之上，都曇、答臘之下也。唐明皇素達音律，尤善於此，嘗謂："羯鼓，八音之領袖。"自制曲以奏之。宋璟亦謂："明皇曰：'頭如青山峯，手如白雨點。'"此則羯鼓之能事也。臣嘗觀齊魯夾谷之會，齊侯作夷樂以悦魯君，孔子必歷階而斥去之，蓋夷樂不可亂華如此，又況宋璟之相明皇，躬親悦之，以啟君心之淫乎？已而卒有戎羯安氏之禍，誠一時君臣有以召之也。由是觀之，明皇之失，肇自宋璟，然則宋璟有不爲仲尼罪人乎？杜鴻漸蓋嘗酣奏之。猨鳥驚飛，犬羊變態，雖曰能之，君子不貴也。

《大周正樂》所傳羯鼓之制，其色尚赤，上無帶，下無座，蓋與唐代樂圖、後世教坊者異矣。世俗亦謂之"兩杖鼓"云[②]。

羯　鼓　下

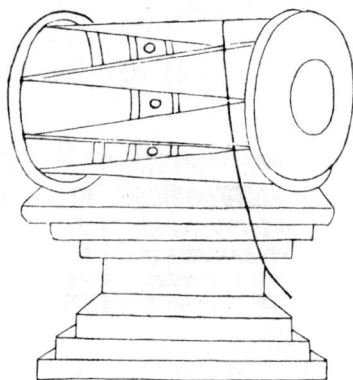

檐　鼓

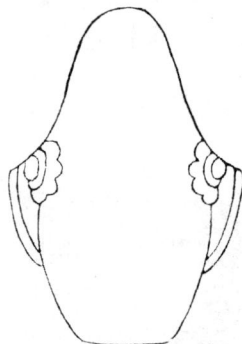

羯鼓之制，鞣用山桑，椎用銅、鐵，杖用黄檀、狗骨、花楸。然鐵不精練，椎不至勻，則應條高下，紐楔不停，鼓面緩急，若琴暉

---

①　"其聲噍殺明烈"，原缺，據元刻明修本、光緒刻本補。
②　"兩杖鼓"，原作"兩杖"，據元刻明修本、光緒刻本補。

718

之頑病者矣。杖不絕濕氣，而復柔膩，則其聲不能發越而響亮，戰裹而健舉矣。曹嗣王皐爲荆南節度，有客懷二桿見之，皐捧而歎曰："此至寶也，必開元中供御桿也。"已而問之，果得於高力士矣。杜鴻漸爲三川副元帥，成都匠者有以二杖獻之，鴻漸示於衆曰："此尤物也，必常衣襟下收之積時也。"已而問之，果養之脊溝中，二十年矣。李琬爲雙流縣丞，嘗至長安，夜聞羯鼓聲曲頗妙，謂鼓工曰："君所擊者，豈非《耶婆色雞》乎？雖至精能，然而無尾，何也？"工大異之[1]，曰："君固知音者，具言所以。"琬曰："夫《耶婆色雞》，《屈柘》急徧解之[2]。"工如所教，果得諧協而盡其聲矣。如《柘枝》用《渾脱》解、《甘州》用《結了頭》解之類是也[3]。由是觀之，深於羯鼓者，不過此三人爾，豈非用志不分，乃凝於神然邪？唐明皇遇中春殿庭，景致明媚，柳杏將吐，因謂勝槩若此，安可不賞。獨高力士撾取羯鼓，上自製《春光好》詞，臨軒奏擊，神思自得，柳杏頓坼[4]，謂左右曰："不以我爲天公得乎？"又製《秋風高》，每至秋空迥徹奏之，清風儵來，庭葉紛墜，其妙絕如此。

　　檐鼓，西涼高麗之器也。狀如甕而小，先冒以革而漆之，是其制也。

---

① "大"，原作"士"，據光緒刻本改。
② "屈柘"，元刻明修本、光緒刻本作"掘拓"。
③ "結了頭"，原缺"頭"字，據光緒刻本補。
④ "頓"，光緒刻本作"頻"。

都曇鼓　　　　　　　毛員鼓

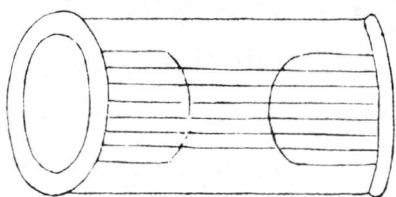 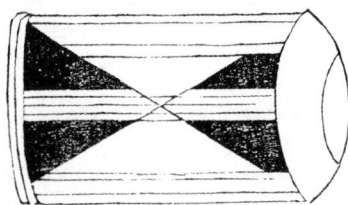

都曇鼓，扶南天竺之器也。其狀似腰鼓而小，以小槌擊之。

毛員鼓，其制類都曇而大，扶南天竺之樂器也。

答臘鼓上　　　　　　答臘鼓中

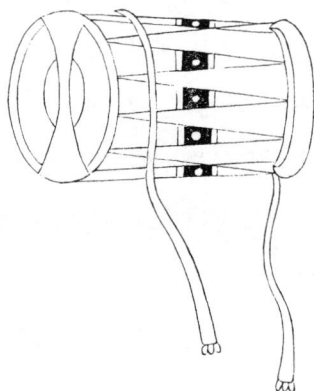 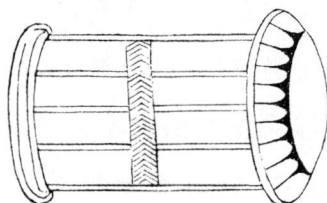

答臘鼓①，龜兹、疏勒之器也。其制如羯鼓，抑又廣而且短，以指楷之，其聲甚震，亦謂之楷鼓也。後世教坊奏龜兹曲用焉。

中答臘鼓，大周正樂用之。

---

① “答臘鼓”，原作“答臘”，據元刻明修本、光緒刻本補。

答臘鼓下

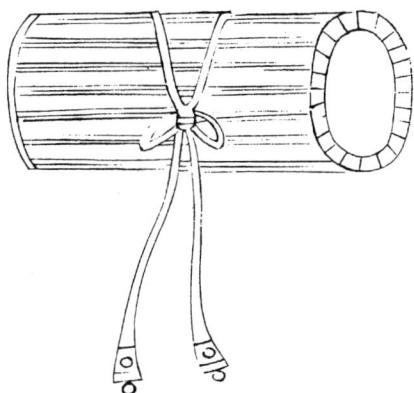

《唐樂圖》所傳，龜兹、疏勒部用之，其制大抵與後世教坊者相類，特其設色異耳。

<table>
<tr><td>鷄婁鼓上</td><td>鷄婁鼓下</td></tr>
</table>

鷄婁鼓上　　　　　　　　鷄婁鼓下

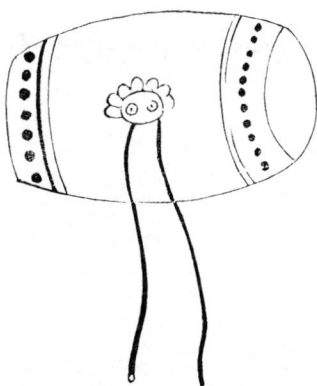
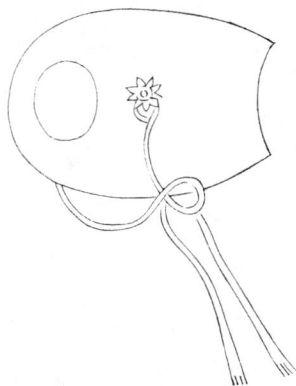

鷄婁鼓，其形正而圓，首尾所擊之處可數十①，龜兹、疏勒、高昌之器也。

後世教坊奏龜兹曲，用鷄婁鼓，左手持鼗牢，腋挾此鼓②，右

---

①　"十"，光緒刻本作"寸"。

②　"牢，腋挾此鼓"，原缺，據光緒刻本補。

手擊之，以爲節焉。

齊 鼓 上

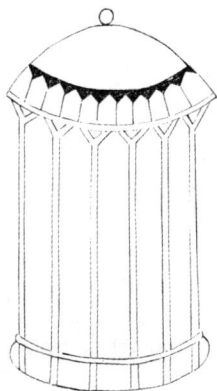

齊 鼓 下

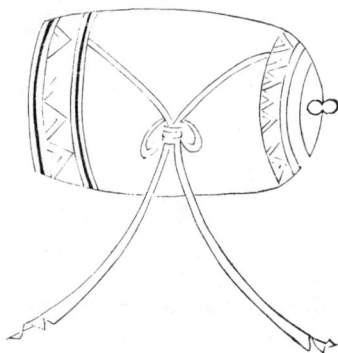

齊鼓，狀如漆桶，一頭差大，設齊于鼓面，如麝臍然，西涼、高麗之器也①。

《大周正樂》所傳齊鼓，其形狀雖不甚相似，然大致亦可得而同也。

漢　鼓 震鼓

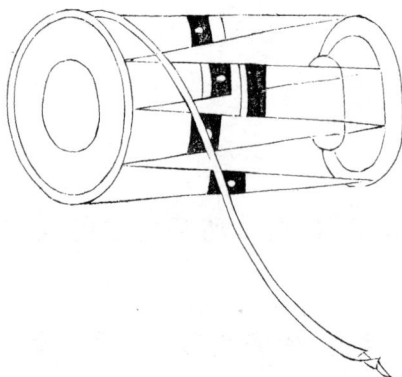

_____

①　"麝臍然，西涼"，原缺，據光緒刻本補。

震鼓之制，廣首而纖腹，漢人所用之鼓，亦謂之漢鼓。

魏鼓 杖鼓　拍鼓　細腰鼓　正鼓①

第 一 鼓 魏鼓　正鼓　　　　　第 二 鼓 魏鼓　和鼓

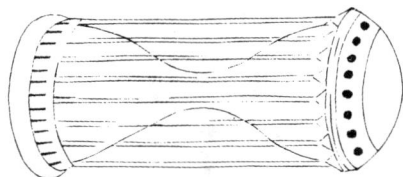

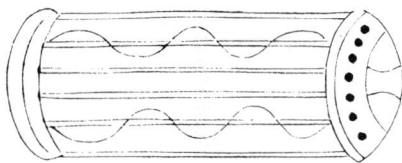

第 三 鼓 魏鼓　和鼓

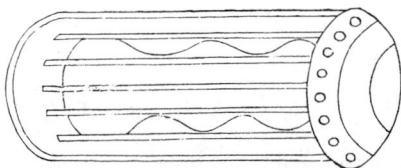

　　以上三鼓。昔苻堅破龜玆國②，獲羯鼓、鞨鼓、杖鼓、腰鼓。漢魏用之，大者以瓦③，小者以木，類皆廣首纖腹，宋蕭思話所謂"細腰鼓"是也。魏有正鼓、和鼓之別。後周有三等之制，右擊以杖，左拍以手④，後世謂之杖鼓、拍鼓，亦謂之魏鼓。每奏大曲，則擊之，與羯鼓、大鼓同震作，其聲和壯而有節也。唐宋璟與明皇論制作之法⑤："不是青州石，未即曾山花。"其言過矣⑥。今契丹

---

① 自"魏鼓"至"正鼓"原缺，據光緒刻本補。
② "昔苻堅破"，原缺，據光緒刻本補。
③ "瓦"，原缺，據光緒刻本補。
④ "左拍以手"之"拍"，原作"擊"，據光緒刻本改。"手"，原缺，據光緒刻本補。
⑤ "唐宋璟與明皇論制作之法"，原缺"璟與明皇"，據光緒刻本補。
⑥ "其言過矣"，原缺"過矣"，據光緒刻本補。

拍鼓^①，如震鼓而小。

靴牢 上　　　　　　　靴牢 下

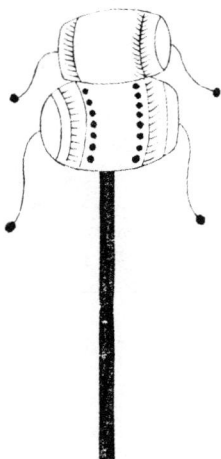

靴牢，龜兹部樂也。形如路靴，而一柄疊二枚焉。古人嘗謂“左手播靴牢，右手擊雞婁鼓”是也。

《唐樂圖》所傳形製如此，亦龜兹部用之。

駱越鼓

後漢馬援好騎，善別名馬^②，得交阯駱越銅鼓，鑄爲馬式。

密須鼓

《左傳》云：“分唐叔以密須之鼓。”又曰：“密須之鼓，與其大路，文王所以大蒐也。”

---

① “今契丹拍鼓”，原缺“今契”，據光緒刻本補。
② “馬援好騎，善別名馬”，原作“馬援好騎馬別名馬”，據元刻明修本、光緒刻本改。

鼓桴

《風土記》："越俗，飲讌即鼓桴以爲樂。"取大素圜桴，以廣尺五六者抱以着腹①，以右手五指更彈之，以爲節舞者，據地擊掌，以應桴節而舞。

————————

① "廣尺五六者"，原缺"尺"，據元刻明修本、光緒刻本補。

樂書卷一百二十八　樂圖論

胡部

八音 絲之屬上

胡琴　奚琴　匏琴　胡瑟　胡弄　大箜篌

小箜篌　坎篌　空侯　植箜篌　卧箜篌

擘箜篌　胡箜篌　鳳首箜篌

胡琴

唐文宗朝，女伶鄭中丞善彈胡琴。昭宗末，石潈善胡琴。則琴一也，而有擅塲；然胡漢之異，特其制度殊耳。

奚　琴

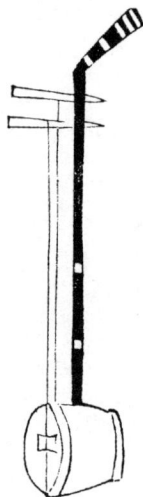

奚琴，本胡樂也，出於絃鼗，而形亦類焉，奚部所好之樂也。蓋其制，兩絃間以竹片軋之^①，至今民間用焉，非用夏變夷之意也。

匏琴

隋煬帝平林邑國，獲扶南樂工及匏琴，其制至陋不可用^②，但以天竺樂傳寫其聲，其不齒樂部宜矣。

胡瑟

弁韓國，其樂器有瑟，其形如筑，彈之有音曲，蓋與胡琴類矣^③。

胡弄

《越裳操》者，因越裳獻雉而作也。趙師曹善鼓琴。忉利天王子般遮彈之，而聲聞舍利，爲之起舞焉。《摩訶兜勒》，張騫入西域所得者也。晉楚人劉琨世爲樂吏，制胡笳五弄，趙耶利所修者也。胡家四弄，有上舞、下舞、上間弦、下間弦，明君所傳者也。今夫彈操弄者，前緩後急，妙曲之分布也；時中急後緩，節奏之停歇也。或疾打，則聲如劈竹；或緩挑，則韻並風生。亦有聲正屬而以指按殺，亦有響絕而意猶未盡，是以知聲不知音，彈弦不彈意也。陶潛嘗曰：“但得琴中趣，何勞弦上音。”可謂深於琴者矣。

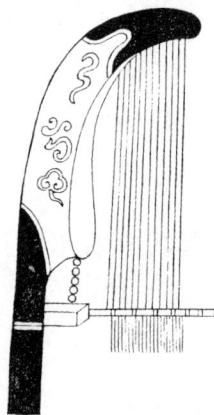

大箜篌　　　　　　小箜篌坎篌　空篌①

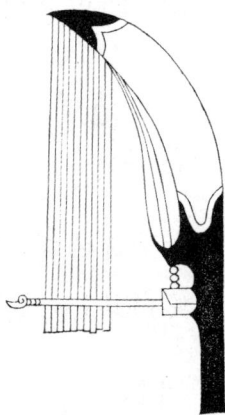

劉熙《釋名》曰："箜篌，師延所作，靡靡之樂。"蓋空國之侯所存也。後出桑間濮上，師涓爲晉平公鼓焉。鄭分其地而有之，因命淫樂爲鄭衛焉。或謂漢武帝使樂人侯暉作坎侯，蓋取其聲坎坎，以應樂節，後世聲訛爲箜篌爾。二説蓋皆有所受之也。舊説皆如琴制，唐制似瑟而小，其弦有七，用木撥彈之，以合二變，故燕樂有大箜篌、小箜篌，音逐手起，曲隨弦成，蓋若鶴鳴之嘹唳，玉聲之清越者也。然非夷狄之制，則鄭衛之音非燕樂所當用也。或謂取其空中名之，真臆説歟？昔有白首翁溺于河，其妻麗玉素善十三弦箜篌，作爲《公無渡河》曲，以寄哀情。唐咸亨初，第一部有張小子②；太和初，有李齊皋及其女，並善此伎。教坊雖亦有人能者，未有一二爾。《幽明録》述陳女阿登善彈箜篌，亦異事也。唐教坊謝大善歌，嘗唱《烏夜啼》，明皇親御箜篌和之。以帝王之尊親御胡人之樂，何其失君之體也！

---

①　"坎篌　空篌"，原缺，據光緒刻本補。

②　"張小子"，原缺"張"字，據光緒刻本補。

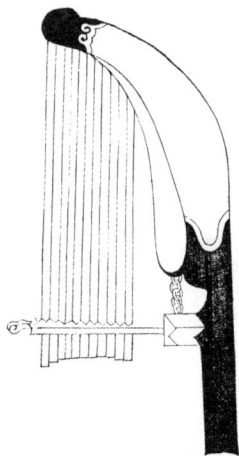

竪箜篌　　　卧箜篌_{擘箜篌　胡箜篌}①

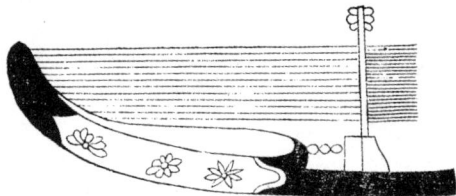

竪箜篌，胡樂也。其體蓋曲而長②，其弦二十有三，植抱于懷，用兩手齊奏之③，俗謂之擘箜篌，亦謂之胡箜篌。高麗等國有竪箜篌、卧箜篌之樂，其引則朝鮮津卒霍里子高所作也。_{霍里子高晨刺舡，有一白首狂夫被髮提壺，亂流而渡。其妻隨而止之，遂不能反④，竟墜河而死，于是悽傷，援琴作歌而哀之，以象其聲，故曰《箜篌引》。}漢靈帝素好此樂，以人主而夷樂，則臣下化之，中國幾何不夷之乎？唐明皇之善羯鼓，而有胡雛亂華之禍，然則後世之君可不以漢唐爲戒哉！後世教坊亦用焉，去之可也。

《酉陽雜俎》：魏高陽王雍美人徐月華，能彈卧箜篌，爲《明妃出塞聲》。有田僧超能笳，爲《壯士歌》、《項羽吟》。將軍崔延伯出師，每臨敵，令僧超爲《壯士聲》，遂單騎入陣。

---

　　①　“擘箜篌胡箜篌”，原缺，據光緒刻本補。

　　②　“蓋”，原缺，據光緒刻本補。

　　③　“奏”，原缺，據光緒刻本補。

　　④　“遂不能反”，原作“遂不能反及”，按光緒刻本作“遂不能及”，知“及”乃“反”之誤字衍文，兹刪之。

鳳首箜篌

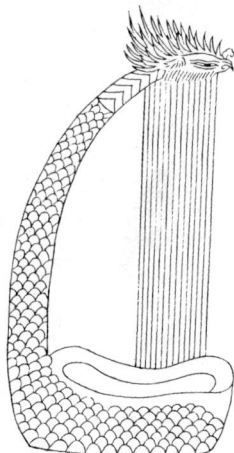

　　鳳首箜篌，出于天竺伎也。其制作曲頸鳳形焉。扶婁、高昌等國鳳首箜篌，其上頗奇巧也。

樂書卷一百二十九　樂圖論

胡部

八音_{絲之屬下}

搊琵琶　　大琵琶　　小琵琶　　崑崙琵琶

秦漢琵琶　　龜茲琵琶　　蛇皮琵琶

屈茨琵琶　　卧箏　　搊箏　　彈箏

搊　琵　琶_{五弦}

　　五弦琵琶，蓋出于北國。其形制如琵琶而小，舊彈以木，至唐太祖時，始有手彈之法，所謂搊琵琶是也。《國史補》曰："趙璧之彈五弦，人問其術，璧曰：'始則心驅之，中則神遇之，終則天隨之。方吾浩然，眼如耳，耳如鼻，不知五弦之爲璧，璧之爲五弦也。'"然趙璧之爲五弦，妙則妙矣，然非正始之音，古人不取也。

唐之德宗嘗詔嬪御彈之，而元積有“五賢並用，調五常，序三光”之説，可謂正救之臣矣。方之宋璟，以羯鼓、腰鼓悦明皇，不猶賢乎哉！白樂天亦云：“人情重今多賤古，古瑟有弦人不撫。更從趙璧藝成來，二十五弦不如五。”亦譎諫之道也。

大 琵 琶　　　　　　　　小 琵 琶

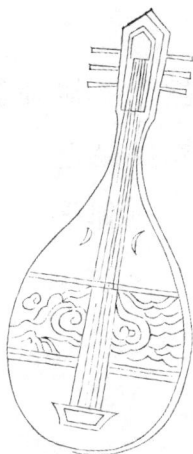 

琵琶之制，剡桐弦鼗而鼓之，龜腹鳳頸，熊據龍放，其器則箜篌也。中虛外實，天地象也；盤圓柄直，陰陽序也；象柱十二，配律吕也；弦四，法四時也；長三尺五寸，法三才五行也。杜摯曰：“秦末，百姓苦長城之役，爲是器以寫憂心焉。至漢武帝遣烏孫公主適昆彌國，使工師裁筝、筑爲馬上樂也。宮調八十一，旋宮三調，而所樂非琴非瑟，特變徵新聲而已。唐明皇嘗悦而善之，時有中官使蜀[①]，得異木奇文琵琶，以獻楊妃，每奏于梨園，諸王貴主競爲琵琶弟子。天寶之亂，嘗奏是器於凝碧池上，舊人李龜年徒能欷歔而已。”然則時君世主一溺于胡啼蕃語之樂，其禍卒

————————

① “中官”，原作“宫官”，據光緒刻本改。

至于此，可不慎哉！

秦漢琵琶

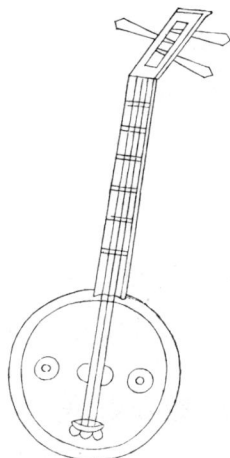

　　秦漢琵琶，本出于胡人弦鼗之制，圓體修頸，如琵琶而小，柱
十有二，惟不開目爲異，蓋通用秦漢之法，四弦四隔，合散聲四，
隔聲十二，總二十聲。唐貞元中，有曹綱、裴興奴並善其藝，綱善
運撥，若風雨興；奴長於攏撚。時人謂綱有右手，興奴有左手。
安節門中，又有樂吏楊志善此，其姑尤妙，自珍其藝，誓死不傳。
志嘗竊聽彈弄，私以鞋帶記其節奏，因携樂就姑彈之，姑大驚異，
悉傳其藝。夫以一藝之精，古人且重以傳之，況有大於此者？苟
非其人，其可輕授之哉！

崑崙琵琶

　　唐貞元中，長安大旱，詔移兩市祈雨。街東有康崑崙，琵琶
號爲第一手，謂街西必無己敵也，遂登樓彈一曲新翻調《緑腰》。
樂工進曲，上令録書要者，乃以爲名，誤言“緑腰”也。街西亦建一樓，東市大誚
之。及崑崙度曲，西樓出一女郎，抱樂器亦彈此曲，移在《楓香》

733

調中,妙絕入神。崑崙驚駭,詣以爲師,女郎遂更衣出,乃裝嚴寺段師善本也。翼日,德宗召之,佳獎異常,乃令崑崙彈一曲,段師曰:"本領何雜,兼帶邪聲。"崑崙驚曰:"段師神人也!"德宗令授崑崙,段師奏曰:"且請崑崙不近樂器十數年,使忘其本領,然後可教。"詔許之,後果窮段師之藝矣。

龜兹琵琶

後魏曹婆羅門,受龜兹琵琶于商人,世傳其業。至孫妙達,尤爲北齊高帝所重,常自擊胡鼓以和之,失人君之體也。

蛇皮琵琶

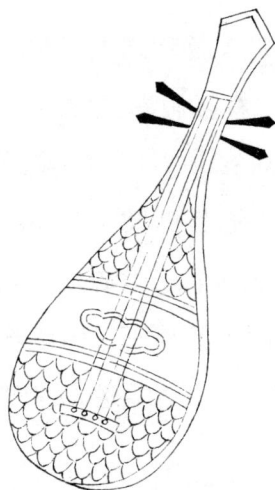

扶南[①]、高麗、龜兹、疏勒、西涼等國,其樂皆有蛇皮琵琶,以蛇皮爲揩,厚一寸餘,鱗介具焉。亦以楸木爲面,其掉撥以象皮爲之。圖其國王騎象,象其精妙也。近代以琵琶旋宮,但歷均調,不分清濁,倍絃應律,多非正聲,華音所不取也。

---

①　自"扶南"至本卷結束,光緒刻本缺。

屈茨琵琶

後魏宣武以後，酷嗜胡音，其樂器有屈茨琵琶，説者謂制度
不存，八音之器所不載，以意推之，豈琵琶爲屈茨之形然也？

卧　筝

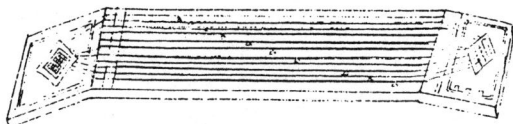

搊　筝

高麗樂器，用彈筝一，搊筝一，卧筝一。自魏至隋，並存其
器，至于制度之詳，不可得而知也。唐平人女以容色選入内者，
教習琵琶、五弦箜篌、筝者，謂之搊彈家。開元初，制聖壽樂，令
諸女衣五方色衣歌舞之，宜春院爲首尾，搊彈家在行間效之
而已。

樂書卷一百三十　樂圖論

胡部

八音_{竹之屬}

觱篥_{悲篥　筋管　頭管　風管}　　漆觱篥　　雙觱篥

銀字觱篥_{銀字管}　十八管簫　二十一管簫　歌簫

雙角_{長鳴}　中鳴_{簸邏廻①}　警角　大胡笳_{大觱}　蘆笳

吹鞭　小胡笳_{小觱}　　蘆管　胡篴_{小篴}　羌笛_{胡笛}

大橫吹　　小橫吹　　龍頸笛　　義觜笛

觱　篥②

觱篥,一名悲篥,一名筋管,羌胡龜兹之樂也。以竹爲管,以蘆爲首,狀類胡笳而九竅,所法者角音而已。其聲悲栗,胡人吹

---

① "簸邏廻",原缺,據光緒刻本補。

② 按:觱篥圖,四庫本與光緒刻本差異較大,兹取光緒本圖。

之,以驚中國馬焉。唐天后朝,有陷冤獄者,其室配入掖庭,善吹觱篥,乃撰《別離難》曲,以寄哀情,亦號《怨回鶻》焉。後世樂家者流,以其族宮轉器以應律管,因譜其音,爲衆器之首。至今鼓吹教坊用之,以爲頭管,是進夷狄之音加之中國雅樂之上,不幾于以夷亂華乎! 降之雅樂之下,作之國門之外,可也。聖朝元會、乘輿行幸並進之,以冠雅樂,非先王下管之制也。然其大者九竅,以觱篥名之;小者六竅,以風管名之。六竅者,猶不失乎中聲;而九竅者,其失蓋與太平管同矣。今教坊所用,上七空,後二空,以五凡工尺上一四六勾合十字譜其聲。

漆　觱　篥　　　　雙　觱　篥　　　　銀字觱篥_{銀字管}

唐九部夷樂,有漆觱篥焉。

胡部安國樂器,有雙觱篥焉。《唐樂圖》所傳也。

唐德宗朝,有將尉遲青素善觱篥,冠絶古今。時幽州有王麻奴,河北推爲第一手,後訪尉遲,令于高般涉調中吹《勒部羝》曲。曲終,尉遲頷頤而已,謂麻奴曰:"何必高般涉也?"即自取銀字管,於般涉中吹之。麻奴恭聽愧謝,自此不復言音律矣。元和、太和以來，有黃日遷^①、楚林、尚六六^②、史敬約、史漢瑜之徒，皆雅能者，然方尉遲，邈乎其天冠而地履也。懿皇命史敬約以觱篥引聲道調，上謂是曲乃誤拍，乃隨拍製成其曲。

十八管簫　　　　二十一管簫

《唐樂圖》所傳之簫，凡十八管，取五聲四清倍音，通林鍾、黃鐘二均聲，西梁部用之。

二十一管簫，取七音而三倍之，龜茲部所用，豈宜存之，以亂華音哉！

歌簫

隋煬帝七年征遼東，歌簫及笳各四面，則後世亦用簫歌者矣，非古制也。唐鐃吹部有鼓簫笳并歌四種，凡七曲，本諸此歟？歌簫笳工服武弁，朱褠衣，革帶。

---

① "黃日遷"，原作"董口遷"，誤，據光緒刻本及《樂府雜録》改。
② "尚六六"，原作"王六六"，據光緒刻本改。《樂府雜録》作"尚陸陸"。

雙　角_{長鳴}　　　　中　鳴_{簸邏廻}

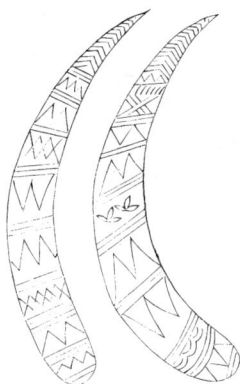 

　　谷儉曰："黃帝會羣臣于泰山,作清角之音,似兩鳳雙鳴,二
龍齊吟,丹蛇繞首,雄虹帶天。"橫吹雙角之實,不過如此。《樂
録》亦云："蚩尤氏率魍魎與黃帝戰于涿鹿之野,黃帝乃命吹角爲
龍吟以禦之。"晉庾翼《與燕王書》曰："今致畫長鳴角一雙,幡毦
副。"是其遺制也。沈約、徐廣並謂經史所不載,則黃帝之説,豈
先儒傅會而言之邪?

　　胡角,本應胡笳之聲,通長鳴、中鳴,凡有三部。魏武帝北征
烏桓,越沙漠,軍士聞之,靡不動鄉關之思。于是武帝半減之,爲
中鳴,其聲尤更悲切。蓋其制並五采衣,幡掌,畫交龍,五采脚。
故《律書樂圖》以謂："長鳴一曲三聲,並馬上嚴警用之,第一聲曰
龍吟,二曰彪吼,三曰阿聲;其中鳴一曲二聲,一爲盪聲,二爲牙
聲,亦馬上嚴警用之也。"其大者謂之簸邏廻,胡人用之,本所以
驚中國馬,非中華所宜用也。聖朝審定音樂,更制鼓吹,雖角之
尺度均一,聲比鍾律,内之乘輿行幸,外之郡邑警備,莫不奏之以
爲警嚴,是用羌胡之音以和軍旅,以節聲樂,曷爲不易之以先王
雅樂,以爲鼓吹乎?存之有虧中國之制,削之則華音著而胡音

息，豈非强中國、弱夷狄之意歟？隋大角工平巾幘①，絳衫，帛大口袴，内宮
鼓樂服色准之，大鼓長鳴工服青池苣文。

警　角　　　　　　　大　胡　笳_{大箎}

　　晉大司馬桓温屯中堂，夜吹警角，御史中丞司馬恬奏劾大不
敬。厥明，温見之，歎曰："此兒乃敢彈我，真可畏也！"又陸士衡
爲河北都督，内懷憂懣，聞衆軍警角鼓吹，謂其司馬孫極曰："我
今聞此，不如華亭鶴鳴。"然則軍中用警角尚矣。《衛公兵法》曰：
"軍城及野營行軍在外，日出没時，搥鼓千搥，三百三十三搥爲通
鼓。音止，角音動，吹十二聲爲一疊，三角三鼓而昏明畢。"是也。
宋張興世謂父曰："天子鼓角，非田家翁所吹。"然則桓温人臣，屯
中堂而用之，雖欲勿劾，得乎哉？聖朝警角②，天下郡邑並得用
之，非特武嚴之事也。然用之邊郡，可也；徧用諸郡邑，恐未爲盡
善之制邪？

　　胡笳，似觱篥而無孔，後世鹵簿用之。蓋伯陽避入西戎所作

---

　　①　"平"，原缺，據光緒刻本補。
　　②　自"聖朝警角"至"恐未爲盡善之制邪"，原缺，據元刻明修本、光緒刻本補。

也。劉琨嘗披而吹，杜摯嘗序而賦，豈張博望所傳《摩訶兜勒》之
曲邪？晉有大箛、小箛，蓋其遺制也。沈遼集大胡笳十八拍，世
號爲沈家聲；小胡笳十九拍，末拍爲契聲，世號爲祝家聲。唐陳
懷古、劉光緒嘗勘停歇句度無謬，可謂備矣。楚調有大胡笳鳴、
小胡笳鳴，並琴箏笙得之，亦其遺聲歟？杜德曾序《笳賦》，以爲
老子所作，非也。

蘆　笳

吹　鞭

 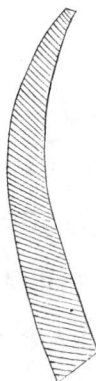

　　胡人卷蘆葉爲笳，吹之以作樂。漢箏簶録有其曲。李陵有
胡笳互動之説，是也。

　　漢有吹鞭之號，笳之類也。其狀大類鞭馬者，今牧童卷蘆葉
吹之。

小 胡 笳 小筑①   蘆 管

　　晉《先蠶儀注》："凡車駕所止，吹小菰，發大菰。"其實胡笳
也。古之人激南楚，吹胡笳，叩角動商，鳴羽發徵，風雲爲之搖
動，星辰爲之變度，況人乎？劉疇嘗避亂塢壁，賈胡欲害之者百
數，疇援而吹之爲出塞之聲，動遊客之思，羣胡卒泣，遜而去。劉
越石爲胡騎圍之者數重，越石中夜奏之，羣胡卒棄圍而奔。由此
觀之，笳聲之感人如此，其深施之於戎貉可也。晉之施於車駕儀
注，不幾乎變夏於夷邪？劉疇事出曹嘉之《晉書》，劉越石事出《世說》。

　　蘆管之制，胡人截蘆爲之，大槩與觱篥相類，出于北國者也。
唐宣宗善吹蘆管，自製《楊柳枝》、《新傾盃》二曲②，有數拍不均，
嘗命俳優辛骨骶拍不中，因瞋目視之，骨骶憂懼，一夕而斃，非寬
仁之主也！唐咸通中，丞相李蔚自大梁移鎮淮海，嘗搆池亭，目曰"賞心"。有小校
薛陽陶因獻朱崖、李相、陸暢、元白所撰《蘆管歌篇》一軸，次出其管，茲亭奏之。蓋其管
絕微，每於一觱篥管中，常容三管，《桂苑叢譚》所載也。

---

　　①　"小筑"，原缺，據元刻明修本、光緒刻本補。
　　②　"二曲"，原缺"曲"，據光緒刻本補。

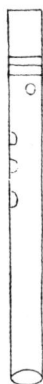

胡　篴 小篴　　　　　　　羌　笛 胡笛,五孔

　　沈約曰:"胡篴出于胡吹,非雅器也。"今太樂雅篴,長一尺二寸,則篴之小者,非尺有四寸之大者也。孔子上出三分,名翹。後世有笛吹,謂之小篴,豈亦出於胡吹歟? 篴或作籰者,與龠不齊故也。

　　馬融賦笛,以謂出于羌中,舊制四孔而已。京房因加一孔,以備五音。《風俗通》:"漢武帝時,丘仲作尺四寸笛,後更名羌笛焉。"《宋書》云:"有胡笛、小篴,出于鼓吹。"豈梁之胡歌邪? 靈帝好胡笛,而漢室以傾;明皇喜胡簫,而唐祚幾墜。以中華萬乘之主,耽外夷淫亂之音[①],則天下何以觀化焉哉! 然而不亂且亡,未之有也。《廣雅》曰:"籥謂之笛,七孔,有黃鍾、大呂二均聲。"蓋不考《笙師》籥篴異器之過也。古者羌笛有《落梅花》曲,開元中,有李謨善吹,獨步當時。越州刺史皇甫政月夜泛鑑湖,命謨吹笛,謨爲之盡妙。時有一老父泛舟聽之,因奏一聲,湖波搖動,笛遂中裂,即探懷中一笛,以畢其曲。政視之,有三龍翊舟而聽,老

---

　　①　"外夷",光緒刻本作"羶胡"。

父曲終，以笛付謨。謨吹之，竟不能聲，而老父亦失所在矣。大中以來，有王六六、王師簡，亦妙手也。

大　横　吹

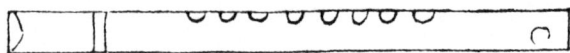

小　横　吹

　　古者更卤簿作鼓吹之樂，在魏晉則輕，在江左則重。至隋，始分爲四等：一搖鼓①，二鐃鼓，三大横吹，四小横吹。唐又别爲五部：一鼓吹，二羽葆，三鐃鼓，四大横吹，五小横吹。大駕則晨嚴夜警，施之卤簿，爲前後部，皇后、皇太子以下，咸有等差。迨于聖朝，總號“鼓吹”云。

　　大横吹，小横吹，並以竹爲之，笛之類也。《律書樂圖》云：“横吹，胡樂也。”昔張博望入西域，傳其法于西京，得《摩訶兜勒》一曲，李延年因之，更造新聲二十八解，乘輿以爲武樂，漢時常給邊將。魏晉以後，二十八解又不復存。其所用者，唯《黄鶴》、《壟頭水》、《出關》、《入關》②、《出塞》、《入塞》、《折楊柳》、《黄覃子》、《赤之楊》、《望行人》十四曲也。《唐樂圖》所載大横吹部，有節、鼓、角、笛、簫、笳、觱篥七色，小横吹部有角、笛、簫、笳、觱篥、桃皮觱篥六色，惟大横吹二十四曲内，三曲馬上警嚴用之。一曰《權樂樹》，二曰《空口蓮》，三曰《賀六運》③。其餘二十一曲，備擬所用。一曰《靈泉崔》④，二

---

①　“搖鼓”，原缺“搖”字，據光緒刻本補。
②　“入關”，原缺，據元刻明修本、光緒刻本補。
③　“賀六運”，元刻明修本、光緒刻本作“賀六渾”。
④　“靈泉崔”，光緒刻本作“覃界崔”。

曰《達和若輪空》，三曰《白净王子》，四曰《他賢送勤》①，五曰《鳴和羅純羽瑲》②，六曰
《歡度熱》，七曰《吐久利能比輪》，八曰《玄比敦》，九曰《植普離》，十曰《胡笛爾笛》，十一
曰《鳴羅特罰》，十二曰《比久伏大汗》③，十三曰《於理真斤》，十四曰《素和斛律》，十五
曰《鳴纏真》④，十六曰《烏鐵甘》，十七曰《特介汗》，十八曰《度賓哀》，十九曰《阿若于樓
達》，二十曰《大賢真》，二十一曰《破陣樂》。

龍頸笛

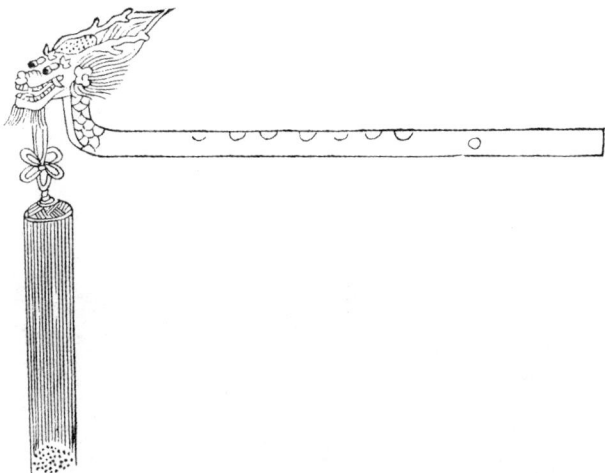

　　橫吹，出自北國。梁《橫吹曲》曰"下馬吹橫笛"是也。今教坊
用橫笛，八孔鼓吹，世俗號爲"龍頸笛"焉。梁天監中，時有事太廟，
詔曰："《禮》稱'齊日不樂'，今親奉始出宫，振作鼓吹，外可詳議。"
是時參議請輿駕始出鼓吹，從而不作，還宫如常儀。帝從之，遂爲
定制。至隋代，享廟日始不設鼓吹，殿庭亦勿設樂縣，自王公以下
祭私廟日，亦不得作音樂，質之人情古禮，爲近之矣。梁制美則美

----

①　"他賢送勤"，光緒刻本作"他賢逸勤"。
②　"鳴和羅純羽瑲"，光緒刻本作"鳴和羅緒羽瑲"。
③　"比久伏大汗"，光緒刻本作"比久决大汗"。
④　"鳴纏真"，光緒刻本作"鳴纏真"。

矣，然於人情古禮似未爲有合也。

義 觜 笛

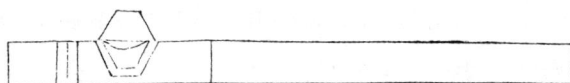

　　義觜笛，如横笛而加觜，西梁樂也。今高麗亦用焉。

樂書卷一百三十一　樂圖論

胡部

八音_{匏之屬}

　十七管竽　十九管竽　二十三管竽

　塤竽　雅簧　竹簧　震虡簧　胡蘆笙

　瓢笙　胡箻　吹笙

　　十七管竽　　　　　　　　　　十九管竽

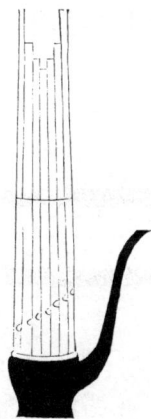
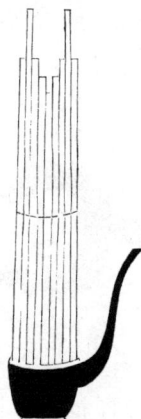

　　聖朝太樂諸工,以竽、巢、和併爲一器,率取胡部十七管笙爲
之,所異者,特以宫管移之左右,而不在中爾。雖名爲雅樂,實胡
音也。或二十三管,或十九管。二十三管則兼乎四清二變,十九
管則兼乎十二律七音,要皆非古制也。李照雖更制大竽,然不能
革舊器而兼用之,亦未爲深知樂也。昔齊宣王悦南郭之吹竽,廩

食數百人；喜鄒忌鼓琴，卒授之國政。彼其好世俗之樂，徇末忘本如此，孰知與人與衆以反樂之本乎？

二十三管竽　　　　　埒竽

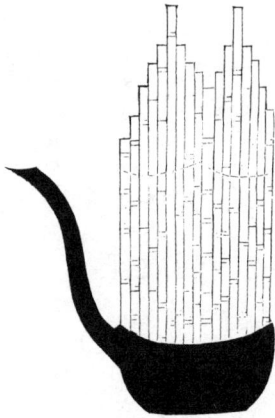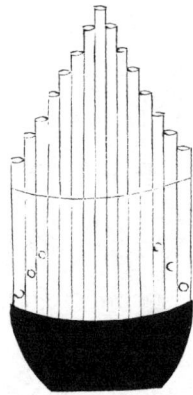

《樂府録》謂埒竽形類小鍾，以手埒之則鳴矣，非古制也。

雅簧

《三禮圖》有雅簧，上下各六，聲韻諧律，亦一時之制也。《潛夫論》曰："簧，削鋭其頭，有傷害之象；塞蠟蜜，有口舌之類，皆非吉祥善應也。"然則巧言如簧，而詩人所以傷讒，良有以也。《唐樂圖》以線爲首尾，直一線，一手貫其紐，一手鼓其線，横于口中，噓吸成音，直野人之所樂耳。

竹　簧 震虞簧

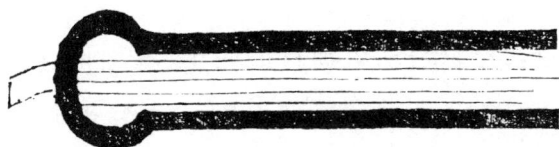

《漢書内傳》:"西王母命侍女許飛瓊鼓震虞之簧。"《神仙傳》:"王遙有五舌竹簧三,在石室中,遙自取其一,以其二與室中人,對鼓之。"然則震簧之簧豈亦竹簧歟①? 震爲蒼筤竹故也。

胡 蘆 笙 瓢笙

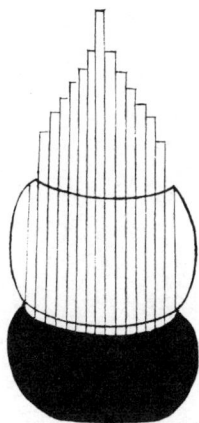

胡　笙

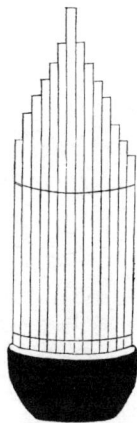

唐九部夷樂,有胡蘆笙。聖朝至道初,西南蕃諸蠻入貢吹瓢笙,豈胡蘆笙邪?

後魏宣武素悦胡聲,其樂器有胡鼓、胡笙,《玉篇》謂"笙笙"是也。笙,常式反。

---

① "簧",原缺,據光緒刻本補。

吹笙

　　《釋名》曰:"笙,生也,象物貫地而生。"《白虎通》曰:"笙之爲言,施也,牙也,萬物始施而牙。"然則笙之義可知矣。《穆天子傳》謂"西王母吟月,吹笙鼓簧",《吕氏春秋》謂"墨子見荆王,衣錦吹笙"。則笙雖堂下之樂,古人未嘗不重吹之也。

樂書卷一百三十二　樂圖論

俗部

八音_{木之屬}

大拍板　小拍板　桃皮管　桃皮觱篥

腰鼓　嘯葉　立均　　四通

大 拍 板

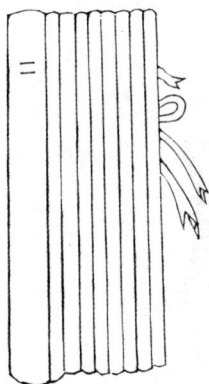

小 拍 板

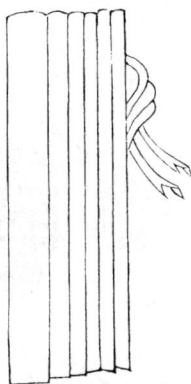

　　拍板,長闊如手掌,大者九板,小者六板,以韋編之。胡部以
爲樂節,蓋所以代抃也。唐人或用之爲樂句,明皇嘗令黃幡綽撰
譜,幡綽乃畫一耳進之,明皇問其故,對曰:"但能聰聽,則無失節
奏。"可謂善諷諫矣。聖朝教坊所用六板長寸,上銳薄而下圓厚,
以檀若桑木爲之,豈亦柷敔之變體歟?

桃 皮 管　　　　桃皮觱篥

桃皮捲而吹之，古謂之管本①，亦謂之桃皮觱篥。其聲應簫
箭横吹之，南蠻、高麗之樂也。今鼓吹部，其器亦存焉。

腰　鼓

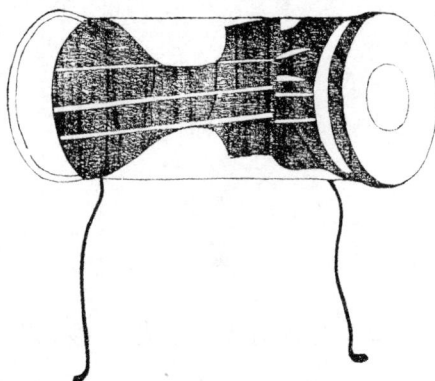

腰鼓之制，非特用土也，亦有用木爲之者矣。土鼓，土音也；
木鼓，木音也。其制雖同，其音則異。後漢禰衡雅善擊鼓②，其妙
入神，然亦進乎技者也。曹操以伶人待之，不足以辱之，適自取

---

①　“管本”，光緒刻本作“管木”。

②　“雅善”，光緒刻本作“衣綵衣”。

辱而已。唐武宗朝,有趙長史亦善於此,其可與禰衡同日語哉!

嘯　葉

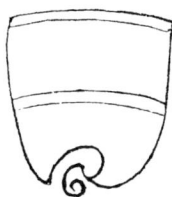

嘯葉論闕。

立均

伶州鳩曰:"律所以立均出度也。"韋昭謂:"其制以木長七尺,繫之以絲,以均鐘音,以出大小清濁之度。漢大予樂類之。"宋均曰:"均長八尺,而施弦。"然古之神瞽考中聲,而立之以制度,則三五合,而爲八尺而施弦,固足以考中聲、均鐘音而出度也。韋昭七尺之説,豈亦溺于七音之變然邪?後世京房之準,晉之十二笛,梁之四通,皆所以協律和聲,而説者以謂定律之器始於管,種於鐘,移於笛,衍於通[1],蓋立均之變體也。胡人有五旦、五耽之名,亦均之異名歟?

四通

梁武帝素善鍾律,以祖冲之尺校半分,以新尺制爲四通器[2],又爲十二笛以寫通聲,并周代古鍾,悉無差韻,一時之制也[3]。

---

① "移於笛,衍於通",原缺"笛"、"衍"二字,據光緒刻本補。
② "四通器",原缺"通"字,據光緒刻本補。
③ "一時之制",原缺"時"字,據光緒刻本補。

樂書卷一百三十三　樂圖論

俗部

八音_{金之屬上}

序俗部　　編鐘上　　編鐘中　　編鐘下　　大鎛
博山鐘　　飛廉鐘　　儀鐘　　衡鐘　　古文鐘
千石鐘　　九乳鐘　　平陵鐘　　杜陵鐘　　華鐘
鳴鐘　　啞鐘　　毀鐘

序俗部

　　俗部之樂，猶九流雜家者流，非朝廷所用之樂也。存之不爲益，去之不爲損。民間用之，雖無害於事，然方響十六，同爲一架，雜用四清之聲，適足以使民之心淫矣！鄭衛之音也，欲民之移風易俗難矣！如欲用之，去四清以協律可也。

編　鐘　上_{二十四枚}　　　　　　　編　鐘　中_{十六枚}

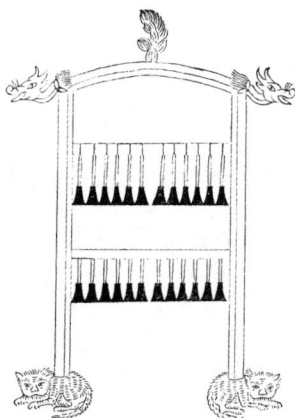

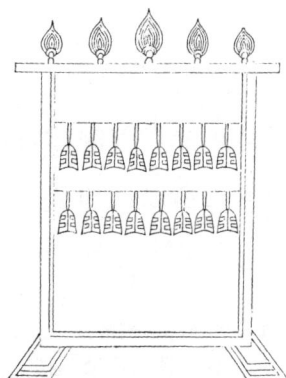

編鐘下十四枚　　　　　大　鎛

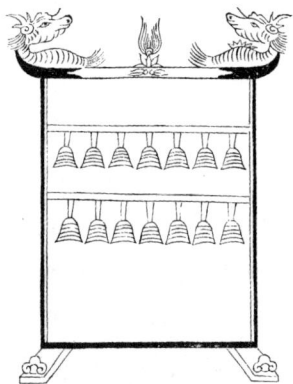

　　古者編鐘大小異制，有倍十二律而爲二十四者，大架所用
也；有合十二律四清而爲十六者，中架所用也；有倍七音而爲十
四者①，小架所用也。昔宋沇爲太常丞，嘗待漏光宅寺，聞塔上風
鐸聲，傾聽久之，因登塔歷扣之，得一鐸，往往無風自搖，洋洋乎
有聞矣。摘而取之，果姑洗編鐘也。又嘗道逢度支運乘，其間一
鈴，亦編鐘也，及配懸音，皆合其度，豈亦識微在金奏者乎？

　　鎛本小鐘，沈約等誤以爲大，不考經傳之過也。馮元《樂論》
謂：“此鎛鐘迺官帑中所獲者，其柄內空，扣之不得其聲，豈淪翳
土莽，泉漬壤蝕，失其眞響邪？至其小者，差與太常編大小相類
云。”許慎曰：“鎛，鐏于之屬，所以應鐘磬，堵以二金，樂則鼓鎛以應之。”

博山鐘

　　戴延之《西征記》曰：“鐘大者三十二，博山頭形，環紐，作師
子頭，鐘身雕鏤龍虎文，高二丈，厚八尺，大面廣一丈二尺，小面

---

　　①　“音”，原作“奇”，據元刻明修本、光緒刻本改。

七尺，或作蛟龍，或作鳥獸，周繞其外。陸翽《鄴中記》其説亦然，豈皆有所傳聞然邪？

飛廉鐘

趙將軍、張珍領郡邑，民徙洛陽六鐘：猛虡、九龍、翁仲、銅駝、飛廉，鐘一没盟津中。戴延之《西征記》曰：“陝縣城西北，二面帶河，河中對城西北角，水涌起銅鐘，翁仲頭髮常出水上，漲减常與水齊。晉軍當至，髮不復出，唯見水中嗟嗟有聲，聞數里。翁仲本在城内大司馬門外，爲賊所徙，當西入關，至此而没。”郭緣生《述征記》曰：“洛陽太極殿前，大鐘六枚，父老云，曾有欲移此鐘者，聚百數長絙挽之，鐘聲震地，自是莫敢復犯。”然則太極殿六鐘，豈邑民所徙者邪？戴延之《西征記》曰：“洛陽太極殿前，左右各三銅鐘相對，大者三十二圍，小者二十五圍。”《廣古今五行記》曰：“陝州黄河有銅鐘在水，水大小常自浮出，每晦朔陰雨之日輒鳴，聲響悲亮，行客聞之，莫不愴然。”

儀鐘

後魏宫架之制四箱，有儀鐘十四，虞廢而不用，元孚奏去之。至隋，牛洪建言：“古者鑄鐘據《儀禮》，叩擊爲節，無合曲之義，大射二鎛皆亂擊焉。”乃依後周以十二鎛相生擊之，聲韻自此諧矣。前此宫縣四箱十六架，編黄鐘之磬十四，雖器名黄鐘，而聲實夷則。抑又姑洗縣于東北，蕤賓列於西南，器象差位，則調律亦不和矣。

衡鐘

江左黄鐘之宫，其東衡鐘，其制蓋大于鎛，豈臮氏鐘衡之遺制歟？至梁，去衡設鎛，亦因時而爲之，非有異意也。

古文鐘

虞喜《志林》曰：“吴時，于江中得鐘，有百餘字，募求讀者，竟無人曉。”何法盛《晉中興書》曰：“義熙十一年，霍山崩毁，出銅鐘六枚①，上有古文科斗書，人莫能識。”《廣古今五行記》曰：“會稽人陳清於井中得小鐘，長七十二分，上有古文十八字，其四字可識，云：‘會稽嶽命。’”郭璞云：“愍懷喪覆，元帝中興之應，自宣帝至恭帝數十八。”其爲古文則一，其所以可識不可識者，豈歷年滋久，漫滅不可復知邪？然先儒著其事應切，意其未必然也。

千石鐘

漢高帝之廟，巨鐘十枚，其容受千石矣，撞之，聲聞百里，豈秦人之侈心乎②？故《説苑》曰：“秦始皇建千石之鐘，立萬石之簴。”

九乳鐘

《傳》曰：“君子鑠金爲鐘，四時九乳，是以撞鐘以知君，鐘調是，君道得。”宋均以爲九乳象九州，豈古人制作皆有所法象邪？

平陵鐘　杜陵鐘

漢高帝平陵，宣帝杜陵，其鐘皆在長安。夏侯征西，欲徙詣洛陽，重不能致，縣在清明門裏道南，其西者，平陵鐘也；東者，杜陵鐘也。古之人用鐘，非特在陵，雖廟亦用之矣。《古今樂録》曰：“高廣中四鐘，皆秦時廟鐘也，重十二萬斤。明帝徙二鐘在南宮。”然秦鐘非制，毁之可也，徙之南宮，亦未免啟後世人主之侈

---

① “鐘”，原作“鏡”，據光緒刻本改。
② “秦”，原作“表”，據光緒刻本改。

心歟？

華鐘

張衡曰："發鯨魚，鏗華鐘。"薛綜以謂："凡鐘欲令大鳴，故作蒲牢于上，所以擊之者。鯨魚有象刻文，故曰華鐘也。"晉都洛中，丙申春，翰林學士王仁裕夜直，聞禁中蒲牢發聲，如打頂腦間①，其鐘忽撞作破裂索索之聲，旬餘矣。既而中春，晉帝果幸梁汴，石渠金馬移在別宮，迄今十三年矣。索索之兆，信有驗焉。

鳴鐘

豐山有鐘，霜降則鳴；黃河有鐘，陰雨則鳴，氣感之也。《山海經》《五行記》。漢魏殿鐘，山摧則鳴，類召之也。《東方朔傳》："武帝未央宮殿前鐘，無故自鳴，三日三夜不止。帝以問朔，朔對曰：'銅者，土之子，以陰陽氣類言之，子母相感，恐山有摧陁者。'居三日，南郡太守以山崩爲言，帝因大笑。"又《異苑》曰："魏殿前鐘忽大鳴，張華曰：'蜀銅山崩。'久之果然。"

啞鐘

唐太宗召張文收於太常令，與祖孝孫參定雅樂。有古鐘十二，近代惟用其七，餘五者，俗號啞鐘，莫能通鳴。文收吹律調之，聲皆響徹。由此觀之，近代惟用其七者，豈有他哉，蔽於不用十二律，而溺於二變故也。然則二變果不可用於鐘律，明矣。

毀鐘

齊景公爲大鐘，將縣之，仲尼、伯常騫、晏子俱朝，曰："鐘將

---

① "如打頂腦"，光緒刻本作"如扣頂腦"。

毁。"撞之,果毁。公見三子問之,晏子對:"鐘大不以禮也。"仲尼曰:"鐘大縣小,下氣上薄也。"伯常騫曰:"今日庚申,申,雷日也,陰莫勝于雷也。"三子異對而同歸,豈非各有所見然邪?

樂書卷一百三十四　樂圖論

俗部

八音_{金之屬中}

　　方響　單鐸　雙鐸　風鐸　車鐸　賈鐸　銅鐸

　　將于　鐵笛　銅管　銅琵琶

方　　響

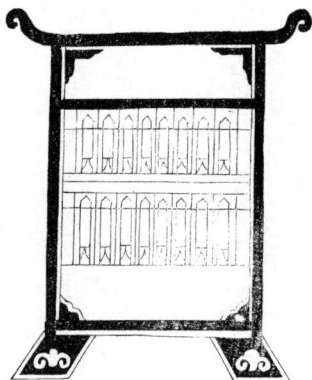

　　方響之制，蓋出於梁之銅磬。形長九寸，廣二寸，上圓下方，其數十六，重行編之，而不設業，倚於虡上，以代鐘磬。凡十六聲，比十二律，餘四清聲爾。抑又編縣之次，與雅樂鐘磬異。下格以左爲首，其一黃鐘，其二太蔟，其三姑洗，其四仲吕，其五蕤賓，其六林鐘，其七南吕，其八無射；上格以右爲首，其一應鍾，其二黃鍾之清，其三太蔟之清，其四姑洗之清，其五仲吕之清，其六大吕，其七夷則，其八夾鐘。此其大凡也。後世或以鐵爲之，教

坊燕樂用焉，非古制也，非可施之公庭，用之民間可也。今民間
所用，纔三四寸爾。

單　　鐸　　　　　　　　　　　雙　　鐸

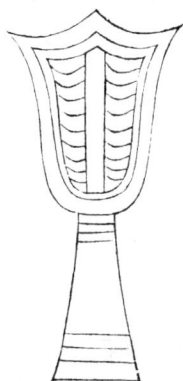 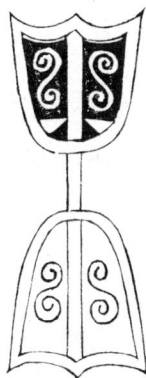

聖朝鐸制有二。有以木爲單頭者，今太常用之，所以引文武
之舞也。

風　鐸　　　　　　　　　車　鐸　賈　鐸

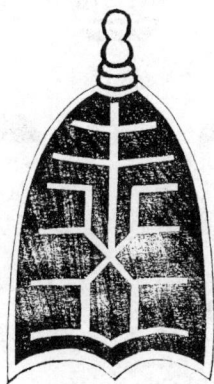 

後周世宗朝，長孫紹遠初爲太常，廣造樂器，無不克諧，惟黃
鍾不調，居嘗患之。後因聞浮圖氏三層上鳴鐸聲，雅洽宮調，取
而配奏之，果諧韻矣。觀隋代太常宗廟雅樂，唯作大吕，廢黃鐘，

何妥奏而用之，可謂深於古制者矣。開皇中，鄭譯等定樂。初爲黃鐘調，非不善也，而萬寶常反以爲亡國之音，請以水尺爲律，以調器聲，下鄭譯二律。太常善聲者多排毀之，不亦宜乎？

晉荀勖嘗道於趙，聞賈人牛鐸之聲而識之。及掌樂，音韻未調，乃曰："得趙之牛鐸，則諧矣。"遂下郡國取之，晉樂自是克諧，真知音者也。唐承周隋之亂，樂縣獨無徵音。李嗣真一旦聞砧聲，有應之者，後以喪車鐸入振之，於東南隅果掘得一石，裁爲四器，補樂縣之闕云。朱説爲太樂令，知音，近代無比。太常久無徵調，説考鐘律得之，《國史補》所載云。

銅　鐸　　　　　　　　將　于

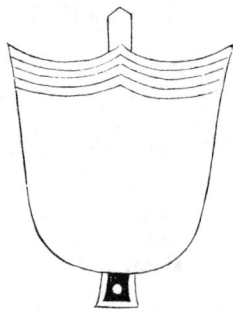 

晉愍帝建興中，晉陵陳寵於田野間得銅鐸五枚，皆爲龍虎形焉。《通禮義纂》曰："鐸，大鈴振之，以通鼓也。"《大周正樂》曰："鐸如鐃，搖之以和鼓也。"以《周官》鼓人推之，以金鐃和鼓，以金鐸通鼓，則鐸通鼓之器，非所以和鼓也。《大周正樂》之説不攻而自破矣。

《周官》有錞于之制，蓋樂作則鳴之，與鼓相和也。五代之時，已亡其制。然則將于當時宮縣四，無筭樂中用之，豈錞于之變體歟？

鐵　笛　　　　　　　　銅　管

鐵笛之制，未知所起。今民間往往有之。

秦咸陽宮有銅人十二[①]，坐高三五尺，列在一筵上，琴筑竽笙各有所執，組綬華彩，儼若生人矣。筵下有銅管，上口高數尺，一管内空有繩，大如指。使一人吹空管，一人紐繩，則琴瑟竽筑偕作，殆與真樂無辨。《西京雜記》載之詳矣。

銅　琵　琶

①　“咸陽宮”，原作“咸陽之”，據元刻明修本、光緒刻本改。

　　昔元行沖爲太常卿時，有人於古塚中得銅物，似琵琶，而身正圓，莫有識者。元視之曰："此阮咸所造樂具。"乃命工匠易銅以木，其爲聲雖清而雅，然亦失其故音矣。

樂書卷一百三十五　樂圖論

俗部

八音<small>金之屬下</small>

鼓吹鉦　警嚴鉦　刁斗<small>鐺鐺</small>　銅角　銅磬　銅鉢

銅簴　鐵磬　鐵簧　金管　銅律　銅籥　銅權

鼓　吹　鉦　　　　　　警　嚴　鉦

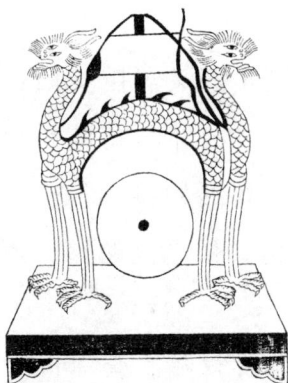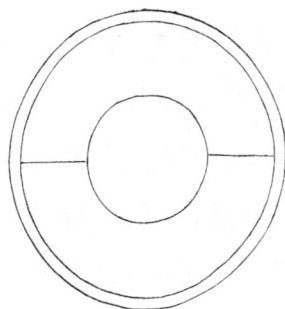

《説文》曰：“鉦，金聲也。”《釋名》曰：“金，禁也，爲進退之禁也。”《東觀漢記》：“段頴有功而還，介士鼓吹鉦鐸金鼓，雷震動地。”然則鼓吹鉦其来尚矣。今太常鼓吹部用之。然鉦、鉦一也，特其名異耳。觀繆襲作魏鼓吹曲十二篇，韋昭作吴鼓吹曲十二篇，傅玄作晉鼓吹曲二十二篇，沈約作梁鼓吹曲十二篇，然則鼓吹鉦未嘗不協鼓吹曲矣。

《采芑》，宣王南征之詩也，而曰“鉦人伐鼓”，然則警嚴鉦其來尚矣。今太常鼓吹部警嚴用之。

刁　斗鐎鐎　　　　　　　　銅　角

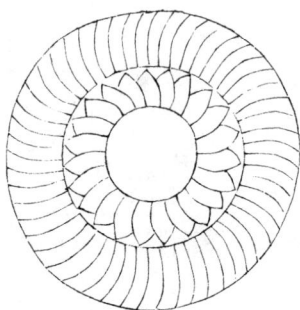

《漢書》:"舊儀,中宮南宮城門擊刁斗。"又名臣奏曰:"漢興以來,宮殿省閣五六重周衛,刁斗纂文曰'刁斗',持時鈴也。"然則刁斗,守衛師行之器也。以銅作鐎①,其形如銚,而無緣,其中所容一斗耳,晝炊夜擊,漢將李廣軍用焉。俗謂之鐎鐎。唐宮縣內無筭樂用之,非古制也。

《南史》:"綦母之貴倖,嘗以鼓角橫吹自隨。張興世嘗爲天子鼓角。又梁鼓角橫吹之曲六十有六。"然則鼓角之制,其來尚矣。

---

①　"以銅作鐎",原缺"鐎",據光緒刻本補。

銅磬　銅鉢　　　　銅簨

 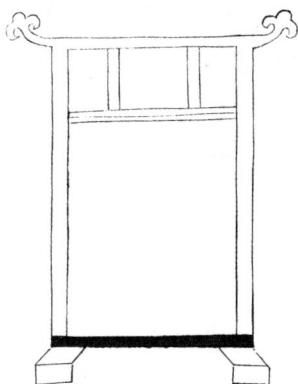

銅磬，梁朝樂器也。後世因之，方響之制出焉。今釋氏所用銅鉢，亦謂之磬，蓋妄名之爾。齊梁間，文士擊銅鉢賦詩，蓋亦梵磬之類[1]，胡人之音也。

秦始皇不道，斂天下銅鐵，作銅虡於咸陽。漢高帝廟有銅虡二，魏明帝徙之洛陽，尚在。《三輔黃圖》曰：“始皇遺虡，高三丈，鐘小者十石。”彼其侈心如此，其可法後世邪？

鐵磬　　　　　　鐵簨

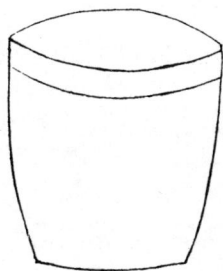 

鐵磬，南齊之器也。初宫城諸却敵樓，用鼓警夜，以應更唱。

---

① “梵磬”，原缺“梵”，據元刻明修本、光緒刻本補。

太祖以鼓多驚寢，遂易以鐵磬，其更鼓之變歟？

　　民間有鐵葉簧，削鋭其首，塞以蠟蜜，横之於口，呼吹成音，豈簧之變體歟？

金　管

銅　律

　　昔華歆與管寧、邴原相友，曾共鋤園，得金管一隻。寧以鋤揮之，與瓦礫無異，扼而擲之[①]。其輕物重義如此。

　　銅爲物之至精，不爲燥濕寒暑變其節，不爲風雨暴露改其形，介然有常，有似於士君子之行。故凡律度量衡用銅者，所以同天下，齊風俗也。要之，不若用竹，一本於自然而已。晉武帝時，荀勖校大樂，八音不和，乃作銅律吕以調聲韻，豈亦祖述漢人遺制歟？

　　銅籥

　　蔡雄起銅籥之制，容一千二百黍。大致與《漢志》冥會，亦庶乎近古矣。

---

　　① “扼”，光緒刻本作“拾”。

銅權

後魏宣武帝之時，詔李崇緝理聲樂，更造鍾磬。仍付并民王顯達所獻銅權，稽參古今鍾律準度，與權參合，亦近古之器也。

樂書卷一百三十六　樂圖論

俗部

八音_{石之屬}

編磬上　編磬中　編磬下　石鼓　玉鼓

石鍾　玉律　玉琯　玉笙　紫玉簫

白玉簫　玉琴　玉笛　瑤簨　玉方響

玳瑁笛　神鉦　石角　梵貝　玉螺

編　磬　上

編　磬　中_{十六枚①}

 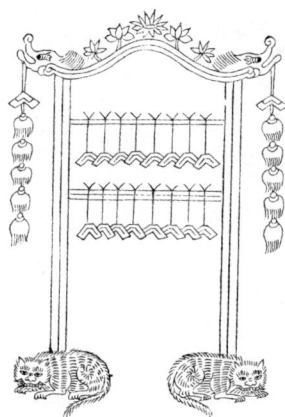

---

① "十六枚"，原缺，據元刻明修本、光緒刻本補。

編磬下十四枚①

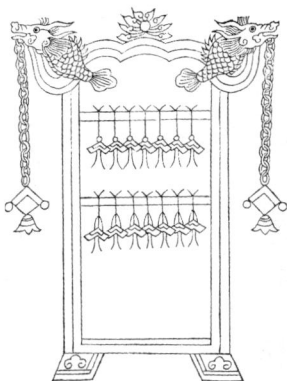

編磬二十八之説，始於漢之鄭康成，非古制也。大架所用二十四枚，應十二律倍聲，唐李冲所傳也②；小架所用十四枚，通黄鐘一均上倍之，大周正樂所出也。二八之制，其失自乎四清；二七之制，其失自乎二變。上不失之四清，下不失之二變，其爲李冲所傳者乎？《樂苑》曰："堂上磬十四枚，下七枚，具黄鐘一均聲；上七枚，倍也。"非徒不知去二變以協律，亦不知堂上特設黄鐘一以尚拊之制也。

---

①　"十四枚"，原缺，據元刻明修本、光緒刻本補。
②　"李冲"，原作"李紳"，據光緒刻本改。下一"李紳"同改。

石　鼓①　　　　　　　玉　鼓②

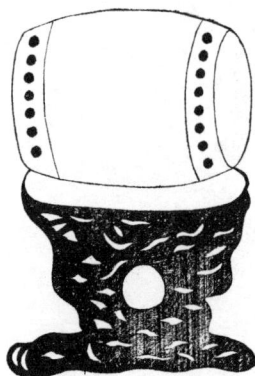 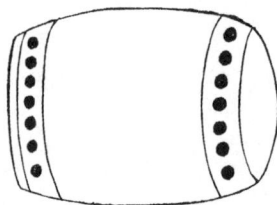

　　傳稱八方之荒，有石鼓焉。蒙之以皮，其音如雷。零陵有鳴石二，其狀似鼓，亦謂之石鼓，磬之類也。晉時，吳郡臨平有石鼓出焉，考之無聲。張華謂武帝曰：“可取蜀中桐材，刻作魚形。”扣之，卒如其言，聲聞數里。郭緣生《述征記》曰：“逢山祠有石人石鼓。”《臨海記》曰：“白鶴山有石鼓，如石之響③。”《後秦記》曰：“天水冀地，石鼓鳴野，羣雉皆雊。”《齊地記》曰：“城東祠山有石鼓，將有寇難則鳴，所以豫警備也。”《吳興記》曰：“長城有夏架山石鼓，磐石爲足，聲如金鼓，鳴則三吳有兵矣。”《郡國志》：“吳王離宮，在石鼓山，南有石鼓。”要之，皆感應異器，鼓鳴即兵起，非樂器之常也。

　　《春秋孔演圖》：“有人金卯興於豐，擊玉鼓，駕六龍。”然則鼓蓋有以玉爲之者矣。先王之論玉，以謂其聲清越，以長樂也。裁之爲佩，左徵角，右宮羽，則自然之樂固已存乎其中矣。古有玉

----

　　①　石鼓圖，原缺，據光緒刻本補。
　　②　玉鼓圖，原缺，據光緒刻本補。
　　③　“如石之響”，光緒刻本作“如金石之響”。

笛、玉簫、玉管、玉磬，皆取諸玉，亦奚不可爲鼓哉！

石　鐘①

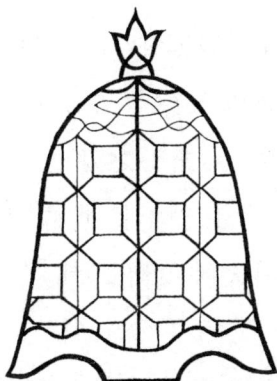

《武昌記》:"鐘臺山有一石鐘，或時鳴響，遠邇聞之，故名鐘臺焉。"裴子野《宋略》曰:"永嘉元年，鐘山洪水，有鐘自山流出，時人得之，因以名云。"

玉　律	玉　琯
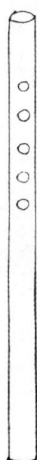	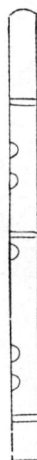

---

① 石鐘圖，原缺，據光緒刻本補。

物之美者，莫如玉；盡玉之象者，莫如乾。故立天之道曰陰與陽，以玉爲律，蓋取自然廉潤，所以宣六陽六陰之氣也。黃帝作律，以玉爲管，長尺，六孔，爲十二音。晉武帝時，汲冢亦獲玉律。故古法物有七品，而姑洗、中呂玉律居二焉。《尚書》中候氣用玉爲律以候之。東漢以玉律十二候氣于殿中，以竹律六十候氣于靈臺。以十二律候氣，先王之法也；以六十律候之，豈因京房之陋而不知其非歟？《王子年拾遺錄》謂：“師延撫一弦之琴，則地祇皆升；吹玉律，則天神俱降。”其言迂誕，蓋不深考《周官》大司樂之過也。

商受之時，西王母獻昭華玉琯。然則下琯蓋有以玉爲之者矣。

玉　笙

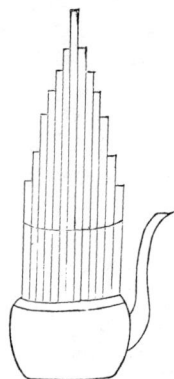

紫玉簫

白　玉　簫　　　　　　　　　　　玉　琴

　　漢奚景及《説文》曰：“舜祠下得笙，白玉管。”則古人蓋有以
玉爲笙者。晉潘岳嘗賦笙曰：“設宫分羽，經徵列商，始泰終約，
前榮後瘁。”可謂知樂盈而退，以反爲文矣。

　　唐咸寧中，張毅冢中得紫玉簫，古有紫玉簫曲是也。明皇天寳
中，安禄山自范陽入覲，獻白玉簫管數百，陳于梨園。則玉簫之器，蓋
不始于古矣。

　　吴均《續齊諧記》述王彦伯善鼓琴，嘗至吴郵亭，維舟中渚，
秉燭理琴。見一女子坐於東牀，取琴調之，似琴而非，其聲甚哀，
雅類今之《登歌》，迺楚《光明曲》也。唯嵇叔夜能爲此聲，自此以
外，傳習數人而已。彦伯蓋所未聞，請欲受之，女更爲彈之。遲
明，女取錦繡等物贈别，彦伯以玉琴荅之而去。則古人固有以玉
爲琴者矣。

玉　笛　　　　　　　　瑤　簴

　　《梁州記》："咸寧中，有盜竊發張駿冢，得白玉笛。唐天寶中，明皇命紅桃歌貴妃《涼州曲》，親御玉笛，爲之倚曲。"則玉之爲樂器，非特可爲笙簫，亦可爲笛矣。今士夫之家，往往有之。

《開元傳信記》載："唐明皇嘗坐朝時，以手指上下按其腹。朝退，高力士進奏曰：'陛下向來數以手自按其腹，豈非聖體小不安耶？'明皇曰：'非也。吾昨夜夢遊月宮，諸仙娛余以上清之樂，流亮清越，殆非人所聞也。酬酢久之，合奏諸樂，以送吾歸，其曲淒楚動人，杳杳在耳。吾以玉笛尋之，盡得之矣。坐朝之際，慮忽遺忘，故懷玉笛，時三復上下尋之，非不安也。'力士再拜賀曰：'非常之事也！願陛下爲臣一奏之。'因爲之奏其音，寥寥然不可名也。力士又再拜，且請其名，明皇笑曰：'此曲名《紫雲迴》。'遂載於樂章，今太常刻石在焉。"

　　《楚詞》曰："簫鐘兮瑤簴。"然則瑤玉以爲鐘簴，希代之器，非可爲後世法也。

玉 方 響　　　　　玳 瑁 笛

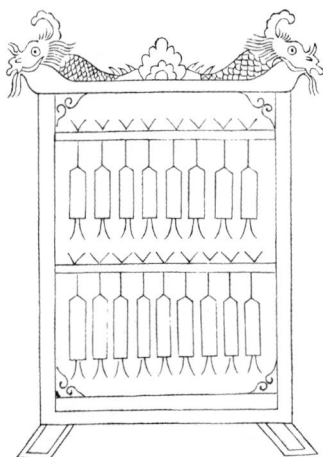

《杜陽編》述唐文宗時，有宮娥沈阿翹，本吳元濟之妓，嘗自進元濟所與一白玉方響，光明潔泠，可照數十步。以犀爲槌，以雲檀香爲架，芬馥襲人，彌月不散，制度精妙，非世所有，真希代之器也！然亦難得之貨，古人不貴焉。

聖朝嘉祐中，王疇欲定大樂，嘗就成都房庶取玳瑁古笛，以校金石。然則笛之爲器，豈特玉與竹哉？

神　鉦

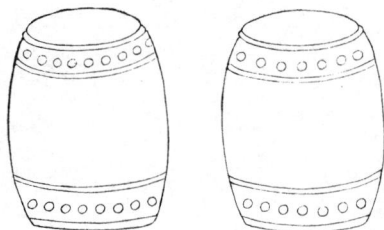

《郡國志》："洞庭山有宮，五門，東有石樓，樓下兩石鼓，扣之，其聲清越，世所謂神鉦也。"晉《孝武樂章》曰："神鉦一震，九域來同。"威而不猛之效也。

石　角

梵　貝_{玉螺}

《三國典略》曰："初，魏世山摧，得三石角，藏之武庫。至是，齊主入庫，賜從臣兵器，持此角賜平秦王①。歸彥曰：'余事常山不得反，事長廣得反。反事時，將此角嚇漢也。'"

貝之爲物，其大可容數升。蠃之大者也，南蠻之國取而吹之，所以節樂也。今之梵樂用之，以和銅鈸，釋氏所謂"法螺"，赤土國吹螺以迎隋使是也。梁武帝之樂，有童子伎倚歌梵唄，豈不幾夏變於夷乎！故孟子曰："吾聞用夏變夷，未聞變於夷者也。"唐貞元中，驃國進有玉螺、銅鼓②。

---

①　"平秦王"，光緒刻本作"平泰王"。
②　"驃國"，原作"螺國"，據元刻明修本、光緒刻本改。

樂書卷一百三十七　樂圖論

俗部

八音土之屬

七孔塤　八缶　八孔塤　水盞　拊瓶　扣甕

擊甌　擊壤　鼓盆　土鞞　腰鼓　瓦琵琶

七 孔 塤　　　　　　　　　八　缶

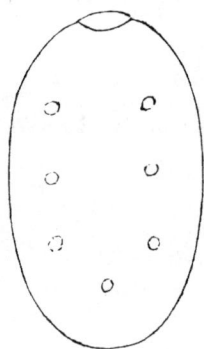

一三五爲九，二四爲六。九者，陽數之窮；六者，陰數之中。古塤六孔，用其方色，所以應六律出聲也。聖朝太樂，舊塤七孔，上下皆圓而髹之，以應七音而已，非先王雅樂之制也。

唐永泰初，司馬滔進廣平樂，蓋有八缶，具黃鍾一均聲，亦在所可取矣。

八孔塤　　　　　　水　盞

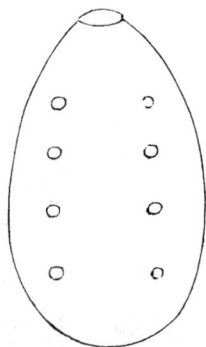　

　　景祐馮元《樂記》:"今太樂塤八空,上一,前五,後二,髹飾其
上。"《釋名》曰:"塤之爲言,喧也,謂聲濁喧喧然,主塤言之。"又
曰:"塤,壎也,主壎言之,故《説文》曰:'壎爲樂器,亦作塤,其實
一也。'"

　　近世民間用九甌,盛水擊之,謂之水盞,合五聲四清之音。
其制蓋始于李琬,特世俗之樂,非雅調也。

拊　瓶　　　　　　扣　甕

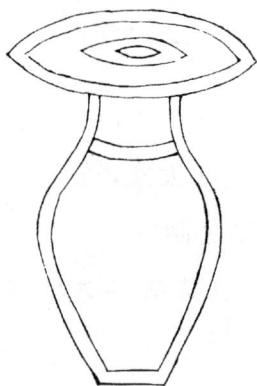　

擊　甌十二　　　　　　　　擊　壤

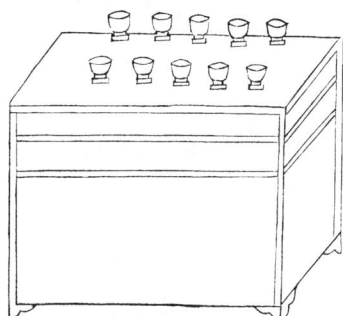

　　唐武宗大中初，天興縣丞郭道源，取邢甌、越甌十二，酌水作調，以筯擊之，其音妙于方響。咸通中，吳繽亦精於此。劉安曰："窮鄉之社，扣甕拊瓶，相和而歌，以爲樂。"豈亦擊甌類歟？非古制也。自擊建鼓、撞巨鐘觀之，則扣甕拊瓶之樂，亦足羞矣。墨子曰："農夫息於吟缶之樂。"亦此類歟？

　　壤之爲器，以木爲之，形如履，節長一寸餘，前廣後銳，童子之樂也，與堯時擊壤而歌者異矣。

鼓　盆覆盆　　　　　　　　土　鞀

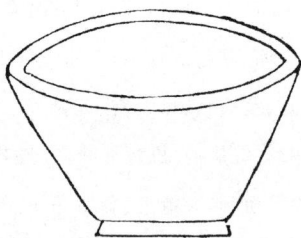

　　古之缶制，形如覆盆，缶類也。莊周鼓盆而歌，以明哀樂不入於胸次，與曰昃之離不鼓缶而歌異矣。昔齊景公飲酒，去冠被裳而鼓盆，晏子責之無禮，豈非善正救之臣乎？

　　唐《歷代樂儀》論俗樂之器[1]，土則附革而爲鞚也。吕不韋曰：“堯使鄭以麋鞈冥缶而鼓之。”然則土鞚豈以麋鞈冥缶之類歟？

腰　鼓

瓦琵琶

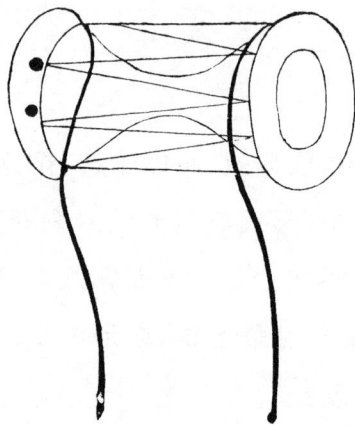
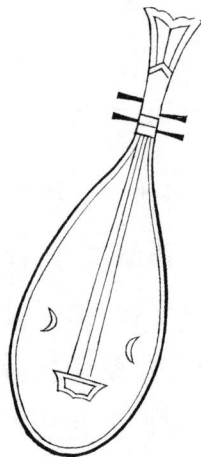

　　腰鼓之制，大者瓦，小者木，皆廣首纖腹。沈約《宋書》：“蕭思話好打細腰鼓。”豈謂此歟？

　　晉阮咸善彈琵琶，後有發咸塚者，得琵琶，以瓦爲之。時人多不識，以琴合調，大抵異器而同音也。昔王保義有女，善彈琵琶，夢異人授之樂曲，其聲清越，類于仙家紫雲之亞焉。其所傳之曲，有道調宫、玉宸宫、夷則宫、神林宫、蕤賓宫、無射宫、元鍾宫、黄鍾宫、散水宫、仲吕宫。商調獨指泛清商[2]、好仙商、側商、紅綃商、風香林鍾商、醉吟商、玉仙商；高聲調[3]、角調，醉吟角、大吕角、南吕角、中吕角、高大植角、蕤賓角[4]；羽調，鳳吟羽、背風香背南羽、背平羽、應聖羽、玉吕

---

①　“論俗樂”，原缺“論”字，據元刻明修本、光緒刻本補。
②　“清商”，原缺，據光緒刻本補。
③　“高聲”，原缺，據光緒刻本補。
④　“蕤賓”，原缺，據光緒刻本補。

羽①、玉宸羽，風香調、大吕調曲名亦同。人間有《涼州》、《伊州》、《胡渭州》、《甘州》、《綠腰》、《莫鞨》、《傾盃樂》、《安公子》、《水牯子》、《阿濫堆》之屬，凡二百餘曲。所異者，徵調中彈《湘妃怨》、《哭顔回》，當時胡琴不彈徵調而已，亦異事也。

---

①　“玉吕羽”，原缺，據光緒刻本補。

樂書卷一百三十八　樂圖論

俗部

八音_{革之屬上}

捆鼓　羽葆鼓　警鼓　鐃鼓　節鼓　鷺鼓

鸛鼓　鼉鼓　連鼓　方鼓　朝鼓　諫鼓

捆　鼓_{小有蓋①}　　　　　　　　羽　葆　鼓_{丹青羽葆}

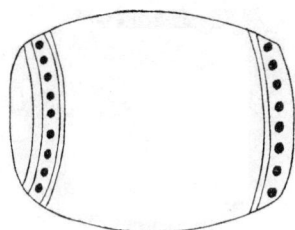

　　隋大駕鼓吹有捆鼓，長三尺，朱髹其上，工人青地莒文。大業中，煬帝宴饗用之。《唐開元禮》義羅曰："捆鼓，小鼓也。"按圖，鼓上有蓋，常先作之以引大鼓，亦猶雅樂之奏，棟與金鉦相應，皆有曲焉。《律書·樂圖》云："捆鼓，一曲十操：一曰《驚雷震》，二曰《猛虎駭》，三曰《鷲鳥擊》，四曰《龍媒蹀》，五曰《靈夔

---

① "小有蓋"，原缺，據元刻明修本、光緒刻本補。

吼》，六曰《鶻鵃争》，七曰《壯士奮怒》，八曰《熊羆哮吼》，九曰《石
盪崖》，十曰《波盪壑》。並各有辭，其辭無傳焉。大常鼓吹前部
用之。中宗時，欲自妃主及五品以上母妻，婚葬之日，特給鼓吹，
宫官亦然，是不知鼓吹之作本爲軍容也。昔黄帝涿鹿有功，以爲
警衛鉦鼓，有靈夔、孔雀、鶻鵃，争石墜崖，壯士怒之，類自昔功
臣，備禮得用之矣。今夫郊祀天地，唯有宫縣而無案架，則知軍
樂之用尚不給於神祀，况可接於閨闥者哉？

《隋書》：“鼓吹，車上施層樓，四角金龍，垂流蘇、羽葆。”唐羽
葆之制，縣於架上，其架飾以五采流蘇，植羽也。蓋鐃鼓、羽葆
鼓，皆飾以丹青，形制頗類掆鼓。今大常鼓吹後部用之。《律樂
圖》云：“羽葆一部，五色十八曲：一《大和》，二《休和》，三《七德》，
四《騶虞》，五《基王化》，六《纂唐風》，七《厭炎精》，八《肇皇運》，
九《躍龍飛》，十《珍馬邑》，十一《興晉陽》，十二《濟渭陰》，十三
《應聖期》，十四《御宸極》，十五《寧兆庶》，十六《服遐荒》，十七
《龍池》，十八《破陣樂》。然則羽葆其節奏如此而已，破陣終焉，
豈後世賞軍功之樂邪？昔陶侃平蘇峻，除侍中太尉，加羽葆鼓
吹，則其爲賞功之樂可知矣。今鼓吹騎從者，自羽葆鼓等，皆馬
上擊之，其制與隋唐異也。

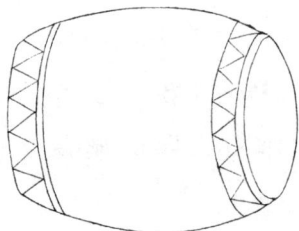

警　鼓　　　　　　　鐃　鼓 五采重蓋

《傳》曰："嚴警鼓，一十二面，大將營前左右行列，各六面，在纛後。"故《大周正樂》謂："凡鼓施於邊徼，謂之警鼓。昔楚厲王有警鼓，與百姓爲戒。既而飲酒太過，而擊民大驚，使人止之。居數月，警而擊之，民莫有起者。"然則警衆之鼓，可不慎其所擊哉！隋大業中，煬帝制宴饗，設鼓吹，夜警用，一曲俱盡，次奏大鼓，然不知非宴饗所當用也。

《唐六曲》曰："凡軍鼓之制有三：一曰銅鼓，二曰戰鼓，三曰鐃鼓。其制皆五采，爲重蓋。"究觀樂圖，鐃鼓鼓吹部用之。唐朝特設爲儀，而不擊爾。然劉瓛定軍禮，謂鼓吹未知其始，漢以雄朔野而有之，鳴笳以和簫，非八音也。隋大業中，鐃鼓十二曲供大駕，六曲供皇太子，三曲供王公，宴饗所用也。觀漢有鼓吹鐃歌十八曲，晉有鼓吹鐃歌古辭十六篇，宋有鼓吹鐃歌十篇，然則鐃鼓豈非鼓吹鐃歌之鼓邪？唐自鐃鼓以下，屬鐃鼓部。《律書·樂圖》云："鐃，軍樂也。其部四色七曲：一曰《破陣樂》，二曰《上車》，三曰《行車》，四曰《向成》，五曰《平安》,六曰《懽樂》①,七曰《太平》,各有記也。”

節　鼓

鷺　鼓

　　節鼓,不詳所造,蓋拊與相二器之變也。江左清樂有節鼓,狀如弈局,朱髹,畫其上,中開圓竅,適容鼓焉,擊之以節樂也。自唐以來,雅樂升歌用之,傅休奕《節鼓賦》曰“鏤鐘鳴歌,《九韶》興舞。口非節不詠,手非節不拊”是也。隋制,節鼓上自大駕,中自皇太子,下逮正一品,並朱漆畫,飾以葆羽。其曲十有二,《唐六典》用之,所以興止登歌之樂,如縣内之柷敔。其制五采重蓋,清樂縣部以之②。今太樂升歌用之,或以爲齊鼓,非也。

　　鷺鼓,精也。故《魯頌·有駜》詩曰:“振振鷺,鷺于飛。鼓咽咽,醉言歸。”古之君子,仕於伶官,傷頌聲之不作,故飾鼓以鷺,欲其流風存焉。或言晉移雷鼓建康宮之端門,有雙鷺唲鼓,而飛于雲末。或言孫恩破雷門鼓,見白鵠飛去,亦近乎怪,君子不道也。

---

①　“懽樂”,原作“權樂”,據元刻明修本、光緒刻本改。

②　“清樂縣部以之”,原作“青樂部以之”,據光緒刻本改。

鸛　鼓　　　　　　　　　　鼉　鼓

唐宮縣之樂，有鼗鼓四座，而鷺鼓居其一。齊武帝壽昌畫殿南閣，置白鷺鼓吹二部①。《大周正樂》鷺一作鸛，二鼓於《樂録》見之矣。

鼉鼓之名，見於《詩》之《靈臺》，詩人特託之，其鳴逢逢，爲靈德之應，非實鼓也。司馬相如《上林賦》曰："建靈鼉之鼓。"則鼉鼓之制，其詳雖不可得而知，所可知者，亦在所建而已。

連　鼓

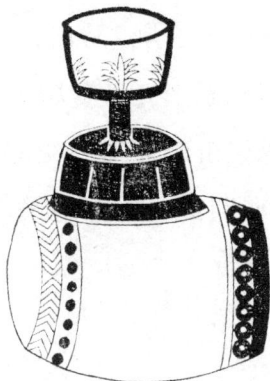

---

① "二部"，光緒刻本作"一部"。

連鼓，唐張文收燕樂有之，今大常鼓吹後部用之。嘗觀《齊書》，武帝時壽昌畫殿南閣置白鷺鼓吹二部，乾光殿東頭置鐘磬兩箱，皆宴樂處也。然則鼓吹之樂，非燕樂也，唐人用之燕樂，不亦失乎？嘗觀王亮母伏妃有疾被於洛水，亮弟兄侍從並持節鼓吹，震耀洛濱。武帝登凌雲臺望之，曰：“伏妃可謂富貴矣。”夫以人主視伏妃爲鼓吹之盛[①]，尚以爲富貴，則鼓吹富貴之具，人主所獨有也，雖有時授之臣子，以寵褒之，亦不可以有過矣。故吳質爲北中郎將來朝，詔列鹵簿鼓吹，至闕而止，庶乎敬君也。晉皇太子朝鼓吹，將入東掖門，劉毅劾其不敬，止於門外，可謂知敬君之禮矣。

方　鼓　　　　　　　　朝　鼓_{諫鼓}

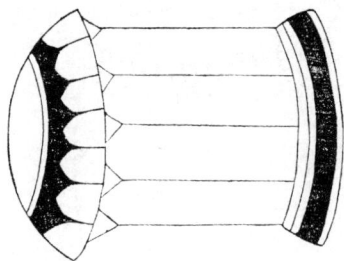　　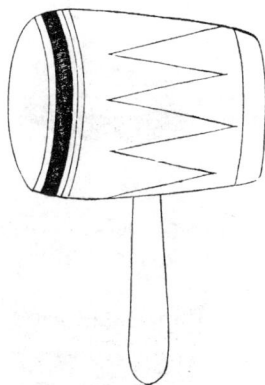

方鼓，八面。唐大歷中，司馬滔進廣平樂，作鼓應黃鍾一均聲。

鼓所以撿樂，爲羣音之長也。然則施於府寺之鼓，其朝鼓歟？《傳》曰：“有木可提，執施於朝。”則登聞之鼓，敢諫之鼓是也。昔人有諫鼓之歌，蓋本諸此。

---

①　“鼓”，原缺，據光緒刻本補。

樂書卷一百三十九　樂圖論

俗部

八音_{革之屬中}

　　大鼓　　常用大鼓　　中鼓　　小鼓　　枹鼓_{亦名桴鼓}

　　交龍鼓　　三杖鼓　　頭鼓　　耷鼓　　和鼓

　　雲花黃鼓　　雲花白鼓　　青鼓　　赤鼓　　黑鼓

大　　鼓　　　　　　　　　　常用大鼓①

 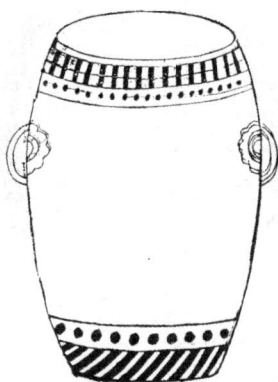

　　後世大鼓，古鼖鼓也。其制長八尺，《唐六典》曰"凡大駕鼓吹，並朱漆畫之"是也。昔吳王夫差啟蛇門以厭越，越人爲雷門以攘之，擊大鼓於雷門之下，而蛇門聞焉。唐德宗自山南還宮，而關輔有懷光吐蕃之虞，詔太常習樂，去大鼓。至鄭餘慶爲卿，

---

①　光緒刻本於"常用大鼓"下有小字"葆羽"。

始奏復用大鼓,則大鼓之不可廢如此。今太常鼓吹奏嚴用之,雖所以節曲,亦所以待暴也。漢元帝晚年,留好音樂,嘗置鼓殿下,自臨軒檻,取銅丸以擿之,中嚴鼓之節,可謂窮極幼眇矣,然特戲事爾。天子且無戲言,況戲事哉! 此所以爲漢室肇衰之主歟?

《周髀》一①:十人之長執鐓,百人之師執鐸,千人之師執鼙,萬人之將執大鼓。隋制,大駕用大鼓,飾以葆羽,工人阜地莒文,皇太子王公亦得用之。故大駕十五曲,皇太子十二曲,王公十曲,今教坊用焉。《律書·樂圖》云:“大鼓十五曲,内三曲嚴用:第一曰《元麟合邏》,第二曰《元麟他固》,第三曰《元麟跋至慮》②;餘十二曲警用:第一曰《元咳大至遊》,第二曰《阿列乾》,第三曰《破達折利紇》③,第四曰《賀羽真》,第五曰《鳴都路》,第六曰《勃鳴路跋第》④,七曰《胡雷折槌》,第八曰《元咳赤賴》⑤,第九曰《赤賴》,第十曰《吐該乞物真》,第十一曰《貪失利》,第十二曰《賀粟胡真》。”

中　鼓　　　　　小　鼓⑥

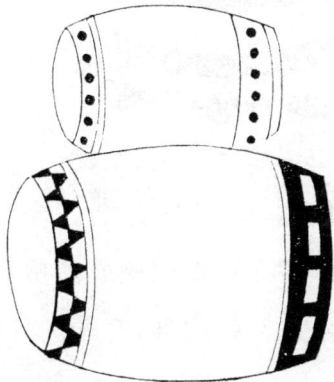

---

① “周髀一”,原作“周髀者”,據光緒刻本改。
② “元麟跋至慮”,元刻明修本、光緒刻本作“元麟离至慮”。
③ “破達折利紇”,光緒刻本作“破達近和紇”。
④ “勃鳴路跋第”,元刻明修本、光緒刻本作“勃鳴路鼓第”。
⑤ “元咳赤賴”,光緒刻本作“元咳光積”,元刻明修本作“原咳赤積”。
⑥ 光緒刻本於“小鼓”下有小字:“鼓上負一小鼓卧之”。

　　隋制，皇太子有大鼓、小鼓，而無金鐲。大鼓長鳴，工人紫帽，緋袴褶；小鼓中鳴，工人青帽，青袴褶，正一品。大鼓長鳴，工人紫帽，赤布袴褶；小鼓中鳴，工人青布袴褶。世有龍頭大㪇中鼓，獨揭小鼓隨品秩焉。㪇，古象反。揭，音桀。《唐樂圖》："其制有一大鼓，鼓上負一小鼓，皆臥之。"《律書・樂圖》曰："小鼓九曲，內一曲馬上用，八曲嚴警用，並屬鼓吹部也。第一曲曰《漁陽》，二《雞子》，三《警鼓》，四《三鳴》，五《合節》，六《覆》，七《步》，八《南陽會星》，九《單謠》。

枹　鼓 亦名桴鼓　　　　　交　龍　鼓

　　桴鼓，唐燕樂有之。今太常鐃吹前部用之，一曰枹鼓也。《傳》曰："在村墅曰枹鼓。"枹，一作桴，調擊鼓物也。桴，音浮。

　　今大常鼓吹部，宣德門外肆赦日用之。

三杖鼓　　　　頭　鼓

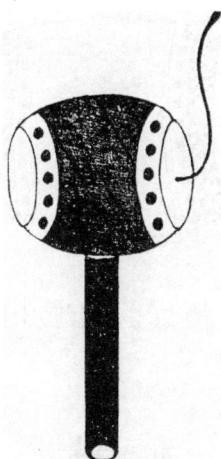
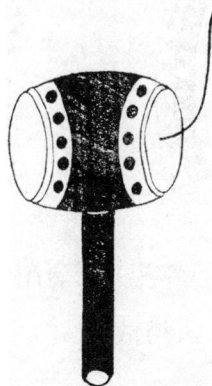

聒　鼓　　　　和　鼓

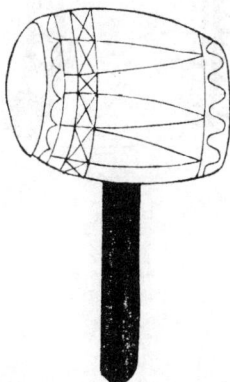
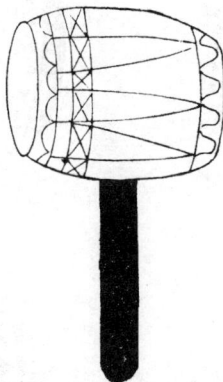

　　三杖鼓，非前代之制。唐咸通初，有王文舉尤妙弄三杖，打
橑萬不失一，懿皇師之失人主之體也。近世民間尤尚此樂，其器
有三等，與歌者句拍相附爲節，一曰頭鼓，其形類鞋，歌者左右執
之，以發歌；二曰聒鼓，戢其聲，在二鼓之間；三曰和鼓，比二鼓最
大，相和成聲，其要在乎杖也。

雲花黃鼓　　　　　　雲花白鼓

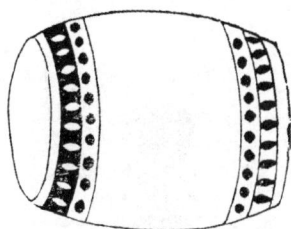

　　天子郊祀，廟享用雲花黃衣鼓四，吉禮故也；山陵用雲花白
衣鼓二，凶禮故也。

青　鼓　　　　　　　赤　鼓

黑　鼓

　　北齊諸州鎮戍，各給鼓吹，工之多寡，以大小等級爲差。諸
王爲州給赤鼓，皇子增給吳鼓，上刺史給青鼓，中州以下及諸鎮

戍給黑鼓，皆有衣，色亦如之①。聖朝沿襲斯制，諸州鎮戍未嘗不
給鼓角，第其色之同異，未純於北齊之制也。

---

① “亦如之”，原缺“亦”字，據元刻明修本、光緒刻本補。

樂書卷一百四十　樂圖論

俗部

八音_{革之屬下}

熊羆鼓上　熊羆鼓下　漏鼓　街鼓　唐鼓

黃鍾鼓　夏至鼓　冬至鼓　聖鼓　散鼓

教坊鼓　撫拍　青角　赤角　黑角

<table>
<tr><td>熊羆鼓上</td><td>熊羆鼓下</td></tr>
</table>

　　熊羆鼓，其形製小而有架，具羽葆流蘇之飾，《唐樂圖》所傳羽葆部熊羆十二案用之。

　　此鼓今太常熊羆十二案用之，非古也，與《唐樂圖》所傳制度異矣。

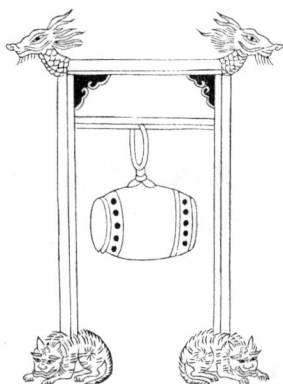　　　　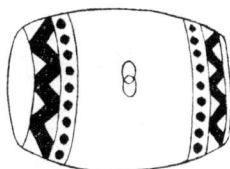　　　　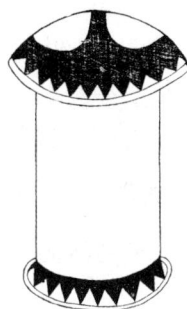

漏　鼓　　　　街　鼓　　　　唐　鼓

　　梁朝宫殿門夜漏盡，擊漏鼓以開夜漏。上水一刻，擊漏鼓以
閉五更。三籌，正牙門擊鼓，諸街遞擊小鼓，使聲徹皇牆諸門，爲
朝士入朝之節。每正牙門閉及止鼓，亦准此。聖朝街有鼓樓而無鼓，宜
復梁制，正宫門啓閉之節，肅朝士朝會之心，正今日闕典也。

　　唐鼓，後世堂上樂用之，未詳所起。然爲是鼓者，蓋不知古
堂上之樂有柎而無鼓矣。

黄鍾鼓

　　《春秋·感精符》："冬日至，人主與羣臣左右縱樂五日，乃使
八能之士撞黄鍾之鐘，擊黄鍾之鼓；公卿大夫列士，亦使八能之
士擊黄鍾之鼓，鼓黄鍾之瑟，吹黄鍾之律，則天地之氣以和，應黄
鍾之音矣。"亦應時造理之樂也。

夏至鼓　冬至鼓

　　《易通·卦驗》曰："冬至，鼓用馬革，圓徑八尺一寸；夏至，鼓
用牛皮，圓徑五尺七寸。"先王之制未必如此其異，其説亦失之拘

矣。《帝王世紀》曰：“黃帝殺夔，以其皮爲鼓，聲聞五里。”然則古之冒鼓亦不必牛馬之皮，雖夔皮亦用之矣。

聖鼓

盛宏之《荆州記》：“陽山縣有豫章木，可二丈，號爲聖木。秦人伐爲鼓，頹頹成忽奔逸至桂陽。”又王韶之《始興記》：“息於臨武，遂之洛陽，因名聖鼓城。”亦近乎怪，君子勿云[1]。

散　鼓

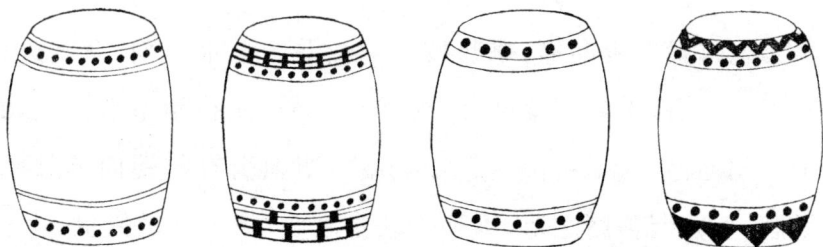

聖朝初載宮縣之樂，設建鼓於四隅，徒用爲儀而不擊；設散鼓四以代之，非古制也。景祐中，易之以三，等鼗鼓之制，可謂近古矣。

教坊鼓

撫　拍

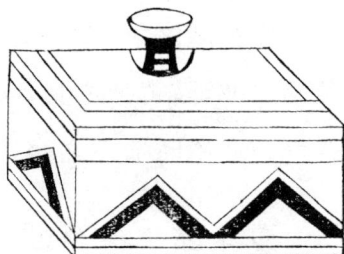

---

① “君子勿”，原無，據光緒刻本補。元刻明修本作“君子曼云”。

今教坊所用鼓制如此[①]。

《大周正樂》有撫拍，以韋爲之，實之以糠，撫之以節樂也。豈搏拊之變體歟？今夫土爰稼穡，土者，冲氣之行；稼穡者，冲氣之穀；而糠者，又五穀之餘者也。搏拊以作樂，所以發中聲而已，未聞用之以節樂也。撫拍之制，其去古遠矣。

青　角　　　　赤　角　　　　黑　角

革角，長五尺，形如竹筒，本細末大，唐鹵簿及軍中用之。或以竹木，或以皮，非有定制也。侯景圍臺城嘗用之，大抵胡部、俗部通用之器也。北齊諸州鎮戍各給鼓吹，諸王給赤鼓、赤角，皇子增給吳鼓、長鳴角，上州刺史給青鼓、青角，中州以下及諸州鎮戍給黑鼓、黑角，器皆有衣，並同鼓色焉。

---

① “今教坊所用鼓制如此”，原無，據元刻明修本補。

樂書卷一百四十一　樂圖論

俗部

八音_{絲之屬}

頌琴　　擊琴　　一絃琴　　十三絃琴　　二十七絃琴

月琴　　素琴　　素瑟　　清角　　鳳凰　　號鐘

繞梁　　綠綺　　清英　　焦尾　　怡神　　寒玉石

和志　　六合　　石枕　　落霞　　響泉

韻磬　　荔支　　縣琴　　百納琴

頌　琴_{十三絃，柱如箏}

擊　琴_{五弦，以竹管承之}

古之善琴者，八十餘家，各因其器而名之，頌琴居其一焉。其絃十有三，其形象箏，移柱應律，宮縣用之，合頌聲也。齊桓公以“號鐘”名之，李汧公以“韻磬”名之，是不知鐘磬各自有器，非所以名琴也。孔子曰：“名不正，則言不順。”以鐘磬名琴，豈孔子正名之意乎？唐貞元初，成都有雷生斵琴，其業精妙，天下鮮儷也。大中有賀若夷，尤善此藝，後爲待詔，彈一曲，上嘉歎之，賜緋衣，至今號爲"賜緋調"。

梁柳世隆素善彈琴，其子惲每奏父曲，居常感思，因變其體，備寫古調。嘗賦詩未就，誤以筆捶琴，坐客以箸和之，惲驚其哀韻，乃制爲雅音，而擊琴自此始矣。蓋其制以管承絃，又以竹片約而束之，使絃急而聲亮，舉而擊之，以爲曲節。江左有之，非古制也。

一　絃　琴

一絃

十三絃琴

二十七絃琴

魏孫登嘗彈一絃琴，善嘯，每感風雷。嵇康師之，故其讚曰："調一絃兮，幹參寥廓；嘯一曲兮，能驟風雷。"江左樂用焉。

古者制五絃之琴，以應五聲，琴之正也。後世易之以二十七絃，三倍七音之數，琴之變也。

月　琴 五絃十三柱

素　琴

素　瑟

　　月琴，形圓，項長，上按四絃十三品，柱豪，琴之徽轉絃應律，晉阮咸造也。唐太宗更加一絃，名其絃曰金、木、水、火、土，自開元中編入雅樂用之，豈得舜之遺制歟？大中間，待詔張隱聳者，其妙絶倫，蜀中亦多能者。

　　昔人祥之日，常彈素琴、素瑟矣。陶隱居不解音聲，而畜素琴一張，每有酒適，輒撫絃以寄其意，可謂達"君子無故不徹琴瑟"之意矣。

清角　鳳凰　號鐘　繞梁　綠綺　清英　焦尾

玉牀　怡神　寒玉石　和志　六合　石枕　落霞

　　黃帝之清角《梁元纂要》，趙后之鳳凰《西京雜記》，齊桓之號鐘，楚
莊之繞梁，相如、蔡琰之綠綺，揚雄之清英，蔡邕之焦尾，庾信之
玉牀，謝莊之怡神，李勉之寒玉石、和志，洞元之六合，路氏之石
枕，莊女之落霞，求諸先王之制，雖未盡合，亦各一代絕特之器
也。蔡邕之女文姬，時年六歲，邕嘗夜鼓琴絃絕，文姬曰：“第二
絃。”邕又故斷其一而問之，文姬曰：“第四絃。”邕曰：“偶得之
矣。”文姬曰：“吳札觀化，知興亡之國；師曠吹律，識南風不競。”
由此言之，何以不知其知音之賢女歟？

　　響泉　韻磬

　　《國史補》載：李汧公勉者，雅性好琴，嘗斲桐爲之，多至數百
張，求者無不與之。其中二者，一名響泉，一名韻磬。張弘靖嘗
會名客，觀鄭宥調二琴，各置一榻，動宮宮應，動角角應，真希代
寶也。茂因記之，謂：“余家世所寶，遭廣明之亂，韻磬爲火所燬，
響泉有洛僧自賊中挈去。建中四年，南康王韋皋在蜀得之，用伕
陁羅木換臨岳承絃，命李陽冰篆之。至大順中，客游巴蜀，見攜
響泉以行云。”然響泉之奇，世或鮮鑒，但以他琴齊奏，彼音絕，而
此有餘韻。世又有竊其名者，苟以墨蹤篆文，驗之，則真僞覩矣。

　　荔枝

　　荔支性堅文直，色正而音切，生於南閩，以芳實美味聞。裁
之爲琴，非古也，其自侍御史尉遲君與之始乎？尉遲君與之所

成，其斷自長樂馮端乎？唐人馮宿述之，以詔後世，是物不自異，宏之其在人乎？

縣琴

昔師經以琴撞魏文侯，文侯曰："卿何鮮禮之甚也？"經對曰："臣撞桀紂之君，非撞陛下也。"文侯韙之。廼縣琴於門，爲終身之戒。若師經可謂善危言之臣，文侯可謂善受盡言之君矣。

百納琴

唐汧公李勉素好雅琴，嘗取桐孫之精者，雜綴爲之，謂之"百納琴"。用蝸殼爲暉，其間三面尤絶異，通謂之響泉、韻磬焉。

樂書卷一百四十二　樂圖論

俗部

八音_{絲之屬}

伏犧琴　夫子琴　靈關琴　雲和琴　琴制

琴暉　琴勢　琴調①

伏犧琴　夫子琴　靈關琴　雲和琴

自古善琴者，八十餘家，一十八樣，究之雅度，不過伏犧、大舜、夫子、靈關、雲和五等而已，餘皆求意新狀奇，終乖古制，君子不貴也。唐人有作伏犧樣琴一張，長二尺八寸。天祐壬子歲嘉辰日，合暉以黃金，飾以紫檀，且紀歲月，又繫之以讚曰：“形質治天，雅度合律。蜀王千面，未若其一。”妙則妙矣，求之舜五絃之制，則未也。《論琴》曰：“懿哉！伏犧氏王天下，始畫八卦，削桐為琴，面圓法天，底平象地，龍池八寸通八風，鳳池四寸合四氣，旁行不流，所感無常也。”

琴制

琴之為器，有龍池者，以龍潛於此，其出則興雲雨以澤物，而人君之仁如之；有鳳池者，以南方之禽其浴，則歸潔其身，而人君之德如之；有軫池者，亦曰軫杯，以其急於發令，切酒以成禮也②。

---

① 自“伏犧琴”至“琴調”，原缺，據元刻明修本、光緒刻本補。
② “切”，原作“且”，據元刻明修本、光緒刻本改。

池側有凫掌二，所以護軫之，動而合制也。鳳額下有鳳嗉一，所以接喉舌而申令者也。琴底有鳳足，用黃楊木表其足，色本黃也。臨嶽若山嶽峻極，用棗木表其赤心也。人肩者，顧其臣有俯就隨肩之象也[1]；鳳翅者，左右翼之，有副貳人主之象也；龍唇者，聲所由出也；龍齗者，吟所由生也；龍口，所以受絃，而其鬢又所以飾之也；鳳額，所以制嗉，而其臆又所以承之也。總而言之，琴長三尺六寸六分，當期之日也；腹中天地二柱，當心膂之任也；天柱方厚七分，居姑洗、仲呂之界；地柱方厚六分，居南呂、無射之界。若定位小差，近上則損上聲，近下則損下聲；當中心，則其聲品節矣[2]。然斲製之妙，蜀稱雷霄、郭諒，吳稱沈鐐、張越。霄、諒清雅而沈細，鐐、越虛鳴而響亮。唐明皇反蜀，詔雷儼待詔。襄陽馮昭亦善攻斲，鬻之不售。節使盧公鈞聞之見重，受一張，仍贈之詩。自是馮氏門其屨滿矣。伏犧樣，長三尺九寸三分，與後周大累黍尺同。舜樣，用古玉尺，長三尺八寸二分[3]。孔子樣，長三尺六寸四分，與周尺同。秦始皇樣，用玉尺，三池。司馬相如同。後晉尺長三尺八寸六分半，一池。後漢蔡邕用官尺，長三尺七寸八分。伯牙用尺同築表，尺長三尺七寸二分。稽康用魏中尺，長三尺七寸[4]，一池。齊東山樣，用今尺，長三寸三分。梁千面，用鐵尺，長三尺九寸三分，無池。隋百面，用水平尺，長三尺六寸四分，古軫用竹，言鳳非梧桐不棲，非竹實不食。

琴暉

琴之爲樂，絃合聲以作主，暉分律以配臣。自臨嶽際下至龍口銜絃，以夷則爲中界；夷則至臨嶽下際，以仲呂爲中界；仲呂上

---

① “其”，光緒刻本作“於”。
② “節”，光緒刻本作“切”。
③ “二”，光緒刻本作“三”。
④ “七”，光緒刻本作“六”。

至臨嶽下際，以太簇爲中界，其夾鍾、姑洗、蕤賓、林鍾四暉，即泛調取定，又以太簇翻至龍口，而暉數足矣。自古暉十有三，其一象閏，蓋用螺蚌爲之。近代用金、玉、瑟瑟、水晶等寶，未聞有絃繩之義，蓋所以示其明瑩，以節奢縱而已。俗傳暉作徽纆之徽，誤矣。

琴勢

古者手勢所象，本蔡氏五弄，趙耶利所修也。左大指象天，左中指象日，右無名指象月，右大指象大風，右食指象青雲，右中指象高山，右小指象地，右無名指象下水。龍行者，指行如之；虎行者，指步如之；蟹行者，倫指如之；鷥行者，轉指如之；輕行者，汎指是也。儒父吟，未接覆手是也；亮生嘯，小起手是也；仙人笑，下璨是也。然彈琴之法，必兩手相附，其猶雙鷥對舞，兩鳳同翔，要在附絃作勢，而不在聲外搖指。趙師彈琴，未有一聲無法，凡一弄之內①，清側殊途；一句之中，莫不有陰陽派潤。至如《楚明光》、《白雪》寄清調，中彈楚清聲；《易水》、《鳳歸林》寄清調，中彈楚側聲；《登壠》、《望秦》寄胡笳調，中彈楚側聲；《竹吟風》、《哀松露》寄胡笳調，中彈楚清聲。若此之類非一，可謂妙矣。

琴調

古者琴有七例：一曰明道德，二曰感神示，三曰議風誠，四曰恕察弄，五曰制聲調，六曰流文雅，七曰善傳寫。故宮調五弄，蔡氏所撰，其意恢宏合律，剛柔相應，可類《禮記》、《周易》；商調四

---

① "一弄"，光緒刻本作"二弄"。

弄,四人所制,研究其理,褒貶稱善,可類《春秋》;嵇氏四弄,曾附正聲,可類《尚書》;《廣陵散》寫憤歎諷刺,可類《毛詩》;《胡笳》韻出殊常,與正聲偕行,可類《文選》;雜弄等曲,各述其志,可類小經子史;正女所撰,四德俱備,可類《女孝經》、《女誡》。後世專以聲論才藝,其優劣亦可知矣。宋衡陽王義季鎮京口,戴顒爲之鼓琴,並新聲變曲,其遊絃《廣陵》,止息三調,皆與世異。太祖以其好音,長給正聲伎一部,顒合《何嘗》、《白鵠》二聲,以其一調,號爲清曠,其深於琴調者歟? 梁柳惲常以今聲轉棄古法,而著清調。隋鄭譯更修七始之義,而爲樂府聲調,君子不取也。

樂書卷一百四十三　樂圖論

俗部

八音絲之屬

琴聲上　琴聲下　琴曲上　琴曲下①

琴聲上

夫琴者,君子常御,不離於身,非若鐘鼓,陳於宗廟,列於筍虡也。其聲大者,不喧譁而流漫;其聲小者,不湮滅而不聞,固足以和人意氣,感發善心也。《白虎通》曰:"琴者,禁止於邪,以正人心。"豈其然乎? 今夫宮聲感人,則其意慱和;商聲感人,則其意勁正;角聲感人,則其意奮厲;徵聲感人,則其意舒緩;羽聲感人,則其意流平。故正直勇義者,聽之則奮厲;倍苦節孝行忠烈者,聽之則感傷;貧苦孀孤抱怨者,聽之則感慨;輕縱浮薄好喧囂者,聽之則震戢。然則修身治性,反其天真,有不在於是乎? 虞舜鼓之,而五星見;伯牙鼓之,而駟馬仰秣;瓠巴鼓之,而魚躍潛藻;以至師曠之致鶴舞,賀韜之致鬼舞,宋康之致畫動②,衛次翁之致異香降,王敬伯之致神女現,師襄之變易寒暑,孫登之感動風雷。然則動天地,感鬼神,有不在於是乎! 由此觀之,古人所謂至樂通天地,變四時,又曰安國家,治人民,莫若乎五音,豈不

---

① 自"琴聲上"至"琴曲下",原缺,據元刻明修本、光緒刻本補。

② "宋康",原作"朱康",誤,據光緒刻本改。

信歟？關關嚶嚶，春鳥聲也；蕭蕭雍雍，秋雁聲也；巍巍湯湯，山水聲也。

琴聲下

古人之論琴聲，有經、有緯、有從。宮商角徵羽文武以上，爲經聲也；黃鍾及大呂閏暉以上十三聲，爲緯聲也；風雅聲、陰陽聲、武成聲、吟詠聲、談話聲、姑息聲、五音聲、五調聲、長樂聲、胡笳聲、止息聲、吳聲、蜀聲、齊聲、楚聲、度絃摘聲、蹙臑抑揚聲、調絃齴掠聲、長彈掉搦聲、楚清側聲、雅質側聲、鷓扶輪指聲、宛美清聲、高望遠側聲，凡此二十四聲，爲從聲也。右七絃爲正，十三暉爲副，正副相應，一絃合十三種升降，同爲九十一聲。琴含太虛一氣，運九十種聲，如此其變，亦已盡矣。至於取聲之法，又有木、有汎、有散、有末、有剔、有櫟、有擘、有綽、有璅、有齴、有倫以總之，誠去四清二變，以諧音律，則琴音調而天下治矣。左指按絃，因指打聲振動，左指令著面，右指擊絃，隱隱如雷，是木聲也；左微按絃，右手擊絃，泠泠然輕清，是汎聲也；左指不按不擊絃，鏘鏘然如鍾鐸，是散聲也；左指按絃，右指打聲，抑蹙向前後，令聲下惆悵，是散聲也；右指向下末二三絃，左指不著，是末聲也；右指向上剔一絃，是剔聲也；右指食第一橫文向上①，蹙櫟二三絃畢，舉其食指合勢望天，是櫟聲也；右指向上擘一絃，爲擘聲；右指向下反剔一絃，爲綽聲；右指揈食指第二橫文向上，下擊下絃，從寬至急可十餘聲，爲璅聲；右兩指各按一絃，齊聲打，爲齴聲；右兩指倫次共一絃，爲倫聲。

琴曲上

夫樂②，琴之臣妾也，《廣陵曲》之師長也。古琴曲有歌詩五

---

① “指食”，疑當作“食指”。
② “夫樂”，原作“衆樂”，據元刻明修本、光緒刻本改。

篇,操二篇,引九篇。其歌詩:一曰《鹿鳴》,周大臣傷時在位而作
也;二曰《伐檀》,魏國女閔傷怨曠而作也;三曰《騶虞》,召國女傷
失嘉會而作也;四曰《鵲巢》,召國男悦正女而作也;五曰《白駒》,
衰世失朋友而作也。其操十有二:一曰《將歸》,孔子之趙,聞殺
鳴犢而作也;二曰《猗蘭》,孔子傷不逢時而作也;三曰《龜山》,孔
子因季桓受齊女樂而作也;四曰《越裳》,周公爲其重譯來享而作
也;五曰《拘幽》,文王拘於羑里而作也;六曰《岐山》,周人爲太王
而作也;七曰《履霜》,尹吉甫子伯奇傷無罪而作也;八曰《雉朝
飛》,牧犢子感雙雉而作也;九曰《別鶴》,商陵穆子傷父母奪志而
作也;十曰《殘形》,曾子夢狸而作也;十一曰《水僊》,伯牙爲僊舞
而作也;十二曰《懷陵》,伯牙爲子期而作也。其引:一曰《列女》,
楚樊姬所作也;二曰《伯姬》,魯伯姬所作也;三曰《正女》,魯漆室
女所作也;四曰《思歸》,衛女所作也;五曰《霹靂》,楚商梁遇風雨
而作也;六曰《走馬》,樗里牧恭爲感天馬而作也;七曰《箜篌》,霍
里高所作也;八曰《琴引》,秦屠門高所作也;九曰《楚引》,楚龍丘
子高所作也。自餘歌詩操引,不可勝紀,要其大致,亦不出乎此。
然以詩推之,《鹿鳴》之燕羣臣,《伐檀》之刺貪鄙,《騶虞》之美王
道成,《鵲巢》美夫人之德,《白駒》刺宣王之不用賢,與是説不類
矣,豈好事者妄取其名而詭爲之説歟?

琴曲下

　　昔人論琴弄、吟、引,亦多矣。有以孔子撰之者,《獲麟》、《將
歸》、《畏匡》、《厄陳》之類也;有以伯牙製之者,《望仙》、《懷陵》、
《流水》、《流泉》之類也;有以嵇康爲之者,《長清》、《短清》、《長
側》、《短側》之類也;有以劉琨爲之者,《登隴》、《望秦》、《竹吟

風》、《哀松露》、《悲漢月》是也。胡笳五弄，趙師所修，有以明君
爲之者，平調、清調、瑟調、蜀調、胡笳，吳興杜瓊是也。然觀琴調
操引，有宮引、商引、角引、徵引、羽引、平調引，有林宮、林商、林
角、林徵、林羽，是琴音之用，不出五聲而已。後世兼以二變四
清，定絃數多寡，其爲智亦疏矣。

樂書卷一百四十四　樂圖論

俗部

八音_{絲之屬上}

　　蕃瑟　　雅瑟　　十九絃瑟　　二十七絃瑟　　黃鍾瑟

　　平清瑟　　静瑟　　寶瑟　　太一樂　　天寶樂　　繞梁

蕃　　瑟_{四絃}

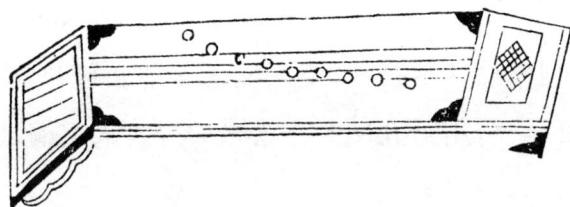

雅　　瑟_{二十三絃}

　　《三禮圖》："雅瑟長八尺一寸，廣二尺八寸，二十三絃。其常用者十九絃，其餘四絃，謂之蕃。"蕃之爲言，贏也。古者大瑟謂之灑，長八尺一寸，廣一尺八寸，二十七絃，其制與雅瑟大同而小異，豈時異異制歟？

十九絃瑟

二十七絃瑟

黄鍾瑟

《易通 · 卦驗》："冬至日,使八能之士鼓黄鍾之瑟,用槐八尺一寸爲之;夏至日,用桑五尺七寸爲之。"失古人用桐之意也。

平清瑟

隋代何妥少好音律,留意管絃。文帝令定鍾律,於是作平清瑟三調聲。宋朝雅樂作大吕、黄鍾二均聲,至妥始奏專用黄鍾。詔下公卿議,從之。

静瑟

《王子年拾遺録》曰:"古之圓山①,有林木焉,疾風震地,而林木不動,以其木爲瑟,故曰静瑟也。"慎子曰:"公輸子巧用材也,不能以檀爲瑟。"《詩》曰:"椅桐梓漆,爰伐琴瑟。"然則瑟之材,其

---

① "圓山",光緒刻本作"圖山"。

可以檀爲之乎？

寶瑟

昔盧邁有寶瑟四，各直數十萬，有"寒玉"、"石磬"、"響泉"、"和志"之號。繇此觀之，非特琴爲然，雖瑟之寶者，亦不嫌其同名矣。

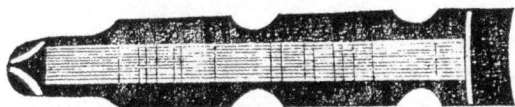

太 一 樂　　　　　　　　天 寶 樂

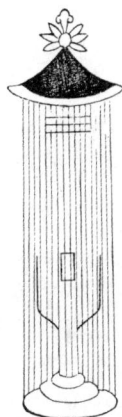

太一之制，十二絃，六隔。大抵與琴相類，合散聲十二，隔聲七十二絃。散聲應律呂，以隔聲旋相爲宮，合八十四調。唐開元中，司馬滔所進者也。後世雅樂宮縣内用之，然亦溺於七音之失矣。

天寶樂，形類石幢。其絃十四而設柱，黃鍾一均，足正倍七聲，移柱作調以應律。天寶中，任偃所進也，舞者亦執焉。

繞梁[①]

繞梁之制，大致與箜篌相似。宋武帝大明中，沈懷遠被徙廣州爲之也。懷遠亡，其器亦絶矣。

---

① 按："繞梁"一條原缺，據光緒刻本補。

樂書卷一百四十五　樂圖論

俗部

八音 絲之屬中

雙鳳琵琶　金縷琵琶　直頸琵琶　曲頸琵琶

大忽雷琵琶　小忽雷琵琶　阮咸琵琶

雲和琵琶　二絃琵琶　六絃琵琶

七絃琵琶　八絃琵琶

雙鳳琵琶　　　　　　　　金縷琵琶 銀柱，金縷柄

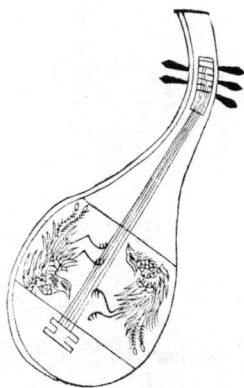

唐天寶中，中官白秀貞使西蜀回，獻雙鳳琵琶，以邏娑檀爲
槽，温潤光輝，隱若圭璧，有金縷紅文，蹙成雙鳳。貴妃每自奏於
梨園，音韻凄清，飄如雲外，殆不類人間矣。諸王貴主競爲貴妃
琵琶弟子，亦一時習尚然也。然亦異物，君子不貴焉。

　　南齊褚淵善彈琵琶，武帝時在東宮，賜之金縷柄銀柱琵琶。高帝曲宴羣臣，俾各效伎能，淵彈琵琶，王僧虔彈琴，沈文季歌，張敬兒舞，王敬則拍。王儉曰："臣無所解，唯知誦書。"因跪前誦相如《封禪書》。由此觀之，引君於淫樂者，淵、敬之徒，其迪之以盛德之事，王儉而已。嘗觀宋范曄亦善彈琵琶，終不爲文帝屈；勝之亦善鼓琴，終不受漢王聘。然則淵、敬之徒聞之，得不少愧於心乎！

直頸琵琶　　　　　　　曲頸琵琶

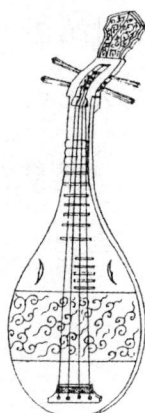

　　唐樂，有大小琵琶之制，今教坊所用，乃其曲頸者，非直頸者也。《梁史》稱侯景之亂，使太樂令彭雋賫曲頸琵琶，就簡文帝飲，則南朝無是制明矣。晉仁祖嘗據胡床在大市佛，步樓上彈琵琶，作《大道曲》。以王者之尊，作胡俗之樂於市樓之上，殆非所謂尊其瞻視，使人望而畏之之道也。

大忽雷琵琶　小忽雷琵琶

　　唐文宗朝，內庫有琵琶二，號"大忽雷"、"小忽雷"。時有內

弟子鄭中丞，常彈小忽雷，遇匙頭脱，送崇仁坊趙家修治。適遭
訓、注之亂，人莫知之。已而中丞没身忤旨之難，權相舊吏梁厚
本得鄭中丞，遂妻之，又賂樂匠，得趙家所修治器，每至夜分輕
彈。後遇良辰，飲於花下，酒酣彈數曲，適有黃門過而聽之，曰：
“此鄭中丞琵琶聲也。”翌日，達上聽。文宗驚喜，遣中使召之，仍
赦厚本罪，别加錫賚焉。咸通中，有米和郎、田從道，尤善此藝。
顧況有《忽雷兒之歌》，蓋生於此。

阮咸琵琶　　　　　　　　八絃琵琶

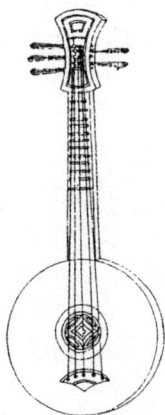 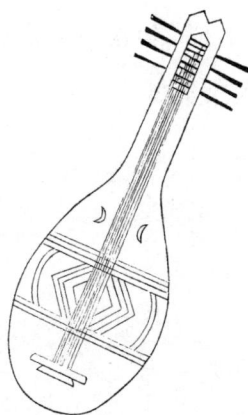

　　阮咸五絃，本秦琵琶，而頸長過之，列十二柱焉。唐武后時，
蒯明於古冢得銅琵琶，晉阮咸所造也。元亨中，命工以木爲之，
聲甚清徹，頗類《竹林七賢圖》所造舊器，因以阮咸名之，亦以其
善彈故也。

　　太宗舊制，四絃上加一絃，散吕五音。吕絃之調，有數法，大絃爲宫，
是正聲；或爲下徵，或爲下羽。阮類琴，有濁中清三倍聲。上隔四柱，濁
聲也，應琴下暉；中隔四柱，中聲也，類琴中暉、下暉；下隔四柱，
清聲，類琴之上暉。今太常樂工俗譜，按中隔第一絃，第一柱下按黃

鍾,第二柱下按大吕。第二絃,第一柱上按太簇,第一柱下按夾鍾,第二柱上按姑洗,第三柱下按中吕。第三絃,第一柱上按蕤賓,第一柱下按林鍾,第二柱上按夷則,第三柱下按南吕。第四絃,第一柱下按無射。第五絃,第一柱下按應鍾,第二柱是黄鍾清,第三柱是大吕清,第四柱是太簇清。所有夾鍾清在下隔也。凡此,本應五音,非有濁、中、清之别也。今誠去四清聲,以合五音,則舜琴亦不是過也。

七絃之形制,類阮咸,而旁有少缺,近取便身也。絃十三喁,孤柱一,合散聲七,喁聲九十一,柱聲一,總九十九聲。唐開元中,鄭喜子所進也。[①]

北齊李搔、李德忱,素善音律,因採諸聲,别造一器,號曰“八絃”。時人稱其思理。

---

① 按:“七絃之形制”一段,原缺,據光緒刻本補。

樂書卷一百四十六　樂圖論

俗部

八音_{絲之屬下}

　五絃箏　十二絃箏　十三絃箏　銀裝箏
　雲和箏　鹿爪箏　軋箏　鼓箏　擊筑　樂准

五　絃　箏

十二絃箏

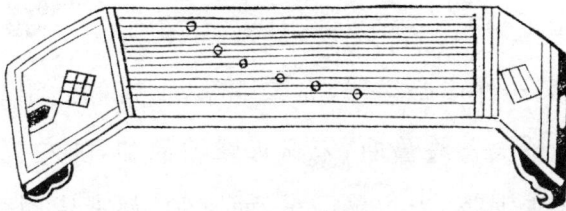

十三絃箏

筝，秦聲也，世謂蒙恬爲之。然觀其器，上隆象天，下方象地，中空象六合，絃柱象十二月，體合法度，節究哀樂，實乃仁智之器也①，豈蒙恬亡國之臣所能關思哉！《風俗通》曰“筝五絃，筑身而瑟絃，并涼州筝形如瑟”是也。京房制五音，准如瑟十三絃，實乃筝也。阮瑀曰：“身長六尺，應律數也；絃有十二，四時度也；柱高三寸，三才具也；二手動，應日月務也。故清者感天，濁者感地。”而唐唯清樂筝十二，彈之爲鹿骨爪，長寸餘，代指，他皆十三絃。今教坊無十二絃者，不知五絃合乎五音，十二絃合乎十二律，而十三絃，其一以象閏也。聖朝用十三絃筝，第一絃爲黄鍾中聲，設柱並同瑟法，然非雅部樂也。十二中聲：一絃黄鍾中聲②，二絃大呂，三絃太簇，四絃夾鍾，五絃姑洗，六絃仲呂，七絃蕤賓，八絃林鍾，九絃夷則，十絃南呂，十一絃無射，十二絃應鍾，十三絃黄鍾清聲。

銀　裝　筝

宋何承天幼好律曆之學，尤善彈筝，文帝賜之銀裝筝一。嘗考魏晉之世，孫氏善廣舊曲，宋識善擊節倡和，陳左善清歌，劉和善吹笛，郝索善彈筝，朱生善琵琶，而劉和、郝索皆與荀勗同定律呂。故傅休奕曰：“人多欽所聞，忽所見，不亦惑乎！”設此六人生於上世，越古今而無儷，何但夔、牙同契哉！

---

①　“實”，光緒刻本作“斯”。
②　“中聲”，光緒刻本作“清聲”。

雲　和　箏

　　唐清樂部有雲和箏，蓋其首象雲，與雲和琵琶之制類矣。于頔常令客彈琴，其嫂聽而歎曰："三分之中，一分箏聲，二分琵琶聲。"亦可謂知音矣。

鹿　爪　箏

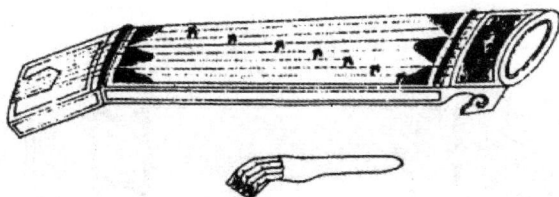

　　梁羊侃素善音律，自造採蓮歌，頗有新致。妓妾列侍，窮極奢靡。有彈箏陸大喜者，著鹿角爪，長七寸。古之善箏者不獨此也，郝素、謝常、桓伊、何承天之於晉，辛宣仲之於宋，皆世所謂善箏者也。其得妙趣遺音者，特雍門周而止耳，故時人謂雍門周能使喜者墮淚，戚者起舞焉。

軋　箏

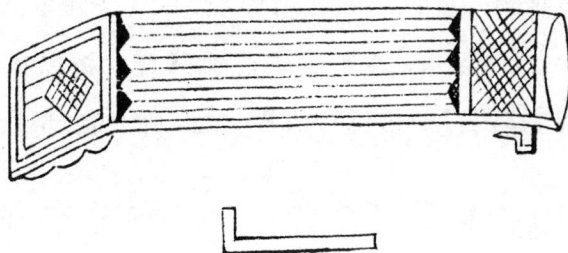

唐有軋箏，以片竹潤其端而軋之，因取名焉。

鼓箏

《説文》曰：“箏，鼓絃筑身樂也。”《英雄記》述袁紹使鼓箏於帳中，《燉煌實録》述索承宗、伯夷成善鼓箏，又張華令郝生鼓箏。《史記》李斯曰：“彈箏而歌者，真秦之聲。”《晉書》曰：“桓伊撫箏而歌。”由此觀之，箏之爲樂，真秦聲也，古人非特鼓而彈之，亦撫而歌之者矣。昔魏文帝曰：“斬泗濱之梓以爲箏。”則梓之爲木，非特以爲琴瑟，亦用之爲箏者矣。凡此，非君子常御之樂，魏之游楚，常攜以自隨，君子不取也。

擊　築

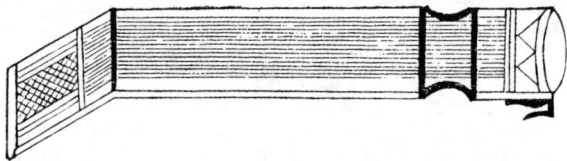

筑之爲器，大抵類箏。其頸細，其肩圓，以竹鼓之，如擊琴然。又有形如頌琴，施十三絃，身長四尺二寸，頸長三寸，圍四寸五分，首長廣七寸五分，闊六寸五分。品聲按柱，左手振之，右手以竹尺擊之，隨調應律焉。高漸離擊之於燕，漢高祖擊之於沛，而戚夫人亦善焉。至唐，置於雅部，長四尺五寸，折九尺之半爲法，是不知特世俗之樂，非雅頌之音也。聖朝沿襲唐制，設柱同箏法，第一絃黄鍾正聲，次第十二正聲全[①]。第十二絃黄鍾清聲。箏以指彈，筑以筯擊，大同小異，其按習並依鍾律彈擊之法，降之俗部可也。

———————

① “全”，光緒刻本作“仐”。

樂　准

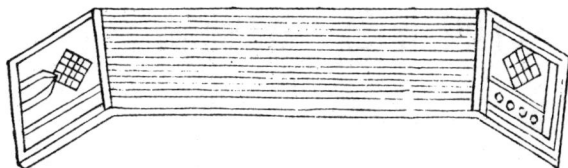

　　東漢京房性好鍾律，知音聲，作准器。其狀如瑟，長丈而十三絃，隱間九尺，應黃鍾之律九寸。其中一絃下有畫分寸，爲六十律清濁之節，實乃箏也，漢史官侯部用之。唐元和以後，律家莫能爲者。後魏陳仲儒頗閑樂事，請依京房立准①，以調八音，是不知京氏之術，得諸小黃門令焦延壽而已，非聖王之制也。

---

　　①　“請”，原作“諸”，據光緒刻本改。

樂書卷一百四十七　樂圖論

俗部

八音_{竹之屬}

雅簫　頌簫　籟簫　短簫　讌樂簫　清樂簫
教坊簫　唱簫　和簫　鼓吹簫　李冲簫　鳳簫
吹簫　七孔簫　霜條篪　吹篪

雅　簫_{二十四管}　　　　　　　　頌　簫_{十六管}

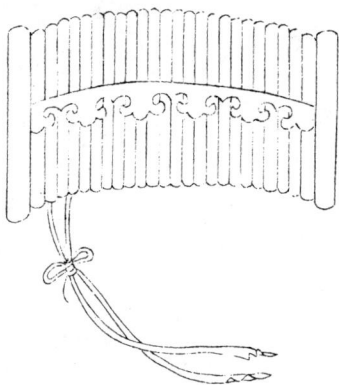

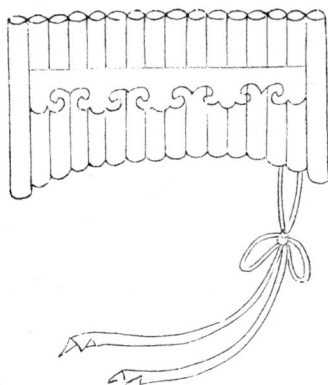

《禮圖》:"雅簫尺有二寸,二十四彄。頌簫尺有四寸,十六彄。"郭璞謂:"大簫二十三管,小簫十六管。"蓋二十四管備律吕清濁之聲①,先王之制也;十六管兼十二律四清而爲之,豈古制哉?聖朝教坊所用,長五六寸,十六管,有底,而四管不用,非古

———————————

　① "二十四管",光緒刻本作"二十三管"。

人制作之意也。

籟　簫

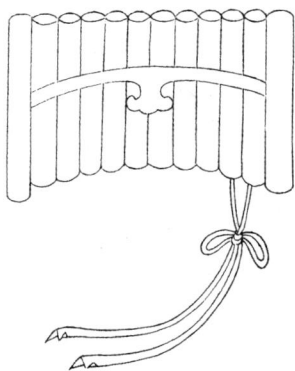

短　簫_{二十一管}

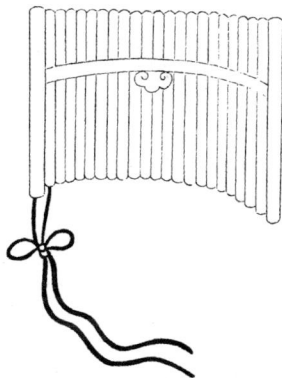

莊周曰："地籟則衆竅是已，人籟則比竹是已。"郭璞謂："簫，一名爲籟。"《廣雅》亦曰："籟謂之簫。"蓋簫籟比竹而成，聲猶天地之籟，賴風竅而怒號也。許慎以龠爲籟，是不知龠如篴而三竅，未嘗比竹爲之。《呂氏春秋》有吹籟見越王者，上下宮商和，而越王不喜，未爲知音者也。

短簫，鐃歌軍中鼓吹之樂也。《廣樂記》有二十一管簫，羽葆鐃吹橫吹部用之，豈短簫歟？其曲有《悲思翁》、《艾如張》、《上之回》、《戰城南》、《玄雲》、《朱露》之類是也。何承天謂黄帝使歧伯作之以揚德，蓋有所受歟？崔豹《古今注》曰："漢樂有黄門鼓吹，天子所以燕樂羣臣，短簫鐃歌鼓吹之常，亦以賜有功諸侯也。"然則非有功者，其可賜乎？昔蔡徵拜吏部尚書，啟後主假鼓吹樂，後主謂所司曰："鼓吹軍樂，有功乃授。徵不自揆，紊我朝章，然其父景歷有締構之功，宜且如啟。"蓋蔡徵不當假而假之，臣不臣也；後主知不可授而授之，君不君也。《傳》曰："名器不可以假人，亦不可以假於人。"可不監哉！

讌　樂　簫 二十一管　　　　　　　清　樂　簫 十七管

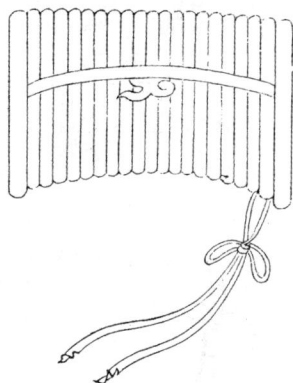

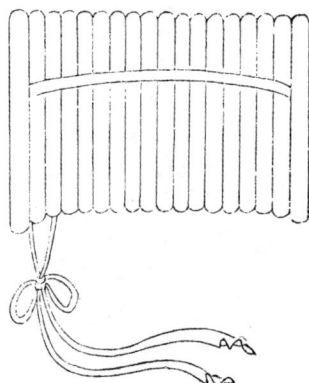

讌樂之簫，凡二十一管，具正均七聲，左清倍，右濁倍，通五均焉，世俗之樂也，與龜兹部所用者大同小異爾。唐貞觀中，景雲見，河水清，張率更制爲《景雲河清歌》，名曰"讌樂"，當時元會第一奏是也。

教　坊　簫 十七管　　　唱　簫　　　和　簫

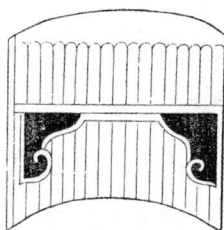

《景祐樂記》："教坊所用之簫，凡十七管，以觱篥十字記其聲。"然清樂部所用十七管，其聲法不同，故並存之。宋樂有唱簫，各二人；和簫，十人，亦一時制也。

鼓　吹　簫 十三管　　　　　　　　李　沖　簫 二十三管

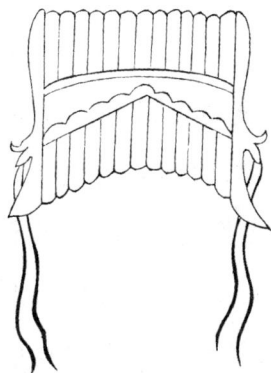

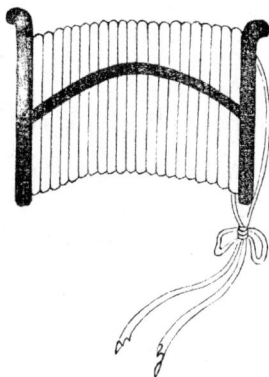

《景祐樂記》：“十三管之簫，凡三種，鼓吹部用之。”臣觀陳文帝微時，嘗詣到仲舉，仲舉時獨坐，聞簫鼓聲，有頃，帝至，仲舉異之。是知簫鼓之樂，帝王所擅，豈其吉祥亦兆於此歟？

唐李冲所傳之簫，凡二十三管。雖制作不同，亦一時之制也，豈惑於郭璞大簫之説邪？

鳳　簫

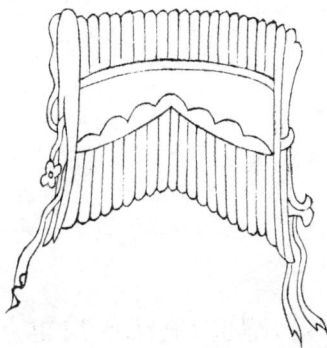

《洞冥記》：“帝常夕東望，有青雲焉。俄見雙鵠集於臺上，有頃，化爲神女，舞於臺下。握鳳管之簫，舞落霞之琴，歌清吳春波之曲。”亦鄰於怪矣。

吹簫

一人執規，十手自員；一人吹簫，長短皆應。故君乎上而善吹者，漢之靈帝也；臣乎下而善吹者，伍子胥、周勃之徒也。至於簫史吹之，而雀鶴自至；馬先生善之，而木人作使，其精妙蓋有如此者矣。《白虎通》曰："簫者，中呂之氣也。"《易說》曰："夏至之樂，補以簫。"《春秋說》曰："夏至作樂，間以簫笙。"然則簫爲中呂之氣，夏至之音，豈不信哉！《月令》："仲夏之月，令樂師均管簫。"亦此意也。

七 孔 簫

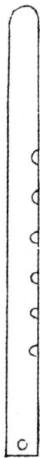

霜 條 篴 八孔

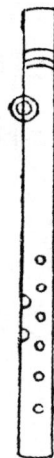

劉熙《釋名》曰："簫，肅也，氣肅而出也。古者取卯地之竹以爲簫，春分之音，萬物振躍而出也。"然三漏之簫，所以通中聲，先王之樂也；七漏之簫，所以備二變，世俗之樂也。聶崇義《禮圖》所傳，并今太常所用者，三孔而已，豈亦得先王之制歟？

劉熙《釋名》曰："篴，滌也，聲從孔出，如嬰兒啼聲也。"《廣雅》曰："籈,以竹爲之,長尺四寸,有六孔,前一後四頭一。"《月令》:"仲夏之月,調籈。"蓋調之使和故也。《洞冥記》所謂"吹霜條之籈",亦豈過是?《東觀漢記》:"明帝幸南陽舊宅,作雅樂,奏《鹿鳴》,用塤籈和之,以娛嘉賓。"信乎,一時之和樂也。《齊書》載世祖作伎樂於南康,有絲而無管,俄聞空中有籈聲,調節相應,一何怪哉!

吹籈

《禮》言吹籈掌之笙師,《詩》言吹籈主之仲氏,則籈亦笙類,而仲氏以況中聲出焉,先王之雅樂也。故後世推善吹者,前有伍子胥,後有朝雲而已。《洛陽伽藍記》述後魏河間王琛有朝雲者,善吹籈,能爲團扇歌、隴上聲。及琛爲秦州刺史,屢討叛羌不勝,因令朝雲吹之,羌人聞者,皆感泣而降。故秦語曰:"快馬健兒,不如老嫗吹籈。"信乎,樂之感人如此。苟以之移風易俗,天下胡爲而不寧哉!《古史考》曰:"古有籈,尚矣! 蘇成公善籈,而記者因以爲作,誤也。或謂暴辛公所造,益無據矣。舊志以籈爲管,是不知籈,春分之音;而管,十二月之音也。"

樂書卷一百四十八　樂圖論

俗部

八音_{竹之屬}

雙管　黃鍾管　大吕管　七星管　雙鳳管

太平管　駱駝管　跋膝管　拱辰管　昭華管

簫管　中管　尺八管　　竪篴

雙　管　　黃　鍾　管　　大　吕　管

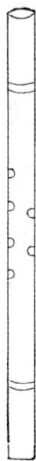

《樂法圖》曰：“東律主黃鍾，聖人吹管知律，管音調，則律曆正矣。”然則黃鍾之管九寸，與長尺之制異矣。九寸之管主黃鍾，則十寸之管應十日可知矣。揚雄曰：“聲生於日。”言黃鍾管如此，則大吕管可知矣。唐李沖謂：“管有一定之聲，絃多舒緩之變。故捨旋宮琵琶，制旋宮雙管，法雖存於簡易，道實究於精微矣。"然大吕管通五均則是，黃鍾管通七均非也。

七 星 管　　　雙 鳳 管　　　太 平 管

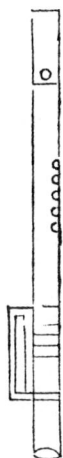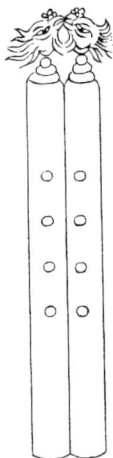

《廣雅》曰："管，象篪，長尺，圍寸，有六孔，無底。"《風俗通》、
《説文》皆曰："管，漆竹，長一尺，六孔，十二月之音，象物貫地而
牙故也。"蔡邕《章句》曰："管者，形長一尺，圍寸，有孔，無底。"其
器今亡，以三者推之，管象篪而六孔，長尺，圍寸而無底，十二月
之音也。唐之七星管，古之長笛也。一定爲調，合鐘磬之均，各
有短長，應律吕之度。蓋其狀如篪而長，其數盈尋而七竅，橫以
吹之，旁一竅，幎以竹膜，而爲助聲。唐劉係所作也。用之雅樂，
豈亦溺於七音歟？班固曰："黃帝作律，以玉爲管，長尺，六孔，爲
十二月音。"其言十二月音則是，至於論以玉爲管，是不考黃帝取
嶰竹之過也。顧況有《七星管歌》，有"龍吟四澤欲興雨，鳳引九鶵驚宿鳥"之句。

　　雙鳳管，蓋合兩管以足十二律之音。管端施兩簧，刻鳳以爲
首，左右各四竅，左具黃鍾至仲吕之聲，右具蕤賓至應鍾之聲。
古者截候氣律管併而吹之，以達六陰六陽之聲，其制不過如此，

升之雅樂可也。

　　太平管，形如跋膝而九竅，具黃鍾一均[①]，所異者，頭如觱篥爾。唐天寶中，史盛所作也。然九竅則陽數之窮，失古人所以道中聲之意也。

駱　駝　管　　　　　　　　跋　膝　管

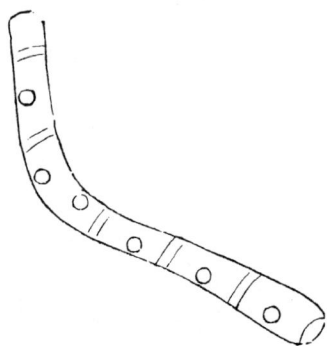

　　駱駞管，其首如橐駝，因以立名。《唐樂圖》有之，非古制也。

　　跋膝管，其形如篴而短，與七星管如籆而長者異矣，唐清樂部用之。然亦七竅，具黃鍾一均，其失又與七星管同矣。

拱辰管_{六孔}①　　　　　　昭華管

　　聖朝乾德中，太常和峴論樂府手笛之制，如雅笛而小，其長九寸，與黃鍾之管相埒，其竅有六，與雅聲相應，然四竅在左，兩竅在右，笛工兩手交叉而拱之，因更名拱辰管，而鼓吹登歌用焉，與唐吕才歌白雲、司馬滔進太一樂等列之宮縣②，旋宮爲八十四調，亦可謂近雅矣。然旋宮之制不本於《周官》之三宮，八十四調尚溺於七音之失，未全乎古樂之發也。幸而太宗皇帝造九絃之琴，列之太樂，而拱辰亦自此廢，豈非有意復古歟？

　　昔漢高祖入咸陽，周行府庫殊珍異寶，蓋亦不貲，其尤驚異者，有笛長二尺三寸，其銘曰“昭華琯”焉。隋煬帝將幸江都時，有樂工子吹《安公子曲》，其父怪而問之，其子對曰：“宮中新飜也。”其父歘歔，謂其子曰：“宮者，君也；商者，臣也。宮聲往而不返，非吉祥也。”其精鑒如此。

――――――――

　　①　“六孔”，原缺，據元刻明修本、光緒刻本補。
　　②　“司馬滔”，原作“馬滔”，當漏一“司”字，兹據卷一百四十四《太一樂》中言及“司馬滔”補。

簫　管　尺八管　中　管　竪　篴

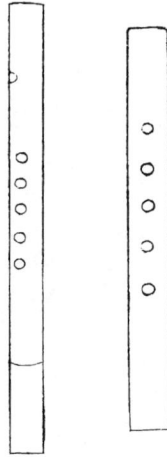

　　簫管之制，六孔，旁一孔，加竹膜焉，足黃鍾一均聲。或謂之尺
八管，或謂之竪笛，或謂之中管，尺八其長數也。後世宮縣用之。
竪篴，其植如篴也。中管，居長篴短篴之中也。今民間謂之簫管，
非古之簫與管也。

樂書卷一百四十九　樂圖論

俗部

八音_{竹之屬}

雅笛　　長笛　　短笛　　雙笛　　豎笛　　手笛

七孔笛　　十二律笛　　十二箱笛　　柯亭笛

煙竹笛　　鳳鳴笛

雅　笛_{六孔}　　　長　笛_{六孔，如尺八而長}　　　短　笛_{尺餘}

　　笛之爲樂，所以滌蕩邪心，歸之雅正者也。後世雅笛之制，
非竅而爲五以合五聲，必竅而爲六以協六律。傅緯有六孔之説，
豈雅笛歟？古者論笛之良，不過衡陽之觱也。故師曠得其雄，宋

意得其雌焉,蓋無異於伶倫斷嶰谷雌雄之竹以爲律吕也①。由是
觀之,舜之《簫韶》九成,鳳凰至於來儀,庸詎知非具雌雄之竹邪?
昔唐明皇之時,海内無事,號爲太平,而寧王善横笛,歧王善琵
琶,亟召於殿宇,吹玉簫,擊羯鼓,相與娱樂而已。故一時達官大
臣競談音樂,清聲逸韻,流播萬古,使後世流連荒亡之徒,卒陷溺
覆轍而不知反,彼誠有以倡之也,可不戒哉!

　　昔人有吹笛而歌曰:"閑夜寂以清,長笛亮且鳴。"則長笛六
孔,具黄鍾一均,如尺八而長。晉桓子野之所善,馬融之所頌,伏
滔之所賦,王子猷之所聞,相如之所善,蔡邕之所制也。魏明帝
時,令和永受笛聲以作律,歌聲濁者用長笛長律,歌聲清者用短
笛短律。古歌詞曰:"長笛續短笛。"晉劉和善吹,裁音十三以應
律,劉和之東箱,長笛四尺二寸。今樂府所用,短笛長尺有咫,此
笛長短之辨也。

雙　笛_{五孔}　　　　竪　笛_{六孔}　　手　笛_{六孔,如雅笛而小}

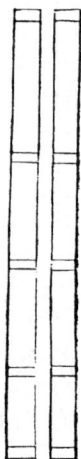  

---

①　"伶倫",原作"倫伶",誤,徑改。

雙笛之制，蓋起於後世馬融，賦之詳矣。昔京君明素識音律，因四孔之笛，更加一孔，以備五音焉。漢蔡邕之於笛，非特善相材，亦善相琴材矣。彼其晒柯庭之橡，知其爲良竹；覯吳爨之木，知其爲良桐。已而裁之爲笛，奇聲寥亮；斲之爲琴，殊聲獨絕，自非深窮物理、通音律者，孰與此哉！

竪笛之制，六孔，具黃鍾一均聲，應十二律之調，升之雅樂可也。後世宮縣用之，不亦可乎？晉時，黃鍾笛三尺八寸，鍾宗之減爲三尺七寸，奚縱又減三尺六寸五分，豈本於此歟？

和嶠論太樂手笛之制，如雅笛而小，其長九寸，與黃鍾律管等矣。其孔有六，與羌笛同矣。昔宗同善吹以爲新引，唐雲朝霞善吹以爲新聲，孫處秀善吹而作犯調，李牟善奏而風至，皆一時妙手也。

七孔笛

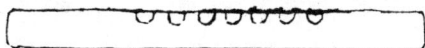

《風俗通》曰：“笛，滌也，所以滌邪穢，納之雅正也。長尺四寸，七孔。”《樂書》曰：“笛者滌也[①]，可以滌蕩邪氣，出揚正聲，七孔，下調漢部用之。”蓋古之造笛，剪雲夢之霜筠，法龍吟之異韻，所以滌蕩邪氣，出揚正聲者也，其制可謂善矣。然用七孔以道七音，非先王之制也。

---

① “笛者”，原作“笛之”，據光緒刻本改。

十二律笛

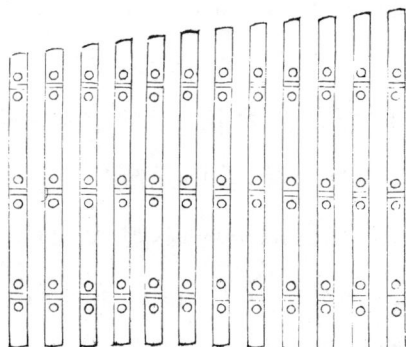

　　漢蔡邕推五聲十二律還相爲宫之法，制十有二笛。故黄鍾之笛，正聲應黄鍾，下徵應林鍾，長二尺八寸四分四釐有奇。正聲調法：黄鍾爲宫，應鍾爲變宫，南吕爲羽，林鍾爲徵，蕤賓爲變徵，姑洗爲角，太簇爲商。然宫生徵，黄鍾生林鍾；徵生商，林鍾生太簇；商生羽，太簇生南吕；羽生角，南吕生姑洗；角生變宫，姑洗生應鍾；變宫生變徵，應鍾生蕤賓。下徵調法：林鍾爲宫，南吕爲商，應鍾爲角，黄鍾爲變徵，太簇爲徵，姑洗爲羽，蕤賓爲變宫。清角之調，姑洗爲宫，蕤賓爲商，林鍾爲角，南吕爲變徵，應鍾爲徵，黄鍾爲羽，太簇爲變宫。凡笛體用角律，其長者八之，短者四之，空中實容，長者十六，三宫二十一變也；伏空四，所以便事用也。大吕之笛，正聲應大吕，下徵應夷則，長二尺六寸六分三釐有奇；太簇之笛，正聲應太簇，下徵應南吕，長二尺五寸三分一釐有奇；夾鍾之笛，正聲應夾鍾，下徵應無射，長二尺四寸；姑洗之笛，正聲應姑洗，下徵應應鍾，長二尺二寸三分三釐有奇①；蕤賓之笛，正聲應蕤賓，下徵應大吕，長三尺九寸九分五釐有奇；林鍾

---

　　①　“二尺”，光緒刻本作“三尺”。

之笛，正聲應林鍾，下徵應太簇，長三尺七寸九分七釐有奇；夷則之笛，正聲應夷則，下徵應夾鍾，長三尺六寸；南呂之笛，正聲應無射，下徵應中呂，長三尺二寸；應鍾之笛，正聲應應鍾，下徵應蕤賓，長三尺九寸九分六釐有奇。其法可謂詳矣。然不知去二變，以全五音；去六十律，以全十二律，其於先王之制，不亦遠乎！

十二箱笛

十二箱笛之制，其長短之度，增損有所不同。故晉荀勗作律笛十二，以正雅樂。黃鍾箱笛，三尺八寸。元嘉中，鍾宗之減爲三尺七寸，奚縱又減五分，爲三尺三寸七分①，縱又減一寸一分，爲三尺二寸六分；姑洗箱笛，三尺五寸，宗之減爲二尺九寸七分，縱又減五分，爲二尺九寸二分；蕤賓箱笛，二尺九寸，宗之減爲二尺六寸，縱又減二分，爲二尺五寸八分。自餘律笛，無所損益，一仍蔡邕之制而已。至梁武帝，又制十二笛，寫四通聲，飲古鐘玉律，并周世古鍾焉。故黃鍾笛三尺八寸，大呂三尺六寸，太簇三尺四寸，夾鍾三尺二寸，姑洗三尺一寸，中呂二尺九寸，蕤賓二尺八寸，林鍾二尺七寸，夷則二尺六寸，南呂二尺五寸，無射二尺四寸，應鍾二尺三寸。然黃鍾之元九，合天地之氣，故其笛十有八調。上生者，悉倍其韻；下生者，傳差一調半。上生悉五指應飲，下生者悉三指應飲。下生中呂，雖云不復生，至於數窮復本，又得上生黃鍾，天地自然之數也。黃鍾十八調，下生林鍾七調。黃鍾笛，三指聲②，應林鍾笛飲聲，林鍾七調，上生太簇十四調；林鍾

---

①　"三寸七分"，光緒刻本作"二寸七分"。

②　"指"，原作"拍"，據光緒刻本改。

笛,五指聲,應太蔟笛飲聲①,太蔟十四調,下生南吕五調半;太蔟笛,三指聲,應南吕笛飲聲,南吕五調半,上生姑洗十一調;南吕笛,五指聲,應姑洗笛飲聲,姑洗十一調,下生應鍾四調;姑洗笛②,三指聲,應應鍾笛飲聲,應鍾四調,上生蕤賓八調;應鍾笛,五指聲,應蕤賓笛飲聲,蕤賓八調,上生大吕十六調;蕤賓笛,五指聲,應大吕笛飲聲,大吕十六調,下生夷則六調;大吕笛,三指聲,應夷則笛飲聲,夷則六調,上生夾鍾十二調;夷則笛,五指聲,應夾鍾笛飲聲,夾鍾十二調,下生無射四調半;夾鍾笛,三指聲,應無射笛飲聲,無射四調半,上生中吕九調;無射笛,五指聲,應中吕笛飲聲。雖當時號爲雅樂,考之先王之制,其不及遠矣。

柯亭笛

昔蔡邕嘗經會稽柯亭,見屋東十六椽竹,取以爲笛,果有異聲③。晉桓伊善音樂,爲江左第一,有蔡邕柯亭笛,常自寶而吹之,至於爲王徽之作三調弄,豈得已哉?《文士傳》:"柯亭爲高遷亭。"誤矣。

煙竹笛

《國史補》載:李舟嘗於村舍得煙竹笛,以遺李牟堅,並鐵石牟得之,當時號爲第一手。月夜泛江,倚舟吹之,其聲寥亮逸發,往往異於他笛,希代之器也。俄有客至,請笛吹之,呼吸盤辟,應指粉碎,舟亦失客所在,疑其爲蛟龍云。

---

① "飲",原作"應",據光緒刻本改。
② "姑洗笛",原作"姑洗",漏"笛"字,徑補。
③ 按:"果有異聲"下,光緒刻本有"可謂知無音之音矣"一句。

鳳鳴笛

　　昔黄帝使伶倫採竹於嶰谷以爲律，斬竹於昆溪以爲笛，或吹之以作鳳鳴，或法之以作龍吟。由是觀之，古人制作，未有不貴其有循而體自然也。宋辛宣仲善箏，胡陶能吹笛，惠度工歌，同於林下絃管道韻，時人謂之"三公樂"，亦一時之盛也。

樂書卷一百五十　樂圖論

俗部

八音_{匏之屬}

　　竽笙　鳳翼笙　義管笙　雲和笙　十七管笙

　　十二管笙　十二月笙　籁　擊竹

八音_{木之屬}

　　九龍虡　撞木　大架　小架　熊羆案　柷

　　竽　笙　　　　　　　　鳳　翼　笙_{參差竹①}

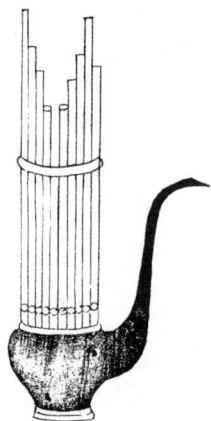

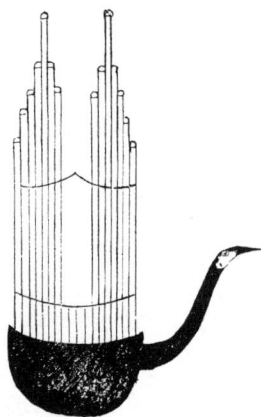

　　近代竽笙，十九簧，蓋後人象竽倍聲，因以名之。然竽、笙異
器而同和，故《周官》竽與笙均掌之以笙師焉。既謂之竽矣，安得

---

① "參差竹"，原缺，據元刻明修本、光緒刻本補。

又謂之笙乎？古人之制，必不然矣。世人或謂大笙謂之簧，是不知笙中有簧，而簧非笙也。

　　昔王子晉之笙，其制象鳳翼，亦名參差竹，蓋嘗於緱山月下吹之矣。唐大和中，有尉遲章尤妙於此。宣宗已降，有范漢恭焉，其子師保，在陝州，亦曲盡父藝。咸通以後，有柳存質、楊敬元，並稱妙手矣。

義　管　笙_{二管十七簧}

義　管　笙二管十七簧

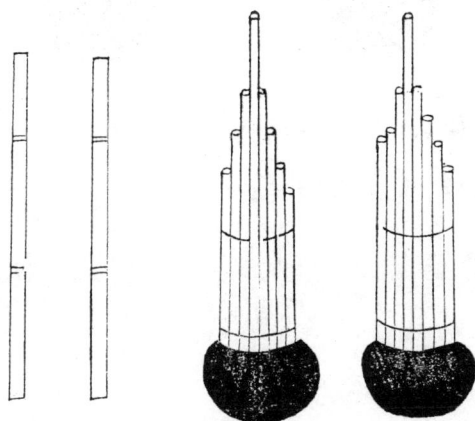

　　聖朝大樂所傳之笙，並十七簧，舊外設二管，不定置，謂之義管。每變均易調，則更用之。世俗之樂，非先王之制也。

雲和笙

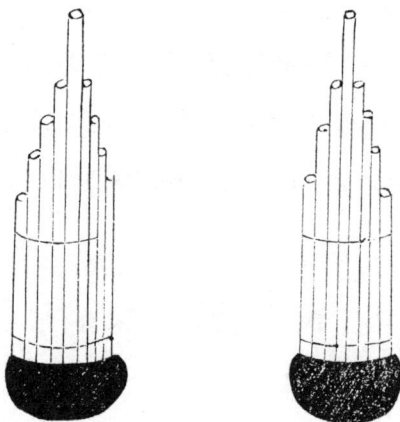

《漢武帝内傳》："西王母命侍女董雙成吹雲和之笙。"蓋其首象雲也,與雲和琴、雲和箏類矣。

十七管笙

十二管笙

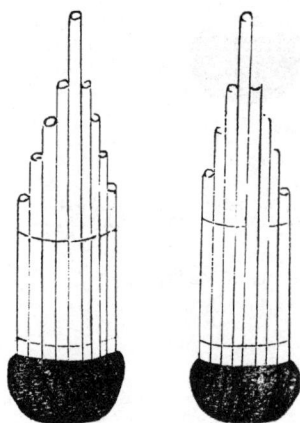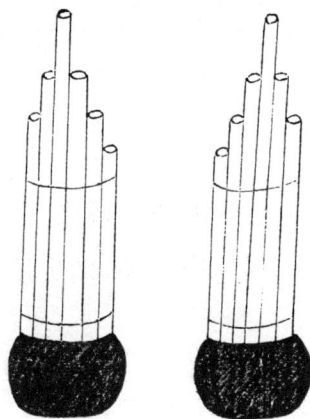

《唐樂圖》所傳十七管之笙,通黄鍾二均聲,清樂用之。

《唐樂圖》所傳十二管之笙,讌樂用之。

十二月笙_{十二枚}①

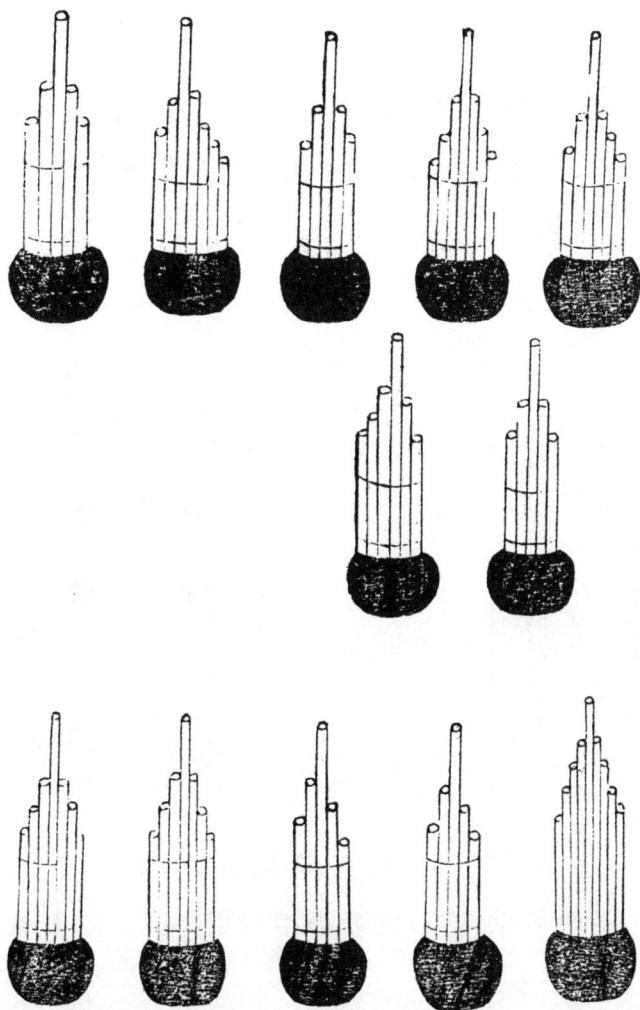

十二月笙_{十二枚}①

後周鄭譯獻新樂十二,月各一笙,每笙十六管②。宣帝令與斛斯徵議,徵駁之曰:"六律十二管,還相爲宫。然一笙十六管,總一百九十二管,既無相生之理,又無還宫之義。深恐鄭聲亂

---

① "十二枚",原缺,據元刻明修本、光緒刻本補。
② "十六管",原作"十二管",據光緒刻本改。

樂，未合於古，竊謂不可。"帝納之，停譯所獻焉。其制今亡矣夫！

筊

　　筊，吹箹也，言其聲秋秋然也。《急就章》："筊箹起居課後先。"言箹簧及筊爲作休之節。今閭閻間欲相號令，乃吹指爲節，此吹箹之遺制歟？

<table>
<tr><td>擊　竹</td><td>九　龍　簴</td></tr>
</table>

　　擊竹之制，近世民間多有之，蓋取竹兩片緊厚者，治而爲之。其長數寸，手中相擊爲節，與歌拍相和焉。方之高漸離所善者，固異矣。

　　昔闔閭伐楚，破九龍之鐘簴，《淮南子》述之，爲其不足法後世故也，其楚人之侈心乎？

撞　木

古者撞鐘擊磬，必以濡木，以其兩堅，不能相和故也。海中有魚曰鯨，有獸曰蒲牢。蒲牢素憚鯨魚，擊鯨則蒲牢鳴，猶晉有石鼓不鳴，取蜀中桐材，斲爲魚形，擊之則鳴矣。後世由是作蒲牢於鐘上，而狀鯨魚以撞之；則石磬之器，亦上削桐爲魚形以擊之。張衡謂“發鯨魚，鏗華鐘”，抑有由矣。

大　架

小　架

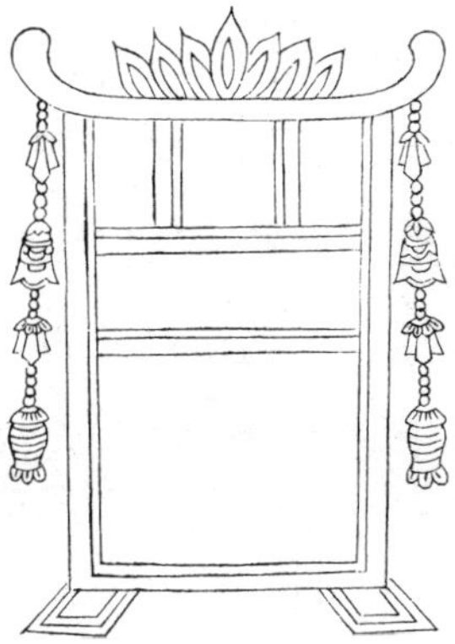

漢魏以來，有四箱金石之樂。其樂縣之架，少則或六，或八，多則十六，二十。至唐，始益爲三十六架。高宗蓬萊宫有七十二架，其小大之辨可知矣。段安節雅樂部宫縣四面五架，即古簨虡也。其上安金銅仰陽，以鷺鷥、孔雀羽裝之，兩面綴以流蘇，以彩翠絲紱爲之。十二律鍾上有九乳，依月律排之，每面石磬及編鍾各一架，每架各列編磬十二，亦依律吕編之。雲韶部用玉磬四架，亦可謂詳矣。

熊羆案

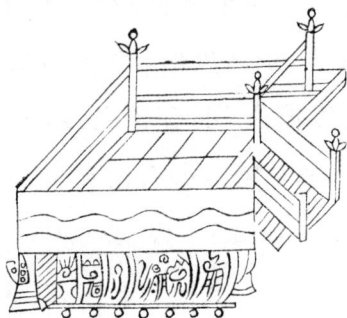

熊羆案十二，悉高丈餘，用木雕之，其上安板牀焉。梁武帝始設十二案，鼓吹在樂縣之外，以施殿庭宴饗用之，圖熊羆以爲飾故也。隋煬帝更於案下爲熊羆貙豹騰倚之狀，象百獸之舞；又施寶幰於上，用金彩飾之，奏《萬宇》、《清月》、《重輪》等三曲，亦謂之十二案樂，非古人樸素之意也。

拊

昔帝嚳命人作爲唐歌，有拊以爲節，則樂之有拊，擊之以爲節者也。蓋情發於心，聲動於外，是故怨怒之聲，其拊速；淫溺之聲，其拊無節。龜兹樂人彈指爲歌舞之節，亦拊之細也。

樂書卷一百五十一　樂圖論

雅部

　歌

　　詩上　詩中　詩下^①

　　　詩上

　　詩之道，出於情性，則渾而爲一；其義各有所宜，則離而爲六。風雅頌者，六義之體；賦比興者，六義之用。體立於終始，而用列乎其中，猶之天地設位於上下，易行乎其中也。《周官》以敏德孝行居三德三行之中，《繫辭》以吉人躁人居六辭之中，義協於此。今夫根於德性之微，足以風天下者，風之義也；出於法度之粗，足以正天下者，雅之義也；出於功德之成，足以告神明者，頌之義也。凡取彼所有而鋪陳之者，賦之義也；以水比禮，以魚比民之類者，比之義也；以黃鳥興后妃，以燕燕興戴嬀之類者，興之義也。《周官》大師教六詩，以六德爲之本，以六律爲之音，自其理觀之，謂之六義；自其形於言，謂之六詩，其實一也。蓋六德以中和爲首，六律以黃鍾爲本，則六詩本之情性，中聲之所止也；六德制之禮義，中聲之所本也；六律稽之度數，中聲之所寓也。大師教中聲所止之詩，以六德爲之本，以六律爲之音，則所道者中

---

　　①　按：自“詩上”至“詩下”，原缺，據元刻明修本、光緒刻本補。

德，所詠者中音。然則樂有不爲中和之紀邪？大司樂之於律同，則以之大合樂，而大師則合陰陽之聲而已；於國子則教之樂德、樂語、樂舞，而大師則教六詩而已。是尊者其治大以詳，卑者其治小以略。嘗試論之：古詩三千餘篇，仲尼删而存之者，三百篇而已。三百篇之義，仲尼一言以蔽之者，“思無邪”而已。故絃而歌之，皆足以動天地，感鬼神矣。奏《清廟》之什，而祖考來格；奏《昊天》之什，而神祇昭答，況美教化、移風俗者乎？世衰道微，天子不採詩，太師不明變，言不合雅頌，奏不諧金石，淫辭麗藻之唱，盈於天下，淪肌膚而浹骨髓矣，直所謂空言者也，又焉有所感格爲哉！

詩中

在心爲志，發言爲詩。詩也者，言之合於法度，而志至焉者也。故詩之所言，在志不在言。怒則争鬭，喜則詠歌。歌也者，志之所甚可，而言形焉者也。故歌之所永，在言不在志。是以《卷耳》作，而見后妃進賢之志[①]；《泉水》作，而見衛女思歸之志；《鴟鴞》作，而周公救亂之志明；《雲漢》作，而宣王撥亂之志著，此詩所以言志也。皋陶之《賡歌》，所以永吾歸美之言；禹之《九歌》，所以永吾勸戒之言；《卷阿》之遂歌，所以永吾用賢之言；《四牡》之作歌，所以永吾將母之言；《何人斯》之好歌，所以永吾惡讒之言；此歌所以永言也。揚子曰：“説志者，莫辯乎詩。”《傳》曰：“詩以道志。”非詩言志之意邪？師乙曰：“歌之爲言也，長言之也。説之，故言之；言之不足，故長言之。”非歌永言之意邪？蓋

---

① “進賢”，光緒刻本作“思賢”。

詩，仁言也；歌，仁聲也。仁言不如仁聲之入人深也，故詩爲先，歌次之。合而言之，絃歌詩頌，同謂之德音也。《記》曰：“詩言其志也，歌詠其聲也，舞動其容也。”以《詩序》求之：“在心爲志，發言爲詩，情動於中而形於言者。詩言其志也，言之不足，故嗟嘆之；嗟嘆之不足，故永歌之者。歌永其言也，永歌之不足，故不知手之舞之、足之蹈之者，舞動其容也。”此曰“詩言志，歌永言，終之以八音克諧”，而不及舞，何也？曰：古者舞以八人爲佾，所以節八音者也；言八音，則舞舉矣。或永其言，或咏其聲，以言心聲故也。《書》述夔之所教而曰“詩言志，歌永言”，別而言之以辨異也；《周官》述瞽矇之所掌而曰“九德六詩之歌”，合而言之以統同也。《記》曰：“絃歌詩頌。瞽矇掌絃歌，諷誦詩。”皆先歌後詩，與《書》異，又何也？曰：《書》先詩後歌者，原歌之所始者自乎詩也；二《禮》先歌後詩者，序樂之所歌者不過詩而已。

詩下

正六律而使之和聲；和五聲而使之協律。弦之琴瑟，歌之詩頌，則中聲所止，無非盛德之形容焉，庸詎不爲德音之樂邪？《周官》大師掌教六詩，以六德爲之本，以六律爲之音。瞽矇掌鼓琴瑟，九德六詩之歌，以役大師，此之謂也。周之先世修德，莫若《文王》；詩之形容文王之德，莫若《靈臺》；《靈臺》所美，又不過“虡業維樅，賁鼓維鏞，矇瞍奏公”而已。然則文王之樂，豈不原於德音邪？且王季以一諸侯之微，卒能比德文王而靡悔，以王大邦，受帝祉，施孫子，如此其盛者，貊其德音故也。魏文侯果能放溺而好德，則古樂之道，是誠在我，其成而上比，雖文王亦我師也，患不閑邪，存誠以馴致之爾。由是知子夏之於君，夫豈以其不能而遂賊之邪？子夏之於詩，仲尼蓋嘗悦而進之，不可謂不達其意矣。始以貊其德音，美王季之德；中以肅雍和鳴，頌成王之樂；終又以誘民孔易勉之。是子夏之於魏，欲使是君爲成周之君，是民爲成周之民，彼其用心，不亦仲尼欲爲東周意乎？文侯誠能移溺音之好，而好是德音，内以和志，外以成教，則樂行而民嚮方，天下皆寧矣，豈特魏哉！患不能平其好惡，反周道之正而已。然子路之於祭，君子以爲知禮；子夏之於魏君，子以爲知樂；至孔子論三王之禮，帝舜之樂，不以告回者語之，夫豈以二子爲不知禮樂邪？要之，得禮樂以成德，非苟知之，亦允蹈而行之者，惟回而已。莊周亦謂回忘禮樂，孰謂周也詭於聖人？

樂書卷一百五十二　樂圖論

雅部

歌

歌上　歌中　歌下①

歌上

一物不得其樂，未足以爲樂之至；一人不得其和，未足以爲和之至。舜之治功大成，而以樂形容之，百獸至於率舞，則無一物不得其樂者矣；庶尹至於允諧，則無一人不得其和者矣。如此，則至矣，盡矣，不可以有加矣！上下宜相勅戒之時也，歌如之何而不作乎？蓋君之於臣，有下下之道，故其歌所以先股肱，後元首；臣之於君，有報上之道，故其歌所以先元首，後股肱。在《詩》，《鹿鳴》之下下，《天保》之報上，亦何以異此？然臣之賡歌，始之以元首明，股肱良，庶事康，以明上之好謙而下交，時之所以泰也；終之以元首叢脞，股肱惰，萬事墮，以明上之好諛而不交，時之所以否也。然則君臣聞之，其不勸戒之乎？蓋古之君臣，不以無過爲能，而以能戒爲善，雖虞舜之時尚爾，況其他乎！然王，人道也，故禹至於六府三事允治，戒之用休，俾勿壞而已；帝，天道也，舜至於獸舞尹諧，而戒之以勅天之命，惟時幾，豈不宜哉！

① 按：自“歌上”至“歌下”原缺，據元刻明修本、光緒刻本補。

昔齊景公之時，作君臣相悅之樂，不過於《徵招》、《角招》，則舜作君臣相戒之歌，庸詎知非歌《招》乎？舜作《韶》樂而歌之可也。齊人之樂，亦得謂之“招”者，豈非以陳公子完奔齊，而因有是樂乎？不然，孔子何以在齊聞《韶》，有至於窮神知化，而三月不知肉味爲哉！《書大傳》曰：“維五祀，奏鐘石，論人聲，乃及鳥獸咸變於前。秋養耆老，春食孤子，乃浮然《招樂》興於大麓之野。報事還歸二年，讜然乃作《大唐之歌》。歌者二年，昭然乃知乎王世，明有不世之義。《招》爲賓客，而《雍》爲主人，始奏《肆夏》，納以孝成，舜爲賓客，而禹爲主人。樂正進贊，曰：‘尚考大室之義，唐爲虞賓，至今衍於四海，成禹之變，垂於萬世之後。’帝乃唱之曰：‘卿雲爛兮，糺縵縵兮。日月光華，旦復旦兮。’八伯咸進，稽首曰：‘明明上天，爛然星陳。日月光華，宏予一人。’帝乃再歌曰：‘日月有常，星辰有行。四時從經，萬姓允誠。於予論樂，配天之靈。遷于賢聖，莫不咸聽。饕乎鼓之，軒乎儛之。精華已竭，褰裳去之。’於時八風循道，卿雲蔟蔟，蟠龍僨信於其藏，蛟龍躍踊於其淵，龜龍咸出於其穴，遷虞而事夏也。”其言雖不經，彼亦有所受之也。

歌中

歌之所以爲樂，上則揚之如抗，下則抑之如隊，曲則屈之如折，止則立如藁木，倨則折旋中矩，句則周旋中鉤。纍纍乎端如貫珠，則繹如以成矣。《周官·大司樂》：“宗廟奏九德之歌，瞽矇掌九德六詩之歌，以役大師。”《記》曰：“絃歌之頌，此之謂德音者，則詩言其志，德音之所止也；歌咏其聲，德音之所形也。”蓋人之生也直，則直心而行之；歌以發德，則直己而陳之。直己，則循理而無所詘,不亦簡乎? 陳德,則因性而無所隱,不亦易乎? 易簡而天地之理得,成位乎其中矣。然則歌之所發,豈自外至哉? 在《易》之《坤》曰:"六二之動,直以方也。"動以静息,直以動顯。故萬物直乎東,則之動而已,是直己者必動,而動己者,直在其中矣。人之歌也,與陰陽相爲流通,物象相爲感應。故聲和則形和,形和則氣和,氣和則象和,象和則物和。動己,而天下應焉,其形和也;四時和焉,其氣和也;星辰理焉,其象和也;萬物育焉,其物和也。三才相通而有感,有感斯應矣;四時變化而不乖,不乖斯和矣。星辰各有度數而不亂,能勿理乎? 萬物各有成理而自遂,能勿育乎? 黄帝張樂於洞庭之野,奏之以陰陽之和,燭之以日月之明,四時迭起,萬物循生,信乎,歌之氣盛而化神,固有如此者矣! 秦青聲振林木,響遏行雲,亦幾是歟? 師乙,賤工也,對子贛之問,有及於此,是知古之審聲以知音,審音以知樂者,豈特君子而已哉?《釋名》曰:"人聲曰歌,歌,柯也。"以聲吟咏有上下,如草木之有柯葉也。近取諸身,而爲人聲;遠取諸物,而如柯葉,義或然也。

歌下

人之受命於無,莫不具五行之氣;成形於有,莫不備五行之聲。氣異異聲,聲異異歌,歌異異宜,此所以聲歌各有宜,而宜定者,不出所位也。《中庸》曰:"寬裕温柔,足以有容;齊莊中正,足以有敬。"又曰:"寬柔以教,不報無道,南方之强也,君子居之。"是寬柔者,君子之容德也;静正者,君子之敬德也。以仁存心而不失之寬柔,仁德莫盛焉;以禮存心而不失之静正,禮德莫盛焉。頌者,美盛德之形容者也,故寬而静、柔而正者,宜歌之。雅以正而後成,政以德而後善。君子之德有小有大,大則敦化,其體廣大,嫌於離静以即動,不可不鎮之以静,其用疏達,嫌於去信以近誣,不可不成之以信。《大雅》德逮黎庶,政之大者也,故廣大而静,疏達而信者,宜歌之。小則川流其性,恭儉以爲德,其情好禮以爲行,恭儉而知好禮,則恭而能安,不失之太遜;儉而能廣,不失之大陋。《小雅》譏一己之得失,政之小者也,故恭儉而好禮者,宜歌之。頌之所以爲頌者,雅積之也;雅之所以爲雅者,風積之也。蓋正直者,能正曲爲直①,《洪範》之論君德,以正直爲始;論王道,以正直爲終。正直,則不倚於剛,亦不倚於柔,一適乎中而已。《易》曰:“六二之動,直以方也。”《象》曰:“直,其正也。”正直,則離静以動,不濟之以静,則其正不足以有守其直,不足以有行矣。不汙以爲廉,而不以物累己;不亢以爲謙,而不以己絕物。廉而濟之以謙,則廉不失之隘,謙不失之輕矣。正直而静,君子之德性也;廉而謙,君子之德行也。風出於德性,繫一人之本者也,故正直而静、廉而謙者,宜歌之。以《書》之九德考之:寬而静,則寬而栗也;柔而正,則柔而立也;廣大而静,廉而謙,則簡而廉也;疏達而信,則剛而塞也。恭儉,則愿而恭也;好禮,則亂而敬也;正直而静,則直而温也。昔季札觀周樂於魯,爲之歌《頌》曰:“至矣哉! 直而不倨,曲而不屈,近而不偪,遠而不攜,遷而不淫,復而不厭,哀而不愁,樂而不荒,用而不匱,廣而不宣,施而不費,取而不貪,處而不底,行而不流,盛德之所同也。非寬而静、柔而正者,能之乎?”爲之歌《大雅》曰:“廣哉,熙熙乎! 曲而有直,體文王之德也。”非廣大而静、疏達而信者,能之乎? 至於歌

---

① “蓋正直者,能正曲爲直”,光緒刻本作“蓋正直爲正,正曲爲直”。

《小雅》則曰:"美哉! 思而不貳,怨而不言,其周德之衰乎?"歌《周南》、《召南》則曰:"美哉! 始基之矣,然勤而不怨。"歌《豳》則曰:"美哉,蕩蕩乎! 然樂而不淫。"季札之論《頌》與《大雅》則是,論《小雅》與《風》未爲無失也。《小雅》,周之所以致逸樂之盛者也,孰謂周德之衰乎?《關雎》,樂而不淫者也,孰謂勤而不怨乎?《豳風》①,勤而不怨者也,孰謂樂而不淫乎? 然則歌之所宜,《頌》則寬而靜,《大雅》則廣大而靜,《風》則正直而靜者,蓋歌以聲爲主,聲以靜爲本,此歌《風》、《雅》、《頌》所以皆本於靜也。《記》不云乎:"聲容靜。"

---

①　"豳風",原作"豳俗",據光緒刻本改。

樂書卷一百五十三　樂圖論

雅部

　歌

　　九德歌　　五子歌　　登歌上　　登歌下　　徹歌
　　歌射節上　　歌射節下①

　　九德歌

《春秋傳》曰："水火金木土穀，謂之六府；正德利用厚生，謂之三事；六府三事，謂之九功；九功之德皆可歌也，謂之九歌。"蓋王者治定制禮，功成作樂。然則禹之九功惟叙，九叙惟歌，豈非以禹功之成，不可不作樂以形容之邪？然戒之用休，仁之至也；董之用威，義之盡也。勸之以《九歌》，俾勿壞，使之樂斯二者，必至於有成而無壞也。始而戒之，終而勸之，與《秦・終南》之詩同意。《周官・大司樂》言："奏《九德》之歌，《九磬》之舞。"《瞽矇》："掌《九德》之歌，以役太師。"《大磬》，舜樂也，謂之《九磬》之舞；則《大夏》，禹樂也，謂之《九德》之歌，得非《九夏》之樂乎？《山海經》曰："夏后開上三嬪于天，得《九辯》、《九歌》以下焉。"竊意爲此與屈原爲楚南郢沅湘之俗作《九歌》之曲異矣。

---

①　按：自"九德歌"至"歌射節下"，原缺，據元刻明修本、光緒刻本補。

五子歌

古之作歌，有爲父子而作，舜作五絃之琴，以歌《南風》是也；有爲君臣而作，《帝庸》作歌是也；有爲兄弟而作，《五子》之歌是也。然《南風》之歌本於孝思，《帝庸》之歌本於勅戒，《五子》之歌本於敘怨，其出於嗟嘆之不足，一也。故其一欲敬人民也，其二欲戒荒淫也，其三戒其失道也，其四戒其絶祀也，其五閔其弗可悔也。太康逸豫以失邦，昆弟五人作歌述大禹之戒如此①，非特舒怨一時而已，亦所以儆萬世之爲人君者也。《五子》之怨，親親之小者也；《小弁》之怨，親親之大者也；乃若《凱風》之不怨，豈以其親之過小者邪？

登歌上

道以無所因爲上，以有所待爲下。故瞽矇掌九德六詩之歌，以役大師小師。大祭祀登歌擊拊，下管擊應鼓徹歌，大饗亦如之。由是推之，大祭祀登歌，奏擊拊，堂上之樂也；下管播樂器，奏鼓柷，堂下之樂也。於歌言登，則知管之爲降；於管言下，則知歌之爲上。堂上之樂衆矣，其所待以作者，有在乎奏擊拊；堂下之樂衆矣，其所待以作者，有在乎奏鼓柷。舜之作樂，言拊詠於上，言戞鼓於下。《樂記》亦曰："會守拊鼓。"如此而已。蓋象，形而上；器，形而下。於下管言播樂器，則登歌以咏其聲，得不爲樂之象乎？凡此，雖瞽矇小師之職，其帥而令之者，大師而已，非特大祭祀爲然，大饗亦如之。《文王世子》曰："登歌《清廟》，下管

---

① "五人作歌"，原缺"五人"，據光緒刻本補。

《象》、《武》,達有神,興有德。"此祭祀之樂也。《郊特牲》曰:"歌者在上,匏竹在下。"貴人聲也。《仲尼燕居》曰:"升歌《清廟》,示德也;下而管《象》,示事也。"古之君子不必親相與言也,以禮樂相示而已,此大饗之樂也。昔者,周公有勳勞於天下,成王賜之重祭,升歌《清廟》,下而管《象》,不過使之施於周公廟而已,是所以賜周公,非所以賜魯也。記禮者漫然而言之,豈禮意哉?梁武帝罷三朝登歌,蓋不知此。

登歌下

升歌《鹿鳴》,所以示臣德也;下管《新宫》,所以示臣事也;笙入三成,所以告成也;遂合鄉樂,所以告備也。《周禮·舞師》:"凡小祭祀,不興舞。"則禮之輕者,雖不舞可也。故《燕禮》言"若舞則《勺》"而已。《内則》:十三舞《勺》,成童舞《象》,二十舞《大夏》。君燕其臣與四方之賓,則升歌《鹿鳴》,下管《新宫》而舞《勺》,燕禮輕故也;兩君相見,升歌《清廟》,下管《象》、《武》,夏籥序興,饗禮重故也。古之燕禮,言燕而已;饗禮則謂之大焉。《書大傳》曰:"古者帝王升歌《清廟》之樂,大琴練弦達越,大瑟朱弦達越,以韋爲鼓,不以竽笙之聲亂人聲。"《清廟》升歌,先人功烈德深也,故欲其歌之也。《樂記》之論升歌《清廟》,主大饗而言,則後世三朝大慶,百辟具陳,工升席以歌祖宗功德,蓋所以使之不忘本也。《白虎通》曰:"鳴球搏拊,何鬼神貴清净、師鏗鏘也。"其言特主祭祀而已,未爲通論也。苟爲不然,諸侯大饗,兩君相見之樂,亦胡爲升歌《清廟》邪?

徹歌

《儀禮·有司》："徹卒養，有司官徹饋，饌于室中西北隅南面，如饋之設。"《語》曰："以《雍》徹。"蓋大祭祀告禮成之後，有司徹室中饋饌，禮之終也；徹必歌《雍》，樂之終也。古之祭祀，有樂以迎來，必有樂以徹食。大饗之禮，不入牲，其他亦如之。諸侯大饗之禮，下管《象》、《武》，徹以《振羽》，則王之大饗可知矣。然小師下管止於擊應鼓，非若大師播樂器，令奏鼓㪇之爲備也。小師登歌與大師同，徹歌與大師異者，豈以徹歌爲祭祀之末，非大師所當親歟？小師之於大師，猶樂師之於大司樂。大師及徹，帥學士而歌徹，尊故也；小師徹歌，卑故也。

歌射節上

《瞽矇》："掌九德六詩之歌，以役大師。"則王射而歌射節，雖在瞽矇，其帥而歌者，實太師役之也。《大司樂》："大射，令奏《騶虞》。"《大師》："凡射，王以《騶虞》爲節。"《射人》："以《騶虞》九節。"《鍾師》："凡射，王奏《騶虞》。"此言歌射節者，射之有節，即度數之自然以制之而已。射人以《騶虞》九節，節之數也；樂師以《騶虞》爲節，節之用也。奏《騶虞》在樂師，而令之在大司樂；歌之在瞽矇，而帥之在大師。以大令小，而奏之以鐘鼓，堂下之事也；以大帥小，而歌之以人聲，堂上之事也。王之大射，堂上以人聲歌《騶虞》，堂下以鐘鼓奏之，則其聲足以合奏，可審而定和矣。《儀禮·大射》："奏《貍首》，間若一。"《鄉射》："奏《騶虞》，間若一。"又曰："歌《騶虞》，若《采蘋》，皆五終。"亦歌奏備舉之意也。

歌射節下

古者三耦，及主人大夫射，則有筭；眾賓繼射，則無筭。有筭者歌《騶虞》，無筭者歌《采蘋》。歌《騶虞》若《采蘋》，皆五終，與升歌笙入間歌合樂三終者異矣。古者每一耦，射歌五終，歌《騶虞》、《采蘋》五終，非主詩篇言之，主射節而言故也。《周官·射人》："大夫以三耦，射樂以《采蘋》五節。"則此主鄉大夫射而言五終，不亦宜乎？鄉大夫歌《采蘋》，可也；王歌《騶虞》而大夫用之，可乎？曰：大夫於天子爲尤卑，士於諸侯爲尤卑。士射以《采蘩》節，則大夫射兼歌《騶虞》，皆卑者不嫌抗尊之意也。孔子曰："吾觀於鄉，而知王道之易易也。"王道寓於鄉如此，則鄉大夫用王所奏之歌，亦歌人寓教之微意也。大夫雖歌《騶虞》，不敢用王之九節，五節而止，不然，不幾於僭乎？

樂書卷一百五十四　樂圖論

雅部

　歌

　　工歌　卒歌　正歌　間歌上　間歌下　笙歌上
　　笙歌下　遂歌上　遂歌中　遂歌下^①

　　　工歌　卒歌

　　《鹿鳴》,文王燕羣臣嘉賓之詩也;《四牡》,文王勞使臣之詩
也;《皇皇者華》,文王遣使臣之詩也。嘉賓,則賓之而弗臣;使
臣,則亦賓於彼而已。鄉飲酒之禮,賓主有事以行禮者也。孔子
曰:"吾觀於鄉,而知王道之易易也。"蓋聖人制禮之意,以王道寓
之於鄉,以君臣寓之於賓主。故鄉飲酒之樂,工歌《鹿鳴》、《四
牡》、《皇皇者華》,雖文王之詩,亦不害其用之於鄉也。工歌,樂
之所以作也;卒歌,樂之所以闋也。主人之於工,有獻送之禮;工
之於主人,有受爵之儀。主人之於賓介,有辭降之禮;賓介之於
主人,有降之之儀。其飲,或拜或不拜;其洗,或辭或不辭,蓋所
以定尊卑之分也。然則先瑟後歌者,琴瑟以詠之意也。

　　　正歌

　　樂以人聲爲主,故合樂亦謂之歌樂。謂之歌樂,而貴不在

---

① 按:自"工歌"至"遂歌下",原缺,據元刻明修本、光緒刻本補。

歌。主人獻，工左瑟一人拜受爵，而餘不拜；笙者一人拜盡階受爵，餘不拜受，以一人可以統衆故也。主人爲太師洗，而餘不洗，以君所賜尊之也。左瑟祭薦工，則祭飲而已。笙工則不祭，此又等降之別也。言工又言衆工，言笙又言衆笙者，《周官·瞽矇》：“掌九德六詩之歌，以役太師。”《序官》：“上瞽四十人，中瞽百人，下瞽百有六十人。”則上瞽，所謂工也；中瞽、下瞽，衆工也。《笙師》：“凡饗射，共其鍾笙之樂。”《序官》：“笙師，中士二人，下士四人，府史胥徒不與焉。”則中士，所謂笙也；下士以下，所謂衆笙也。

間歌上

服有正色、間色，律有正律、間律，歌有正歌、間歌。蓋法度修於下，則陰陽和於上，故歌《魚麗》，而笙《由庚》繼之；衆賢和於朝，則萬物和於野，故歌《南有嘉魚》，而笙《崇丘》繼之；歌《南山有臺》，而笙《由儀》繼之也。工歌於堂上，以貴自然之聲；笙吹於堂下，以導自然之氣。一歌一吹，而聲應相保以爲和，非正歌也而已。用之鄉人如此，則用之邦國可知矣。

間歌下

《周南》，周公之所以化聖人之事，王者之風也；《召南》，召公之所以教賢人之事，諸侯之風也。蓋王者之正，始於家，終於天下，《二南》之詩爲之始而已；王者之化，至於法度彰、禮樂著，然後可以言成，《二南》之詩爲之基而已。今夫《關雎》則樂而不淫，哀而不傷，后妃之德也；《葛覃》則志在女功，恭儉節用，后妃之本也；《卷耳》內有進賢之實，外無干政之事，后妃之志也。乃合樂

《周南》，則一於后妃之事而已。至於《鵲巢》則均一如鳴鳩，夫人之德也；《采蘩》則致禮以奉祭祀，夫人之職也；《采蘋》則循法以共祭祀，大夫妻之職也。乃合樂《召南》，則不一於夫人之事，必兼大夫妻之事而已。此諸侯之樂所以殺於王者歟？然工歌，則琴瑟以詠而已，笙不與焉；笙入，則衆笙而已，間歌不與焉；間歌，則歌吹間作，未至於合樂也；合樂，則工歌、笙入、間歌並作，而樂於是備矣。大用之天下，小用之一國，其於移風易俗，無自不可，況用之鄉人乎？風天下而正夫婦，實本於此。然則觀之者，豈不知王道之易易也哉？《鄉飲酒義》曰：“工入，升歌三終，主人獻之；笙入三終，主人獻之；間歌三終，合樂三終。工告樂備，遂出，一人揚觶，乃立司正焉，知其能和樂而不流也。”由是觀之，工歌《鹿鳴》、《四牡》、《皇華》，所寓君臣之教，則升歌三終也；笙入堂下，磬南北面立，樂《南陔》、《白華》、《華黍》，所以寓父子之教，則笙入三終也；間歌《魚麗》，笙《由庚》，歌《南有嘉魚》，笙《崇丘》，歌《南山有臺》，笙《由儀》，所以寓上下之教，間歌三終也；合樂《周南》：《關雎》、《葛覃》、《卷耳》，《召南》：《鵲巢》、《采蘩》、《采蘋》，所以寓夫婦之教，則合樂三終也。三終雖主於詩篇，亦樂成於三，以反爲文故也。

笙歌上

堂上之樂，以歌爲主，故工歌《鹿鳴》、《四牡》、《皇皇者華》，則君臣和於朝，堂上之樂也；堂下之樂，以管爲主，故笙入，磬南北面立，樂《南陔》、《白華》、《華黍》，則父子和於家，堂下之樂也。孟子曰：“事孰爲大？事親爲大；守孰爲大？守身爲大。”事親，事之本也；守身，守之本也。《南陔》，孝子相戒以養，其得事親之本歟？《白華》，孝子潔白，其得守身之本歟？事親，仁也；守身，義也，立人之道盡於此矣。人道盡，則天地之和應，而時和歲豐矣，此《華黍》所以終之也。《鄉飲酒義》曰："君子之所謂孝者，非家至而日見之也，合諸鄉射，教之鄉飲酒之禮，而孝弟之行立矣。"事親守身，孝弟之本也；時和歲豐，孝弟之應也。笙入堂下，吹《南陔》、《白華》、《華黍》以樂賓，豈徒然哉？凡以寓孝弟之教而已。言歌，則工一人拜；言笙，則笙一人拜，皆指其長者言之。工則不興受爵，笙則不升堂受爵，衆工則不拜受爵，祭飲而已。衆笙則不拜受爵，而坐祭立飲者，辨隆殺之義故也。

笙歌下

舜琴歌《南風》，有孝思之意存焉；笙象物生於東方，有生意存焉。故孔子既祥，五日則於去喪爲未遠，其心不絕乎孝思，猶未全於生意也，雖彈琴矣，而聲不成焉；十日則於去喪爲遠，而有全於生意，故笙歌之聲成焉。蓋制祥之日，可以鼓素琴，君子所以與人同；五日彈琴，君子所以與人異，彈之者禮之所不可廢也。不成聲者，仁之所不忍也。絲不如竹，竹不如肉，故彈琴而後成笙歌。此言彈琴而後成笙歌，《儀禮·鄉飲酒》言"授瑟而後成笙歌"者，蓋二十五弦之瑟比夫五弦之琴，則琴小而瑟大矣。或舉大以見小，或舉小以見大，其成笙歌一也。

遂歌上

德音之謂樂，咏聲之謂歌，樂爲歌之實，歌爲樂之文。故《記》曰："歌之爲言，長言之也。説之，故言之；言之不足，故長言之。"矢詩不多，言之不足之謂也；維以遂歌，長言之謂也。蓋歌之爲樂，出於民性自然，非可僞爲者也。治民至此，其治之至歟？成王之治，始乎《公劉》，厚於民事，急先務也；終乎《卷阿》，求賢用吉士，急親賢也。急先務則智，急親賢則仁。樂也者，樂斯二者而已。故召康公所以戒成王，維以遂歌三篇終焉。禹之九功惟敍，九敍惟歌終之，以戒之用休，俾勿壞者，其以此歟？《傳》曰：“夫歌者，直己而陳德也。”召康公矢詩以歌之，雖所以樂成王治道之成，亦所以直己而陳德也，與夫蘇公作此好歌以極反側者異矣。春秋大夫無遂事，而召康公遂歌，何也？曰：無遂事，禮也；有遂歌，樂也。

遂歌中

燕歌，《鹿鳴》之三，《南陔》之三；間歌，《魚麗》之三，笙《崇丘》之三；遂歌，《周南》之三，《召南》之三。大射則歌《鹿鳴》，管《新宮》而已。以主於歡者其樂煩，主於射者其樂簡故也。燕則工歌之後，笙奏之前，爲大夫舉旅。大射歌笙之後，猶未旅；至射卒，乃爲大夫舉旅者，以燕主於飲，而大射主於射故也。燕，《禮記》曰：“若以樂納賓，升歌《鹿鳴》，下管《新宮》，笙入三成，遂合鄉樂，若舞則《勺》。”蓋燕而以樂納賓，則下管《新宮》[1]，不特歌笙間合而已。

遂歌下

燕禮工歌笙入，間歌合樂，與鄉飲同；其所異者，特遂歌爾。然則燕禮行君臣之義，鄉飲明長幼之序，在國則君臣，在鄉則長幼，其義一也。樂之同也，不亦宜乎？

---

① “下管”，原作“又管”，據光緒刻本改。

樂書卷一百五十五　樂圖論

雅部

歌

歌鐘　歌磬　歌琴　歌瑟　歌缶　凱歌　謳　謡①

歌鐘

昔鄭人賂魯侯歌鐘二肆，及其鎛，則鐘大而鎛小矣。唐徐景安《樂儀》："歌鐘者，亦編一十六枚，同一簨虡，凡合二八之聲。郊祀設於壇上，宗廟設於堂上，皆居歌磬之東，以節升歌之句。"其論歌鐘則是，其言合二八之聲，蔽於用四清故也。

歌磬

應笙之磬，謂之笙磬；應歌之磬，謂之頌磬。《儀禮》：大射之儀，頌磬位乎西階之西而面東，以頌出於歌聲，而聲出於西方故也。唐之歌磬編縣十六，同一簨虡，合二八之聲。郊祀設之壇上，宗廟設之堂上，皆次歌鐘之西，節《登歌》之句，非不合周之頌磬也，然不知編縣之二八，特鄭康成臆説，非先王之制也。

歌琴

夫作五弦之琴，歌《南風》之詩，實自舜始也。蓋南風，生養

---

① 按：自"歌鐘"至"謡"，原缺，據元刻明修本、光緒刻本補。

之氣也；琴，夏至之音也。舜以生養之德，播夏至之音。始也，其親底豫，而天下化；終也，其親底豫，而天下之爲父子者定。然則所謂琴音調而天下治，豈不在兹歟？然舜歌《南風》之詩，不過詠父母生養之德，達孝思之心，以解憂而已，豈特解民愠、阜民財哉？顏回援琴而歌，豈亦得於此歟？漢司馬相如之爲琴歌，魏曹植之爲琴調，其歌雖與古同，其所以歌，亦在去取之域矣。

歌瑟[①]

舜之作樂，琴瑟以詠於堂上，所以發德而貴人聲也。然則非特琴有歌，而瑟亦有之矣。《儀禮・鄉飲酒》："工歌《鹿鳴》、《四牡》、《皇皇者華》，卒歌，主人獻工，工左瑟一人。"《燕禮》："小臣左何瑟，面鼓執越，内絃右手。相入，升自西階北面東上坐，小臣坐授瑟乃降。工歌《鹿鳴》、《四牡》、《皇皇者華》。"皆琴瑟以詠之謂也。漢慎夫人嘗鼓瑟，高帝倚瑟而歌，其亦得古人之遺歟？

歌缶

在《易・離》之九三："日昃之離，不鼓缶而歌，則大耋之嗟，凶。"蓋陽爲實，陰爲虛；二爲中，三爲過。六二以陰居中，則虛而善，應缶之象也；九三剛過而不中，不鼓缶而歌之象也。不鼓缶而歌，則失時極甚矣！其取大耋之凶，不亦宜乎？莊周鼓盆而歌，後世有頌缶，亦其類也。

凱歌

《周官・樂師》："凡軍大獻，教愷歌。"《司馬法》曰："得意則

愷樂，所以示喜也。"《樂記》曰："《清廟》之歌，一倡而三嘆，有遺音者矣。"蓋師之獻功，謂之愷樂；歌愷樂，謂之凱歌。則教愷歌者，在樂師；而遂倡之者，在學士。凡軍大獻，而樂師預教愷歌，遂使學士倡之，則其大獻于社得無所待乎？言愷歌不足以該樂，言愷樂則歌在其中矣，與鄉射奏《騶虞》又歌之，其意一也。求之載籍，魏晉以來，鼓吹曲章多述當時戰功，是歷代獻捷，未嘗無愷歌矣。唐太宗平東都，破宋金剛，其後蘇定方執賀魯，李勣平高麗，皆備軍容，凱歌入都，亦《樂師》愷歌之實也。《唐會要》曰："大和中，太常奏：'謹案凱樂，鼓吹之歌曲，然貞觀、開元禮並无儀注。今參酌古今，備其陳設及奏歌曲之儀如後。凡命將征討有大功，獻俘馘者，其日備神策兵衛於東門外，如獻俘常儀。其愷樂用鐃吹二部，樂工等乘馬執樂器，次第陳列，如鹵簿之式。鼓吹令丞前導，分行於兵馬俘馘之前。將入都門，鼓吹振作，迭奏《破陣樂》、《應聖期》、《賀朝歡》、《君臣同慶樂》等四曲。俟行至太社及太廟，工人下馬，陳列於門外。俟告獻禮畢，復導引奏曲如儀。至皇帝所御樓前，兵仗於旌門外二十步，樂工皆下馬徐行前進。兵部尚書甲冑執鉞於旌門内，中路前導。次協律郎二人，公服執麾，亦於門外分導。鼓吹令丞引樂工等至位立定，太常卿於樂工之前跪具，官臣其奏事，請奏愷樂。協律郎舉麾，鼓吹大振作遍，奏《破陣樂》等四曲。樂闋，協律郎偃麾，太常卿又跪奏。樂畢，兵部尚書、太常卿退，樂工等並旌門外立訖，然後引俘馘入獻，及稱賀如別儀。'"聖朝以之翊天威而鼓士勇，信有謂乎？

謳

孟子曰："謳歌者，不謳歌堯之子，而謳歌舜。"又曰："綿駒處於高唐，善謳而變國俗。"荀子曰："近者謳歌而樂之。"《史記》曰："淳于髡見梁惠王，會王有獻謳者。"《博物志》："薛談學謳於秦青。"蓋謳爲歌聲之別調，歌爲謳之總名故也。《古樂志》曰："齊歌曰謳。"《吕氏春秋》曰"齊皆謳歌"，而引《管子》，豈亦有所傳聞然邪？

謠

《韓詩》曰："有章曲曰歌，無章曲曰謠。"故《爾雅·釋樂》："徒歌謂之謠也。"《詩》曰："我歌且謠。"蓋歌生於嗟嘆之不足，而謠又生於歌之不足也，豈謠者歌聲之遠聞歟？《列子》有"童謠"之説，史氏有"莫愁善歌謠"之辭，亦本諸此。

樂書卷一百五十六　樂圖論

雅部

　歌

　　聖朝樂章　郊祀樂章　廟享樂章　諸祠樂章

　　聖朝樂章

　　先王之樂，常作於功成之後，功雖未成，而樂未可作。至於郊廟之祭歌詩之類，亦不可一日廢於天下，賢聖之君有作，得不以爲急務而講之乎？我宋仗義龍興，太宗嗣承大統，將以褒崇太祖殊功遠業，發揮神翰，作爲郊祀昊天上帝四曲。真宗繼序，復譔廟饗二曲，景靈宮酌獻十一曲，辭意與造化侔工，文藻與雲漢爭麗，真所謂聖作明述，超絶古今者也。然猶以謂"有天下者祭百神，豈余一人發越所能該徧哉！必資天下英偉豪特、逪文麗藻之士，儲思摛詞，共與成之而已"。爰命竇儼、吕夷簡、陶穀、王隨、宋綬諸臣之屬，並得承睿詔，被休光，參預聖製之末，以就一代樂章之躆，顧不盛哉！是故《景安》、《廣安》、《彰安》之類，我太宗制也；《真安》、《靈安》、《慶安》之類，我真宗製也；《乾安》之類，吕夷簡爲之也；《初安》之類，宋綬爲之也；《大明》之類，李維爲之也；《采茨》之類，竇儼爲之也；以至《高安》、《静安》、《凝安》、《同安》、《明安》、《成安》、《綏安》之類，皆諸臣所作，蓋亦不可縷指。其間雄文巨筆，蓋有足以形容祖宗勳德，合乎成周雅頌之音者，固不誣矣！誠因斯時聖詔宗工名儒①，校讎刪定，使與祖宗聖制並列，諸宋雅宋頌被筦絃，藏樂府，垂後世而詔無窮，不亦千載一時甚盛之舉歟？臣是敢論次，件之左方，以待上之制作焉。

郊祀樂章

聖朝郊祀昊天上帝，凡二十三曲。冬至圓丘，太祖配坐二曲，太宗配坐二曲。孟夏雩祀，太宗配坐二曲，祀感生帝十曲，宣祖配奠幣二曲；明堂二十二曲，祭皇地祇七曲，太祖配奠幣二曲；祀青帝四曲，祀赤帝四曲，祀白帝四曲，祀黑帝四曲，祭神州地祇七曲，太宗配奠幣二曲。臣嘗論《易》，至於《豫》之《象》："先王以作樂崇德，殷薦之上帝，以配祖考。"作樂以薦上帝，用祖考同配，惟商人爲然。至周，則郊祀后稷，以配天，宗祀文王於明堂，以配上帝。祖宗之朝郊祀之禮，並以祖宗同配，循商制也。神宗皇帝始行嚴父之禮，而不以祖宗同配，循周制也。孔子曰："吾從周。"臣竊有取焉。

廟享樂章

聖朝享太廟三十八曲，奉安十四曲。諸室之樂，僖祖皇帝用大善，奏《大基》之曲；順祖皇帝用大寧，奏《大祚》之曲；翼祖皇帝用大順，奏《大熙》之曲；宣祖皇帝用大慶，奏《大光》之曲；太祖皇帝用大定，奏《大統》之曲；太宗皇帝用大盛，奏《大昌》之曲；真宗皇帝用大明，奏《大治》之曲；仁宗皇帝用大仁，奏《大仁》之曲；英宗皇帝用大英，奏《大英》之曲；神宗皇帝用大神，奏《大神》之曲；

---

① "聖詔"，原作"深詔"，據光緒刻本改。

哲宗皇帝用大成，奏《大成》之曲。凡皇帝親行祫享，宮架迎神，奏《懷安》之曲；詣罍洗位、解劍位及升殿登歌，並奏《肅安》之曲；遍室奠瓚登歌，奏《顧安》；降殿登歌及歸版位，復奏《肅安》焉。諸后室酌獻之曲，孝惠皇后用《惠安》，孝明皇后用《奉安》，孝章皇后用《懿安》，俶德皇后用《嘉安》，懿德皇后用《順安》，明德皇后用《嘉安》，元德皇后用《嘉安》，莊獻明肅皇后用《建安》，莊懿皇后用《報安》，明肅皇后用《翼安》，以至章懿皇后、慈聖光獻皇后、宣仁聖烈皇后、欽聖憲肅皇后、欽慈皇后，其用舞曲，各隨帝室，亦可知矣。至於景靈宮酌獻及奉安聖像之曲，酌獻玉皇、聖祖、太祖、太宗及飲福，並用《慶安》；亞獻終獻，並用《沖安》；太廟吉饗三曲，太祖、太宗加上尊謚，及六室加謚，並用《顯安》；元德皇后升祔一曲，莊獻明肅皇后祔謝太廟十五曲。臣竊觀聖朝祖宗宮廟之樂，聲歌之名，雖應時而造，有所不同，至於加謚、升祔、祔謝之曲，靡不畢錄並載，庶幾聖朝制作得以考正焉。臣聞古者作樂，戛擊鳴球，搏拊琴瑟以詠，堂上之樂也；下管鼗鼓，合止柷敔笙鏞以間，堂下之樂也。堂上以詠，則以歌爲主，所謂聲依永也；堂下以間，則以管爲主，所謂律和聲也。古所謂登歌下管，不過如此。今太常樂，堂上以聲依詠爲主，而登歌不過四人；堂下以律和聲爲主，而下管未嘗設焉。抑又堂下歌者反衆於堂上，甚失先王立樂之深意也。聖朝之樂，凡施於廟朝，誠使堂下歌者並坐於堂上，而比竹之管復設於堂下，則堂下之樂以律爲主以和聲，衆樂爲賓而協律，庶幾古人之制不泯於後世矣。臣嘗觀方今作樂堂下，歌工止於四人，然考之《儀禮》鄉飲酒、鄉射之樂，歌工四人而止卿大夫之制，非天子之禮也。夫以天子之尊，下從卿大夫之制，甚非所以崇德報功之意也。竊稽漢高帝之時，去三代未遠，尚設歌童百二十人，宜得近古之制也。聖朝誠倣而行之，真曠世甚盛之舉歟？

諸祠樂章

聖朝諸祠朝日三曲，夕月三曲，祀汾陰十四曲，祀后土廟二曲，祭太社太稷五曲，蜡百神三曲，祭九宮貴神五曲，封禪十四曲，東封躬謝一曲，享先農二十二曲，釋奠文宣王六曲，釋奠武成王六曲，朝謁太清宮九曲，玉清昭應宮至聖號五曲，大安殿册五嶽帝號一曲，五嶽加帝號祭吉八曲，郊祀回升樓一曲，籍田回升樓一曲，天書六曲，諸大祠有司攝事四曲。臣嘗謂先王之祭，有其舉之，莫敢廢也；有其廢之，莫敢舉也。汾陰之祭，舉於漢武，而廢於後世久矣，今或舉而行之，無乃舉其所廢歟？然嘗觀真宗祥符中，親享宗廟，《登歌》始作，聞外嚴謹然，因詔當郊廟行禮，權止嚴警，使禮畢復作，遂爲永制，誠萬世之舉也！

樂書卷一百五十七　樂圖論

雅部

歌

曲調上　　曲調下　　歌樂

曲調上

古者造詩經歌①，以合金石，故正聲疏質，長言雅真，遺音雖謝，而三百篇之義存焉，是詩之與樂更爲表裏者也。降周迄漢，聲詩湮没，雖有吳楚趙代之謳，閭閻阡陌之謠，然具施於當世，猶有詩人《離騷》餘風，至於鼓吹雜詩詠歌戰陳之事，而古風遺調自是彫矣。由魏抵隋，上下數百年間，偏方互據，析爲南北，郊廟之外，民謠雜出，非哀思淫靡之音，則離析怨曠之曲也。故江左雖衰，而章曲可傳聲，西曲是也；代北少文，而聲辭無述代歌，國伎是也。隋唐混一區宇，四方之音悉歸太樂。然制度不立，新聲日滋，清樂盡於開元之初，十部忘於僖、昭之末。流及五季，惟讌樂飲曲存焉。聖朝承末流之弊，雅俗二部，惟聲指相授，案文索譜，皆所亡逸，抑何甚歟？太宗初在藩邸，作《宇宙荷皇恩》、《降聖萬年春》二曲，以述太祖德業之盛。逮其即位，悉收河東之地，造《平晉普天》之樂。明年復作《萬國朝天》樂二曲，宴饗用焉。真

---

①　"經歌"，元刻明修本、光緒刻本作"絃歌"。

宗祥符中，更造二曲以協鐘石，《朝天樂》爲大和之舞，《平晉樂》
爲大定之舞，編之雅樂，以施郊廟焉。惟太宗洞曉音樂，出自天
性，造大小曲數百，以爲宴私常御，優柔闡緩，真治世之音也，以
薦郊廟，以和黔黎，豈不盛哉！臣竊嘗推後世音曲之變，其異有
三：古者樂章，或以諷諫，或導情性，情寫於聲，要非虛發，晉宋而
下，諸儒銜采，並擬樂府，作爲華辭，本非協律，由是詩樂分爲二
塗，其間失傳謬述，去本逾遠，此一異也；古者樂曲，辭句有常，或
三言四言以制宜，或五言九言以投節，故含章締思，彬彬可述，辭
少聲，則虛聲以足曲，如相和歌中，有“伊夷吾邪”之類，爲不少
矣。唐末俗樂盛傳民間，然篇無定句，句無定字，又間以優雜荒
豔之文，閭巷諧隱之事，非如《莫愁》、《子夜》尚得論次者也，故自
唐而後，止于五代，百氏所記，但誌其名，無復記辭，以其意褒言
慢無取苟耳，此二異也；古者大曲，咸有辭解，前豔後趨，多至百
言，今之大曲，以譜字記其聲折，慢疊既多，尾徧又促，不可以辭
配焉，此三異也。聖朝樂府之盛，歌工樂吏多出市廛畎畝，規避
大役，素不知樂者爲之，至於曲調，抑又沿襲胡俗之舊，未純乎中
正之雅，其欲聲調而四時和，奏發而萬類應，亦已難矣！誠革三
異之失，去胡俗之調，一要宿乎雅頌之音，以寫太平，以昭極功
臣，將見鳳儀獸舞，不特有虞氏之世矣！今樂府正宮十曲：一《一陽生》，二
《玉牕寒》，三《念邊功》，四《玉如意》，五《瓊樹枝》，六《鷫鸘裘》，七《塞鴻飛》，八《漏丁
丁》，九《息鼙鼓》，十《勸流霞》；南呂宮十一曲：一《仙盤露》，二《冰盤果》，三《芙蓉園》，
四《林下風》，五《風雨調》，六《開月幌》，七《鳳來賓》，八《落梁塵》，九《望陽臺》，十《慶年
豐》，十一《青驄馬》；中呂宮十三曲：一《上林春》，二《春波綠》，三《百花林》，四《壽无
疆》，五《萬年春》，六《繫珊瑚》，七《柳垂綠》，八《醉紅樓》，九《折紅杏》，十《御園花》，十
一《花下游》，十二《遊春歸》，十三《千株柳》；仙呂宮九曲：一《折紅蕖》，二《鵲填河》，三
《紫蘭香》，四《喜堯時》，五《猗蘭殿》，六《步瑤階》，七《千秋樂》，八《百和香》，九《佩珊

瑚》；黃鍾宮十二曲：一《菊花杯》，二《翠幙新》，三《四塞清》，四《滿簾霜》，五《畫屏風》，六《折茱萸》，七《望秋雲》，八《花中鶴》，九《賜征袍》，十《望回戈》，十一《秋稼成》，十二《汎金英》；商宮九曲：一《喜順成》，二《安邊塞》，三《獵騎還》，四《游兔園》，五《錦步幛》，六《博山鑪》，七《暖寒杯》，八《雪紛紛》，九《待春來》；道調宮九曲：一《會夔龍》，二《汎仙杯》，三《披雲襟》，四《孔雀扇》，五《百尺樓》，六《金樽滿》，七《奏明庭》，八《拾落花》，九《聲聲好》；越調八曲：一《翡翠帷》，二《玉照臺》，三《香旖旎》，四《紅樓夜》，五《朱頂鶴》，六《得賢臣》，七《蘭堂燭》，八《金鏑流》；雙調十六曲：一《宴瓊林》，二《汎龍舟》，三《汀洲綠》，四《登高樓》，五《麥隴雉》，六《柳如煙》，七《楊花飛》，八《王澤新》，九《玳瑁簪》，十《玉階曉》，十一《喜清和》，十二《人歡樂》，十三《征戍回》，十四《一院香》，十五《一片雲》，十六《千萬年》；小石調七曲：一《滿庭香》，二《七寶冠》，三《玉瑤盃》，四《辟塵犀》，五《喜新晴》，六《慶雲飛》，七《太平時》；林鍾商十曲：一《秋採蘭》，二《紫絲囊》，三《留征騎》，四《塞鴻度》，五《回紇朝》，六《汀洲鴈》，七《風入松》，八《蓼花紅》，九《曳珠佩》，十《遵渚鴻》；歇指調九曲：一《榆塞清》，二《聽秋風》，三《紫玉簫》，四《碧池魚》，五《鶴盤旋》，六《湛恩新》，七《聽秋蟬》，八《月中歸》，九《千家月》；高大石調九曲：一《花下宴》，二《甘雨足》，三《畫鞦韆》，四《夾竹桃》，五《擘露桃》，六《鶯初來》，七《踏青回》，八《拋繡毬》，九《潑火雨》①；大石調八曲：一《賀元正》，二《待花開》，三《採紅蘭》，四《出谷鶯》，五《游月宮》，六《望回車》，七《塞雲平》，八《秉燭游》；小石角九曲：一《月宮春》，二《折仙枝》，三《春日遲》，四《綺筵春》，五《登春臺》，六《紫桃花》，七《一株紅》②，八《喜春雨》，九《汎春池》；雙角九曲：一《鳳樓燈》，二《九門開》，三《落梅香》，四《春水圻》③，五《萬年宴》，六《催花發》，七《降真香》，八《迎新春》，九《望蓬島》；高角九曲：一《日南交》，二《帝道昌》，三《文風盛》，四《琥珀杯》，五《雪花飛》，六《皂貂裘》，七《征馬嘶》，八《射飛鴈》，九《雪飄颻》；大石角九曲：一《紅爐火》，二《翠雲裘》，三《慶成功》，四《冬夜長》，五《金鸚鵡》，六《玉樓寒》，七《鳳戲鶵》，八《一爐香》，九《雲中鴈》；歇指角九曲：一《玉壺冰》，二《卷珠箔》，三《隨風簾》，四《樹青蔥》，五《紫桂叢》，六《五色雲》，七《玉樓宴》，八《蘭堂鶯》，九《千千歲》；越角九曲：一《望明河》④，二《華池鷺》，三《贈香囊》，四《秋氣清》，五

---

① "潑火雨"，元刻明修本、光緒刻本作"澄火雨"。
② "一株紅"，光緒刻本作"一枝紅"。
③ "春水圻"，光緒刻本作"春水圻"。
④ "望明河"，光緒刻本作"望明湖"。

《照秋池》，六《曉風度》，七《靖邊塵》，八《聞新鴈》，九《吟風蟬》；林鍾角九曲：一《慶時康》，二《上林果》，三《畫簾垂》，四《水晶簟》，五《夏木繁》，六《暑氣清》，七《風中琴》，八《轉輕裾》，九《清風來》；仙呂調十五曲：一《喜清和》，二《芰荷新》，三《清世歡》，四《玉鈎欄》，五《金步搖》，六《金鼕落》，七《鶯引鶵》，八《草芊芊》，九《步玉砌》，十《整華裾》，十一《海山青》，十二《旋絮緜》，十三《風中帆》，十四《青絲騎》，十五《喜聞聲》；南呂宮調七曲：一《春景麗》，二《牡丹開》，三《展芳茵》，四《紅桃路》，五《囀林鶯》，六《滿林花》，七《風飛花》；中呂調九曲：一《宴嘉賓》，二《會羣仙》，三《集百祥》，四《憑朱欄》，五《香煙細》，六《仙洞開》，七《上馬杯》，八《拂長袂》，九《羽觴飛》；高般涉調九曲：一《喜秋成》，二《戲馬臺》，三《汎秋菊》，四《玉殿樂》①，五《鸂鶒杯》，六《玉芙蓉》，七《偃干戈》，八《聽秋砧》，九《秋雲飛》；般涉調十曲：一《玉樹花》，二《望星斗》，三《金錢花》，四《玉悤深》，五《萬民康》，六《瑤林風》，七《隨陽鴈》，八《倒金罍》，九《鴈來賓》，十《看秋月》；黃鍾羽七曲：一《宴鄒枚》，二《雲中樹》，三《燎金爐》，四《澗底松》，五《嶺頭梅》，六《玉爐香》，七《瑞雲飛》；平調十曲：一《萬國朝》，二《獻春盤》，三《魚上冰》，四《紅梅花》，五《洞中春》，六《春雪飛》，七《飜羅袖》，八《落梅花》，九《夜游樂》，十《鬬春鷄》。因舊曲造新聲者，凡五十八曲。《傾盃樂》二十八曲：正宮，南呂宮，道調宮，越調，南呂調，仙呂宮，高宮，小石調，高大石調，大石調，小石調，小石角，雙角，高角，大石角，歇指角，林鍾角，高般涉調，黃鍾羽，平調，中呂宮，黃鍾宮，雙調，林鍾商，歇指調，仙呂調，中呂調，般涉調。三臺十三曲：正宮，南呂宮，道調宮，越調，南呂調，中呂宮，黃鍾宮，雙調，林鍾商，歇指調，仙呂調，中呂調，般涉調。《劍器》，中呂宮；《感皇花》，中呂宮；《朝中措》，黃鍾宮；《攤破拋毬樂》，雙調；《醉花間》，雙調；《小重山》，雙調；《洞中仙》，林鍾商；《望行宮》，林鍾商；《洞仙歌》，歇指調；《月宮仙》，仙呂調；《戴仙花》，仙呂調②；《菩薩蠻》，《瑞鷓鴣》，中呂調③；《望征人》，般涉調；《嘉宴樂》，般涉調；《引駕回》，般涉調；《拜新月》，般涉調。

曲調下

　　自唐以來，雅樂曲調法著旋宮一律④，五音相生二變，起自黃

---

①　"玉殿樂"，原作"三殿樂"，據光緒刻本改。
②　"仙呂調"，光緒刻本作"南呂調"。
③　"中呂調"，光緒刻本作"南呂調"。
④　"曲調"，光緒刻本作"均調"。

鍾爲始，循於中吕爲終，十二律總十二均音六十聲，成八十四調，皆漢之京房、晉之荀勖參定。凡十二宫調，並是正宫七聲，以歸一律，其正宫聲之下，更無濁音，故五音以宫爲尊，釋樂以之爲重也；十二商調，調各下有一聲，亦以七音而同一律，下之一聲，謂宫、商聲也；十二徵調，調各下有三聲，謂宫、商、角聲也；十二羽調，調各下有四聲，謂宫、商、角、徵聲也。自商至羽，五聲備矣。十二變徵調，聲居角音之後，正徵之前，均音相類；十二變宫調，聲居羽音之後，清宫之前，是謂四演其聲而成均律也①。俗樂之調，有七宫、七商、七角、七羽，合二十八調，而無徵調也。故正宫、高宫、中吕宫、道調宫、南昌宫、仙吕宫、黄鍾宫，是謂七宫；越調、大石調、高大石調、雙調、小石調、歇指調、林鍾商，是謂七商；越角、大石角、高大石角、小石角、雙調角、歇指角、林鍾角，是謂七角；中吕調、正平調、高平調、仙吕調、般涉調、高般涉調、黄鍾羽，是謂七羽。凡此俗樂異名，實胡部所呼也。然執一器飜曲，輪七調傳聲，致宫徵相疏，五聲不備，是謂鄭衛之音，煩手淫聲②，滔堙心耳矣。迄于秦漢周陳，二部混同，衆樂無別。隋文雖分雅俗，亦未能去四清二變，此其樂所以未全於中和之紀也。聖朝大樂，太蔟商，胡部大石調也；姑洗角，胡部小石調也；黄鍾徵，胡部林鍾徵也；南吕羽，胡部般涉調也；黄鍾宫，胡部正宫調也；變宫、變角、姑洗角，亦胡部小石調也；變宫、黄鍾宫，亦胡部正宫調也。餘並有間聲；其無間聲者，唯正徵、變徵而已，亦可謂詳矣。誠去四清二變與胡俗之調而作之，庶乎先王之雅樂也。古人有變宫、

---

① “四演”，原作“回演”，據光緒刻本改。
② “煩手”，光緒刻本作“類乎”。

變徵之説，君子尚且非之，况又有變角之説乎？

歌樂

當春秋之時，禮廢樂壞，其已久矣。中國之士，知其情，識其文，深通其意而言之者，曾不少槩見，况戎狄僻陋之域，有能知而言之者，君子且得不取之乎？此吴公子札聘魯而觀周樂，左氏所以備載而深美之也。今夫先王之道，莫急於樂；樂之章，莫備於風雅頌。然風有正變之異體，雅有大小之殊政，頌兼商魯之異美，其端有造乎情性之微，其顯有該乎治道之大，自非博聞多識，通乎聖人之意者，其孰能觀而知之耶？大哉，公子札之觀周樂也！聞其歌，有以達詩之旨；見其舞，有以知德之實。自歌《周南》、《召南》至於《雅》、《頌》，所謂聞其歌、達詩之旨者也；自見舞《象》、《簫》、《南》、《籥》至於《韶箾》，所謂見其舞、知其德之實者也。彼以《邶》、《鄘》、《衛》爲康叔武公之德，《唐》有陶唐氏之遺民，《平王》爲周之東，《秦》爲周之舊，《齊》則未可量其國，《魏》則可以德輔其治，《陳》則放蕩而難反，《檜》則衰微而無譏。至於《頌》，則盛德所同而已，非不善於聲歌也。《周南》、《召南》，則樂而不淫，哀而不傷，孰謂勤而不怨乎？《豳風》，則勤而不惰，儉而有節，孰謂樂而不淫乎？《小雅》，非專刺幽厲之亂，而文武成王之政實在焉，孰謂周德之衰乎？《大雅》，有及於幽厲之失道，而武王成王之德亦存焉，孰謂止於文王之德乎？彼以見舞《大濩》爲聖人之舞，《大夏》爲勤而不德，舞《韶箾》則曰：“雖甚盛德，蔑有加於此。”非不善於觀舞也，然而文王知取之，而民未悦，則勿取之，凡順天應人而已，孰謂猶有所憾耶？周之極盛在成康，而《武》雖盡美，而未盡善焉，孰謂《大武》爲周之盛乎？以其時考之,公子札之①號稱知樂,雖有所失,亦未在可責之域;由其理考之,公子札之所失如此,雖欲全其美,且得不正之乎?不責之君子,所以全其善於一時;正之,君子所以完其法於後世,非以公正仁恕存心者,能之乎?

---

① 按:光緒刻本自"公子札之"以下至"能之乎"皆缺。

樂書卷一百五十八　樂圖論

胡部

歌

四夷歌

東夷

獩貊　馬韓　夫餘　新羅　倭國

日本　勿吉　百濟　夷洲　高麗

西戎

大宛　焉耆_{大食國、可蘭國附}　吐蕃　乞寒

于闐　西涼　安國　疏勒　康國　烏孫

天竺　龜茲　高昌　波斯　拂菻　吐谷渾

北狄

北狄①　大遼　鮮卑

雜蠻

獠蠻　邈黎

四夷歌

詩者，民之情性；歌者，民之歡心。是歌始於詩，而樂又始於

---

① "北狄"，原作"北狄歌"，"歌"乃衍文，兹删。

歌。凡此，内自中國，外暨四夷，其風聲氣俗雖因水土不同，至於所以爲情性、爲懽心，未始少異也。古人之於禽類，一載好其音，猶且取之，況夷歌乎？故《周官》鞮鞻氏掌四夷之樂與其聲歌，祭祀則歈而歌之，燕亦如之。蓋四夷之民，異音而同歌，先王祭祀燕饗必用之者，以其中天下而立，革四海之民，服而役之，得其歡心，使鼓舞焉，以承祭祀，供饗燕，君子之所樂故也。《傳》曰：“王者必作四夷之樂，一天下也。”其此之謂乎？然王者制夷狄樂，不制夷狄禮，何也？曰：樂則遠近所同，禮樂異制而已。故制其樂，不制其禮，恐其不能從中國禮故也，豈非五方之民皆有性，不可推移然邪？臣觀契丹，視他戎狄最爲強桀，然所用聲曲，皆竊取中國之伎，但不能和闐婉諧，彈絲擫管趨於成音而已，恥其本俗所翫，禁止不傳，而中國第得其蕃歌與舞，其制小橫笛一，拍鼓一，拍板一，歌者一二人和之，其聲嘍離促迫，舞者假面爲胡人，衣服皆効之，軍中多尚此伎。太宗雍熙中，惡其亂華樂也，詔天下禁止焉，可謂甚盛之舉矣。然今天下部落效爲此伎者甚衆，非特無知之民爲之，往往士大夫之家亦喜爲之。誠推太宗禁止之制，凡朝廷作夷樂，特施於國門之外，以樂蕃使可也，苟用之燕饗，非所以示天下移風俗之意也。

獩貊

獩貊國，在朝鮮之東，常以歲十月祭天，晝夜飲酒歌舞，名爲儛天。其作樂，大抵與夫餘國同，特其所用有異爾。

馬韓

韓有三種：一曰馬韓，二曰辰韓，三曰弁辰。地方四千餘里，東西界海，古之辰國也。三韓之國，馬韓最大，共立其種爲辰王，都目支國，盡王三韓之地。其俗信鬼神，常以五月祭之，晝夜羣飲，鼓瑟歌舞，踏地爲節。十月農功畢，亦如之。瑟形如筑，彈之亦有音曲云。

夫餘

夫餘國，在玄菟北千里，本濊地也。以臘月祭天，大會連日，飲食歌舞，名曰"迎鼓"。行人無晝夜，好歌吟，音聲不絶。漢順帝永和中，其王來朝，帝作黃門鼓吹、角抵戲以遣之。

新羅

新羅國，其先本辰韓種也。每月旦相賀，王設宴會，頒賚羣官。八月十五日設樂，令羣官射，賞以馬布。唐貞觀中，遣使獻女樂二人，皆鬒髮美色，太宗詔遣之，真中原賢主盛德之舉也。

倭國

倭國，在韓東南大海中。其王以天爲兄，以月爲弟。其俗好博奕、握槊、樗蒲之戲，其樂有五絃琴笛。每至正月一日，必射戲飲酒爲樂。隋大業中，嘗遣裴世清使其國，其王設儀仗鼓角迎之。

日本

日本國，本倭奴國也。自唐以來，屢遣貢使。三月三日，有桃花曲水宴。八月十五日，放生會，呈百戲。其樂有中國、高麗二部，然夷人歌詞雖甚雕刻，膚淺無足取焉。

勿吉

勿吉國，在高句麗之北，舊肅慎國也。隋開皇中，遣使納貢，文帝厚勞而宴之，率皆起舞曲折，多鬬容，其天性然也[1]。

百濟

百濟國之樂，有鼓、角、箜篌、箏、竽、篪、笛之樂，投壺、圍碁、樗蒲、握槊、弄珠之戲。宋朝初得之，至後魏大武滅北燕，亦得之而未具[2]。周武滅齊，威振海外，二國各獻其樂，並以列於樂部，謂之國伎。隋文平陳，并與文康禮畢而得之。唐貞觀中，嘗滅百濟國，盡得其樂。至中宗時，工人亡散。開元中，岐王範爲太常卿，復奏置之。其器有箏、笛、桃皮篳篥、箜篌，其歌曲入般涉調。唐英公將薛仁貴破其國，得而進之也，歌者有五種焉。

夷洲

會稽海外有東鯷人，析爲二十餘國，而夷洲居一焉。去臨海郡二千里，其民如有所召，取大空材，植於中庭如鼓，以巨杵旁舂之，聲徹數里，聞者馳赴會飲，歌似犬嗥，以相娛樂焉。

高麗

漢武帝滅朝鮮，以高麗爲縣，屬玄菟，賜以鼓吹伎人。其俗好羣聚，爲倡樂，祠鬼神、社稷、靈星，以十月祭天大會，名曰"東

---

① "其天性然也"，原缺，據光緒刻本補。
② "亦"，原作"以"，據光緒刻本改。

盟”。至李唐時，有品庫樂、鄉樂之品，其器有卧箜篌、竪箜篌、琵琶、彈箏、五絃、笙、簫、横笛、小觱篥、桃皮觱篥、腰鼓、齊鼓、檐鼓、銅鈸貝等十四種，爲一部二十八人。武后時，歌曲尚二十五章。正元末，惟能習一曲而已，其衣服亦浸失其制矣。傀儡并越調夷賓曲，英公破高麗所進也。聖朝元豐間，慕盛德臣，求中國樂工教之。今之樂，大抵中國制也，故中國使至，嘗出家樂以侑酒焉。

大宛

大宛國，治貴山城。多善馬，馬汗血，蓋其先天馬種也。其馬有肉角數寸，或解人語言，及知音樂，其舞與鼓節相應。觀馬如此，其樂可知矣。

焉耆大食國、可蘭國附

焉耆國，都員渠城。其俗尚蒲桃酒，兼喜音樂，其鼓吹之詳莫得聞焉。與夫大食種類，斷飲酒，禁音樂。可蘭部落，目不識五色，耳不聞六律五聲，異矣。

吐蕃

吐蕃，本漢西羌之地，在長安之西。其種落不知節候，以麥熟爲歲首，圍棋六博，吹蠡鳴鼓，以爲戲樂焉。

乞寒

乞寒，本西國外蕃，康國之樂也。其樂器有大鼓、小鼓、琵琶、五絃、箜篌、笛，其樂大抵以十一月倮露形體，澆灌衢路，鼓舞跳躍而索寒也。然《洪範》"八政":"曰謀,時寒若。"《禮》曰:"立秋之月,行夏之令。寒暑不節,陰陽不調,政令之失也。休咎之應,君臣之感也。"蓋君能謀事,則時寒順之,又何必効胡俗所爲哉!唐作此戲,張說嘗諫之曰:"韓宣適魯,見周禮而嘆;孔子會齊,數倡優之罪。列國如此,況天朝乎?"今外國請和,選使朝謁,所望接以禮樂,示以兵威,雖曰戎夷不可輕易,焉知無駒支之辯、由余之賢哉?且乞寒潑胡,未聞典故,法殊魯禮,襲此齊優,恐非干羽柔遠之義,罇俎折衝之道。至開元中,果禁而斷之,天下賢張說之諫,健明皇之斷。不然,則中國而不夷之,未之有也。昔辛有適伊川,見被髮於野者,曰:"不及百年,此其戎乎?"其禮先亡矣。後秦晉遷陸渾之戎於伊川,以中國之人習戎狄之事,廢中國之禮,尚且如此,況襲戎狄之樂乎?理均影響,可不戒哉!

于闐

于闐國,南接土蕃,西南抵葱嶺,西北撫疏勒,有三河皆出玉,其源同出崑崗山。十二月一日肆筵,設席拍呼,撥胡琴唱歌。故隋代胡部舞曲,亦有于闐佛曲焉。聖朝開寶中,有僧吉祥,以其國王書來上,自言破疏勒國,得舞象一,欲以爲貢。詔從之。

西涼

苻氏之末,吕光、沮渠、蒙遜等,據有涼州之西,故謂之西涼部樂。其器有編鐘、編磬、琵琶、五絃、竪箜篌、卧箜篌、箏、筑、笙、簫、竽、大小觱篥、竪笛、横吹、腰鼓、齊鼓、檐鼓、銅鈸貝,爲一部,工二十七人。其歌曲謂之《涼州》,又謂之《新涼州》,皆入婆陀調中,西涼府都督郭知運等所進也。唐坐、立二部,惟慶善樂

獨用西涼,故明皇嘗命紅桃歌《涼州》,謂其詞貴妃所製,豈貴妃
製之、知運進之邪？涼州進新曲,明皇命諸王於便殿觀之。曲
終,諸王皆稱萬歲,獨寧王不賀。明皇詢其故,寧王曰:"夫曲者,
始於宮,散於商,成於角、徵、羽。臣見此曲,宮離而少微,商亂而
加暴。宮者,君也;商者,臣也。宮不勝,則君體卑;商有餘,則臣
事僭。臣恐異日臣下有悖亂之事,陛下有播越之禍,兆於斯曲
也。"洎禄山南犯,明皇西幸,始知寧王善音,而胡音適以亂華也,
可不戒哉!

安國

安國之樂,其器有箜篌、琵琶、五絃、笛、簫、雙觱篥、正鼓、和
鼓、銅鈸、歌簫、小觱篥、桃皮觱篥、腰鼓、齊鼓、檐鼓貝等十四種,
爲一部,工十八人。歌曲有《附萐》、《單時歌》、《芝栖》,舞曲有
《末奚舞》、《芝栖解》,曲有《居桓》焉。疏勒、安國、高麗並起,自後魏平馮
氏,及通西域,得其伎也。

疏勒

疏勒之樂,其器有竪箜篌、琵琶、五絃、横笛、簫、觱篥、荅臘
鼓、腰鼓、羯鼓、提鼓、雞婁鼓十種,爲一部,工十二人。歌曲有
《兀利》、《死讓樂》,舞曲有《遠服解》,曲有《鹽曲》。蓋起自後魏
平馮氏,通西域也。樂工人皂絲布白頭巾,袍錦衿標,白絲布袴,舞文白襪,錦袖,
赤皮鞾,赤皮帶。曲調有《昔昔鹽》、《三臺鹽》之類。

康國

康國之樂,其器有長笛、正鼓、和鼓、銅鈸四種,爲一部,工七

人。歌曲有《二殿農和去》，舞曲有《賀蘭鉢皐始末》、《奚波地農慧》、《鉢皐始前拔地》、《慧地》等四曲。蓋自周閔帝聘北狄女爲后，獲西戎伎樂也。昔漢以公主和戎，古人尚且譏之，況聘狄女爲后，而反變於夷者乎？臣嘗觀朗州蠻俗好巫[①]，每淫祠鼓舞，必歌俚詞。劉禹錫爲司馬，或從事於其間，乃依騷人之作爲新辭，以教巫祝。故武陵谿洞間，夷歌率多，禹錫之辭，是能用夏變夷，未聞變於夷者也。禹錫以匹夫尚能如此，況周閔以萬乘之尊，曾匹夫之不若乎？誠可怪爾！工人皂絲布頭巾，緋布袍，錦領。

烏孫

烏孫，在大宛東北，與匈奴同俗，最爲强國。漢妻以都江王女細君，爲公主。公主悲愁，因作歌曰："吾家嫁我兮，天一方。遠託異國兮，烏孫王。穹廬爲室兮，氈爲牆。以肉爲食兮，酪爲漿。"武帝聞而憐之。其國音樂，不可得而詳也。

天竺

天竺國，在月氏東南數千里，亦名身毒國。其樂器有鳳首箜篌、琵琶、五絃、橫笛、銅鼓、毛員鼓、都曇鼓、銅鈸貝等九種，爲一部，工十二人。歌曲有《沙石疆》，舞曲有《朝天曲》。蓋自張重華據有涼州，重譯來貢男伎者也。其後國王子爲沙門來遊，又傳其方音。漢安帝時，天竺獻伎，能自斷手足，刳腸胃。唐高宗惡其驚俗，勅西域關津不令入中國，亦一時英斷也。商調有《大朝天》、《小朝天》。

---

① "觀朗州"，光緒刻本作"竊觀胡"。

龜兹

龜兹,乃回鶻別種也,其國主自稱師子王。其樂有竪箜篌、琵琶、五絃、笙、簫、橫吹觱篥、毛員鼓、都曇鼓、答臘鼓、腰鼓、羯鼓、提鼓、雞婁鼓、銅鈸等十五種,爲一部,工十人。歌曲有《善善》、《摩尼解》,曲有《婆伽兒》,舞曲有《小天》、《疏勒鹽》,蓋自吕光滅其國而得之也。吕氏既亡,其樂散失。至後魏據有中原獲之,故隋有“西國龜兹”之號,凡三部。唐奏安息樂以下雷大鼓,用龜兹樂,尤盛於開元之時。是以凡婆羅門,累代傳其素業。大和初,有米禾稼、米萬搥,其後有李百媚、曹觸。至孫妙達,尤爲北齊文宣所愛,每彈,常自擊胡鼓和之。及周武帝,聘突厥女爲后,西域諸國皆來媵,遂荐有龜兹、疏勒、康國、安國之樂焉。然周、齊以萬乘之尊,或屈聘羶胡之女,或自鼓胡部之樂,如此是中國而夷狄之,天下幾何不胥而夷乎? 西國龜兹、齊鼓龜兹、土龜兹,凡三部也。唐曲調有龜兹佛曲,又《普光佛》,舊名《龜兹》。

高昌

西魏與高昌通,始有高昌部之樂,以備宴饗。隋開皇中,嘗來獻《聖明樂》曲。至唐太宗朝,伐其國,盡得其樂焉。其器有竪箜篌、琵琶、五絃、笙、笛、簫、觱篥、毛員鼓、都曇鼓、答臘鼓、腰鼓、羯鼓、雞婁鼓、銅鈸貝等十五種,爲一部,工二十人焉。

波斯

《北史》:波斯國,都宿利城。國人號王曰“醫囋”,五妃“防步率”。其俗以六月爲歲首,至於七月七日、十二月一日,尤所崇重，人庶以上交相命召，設會作樂。唐天寶中，屢遣使來朝，獻馬腦牀，并毛繡舞筵焉。

拂菻

拂菻國，東至于闐，西至邈黎，南至大石，北至黑海。每歲蒲桃熟時，造酒肆筵，彈胡琴，打偏鼓，拍手歌舞，以爲樂焉。

吐谷渾

吐谷渾，迺慕容廆庶兄，始去其國，西附陰山。廆追思之，作《阿于》之歌，歲暮窮思，常歌之。其樂器，史傳所不傳也。鮮卑謂兄爲“阿于”。

北狄

北狄之樂，本馬上樂，自漢以來，總歸鼓吹部。後魏樂府始有北歌，史所謂“貢人代歌”是也。代都時，命掖庭宫人晨夕歌之，用隋代與西涼樂雜奏，當時存者五十三章，其名可解者六章而已，《慕容可汗》、《吐谷渾》、《部落稽》、《鉅鹿公主》、《白净王太子》、《企喻》是也。梁樂府鼓吹又有《大白净皇太子》、《小白净皇太子》、《企俞》等曲。隋鼓吹有《白净王太子》曲，與北歌校之，其音皆異，豈皆傳聞不同邪？西涼節度蓋嘉運所進北庭《伊州》，亦北歌之一也。唐開元中，歌工長孫元忠之祖，嘗授北歌於侯將軍貴昌。貞觀中，詔貴昌以其聲教樂府，雖譯者亦不能通知其詞。蓋年歲久遠，失其真矣，豈非荀卿所謂“節奏久而絶”者乎？

大遼

契丹，匈奴之種也。世居漢水之南，本鮮卑之地。君長姓大賀氏,有八部。其渤海俗,每歲時聚會作樂,先命善歌舞者數輩前行,士女隨之,更相倡和,回旋宛轉,號曰"踏鎚"焉。

鮮卑

周、隋世,北歌與西涼樂雜奏,其不可解者,多可汗之辭,是燕魏之際鮮卑歌也。後世惟琴曲傳胡笳聲云。

獠蠻

獠,蓋蠻之別種也。其王各有鼓、角一雙,使子弟自吹擊之,多執持矛,用竹爲簧,羣聚鼓之,以爲音節。

遏黎

遏黎國,王都遏達州,東至大食,東南至西涼,東北至拂菻。民俗,七日一次禮佛作樂,動胡琴,打鼓子,飲宴以爲節序焉。

樂書卷一百五十九　樂圖論

胡部

　歌

　　南蠻

　　　　俚獠　扶南　赤土　婆利　林邑　頓遜　丹丹

　　　　附國　投和　哥羅　闍婆　三佛齊　占城　牂牁

　　　　交阯　張蕃　龍蕃　石蕃　羅蕃　多摩長　南詔

　　　　撣國　扶婁　渤泥　彌臣　古奴　真獵　白狼

　　　　大食麻羅拔　驃國　磨些蠻　胡調曲　漢樂

　　　　清樂　醼設樂　禮畢樂　九部樂　十部樂

　　　俚獠

　　九真徼外蠻里、張游里，蠻之別種，今呼爲“里人”。其俗尚銅鼓，以高大爲貴，方其初成，招致同類飲會，用金銀釵擊之。

　　　扶南

　　扶南、天竺二國之樂，隋代全用天竺，列於樂部，而扶南不預焉。因煬帝平林邑國，獲扶南工人及其匏琴[①]，朴陋不可用，但以天竺樂轉寫其聲，而不齒樂部矣。

---

　　①　“工人”，原作“二人”，據光緒刻本補。

赤土

赤土國,扶南之別種也,在南海中。隋大業中,遣常駿、何君政等使其國,其王遣婆羅門鳩摩羅以舶三十艘,吹螺擊鼓以迓之。及使至也,女樂迭奏,併用天竺樂焉。

婆利

婆利國,在廣州東南海中。梁天監中遣使,時通焉朝貢。其王姓嬌陳如,出則以象駕輿,施羽蓋珠簾,其導從吹螺擊鼓,以爲樂焉。

林邑

林邑國,大漢日南郡林縣,古越裳界也。其樂有琴、笛、琵琶、五絃,頗同中國制度。至於擊鼓以警衆,吹蠡以即戎,此其異也。

頓遜

頓遜國,在嶠上,梁時聞焉,一曰"典遜"。其俗多爲鳥葬,將死,親賓歌舞,送於郊外焉。

丹丹

丹丹國,在多羅磨羅國西北,其王近則乘輿,遠則馭象,其攻伐則吹螺擊鼓。

附國

附國,在蜀郡西北,漢之南夷也。其王字宜繒,其國俗好歌舞,其樂器則鼓簧吹長笛,有死者子孫,則帶甲舞劍,殺鬼報冤焉。

投和

投和國,隋時聞焉。在南海真臘之南,以農商爲業,其樂則吹蠡擊鼓焉。

哥羅

哥羅國,漢時聞焉,亦曰"富沙羅國"。其音樂有琵琶、橫笛、銅鈸、鐵鼓。自唐天寶至乾元中,並未朝焉。

闍婆

闍婆國,在南海中,東至崑崙國,南至大食國,西北至勃泥、三佛齊等國。其俗有名而無姓,其樂有橫笛、鼓、板,亦能舞焉。

三佛齊

三佛齊,蓋南蠻之別種,與占城爲鄰。國中文字用梵書,以其王指環爲印。其樂有小琴、小鼓,崑崙奴踏曲爲樂,其歌可知矣。

占城

占城國,在中國之西南。其風俗大抵與大食國相類,每歲四月，有遊舡之戲。七月，集民作歌樂禳災，答謝天道。其樂器有胡琴、笛、鼓、大鼓焉。

牂牁

西南蕃，漢牂牁郡地也。東距辰州，西距昆明，南距交阯，北距充州。其國刻木爲契，擊鼓銅鑼以祀神。聖朝至道中來朝，太宗皇帝令作本國歌舞，一人吹瓢笙，如蚊蚋聲，良久，十數輩連袂宛轉而舞，以足頓地爲節，詢其名，曰《則水曲》也。

交阯

交阯，本南越之地，唐交州總管也。至德中，改安南都護府。梁貞明中，土豪曲承美專有其地，其後黎桓繼之。聖朝淳化中朝貢，嘗遣宋鎬、王世則等充國信使。及其至也，大張筵飲宴，又出臨海以爲娛賓之遊，跣足持竿，入水摽魚，每中一魚，左右皆鼓噪懽躍。凡飲宴會之人，悉令解帶，冠以帽子帷帽，以真珠爲飾。或自歌勸酒，莫能曉其詞焉。

張蕃

張蕃，傳世姓張，與大朝八姓龍、羅、方、石等蕃爲界。其王每歲正月一日、七月一日，公衙會諸蕃酋飲宴，亦動蕃樂。上戶女出嫁，亦用銅鼓、銅鑼焉。

龍蕃

龍蕃，積祖傳世姓龍，其先名彦瑶。凡遇四序，稱賀作樂，擊大鼓，吹長笛、批管、笒箏，杖鼓。其樂曲有《賀聖朝》、《天下樂》、

《應天長》。至於有物故者，擂吉天鼓，或唱挽歌焉。

石蕃

石蕃，主石延慶，居泰平州，每遇四季節序，會官屬宴樂。其樂器有琵琶、觱篥、笛、大鼓，其曲名有《願天長》、《感天恩》、《感皇恩》、《天下樂》云。

羅蕃

羅蕃，大留國積代以羅爲姓。其王每日授衙，凡遇祭饗，管設只於平川坡野間，其作樂不過鳴鼓、吹篴蘆笙，樂人踏舞而已。

多摩長

多摩長國，居海島中。其王之先，龍子也。其俗無姓。顯慶中，遣使貢獻其音樂，與天竺同也。

南詔　撣國

唐貞元中，南詔異牟尋作《奉聖樂》舞，因西川押雲□□①國使韋皋以進。是時上御麟德殿閱之，是不知古之夷樂作於國門右辟，未嘗用於殿庭也。漢安帝時，西南撣國來獻樂及幻人，能吐火，自支解，易牛馬頭，大會作之於庭，諫議大夫陳禪離席而曰："帝王之庭，不宜作夷狄之樂。"由此觀之，唐閱南詔樂於殿庭，不亦失乎？《五經通義》亦曰："四夷之樂，何以作之於廟，陳

---

①　底本作"原闕"，據元刻明修本，缺二字。

之於户?"南詔調《奉聖樂》曲在宫調,并進舞伎六十四人。遇内宴①,即於殿前立奉樂②;若宫中宴,即坐奉樂,故俗樂有坐部伎、立部伎也。

扶婁

周成王之時,南垂之南有扶婁國,或於掌中備百獸之樂,宛轉屈曲於指間,人形長數分,神怪倏忽,莫可名狀。後世樂府猶存此伎,其歌舞之類,不可得而知。然存之適以惑衆,禁而去之可也。見《王子年拾遺記》。

渤泥

渤泥國,在上都之西南大海中,去三佛齊國不過四十餘程。以十二月七日爲歲首。聖朝太平興國中來朝。其國人宴會聚樂,必坎鼓吹笛,擊鈸批掌,歌舞以爲樂焉。

彌臣

《南夷志》述:彌臣國,邊海之國也。其主以木栅居海際水中,百姓皆樓居。俗好音樂,樓兩端各置鼓,飲酒即擊之,男女携手樓中,踏舞爲樂。在永昌城之西南也。

古奴

《南州異狀志》:"古奴國,去歌營國八千餘里。民人無慮萬户,晝夜作市舟中,皆鳴鼓吹角以爲樂。其衣被頗類中國焉。"

---

① "遇",原作"過",據光緒刻本改。
② "奉樂",光緒刻本作"奏樂"。下同。

真臘

真臘國，在林邑西南，本扶南之屬國也。其王姓刹利氏，名質多斯那[1]，多舟御，居伊奢那城[2]。其俗喪葬，用音樂送之[3]。

白狼

東漢明帝永平中，朱輔爲益州刺史，移檄西南夷，喻以聖德。白狼王搪蓛等百餘國重譯來庭，有歌詩三章，輔所進也。《東觀漢記》備載其詞及夷人本語，皆重譯訓詁爲文言[4]，使覽者易曉焉。歌三章，其一《遠夷樂德》，其二《遠夷慕德》，其三《遠夷懷德》。

大食麻囉拔

大食麻囉拔國，在西南海岸。其王號亞囉密[5]，姓亞蒲地加，名厨維。每年以二月爲歲首。歌樂多以胡琴吹笛，鳴小鼓，無唱拍，亦國人性情之自然也。

驃國

驃國，在永昌故郡南。唐貞元中，重譯來朝，獻樂凡一十曲，工三十五人。其國與天竺相近，故樂多演釋氏經論之詞，每爲曲，皆齊聲唱，各以兩齊，斂爲赴節之狀，一低一仰，未嘗不相對，有類中國柘枝舞焉。

---

① “名質多斯那”，原缺，據光緒刻本補。
② “伊奢那”，原作“伊奢郍”，誤，據光緒刻本及《北史・真臘》改。
③ 按：“用音樂送之”句下，光緒刻本尚存“其詳莫得聞焉”一句。
④ “文言”，光緒刻本作“華言”。
⑤ “王”，元刻明修本、光緒刻本皆作“主”。

磨些蠻

磨些蠻,烏蠻種族也。鐵橋上下,皆所居之地。其俗好飲酒歌舞焉。

胡曲調

樂有歌,歌有曲,曲有調。故宮調,胡名婆陁力調,又名道調,婆羅門曰"阿修羅聲"也;商調,胡名大乞食調,又名越調,又名雙調,婆羅門曰"帝釋聲"也;角調,胡名涉折調,又名阿謀調,婆羅門曰"大辯天聲"也;徵調,胡多名婆臘調,婆羅門曰"那羅延天聲"也;羽調,胡名般涉調,又名平調移風,婆羅門曰"梵天聲"也;變宮調,胡名阿詭調也。李唐樂府曲調,有《普光佛曲》、《彌勒佛曲》、《日光明佛曲》、《大威德佛曲》、《如來藏佛曲》、《藥師琉璃光佛曲》、《無威感德佛曲》、《龜兹佛曲》,並入婆陁調也;《釋迦牟尼佛曲》、《寶花步佛曲》、《觀法會佛曲》、《帝釋幢佛曲》、《妙花佛曲》、《無光意佛曲》、《阿彌陁佛曲》、《燒香佛曲》、《十地佛曲》,並入乞食調也;《大妙至極曲》、《解曲》,並入越調也;《摩尼佛曲》,入雙調也;《蘇密七俱陁佛曲》、《日光騰佛曲》,入商調也;《邪勒佛曲》,入徵調也;《觀音佛曲》、《永寧佛曲》、《文德佛曲》、《婆羅樹佛曲》,入羽調也;《遷星佛曲》,入般涉調也;《提梵》,入移風調也。

漢樂

漢樂,以杖鼓、第二腰鼓、第三腰鼓、下調笛并拍板五色,爲一部。後又合醮設樂,通爲一部,蓋起自鼓笛部也。

清樂

清樂部，其來尚矣。器及章詞，多漢魏所作。晉室播遷，其音散亡。苻堅平張氏，於涼州得之也。宋武帝永嘉之亂，五都淪覆，遺聲舊制散落江左。宋梁之間，南朝文物，號爲最盛，人謠國俗，亦有新聲。後魏孝文宣武，用兵淮漢，收其所獲南音，謂之清商署，總謂之清樂。唐清樂部有編鐘、編磬、擊琴、彈瑟、琵琶、箜篌、箏、筑、笙、簫、塤、簉、笛、觱篥、吹葉、節鼓，舞爲一部，工二十五人焉。

醼設樂

醼設部樂，其器有玉磬、方響、豎箜篌、臥箜篌、大琵琶、小琵琶、簫、笛、箏、筑、五絃、吹葉、大小笙竽、大小觱篥、正銅鈸、和銅鈸、楷鼓、連鼓、鼗鼓、桴鼓，并歌舞，古之坐部伎，唐之胡部樂也。

禮畢樂

禮畢之樂，本晉太尉庾亮妓追思而作，因假爲其面，執翳以舞，而象其容，取其謚以號之，爲文康樂。每奏九部樂終，則陳之，是故以“禮畢”爲名。行曲有《單交路舞曲》，有《散花》。樂器有笙、笛、簫、簉、鈴盤、鞞、舞腰鼓，七種三縣，爲一部，工二十二人。隋平陳得之，入九部樂。唐造醼設，而去禮畢曲矣。

九部樂

隋大業中，備作六代之樂，華夷交錯，其器千百，煬帝分爲九部，以漢樂坐部爲首，外以陳國樂舞《玉樹後庭花》也。西涼與清樂并龜兹、五天竺國之樂，並合佛曲、法曲也。安國、百濟、南蠻、東夷之樂，並合野音之曲，胡旋之舞也。《樂苑》又以清樂、西梁、龜兹、天竺、康國、疏勒、安國、高麗、禮畢爲九部，必當損益不同，始末異制，不可得而知也。觀開皇中，顔之推上言：“今太常雅樂盡用胡聲，請憑梁國舊事，考尋古曲。”高祖曰：“梁亡國之音，奈何遣我用邪？”由此觀之，隋唐之樂雖有雅、胡、俗三者之別，實不離胡聲也。歷代傳襲，其失如此。聖朝宜講制作，削去而釐正之，實萬世利也。

十部樂

唐分九部伎樂，以漢部醼樂爲首，外以清樂、西涼、天竺、高麗、龜兹、安國、疏勒、高昌、康國，合爲十部也。

樂書卷一百六十　樂圖論

俗部

歌

詩上　詩中　詩下

詩上

人禀七情，應物斯感，感物吟志，莫非自然。故虞播《南風》之詠，夏成《九德》之歌。降商迄周，四始六義，郁乎其文。子夏鑒絢素之章，子貢悟琢磨之句，孔子且悦而進之，蓋其説之難明如此，則自周之衰以迄于今，泯泯紛紛，豈不宜哉？蓋詩上通乎道德，下止乎禮義，放其言之文，君子以興焉；循其道之序，聖人以成焉，非特情必極貌以寫物，辭必窮力而追新者也。求之古詩，四言者，"振鷺于飛"是也；五言者，"誰謂雀無角，何以穿我屋"是也；六言者，"我姑酌彼金罍"是也；七言者，"交交黄鳥止于桑"是也；九言者，"泂酌彼行潦挹彼注兹"是也。由是觀之，詩雖以情志爲本，未嘗不以聲成爲節也。自王澤竭而詩不作，後之爲詩者，率以歌爲名，或儷乎百家之偶，或争價一句之奇。四言側密，則張衡、王粲；五言流靡，則劉楨、張華；兼而得之者，陳思王而已。言在耳目之前，情寓八荒之外，洋洋乎會於風雅矣。祀郊廟歌詩，以三言歌青帝，取木數也；以五言歌黄帝，取土數也；以六言歌黑帝，取水數也；以七言歌赤帝，取火數也；以九言歌白帝，取金數也。凡此，率皆傅會五行之數而强合之，豈感物吟志，本於自然之意哉？嘗觀孟嘉謂桓温曰："絲不如竹，竹不如肉，何謂也？"答曰："漸近自然。"誠非虛語也。

詩中

凡人之性，憂則不能不歎，喜則不能不歌。歌也者，樂之始者也。然詩言志以導情，歌永言以達聲，舞動容以象事。故嘉賓戾止，歌《鹿鳴》之詞；使臣遠適，奏《皇華》之什。蓋所以將厚意，達誠心也。自樂工奔遁，鄭衞交興，歷代伶人多忘其意。是以宗廟之曲，大略猶存；宴餞軍賓，其事多喪。或在芳晨美景，反爲窮冬悽愴之聲；或人對嘉客歡娛，反作羈旅怨別之狀①；或歌採桑之曲，而誦山居即事之篇；或詠邊塞愁苦之歌，而奏宴樂懽遊之什。流風習俗，恬不爲怪，是不知樂與情異，辭將事乖，但以淫聲慢容爲歌舞之妙，不亦過乎！傅毅曰："歌以言，舞以意。論其詩，不知聽其聲；聽其聲，不知察其形。"斯言信矣！然詩者，志之所之也，先儒謂"詩之爲言，時也"，誤矣！

詩下

步者一日，而百里之情通矣；堂上之事，十日而君不聞，是堂上遠於百里也。步者十日，而千里之情通矣；堂下之事，一日而君不聞，是堂下遠於千里也。古之人君，知夫壅蔽之患如此，於是設進善之旌，立誹謗之木，建敢諫之鼓，近臣使之盡規，親戚使

---

① "旅"，原作"孤"，據光緒刻本改。

之補察，瞽獻曲①，史獻書，師箴，瞍賦，以至百工進諫，庶人臚傳，猶以爲未也，又置採詩之官，內以達民之情，外以觀民之風，言之於下者，雖切直而無罪；聞之於上者，足以思省而自戒。故唐虞之時，工以納言，時而颺之。三代之時，遒人振鐸以徇于路，播之於樂，足以美盛德之形容；宣之於民，足以鼓四方之和氣。此所以天下如一家，而無異俗；中國如一人，而無異意也。暴秦之興，偶言者誅，誹謗者棄市，由是天下之民鉗口結舌，姑以全身遠害而已。是以歌頌之聲息於下，而採詩之官遂廢矣。漢懲其弊，使行人採詩，以達大師；大師誦之，以達天子。故代趙之謠，秦楚之風，皆不壅於上聞，而武帝得以下究民瘼，上察己道，亦不爲無志於治矣。聖朝承平日久，頌聲交作，而採風達雅之事，獨可已乎？且詩者，民之情性也。先王因民情以爲治，酌民言以爲教，猶之雨出於山，而還雨於山；冰出於水，而還冰於水。則先王之政，豈自任以咈民哉？今也誠設採詩之官，使天下之詩皆得以上聞，如此，小人歌之有以貢其俗，君子賦之有以達其志，施之於治，足以美教化；被之弦歌，足以移風俗。然則採詩之官，其可忽哉！

---

①　“曲”，原作“典”，據光緒刻本改。

樂書卷一百六十一　樂圖論

俗部

歌

歌上　歌中　歌下　善歌

歌上

聲音之道，常與政相爲流通。故政治而俗康，則其歌和以雅；政荒而下怨，則其歌哀以思。是以夏政之衰，宮嬪萬人，衣以文繡，食以粱肉，鼓噪晨歌，聞者悲酸，見者憂思。商政之敝，造靡靡之樂，感北里之聲，飲以長夜，人不堪命。迨周之末，魯以淫樂廢朝，晉以嗜音敗國。戰國苦兵，樂尤哀思，聞漸離之筑而沾襟，聆雍門之琴而潛涕。繼之秦皇殫財於鍾虡，漢武厭志於新聲，王莽樂成而哀屬，順帝聞禽而悲泣，爲樂若此，其政可知矣！既而梁商興《薤露》之歌，朝臣爲之飲淚；梁冀妻爲啼粧、愁眉、墮馬之飾，京師爲之爭効；以至《懊惱歌》于晉，《挽鐸歌》于宋，《楊畔》奏于齊，《後庭》奏于陳。爰及隋唐新音變曲，傾動當世，或寫《傾杯》、《行天》之聲，或歌世俗謳謠之曲，徒取悦心志，爲耳目之娛而已，無復止乎禮義之意也，可不大哀邪！

歌中

古之善歌者，必先調其氣。其氣出自臍間，至喉乃噫其詞，而抗墜之意可得而分矣。大而不至於抗越，細而不至於幽散，未有不氣盛而化神者矣。是故聲振林木，響遏行雲者，秦青也；泉湧回流，雙魚赴節者，舒氏也；大風隨至者，夏統也；餘響繞梁者，韓娥也；動梁塵者，虞公也；動草木者，王母也；音傳林藪者，馮乘之老人也；響傳九陌者，廬陵之永新也；變國俗者，絲駒也；化河右者，高唐也。由此觀之，詩之所至，歌亦至焉；歌之所至，化亦至焉。豈非人聲固有以通陰陽，應物類然邪？歌之爲用，非特如此而已，故周申喜聞之而得母，則子母之道得矣；百里奚聞之而得室，則夫婦之道得矣；季歷作哀慕之歌，而兄弟之道得矣；伯夷作西山之歌，而君臣之道得矣；比干作秣馬金闕之歌，而忠臣之志得矣；許由作箕山之歌，而逸民之志得矣。歌之於天下，其妙有以通陰陽，應物類，其顯有以厚人倫，移風俗，豈曰小補之哉！

歌下

古者命歌之名，大抵即事實而號之，非有深遠難知之義也。故仰以取諸天，則《白露》、《晨露》、《白雲》、《卿雲》、《玄雲》、《步雲》、《白雪》、《南風》、《大風》之類，無非取諸天也；俯以取諸地，則《江南》、《淮南》、《南陽》、《陽陵》、《陽阿》、《下里》、《瓠子》、《扶風》、《襄陽》、《白銅鞮》之類，無非取諸地也；中以取諸人，則《駕辯》、《採菱》、《採葛》、《採蓮》、《巴人》之類，無非取諸人也。日有《白日》、《朝日》歌，夜有《子夜》之歌，時有《陽春》、《四時》之歌，月有《十二月》之歌，年有《百年》之歌。山則《樅陽》、《箕山》、《西山》，水則《白水》、《綠水》、《前溪》，動物則《天馬》、《白麟》、《朱雁》，植物則《芝房》、《白紵》、《桃葉》，聲則《上聲》、《同聲》，數則

《八閱》、《九曲》。若此之類，蓋不可勝舉。合於雅頌之音者，雖出於後世而可存；乖於雅頌之音者，雖傳於上世而可廢，不可不知也。昔宋玉識音而善文，襄王好樂而愛賦，既美其才，又惡其似屈原也，乃謂之曰：“子盍從楚之俗，使楚人貴子之德乎？”對曰：“昔楚有善歌者，王其聞之歟？始而曰《下俚》、《巴人》，國中唱而和之者，數萬人；中而曰《陽阿》、《採菱》，國中唱而和之者，數百人；既而曰《陽春》、《白雪》、《朝日》、《魚麗》，含商吐角，絶節赴曲，國中唱而和之者，不過數人而止。”蓋其曲彌高，其和彌寡，是合於雅頌者爲難學，而乖於雅頌者爲易習也。又況《懊惱》之鬼語，《團扇》之淫辭，其可流播人間，而敗壞禮俗哉！

善歌

　　古有聲歌[①]，未嘗不貴人聲而賤物器，然非假物器以達之，則所謂人聲者，特徒歌之謠而已，非古樂之發也。是故擊壤而歌者，堯民也；擁檝而歌者，越人也；援琴而歌者，子夏也；曳履而歌者，曾參也；登木而歌者，原壤也；拾穗而歌者，林類也；鼓盆而歌者，莊周也；叩角而歌者，寧戚也；撫楹而歌者，魯襄也；彈劍而歌者，馮驩也；撫絃而歌者，阮瑀也；撫節而歌者，秦青也。然昔之善歌者，非特乎此，帝嚳之咸黑，周之薛談，漢之李延年，唐貞元中有田順，元和、長慶以來有李正信、米加榮、何戡、陳意奴，武宗以後有陳幻奇[②]、羅麗[③]，咸通中有陳彦暉、鄧辜復，皆得奇音，號爲善歌者也。然所道非中德，所詠非中音，一於多哇之鄭而已，

①　“古有”，元刻明修本、光緒刻本作“古者”。
②　“陳幻奇”，元刻明修本、光緒刻本作“陳幼奇”。
③　“羅麗”，光緒刻本作“羅鹿”。

君子不取也。梁元帝《纂要》曰："古艷曲有《北里》、《靡靡》、《激楚》、《流風》、《陽阿》之曲，皆非正聲之樂也。"可謂有志於雅歌矣。漢祭遵投壺雅歌，其知此歟？

樂書卷一百六十二　樂圖論

俗部

歌

四方歌　房中歌　歌行　西漢樂章

東漢樂章　魏樂章

四方歌

昔有娀氏二女，居九成之臺，天帝使燕夜往鳴之，二女覆以玉筐。既而發視之，遺五色卵二而北飛焉。於是始作《燕往飛》之歌，實始爲北音也。禹省南土，塗山之女令妾候於塗山之陽，乃作《候人子》之歌，實始爲南音也。夏后氏孔甲田於東陽萯山，天大風晦冥，迷入民間之室，主人方乳，或曰：“后來，乃良日也，必大吉。”或曰：“不勝之子，是必有殃。”后乃攜之以歸，而子之後折撩斧，破斷其足，遂爲守者。孔甲曰：“嗚呼，有命矣夫！”乃作《破斧》之歌，實始爲東音也。周昭王南征荆右，還涉漢梁，敗殞於漢中，卒餘靡長且多力，振王北濟，王乃封之于西翟，因追思故處，實始爲西音也。四方之歌，雖無經見，百家子史，往往備載而詳録之。世之論者，又以《周南》、《召南》出於南音，而秦音又出於西音，豈無所傳授邪？晚周風衰雅缺，而妖淫靡曼之聲蠭起並作，遭秦苛暴，《樂經》放失。迨漢興八十餘載，武帝始立樂府，採詩夜誦，一時之文彬彬可紀。然雜出於街陌謳謠之鄙，不純乎先王雅頌之音，亦在去取之域矣。聖朝景祐初，廣集歷代詩歌，而爲之記其辭，以郊祀爲始，朝饗次之，雜歌又次之，亦可謂備矣。然其所存者，不皆求合雅頌之音，未合乎仲尼删詩之意也。

房中歌

漢高帝時，叔孫通制宗廟禮，有《房中祠樂》，其聲則楚也。孝惠更名爲《安世》。文景之朝，無所增損。至武帝定郊祀禮，令司馬相如等造爲《安世曲》，合八音之調，《安世房中歌》有十七章存焉，然其大致在悅聲色，無復箴戒之意，與《周南・關雎》樂得淑女，友以琴瑟鐘鼓者，異矣。後世歌詩得失，非特乎此，故聞《畫一》之歌，則知朝政之一矣；聞《高譽》之歌，則知時俗之蕩矣；聞《嚼復嚼》，則知人事之樂生矣；聞《何其獲》，則知人情之苦役矣。然則後之爲君，可不審哉！

歌行

古樂志有《清歌》、《高歌》、《緩歌》、《長歌》、《法歌》、《雅歌》、《酣歌》、《怨歌》、《勞歌》，其尤合於雅音者，《雅歌》而已。古樂府有《艷歌行》、《長歌行》、《短歌行》、《朝歌行》、《怨歌行》、《前緩聲歌行》、《後緩聲歌行》、《櫂歌行》、《鞠歌行》、《放歌行》、《蔡歌行》、《陳歌行》，其惑溺於鄭音者，《艷歌行》而已。誠能去其溺於鄭音者，存其合於雅音者，其亦庶乎古樂之發也。由此觀之，伏犧有網罟之歌，神農有豐年之詠，黃帝有龍袞之頌，堯有大唐之歌，雖無所經見，要之，亦不失爲《雅歌》之古樂而已。

西漢樂章

漢高帝過沛，與故人父老湛樂歡哀，作《風起》之號、《三侯》之章。後以沛宮爲原廟，有歌童百二十員以相和，班固不次之郊廟之樂，蓋以燕樂父老之詞，非郊廟所宜歌也。迨至武帝定郊祀之禮，祠太一於甘泉，祭后土於汾陰，爰立樂府，採詩諷誦，有趙代秦楚之謠，以李延年爲協律都尉，詔司馬相如等造爲郊祀《十九章》之歌，略論律呂，合八音之調，以正月上辛用事甘泉圜丘，使童男女七十人歌之。然漢郊廟詩歌未有祖宗之事，而八音均調又不協鍾律，内之掖庭才人，外之上林樂府，皆以鄭聲施之朝廷外戚之家，至與人主爭女樂焉。自公卿大夫觀聽者，但識鏗鏘，而不諭其意，欲以風動衆庶，豈不難哉？苟能修起舊文，放鄭近雅，誠非小功小美也。哀帝雅性不好音樂，雖有放罷鄭衛之詔，減樂府之員，然不知據經倣古，制爲雅樂，其亡益乎？《十九章》之歌，一曰《練時日》，二曰《帝臨》，三曰《青陽》，四曰《朱明》，五曰《西顥》，六曰《玄冥》，七曰《惟泰元》，八曰《天地》，九曰《日出入》，十曰《天馬》，十一曰《天門》，十二曰《景星》①，十三曰《齊房》，十四曰《后皇》②，十五曰《華爗爗》，十六曰《五神》③，十七曰《朝隴首》，十八曰《象載瑜》，十九曰《赤蛟》。然十九章之中④，如《天馬》、《赤蛟》之類，皆歌之宗廟，非所以上承祖宗，下化兆民之意也。汲黯之云，不亦正乎？

東漢樂章

昔新都初獻樂於明堂，清厲而哀，非興國之聲，其爲東漢之

---

① “景星”，光緒刻本作“景益”。
② “后皇”，元刻明修本、光緒刻本作“皇后”。
③ “五神”，光緒刻本作“五縛”。
④ “然”，原作“綏”，據元刻明修本、光緒刻本改。

資歟？ 東漢蔡邕叙樂四品，郊廟神靈一也，天子饗燕二也。蕭子雲曰：“南郊樂歌二，漢同用，五郊互奏之。”至於廟樂，則明帝與東平王蒼等制舞歌一曲十四句，薦于世祖之廟。自時厥後，蓋亦有其文矣。至於臨朝饗燕，樂聲尤備，遭董卓之亂，典章焚蕩，故不存焉。當是時也，光武喜鄭聲，順、桓悦非心聲，靈帝耽胡樂。梁商大臣，朝廷之望也，賓會以《薤露》之歌爲樂。京師近地，諸夏之本也，嘉會以《魁檑》、《挽歌》之技爲樂，豈國家久長之兆也！然則人主之爲樂，可不戒之哉！

魏樂章

魏文帝既受漢禪，雖有改樂舞之名，無變歌詩之實。故蕭子顯曰：“魏辭不見，疑盡用漢辭也。”沈約曰：“魏國初建，使王粲改作登歌《安世》及《巴渝》詩而已。”後並作於太祖之廟。今《安世》之辭，不行於世，獨著《渝時歌》焉。考之《晉志》，漢巴渝舞有《矛渝》、《弩渝》、《安臺行辭》、《本歌曲》四篇，其辭既古，莫能曉其句度。魏初，乃使王粲更造其辭，爲《矛渝》、《弩渝》、《安臺行辭》、《新福歌曲》[①]，其述魏德，《時行辭》一篇而已，用之郊廟，豈足以形容功德，告於神明也哉？ 臣觀文帝嘗出獵，問侍臣曰：“獵之爲樂，何如八音？”劉曄曰：“獵勝於樂。”鮑勛曰：“夫樂，上通神明，下和人理，隆治致化，萬邦咸乂。故移風易俗，莫善於樂；況獵者暴華蓋於原野，傷生育之至理，櫛風沐雨，不以時隙哉！”文帝因怒而罷，亦未爲能復自道之君也。然則劉曄豈不爲逢君之惡之臣，而鮑勛豈不爲盡忠補過之臣也？

---

① “新福歌曲”，光緒刻本作“新福安曲”。

樂書卷一百六十三　樂圖論

俗部

　歌

　　晉樂章　宋樂章　齊樂章　梁樂章　陳樂章
　　北齊樂章　後周樂章

　　　晉樂章

　　晉武帝受命之初，百度草創，採漢魏之遺範，覽景文之垂則。泰始二年，詔郊祀明堂禮樂，權用先代舊儀，但命傅休奕更造郊廟歌曲四十六章而已。是以郊廟歌辭有四十六曲存焉，非先王功成作樂、化平裁曲之意也。其後命荀勗作古尺，以調聲韻，仍以張華等所制之文陳諸下管。永嘉之亂，象舞歌工自胡歸晉，琴瑟磬筦百無一焉，其歌曲又可知矣。歌辭四十六曲：《祠天地五郊夕牲歌》、《祠天地五郊迎送神歌》、《饗天地五郊歌》、《天地郊明堂夕牲歌》、《天地郊明堂降神歌》、《天郊饗神歌》、《地郊饗神歌》、《明堂饗神歌》、《祠廟夕牲歌》、《祠廟迎送神歌》、《祠豫章府君登歌》、《祠京兆府君登歌》、《祠宣皇帝登歌》、《祠景皇帝登歌》、《祠文皇帝登歌》、《祠廟饗神登歌》二篇、《宣武舞歌》四篇、《宣文舞歌》一篇、《正德舞歌》二篇、《大務舞歌》二篇、《正德舞歌》四篇、《宣文舞歌》二篇、《正德舞歌》二篇、《大豫舞歌》詩以至《歌宣帝》、《歌景帝》、《歌文帝》、《歌武帝》、《歌元帝》、《歌明帝》、《歌成帝》、《歌康帝》、《歌穆帝》、《歌哀帝》、《歌簡文帝》、《歌孝武帝》，凡四十六曲也。至安帝隆安初，遽作《懊憹》之歌，有"草上女兒"之句。既而宋高祖以季春草生之時，定京都，誅桓氏，而子女妓妾悉爲軍賞之資而已。然則樂歌之發,其可僞爲哉?

宋樂章

宋武帝肇有天下,永初中,太常鄭鮮之等撰立新歌,王韶之所撰歌辭七曲,並施用郊廟。文帝元嘉中,南郊始設登歌,詔顏延之造《郊天夕牲》、《迎送》、《神饗》歌詩三篇。孝武大明中,使商談造文帝太后廟歌。明帝又自造昭、宣二太后歌詩。謝莊造明堂歌,王儉造太廟二室及郊配辭,其它多仍晉舊也。得非以樂頌體大,重於改作,以俟來哲歟? 不然,何奮藻摛詞之乏也?

齊樂章

齊建元初,有司奏郊廟雅樂歌辭舊,使學者博士並撰擇而用之,至於請勑之外,凡義學者,亦令製焉。參議太廟登歌,宜用司徒褚淵辭,餘悉用謝超宗辭。然超宗所撰又多删,顏延之、謝莊之辭,用爲新曲而已。鼓吹之樂,宋齊並用漢曲,竄易其名,以實當代之事,其充庭用十六曲,高祖乃去其四,存其十二,以合四時也。如漢曲《朱鷺》易爲《木紀》[①],漢曲《有所思》易爲《期運集》之類是已。語之先王象成之樂,不亦遠乎? 臣嘗觀武帝命歌姬舞女奏帷幔之樂,爲歡曲,則撫几稱善;作哀音,則引巾拭淚;甚者至於曲終,而碎犀如意數枚,是不知禮有樂不可極之戒,詩有好樂無荒之説也,其君也哉! 武帝與王公集石頭烽火樓,令長沙王晃歌《子夜歌》之曲,曲終,打牀爲數段,碎犀如意數枚。

---

① “木紀”,光緒刻本作“本紀”。

梁樂章

梁武帝篤信浮屠氏法，制《善哉》、《大樂》、《大歡》、《天道》、《仙道》、《神王》、《龍王》、《滅過惡》、《除愛水》、《斷苦輪》等十曲，皆述佛法，號爲正樂。又有法樂童子伎，童子倚歌梵唄，設無遮大會則爲之，至於改漢曲《芳樹》爲《於穆》，言大梁闡運，君臣和樂，休祚方遠也。若此之類亦多矣，欲其形容一代功德而求福應，適速亂亡而已。何則？佛，夷人也；其聲，夷音也。武帝不奏中華之聲，而惟夷音是求，其與伊川被髮豈殊哉？已而侯景引胡人渡江，遂破臺城。王通以爲梁亡非釋迦之罪者，罪其崇信之過也。臣嘗考梁制《十二雅》，《王雅》專於三朝用之，凡客入及皇帝出閣、入宁、變服出，四箱鼓吹作，並奏《肆夏》；皇帝升坐，黃鐘、太蔟二箱，更作《肆夏》。然《周禮》：王出入，奏《王夏》；賓出入，奏《肆夏》。是《肆夏》之樂，天子所以享元侯，施於賓客可也，施之皇帝出入，變器升坐之際，不亦乖成周之制，紊尊卑之序乎？隋制因之，其失一也。

陳樂章

陳武帝詔求宋、齊故事，太常卿周宏遜奏曰：“齊氏承宋，咸用元徽舊式，惟北郊之禮，頗有增益。皇帝入壇門，奏《永至》；飲福酒，奏《嘉胙》；太尉亞獻，奏《凱容》；埋牲，奏《隸幽》；帝還便殿，奏《休成》；衆官並出，奏《肅成》。此乃元徽所闕，永明所加也。惟送神之樂，宋孝建二年奏《肆夏》，普通薦蔬。”詔蕭子雲改諸歌詞，奏《肆夏》，其相和引依五音第之，非隨月吹也。受禪之後，並用梁樂，唯改《七室舞》詞而已。永嘉元年，文帝始定圓丘明堂宗廟之樂，或以"雅"名，或以"韶"名，鼓吹作祠用宋曲，燕用梁樂，蓋取神人不相雜揉也。及後世嗣位，沈荒淫佚，靡所不至，抑又遣宮嬪習北方簫鼓，謂之"化北"，酒酣則奏之，陳氏至此，江南遂亡，舉宗北歸，是代北之應也，豈非用夷變夏之禍歟？陳之世，盛歌王獻之《桃葉曲》，曰："桃葉復桃葉，渡江不用檝。但渡無所苦，我自迎接汝。"後隋晉王伐陳，始營於桃葉山下。及韓擒虎渡江，陳大將陳蠻奴至新林，以導北軍。初，後主自作新歌詞，極哀怨，令後宮貴人習而歌之，其詞曰："玉樹後庭花，花開不復久。"亦短祚之明兆也，可不戒哉！

北齊樂章

北齊文宣初禪，未遑改制。至武成之時，始定四郊宗廟之樂。羣臣出入，奏《肆夏》；牲出入，薦毛血，奏《昭夏》；迎送神及初獻亞獻，禮五方上帝，並奏《高明》之樂；入壇門及升壇飲福，就燎位，還便殿，並奏《皇夏》；以高祖配享，奏《武德》之樂；祼地，奏《登歌》；四時祭廟及禘祫皇六世祖、司空五世祖、吏部尚書祖、秦州刺史曾祖、太尉武正公祖、文穆皇帝諸神室，並奏《始基》之樂；高祖神武皇帝室，奏《武德》之樂；文襄皇帝室，奏《文德》之樂；顯祖文宣皇帝室，奏《文正》之樂；肅宗孝昭皇帝室，奏《文明》之樂，其出入之儀，並同四郊之禮。至於鼓吹二十四曲，皆易古名號，叙今功德：漢曲《朱鷺》爲《水德》，《思悲翁》爲《出山東》，《艾如張》爲《戰韓陵》，《上之回》爲《於關隴》，《擁離》爲《滅山胡》，《戰城南》爲《丘武定》，《巫山高》爲《戰芒山》，《上陵》爲《摘蕭崩》，《將進酒》爲《破侯景》，《君馬黃》爲《定汝潁》，《芳樹》爲《剋淮南》，《有所思》爲《嗣丕基》，《雉子班》爲《聖道洽》，《聖人出》爲《受魏禪》，《上邪》爲《平瀚海》，《臨高臺》爲《服江南》，《遠如期》爲《刑罰中》，《石留行》爲《遠聲至》，《化成》爲《喜瑞》，《臻玄雲》

爲《成禮樂》。其陋至於《黃雀》、《釣竿》之曲，雖不被於鼓吹，然不削而去之，適蕉累一代之樂矣！臣觀後主時，樂工曹妙達、安馬駒之徒，皆所昵狎，至有封王開府、服簪纓爲伶人之事。後主亦自能度曲，別採新聲，爲《無愁曲》，音韻窈窕，極於哀思，曲終樂闋，莫不掩涕，是不知好樂無荒，職思其憂，詩人所以刺唐也。然則國入于周，而齊祚以喪，豈無所感召而然邪？

後周樂章

後周太祖迎魏武入關，聲樂闕焉。恭帝元年，平荆州，大獲梁氏樂器，乃詔曰：“六樂尚矣！其聲歌之節，舞蹈之容，不可得而詳也。自宜依准成周，制其歌舞：祀五帝日月星辰，用黃帝樂，歌大呂；祭九州社稷水旱雩禜，用唐堯樂，歌應鍾；祀四望，饗諸侯，用虞舜樂，歌南呂；祀四類，幸辟雍，用夏禹樂，歌函鍾；祭山川，用殷湯樂，歌小呂；享宗廟，用周武王樂，歌夾鍾。皇帝出入，奏《皇夏》；賓出入，奏《肆夏》；牲出入，奏《昭夏》；藩國客出入，奏《納夏》；功臣出入，奏《章夏》；皇后進羞，奏《深夏》；宗室會聚，奏《族夏》；上酒宴樂，奏《陔夏》；諸侯見，奏《驁夏》。皇帝大射，歌《騶虞》；諸侯，歌《貍首》；大夫，歌《采蘋》；士，歌《采蘩》。”其文雖具，而未及施用，而閔帝受禪，明帝踐阼，雖革魏氏之樂，未臻雅正。天和元年初，造《山雲舞》，以備六代。建德二年，六代樂成，奏於崇信殿，其宮縣依梁三十六架。朝會，皇帝出入，奏《皇夏》；太子出入，奏《肆夏》；王公出入，奏《驁夏》；諸侯正日獻玉帛，奏《納夏》；宴族人，奏《族夏》；大會至尊執爵，奏《登歌》十八曲；食舉，奏《深夏》。至宣帝時，革前代鼓吹，爲歌曲十有五，改漢諸《朱鷺》爲《玄精季》，《思悲翁》爲《征隴西》，《艾如張》爲《迎魏帝》,《上之回》爲《平竇秦》,《擁離》爲《復洪農》,《戰城南》爲《剋沙苑》,《巫山高》爲《戰河陰》,《上陵》爲《平漢東》,《將進酒》爲《取巴蜀》,《有所思》爲《拔江陵》,《芳樹》爲《受魏禪》,《上邪》爲《宣重光》,《君馬黃》爲《哲皇出》,《雉子班》爲《平東夏》[①],《聖人出》爲《擒明徹》,而卒至於亡者,非歌曲之罪也,鐘鼓無節,公私頓弊而已。此武帝改樂爲七,以林鍾爲宮,而盧貢以爲將亡之證也。林鍾之管,即黃鍾下生之義。黃鍾,君也,而生於臣明,隋九五之應也;陰者,臣也,而居孽位,隋登庸之兆也。嗚呼! 六樂復於後周,而後周無成王之治;《後庭》作於大唐,而大唐無煬帝之亂,是無它,樂在人和,不在聲音故也。

---

① "平東夏",光緒刻本作"平泉夏"。

樂書卷一百六十四　樂圖論

俗部

　歌

　　隋樂章　　唐樂章　　朱梁樂章　　後唐樂章

　　晉樂章　　漢樂章　　周樂章　　解曲　　入破　　犯調

　　隋樂章

　　隋高祖嘗詔李元操、盧思道等，制清廟歌辭十二曲，令齊樂工曹妙達於太樂教習，以代周歌。太廟之中，迎神七言，象《元基曲》；獻奠登歌六言，象《傾杯曲》；送神五言，象《行天曲》。其後牛洪等但改其聲，使合鍾律，而調經勑定不敢易也。至仁壽初，煬帝爲皇太子，乃上言曰：“清廟歌辭，文多浮麗，不足以揄揚功德，請更議之。”於是制詔牛洪、許善心等，更詳故實，改定樂詞。其祀圜丘，皇帝入，至版位及降神，奏《昭夏》；升壇，奏《皇夏》；受玉帛登歌，奏《昭夏》；初獻，奏《誠夏》；飲福，奏《需夏》；反爵於坫，復位及就燎位，復次奏《皇夏》。有司未及施行。煬帝大業初，又令柳顧等，多增開皇樂器，大益樂員，郊廟歌詞並依舊制，唯新造高郊廟歌九曲而已。繼又令秘書省定殿前工歌十四首，太常删定樂曲一百四首：五曲宮調，黃鍾也；一曲應調，大吕也；二十五曲商調，太蔟也；十四曲角調，姑洗也；十三曲變徵調，蕤賓也；八曲徵調，林鍾也；二十五曲羽調，南吕也；十三曲變宮調，應鍾也。凡此，以詩爲本，參以古調，雖欲播之絃歌，被之金石，亦竟無成功焉。後復大製艷篇，詞極淫綺，如“七夕相逢，玉女行觴”之類，掩抑摧藏，哀音斷絕，而卒底滅亡，職此之由也。《五子之歌》曰：“甘酒嗜音，有一于此，未或不亡。”豈虛語哉！臣嘗觀高祖謂羣臣曰：“聞公等皆好新聲奇變，所奏無復正聲，此不祥之大也。”對親賓宴飲，宜奏正聲，聲不正，何可使兒女聞也？高帝雖有斯語，可謂知樂之本矣，然卒不能救煬帝之淫蕩者，其本先亡故也。當是時煬帝收周、齊故樂人及天下散樂，太常高熲諫曰：“此樂久廢，今若召之，徒棄本逐末，遞相教習。”帝不悅，以熲謗訕，下獄而誅之，不亦反放鄭聲、遠佞人之意邪？

唐樂章

古者雅頌之作，蓋止乎禮義，優而游之，足以薦信於神；饜而飫之，足以通志於人。其餘音遺采，尚且爲萬世法，況用之當時，有不足以動天地、感鬼神乎？唐之樂章，雖不足儷雅頌之懿，亦漢歌曲之亞歟？故其薦獻大聖祖于太清宮，作《煌煌之樂》一章。有事於天神：迎神，奏《太和》；奠玉帛，奏《肅和》；迎俎，奏《雍和》；酌獻，奏《壽和》；送神，奏《舒和》。有事於地祇：迎神，奏《順和》。有事於宗廟：迎神，奏《永和》、《皇餘》，並如郊祀之儀；享先農，奏《豐和》；享先蠶，奏《正和》；文宣武成，奏《宣和》。蓋祖孝孫用旋宮法，造十二和之樂，合三十一曲，八十四調，至今遵用焉，亦可謂備矣。至於蜡祭百神，一奏無射宮，二奏仲呂宮，同用太廟《永和》之樂；三奏蕤賓宮，四奏姑洗宮，五奏太蔟宮，同用地祇《順和》之樂；六奏黃鍾宮，同用昊天上帝《元和》之樂。其降神必奏二宮之樂，是不知《周禮》樂用三宮之意也。臣竊觀唐之樂歌,《突厥鹽》歌于龍朔,而閻知微卒有陷突厥之誅;《楊柳》唱于永淳,而徐敬業卒搆楊、柳二州之亂;《寶慶》之曲作,而太子任咎;《堂堂》之曲奏,而唐祚中絶;以至《舞媚》、《桑條》、《黃麞》、《挈芯》之作,未有無其應者。由是知聲音之道,實與政通,而治亂之兆,皆足聽而知之,況其昭昭者乎! 然明皇雅好度曲,未嘗使蕃漢雜奏,迨天寶之末,始詔道調法曲與胡部新聲合作,識者異之,明年遂及禄山之難,豈得無所感召然哉? 然則帝王奏樂,可不謹乎!

朱梁樂章

朱梁制十二雅樂章,凡二十五曲。太祖開平二年,始議饗廟郊祀,詔張兗、楊煥等,共譔樂曲。郊祀降神,奏《慶和》;皇帝行,奏《慶順》;奠玉幣登歌,奏《慶平》;迎俎,奏《慶肅》;恭祖室,奏《象功》舞歌;列祖室,奏《昭德》舞歌。其後梁文矩奏而更之,故昊天上帝降神,奏《永同》;皇帝行,奏《大同》;奠玉幣,奏《順同》;酌獻,奏《壽同》;飲福酒,奏《福同》;退文迎武,奏《混同》;亞獻終獻,奏《咸熙》;朝會迎送皇帝,奏《大同》;羣臣行,奏《混同》。其歌聲靡曼,而胡鄭交奏,至於元日上壽,哀思頗類《薤露》、《虞殯》之音,何其甚歟? 既而高祖幸鄴,契丹入寇,彼誠有以召之也,豈不痛哉!

後唐樂章

後唐並用唐樂,惟撰定廟室六曲而已。懿祖室,奏《昭德》之歌;獻祖室,奏《文明》之歌;太祖室,奏《應天》之歌;昭宗室,奏《永平》之歌;莊宗室,奏《雍熙》之歌。臣嘗觀莊宗即位之初,引寵伶周匝用事，以陳俊刺景儲，德源刺憲王，承顏刺興郭、崇韜，固執不可，卒并朱友謙而誅之。自是閹官優師交相讒愬，而邦國大事，士人不預焉，遂失士心，底滅亡。然則閹伶之禍，豈不酷哉！

晉樂章

晉郊廟樂章，《史志》不録，疑當時未暇論著也。惟《大周正樂》記崔棁等所造朝會十一曲，當時已被於樂府，而盧詹、張允等所撰宗廟十五曲，標題雜舛，豈未始被於絃歌然邪？臣竊觀高祖天福中，元日大饗，樂工登歌，其聲大類《薤露》、《虞殯》，而舞亦不成列，則禮樂已消亡矣。是時出狩于鄴，而安重進、安鐵胡舉兵以叛，豈禮樂崩壞所召然邪？

漢樂章

漢高祖受命初年，張昭改宗廟樂歌，譔次郊祀朝會等曲甚備，而五郊迎氣諸祀但記用樂，不見其曲，所可紀者，特宗廟七室之樂而已。故太祖室，奏《至德》之歌；文祖室，奏《靈長》之歌；德祖室，奏《積善》之歌；翼祖室，奏《顯仁》之歌；顯祖室，奏《章慶》之歌；高祖室，奏《觀德》之歌。由此觀之，豈張昭所建未之或用邪？

周樂章

五代自梁唐晉漢以來，樂器散失殆盡，唯大祠郊廟用樂，凡十有四焉。南郊四祭：降神，奏《昭順》；六變行，奏《治順》；奠幣，奏《感順》；迎俎，奏《禋順》；初獻，奏《福順》；飲福亞獻終獻，同

上；進文，奏《忠順》；迎武，奏《善勝》；送神，奏《昭順》。太廟五
祭：迎神，奏《肅順》；九成行，奏《治順》；酌獻，奏《感順》；迎俎，奏
《禋順》；飲福，奏《福順》；送文舞出亞獻上，奏《忠順》；迎武舞入
終獻上，奏《善勝》；徹及送神，奏《肅順》。宣懿廟五祭：迎神，奏
《恭順》；九成行，奏《治順》；酌獻，奏《大順》；迎俎，奏《禋順》；飲
福，奏《和順》；亞獻上，奏《忠順》；終獻上，奏《感順》。自餘祠祭，
並不用樂焉。臣竊嘗論五代之君，享國不永，未遑禮樂之事，至
於十二鑄鐘不考協聲律，第循環擊之，編鐘編磬徒縣而已，絲竹
之音僅存七聲，作黃鍾宮一調，亦不和備，自餘八十四調，於是乎
泯，則其歌曲亦可知矣！均之自鄶無足譏焉。南郊四祭：正月上辛，四
月雩祀，季秋大饗，冬至祀圜丘。太廟五祭：四孟薦饗，季冬臘饗。宣懿廟五祭：四孟薦
饗，季冬臘饗。

解曲

凡樂，以聲徐者爲本，聲疾者爲解，自古奏樂曲終，更無他
變。隋煬帝以清曲雅淡，每曲終，多有解曲，如《元亨以來樂解》、
《火鳳以移都師解》之類是也。及太宗朝，有入破，意在曲終，更
使其終繁促。然解曲迺龜茲、疏勒夷人之制，非中國之音，削之
可也。

入破

唐明皇天寶中，樂章多以邊地名曲，如《涼州》、《甘州》、《伊
州》之類，曲終繁聲，名爲"入破"。已而三州之地，悉爲西蕃蹂
藉，國境寖削矣。故江南僞唐李煜，樂曲有《念家山破》，識者謂
不祥之兆也。我宋龍興，大祖開寶八祀，歲在乙亥，悉收其地，煜

乃入朝,國破念家山之應也。今誠削去繁聲,革入破之名,庶幾古樂之發也。

犯調

樂府諸曲,自古不用犯聲,以爲不順也。唐自天后末年,《劍氣》入《渾脱》,始爲犯聲之始。《劍氣》,宮調;《渾脱》,角調。以臣犯君,故有犯聲。明皇時,樂人孫處秀善吹笛,好作犯聲,時人以爲新意而効之,因有犯調,亦鄭聲之變。削而去之,則聲細者不抑,大者不陵,而中正之雅,庶幾乎在矣。五行之聲,所司爲正,所歆爲旁,所斜爲偏,所下爲側。故正宮之調,正犯黄鍾宮,旁犯越調,偏犯中吕宮,側犯越角之類。

樂書卷一百六十五　樂圖論

雅部

　樂舞上　樂舞中　樂舞下

　　樂舞上

　　樂之在耳爲聲，而可以聽；知在目爲容，而不可以貌覩。故先王之制舞也，假干戚羽旄，以表其容；發揚蹈厲，以見其意；盡筋骸之力，以要鐘鼓拊會之節，然後聲容選和，而六樂備矣。然六樂之舞，古今殊號，文武異用，則《雲門》、《大濩》之類，古舞也；《大武》之舞，今舞也；《大夏》而上，文舞也；《大濩》而下，武舞也。《周官》以之大合樂，教國子，在大司樂；以之正舞位，入學合舞，在大胥，豈非以六舞爲舞之大者耶？《明堂位》曰："朱干玉戚，冕而舞《大武》，皮弁素積，裼而舞《大夏》。"是文舞以羽籥，武舞以干戚，大舞必用小舞之儀，小舞不必用大舞之章也。古者帝王之於天下，入則揖遜，出則征誅，其義一也。然以文得之者，必先乎文；以武得之者，必先乎武。堯舜得天下以文者也，故先文舞；湯武得天下以武者也，故先武舞，各適其時故也。禮以時爲大，樂亦如之。然則六舞同謂之大，不亦宜乎？今夫文舞九成，武舞六成，何也？曰：二與四爲六，而坤用之，兩地之數也；一三五爲九，而乾用之，參天之數也。文樂，陽也，其成以參天之數；武樂，陰也，其成以兩地之數，亦節奏自然之符也。《傳》曰"夫樂象成者也"以此。

樂舞中

堯命瞽叟作《大章》，以其煥乎其有文章也；黃帝命營援作《咸池》，以其感物而潤澤之也。蓋五帝之樂，莫著於黃帝，至堯修而用之，然後一代之樂備矣。故《記》曰："《大章》，章之也；《咸池》，備矣。"舜紹堯之俊德，而以后夔作《韶》；禹成治水之大功，而以皋陶作《夏》；成湯能護民於塗炭而澤之，故伊尹爲之作《濩》焉；武王能以武定禍亂而正之，故周公爲之作《武》焉。是帝樂莫備於堯舜，而王樂至三王則無復餘蘊矣。故《記》曰："《韶》，繼也；《夏》，大也。商周之樂盡矣。"此三才之道所以具，異乎堯之所謂"備"也。《雲門》、《大章》、《大卷》，堯之天道而格于上者也；《咸池》，堯之地道而格于下者也；《韶》則舜繼堯之樂也。繼其天道，如天之無不覆燾；繼其地道，如地之無不持載。雖甚盛德，蔑以加於此矣！《周官》六樂皆謂之大，此言"《夏》，大"，何也？曰：禮以時爲大，故六樂同謂之大；以義爲別，故《夏》特謂之大。豈非以王道始於此，而亦謂之大邪？五帝殊時，不相沿樂，此特以堯舜言之，又何也？曰：書斷自唐虞，則樂斷自堯舜，固聖人定書正樂之意也。

樂舞下

夫舞所以節八音，八音克諧，而樂成焉。故舞必以八人爲列，自天子達於士，降殺以兩。眾仲曰："天子用八，諸侯用六，大夫四，士二。"《傳》曰："天子舞行八佾，諸侯舞行六佾，大夫舞行四佾，士舞行二佾。"鄭伯納晉悼公女樂二八，晉賜魏絳以一八，用是推之，服虔所謂"天子八八，諸侯六八，大夫四八，士二八"，不易之論也。然則舞行綴遠，豈其六佾歟？舞行綴短，豈其四佾歟？杜預以爲：凡天子、諸侯、大夫、士之舞，一例遞減二人，至士四人而止，豈復成樂舞邪？世衰道微，禮樂交喪於天下，諸侯僭天子者有之，大夫僭諸侯者有之；及其甚也，大夫不僭諸侯而僭天子，陪臣不僭大夫而僭諸侯。魯公初去八佾，而獻六羽，諸侯僭天子而知反正者也；季氏舞八佾於庭，大夫僭天子而不知反正者也。彼豈知舜以樂舞賞諸侯之意哉？蔡邕《月令章句》曰："每佾八人，各服冕而執戚，有俯仰張翕之容，行列短長。"然質之《禮經》："冕而舞《大武》，皮弁素積而舞《大夏》。"又曰："天子冕而總干。"冕而舞《大夏》，諸侯之僭禮也。是冕而舞《大武》，皮弁舞《大夏》，天子所以樂皇尸與老更之服而已，非舞工賤士所宜服也。然則舞工所服武舞，當以韋弁，文舞當以爵弁矣。

樂書卷一百六十六　樂圖論

雅部

　舞

　　大舞六

　　　雲門　　大卷　　大章　　大咸　　大磬①　　大夏

　　　雲門　　大卷　　大章

　　《周官・大司樂》："舞《雲門》以祀天神。"《傳》曰："雲出天氣，雨出地氣。"則堯之樂以"雲門"名之，以天氣所由出入故也。蓋雲之爲物，出則散以成章，而其仁顯；入則聚以爲卷，而其智藏。堯之俊德，就之如日，望之如雲，《雲門》之實也；其仁如天，煥乎其文章，《大章》之實也；其智如神，而民無能名，《大卷》之實也。堯一樂而三名之，豈非以其道一顯一晦，一卷一舒，不可爲量然邪？或以《大章》爲《大商》，非也。世之論者，謂黃帝之樂爲《咸池》，亦曰《雲門》、《大卷》，然《雲門》、《大卷》取諸天，《咸池》取諸地，其可合而一之乎？《周官》以《雲門》爲六變之樂，郭友直以十二成言之，不知奚據而云？魏王朗謂：自《雲門》至《大武》，皆太廟舞樂名。然則六樂之用衆矣，豈特爲太廟設哉？

---

　　①　底本作"磬"，據文義改。

大咸

莊周嘗謂“黃帝之《咸池》”，又謂“黃帝張《咸池》之樂於洞庭之野”。《樂緯》、《吕氏春秋》、《前漢志》、《白虎通》、李善亦謂“黃帝作《咸池》”。則《咸池》爲黃帝之樂信矣。鄭康成、賈公彥釋《周禮》，遽以《雲門》、《大卷》爲黃帝樂，《大咸》爲堯樂，是溺於世次先後之説，而不知考正名實之過。《咸池》雖黃帝所作，而堯亦修而用之！故其作《大章》之樂，未足以爲備，至修用黃帝之樂，然後備樂矣。故曰：“《大章》，章之也。《咸池》，備矣。”《雲門》、《大卷》、《大章》，所以表堯之體天道也；《咸池》，所以表堯之體地道也。不然，其能光被四表，格于上下者哉？昔武仲嘗謂：“《咸池》、《六英》，所以陳《清廟》，協人神也。”然《清廟》，周人祀文王之詩也，而以《咸池》之樂陳之，豈周人兼而用之乎？考之《周官》：“舞《咸池》以出地示。”《傳》曰：“洗光咸池。”則咸池，日所出之地，八變之樂也。古者一變爲一成，則八變其八成歟？郭友直以十成言之，非也。

大磬

《周官》：“舞《大磬》，以祀四望，又以之禮人鬼。”則《磬》之爲樂，無所不通，奏之天地之間，則四望之神可格也；奏之宗廟之中，則人鬼之靈可禮也。《書》曰：“《簫韶》九成。”蓋帝王功成作樂，所以象成者也。故大道至九變，然後賞罰可行；王道至九變，然後淳氣可洽。然則《韶樂》九變，有不可以儀鳳舞獸哉！舜之庶績咸熙，在九官寅亮天功之後，則《九韶》之舞，不過象成以形容乎此而已。司馬遷謂：“禹乃興《九韶》之樂，致異物，鳳凰來翔，天下明德，皆自虞帝始。"晉傅玄謂："《韶》、《夏》六變，必饗上帝之祀。"考之於經，舜命夔典樂，未嘗命禹也；言《簫韶》九成，未嘗言六變也。二子之言，不亦誣乎？凡六樂，皆文之以五聲，播之以八音，而《韶》居一焉。故聲之字，或從聲者，自文之五聲言之；或從音者，自播之八音言之。《書》述"舜欲聞五聲八音在治忽"，本諸此歟？遭秦煨燼之餘，六樂殘缺，惟餘《韶》、《武》而已。漢室龍興，更爲《文始》、《五行》之舞，其名雖存，其實固已亡矣。房庶以磬爲磬，陋儒之論也。先儒謂有虞氏巡四嶽，東嶽陽伯舞《株離舞》，鼓《長哉》；霍山夏伯舞《謾彧》，儀伯舞《將陽》；華山秋伯舞《蔡俶》，和伯舞《元鶴》；幽都冬伯舞《齊落》。無所經見，存而勿論可也。

大夏

《周官·大司樂》言："奏《九德》之歌，《九磬》之舞。"《瞽矇》："掌《九德》之歌，以役大師。"《春秋傳》曰："水火金木土穀，謂之六府；正德利用厚生，謂之三事；六府三事，謂之九功。九功之德，皆可歌也，謂之《九歌》。"《磬》，舜樂也，謂之《九磬》之舞；則《大夏》，禹樂也，謂之《九德》之歌，得非《九夏》之樂乎？《鐘師》："凡樂事，以鐘鼓奏九夏：《王夏》、《肆夏》、《昭夏》、《納夏》、《章夏》、《齊夏》、《族夏》、《祴夏》、《驁夏》。"杜子春曰："王出入，奏《王夏》；尸出入，奏《肆夏》；牲出入，奏《昭夏》；四方賓來，奏《納夏》；臣有功，奏《章夏》；夫人祭，奏《齊夏》；族人侍，奏《族夏》；客醉而出，奏《祴夏》；公出入，奏《驁夏》。"蓋王者之於天下，出而與物相見，則粲然有文明之華，功業之大。然多故生於豐大之時，而無故見於隨時之義，則其出而與民同患，又不可不思患而預戒之也。禹作《九夏》之樂，本九功之德以爲歌，而《夏書》曰："勸之以《九歌》，俾勿壞。"曷嘗不先患慮之而戒之哉？且天下之民，以王爲之君；《九夏》之樂，以《王夏》爲之君。故王出入，奏《王夏》；尸非神也，象神而已，然尸之於神，在廟則均全於君，是與之相敵而無不及矣，故尸出入，奏《肆夏》；牲所以食神，實以召之也，神藏於幽微，而有以召之，則洋洋乎如在其上，如在其左右，不亦昭乎？故牲出入，奏《昭夏》；外之爲出，内之爲納，四方之賓，或以朝而來王，或以祭而來享，非可却而外之也，容而納之，係属之賓客，悦遠人之道也，故四方賓來，奏《納夏》；東南爲文，西南爲章，則章者，文之成，明之著者也，人臣有功，不錫樂以章之，則其卒至於黮闇不明，非崇德報功之道也，故臣有功，奏《章夏》；古者將祭，君致齊於外，夫人致齊於内，心不苟慮，必依於道，手足不苟動，必依於禮，夫然致精明之德，可以交神明矣，故夫人祭，奏《齊夏》；族人侍王，内朝以齒，明父子也，外朝以官，體異姓也，合之於道，不過是矣，故族人侍，奏《族夏》；既醉而出，並受其福，醉而不出，是謂伐德，非特於禮爲然，樂亦如之，是以先王之於樂，未嘗不以祴示戒焉，故客醉而出，奏《祴夏》；大射，公入驁，則公與王同德，爵位莫重焉，然位不期驕而驕，至禄不期侈而侈生，則自放驕傲之患，難乎免於身矣，是以先王之於樂，未嘗不以驁示戒焉，故公出入，奏《驁夏》。蓋禮勝易離，樂勝易流，《九夏》之樂，必終於祴、驁者，以反爲文故也。若然，尚何壞之有乎！《詩》言"鐘鼓既戒"，與此同意。《九夏》之樂，有其名而亡其辭，蓋若《幽雅》、《幽頌》矣。虞夏之世，非特有文舞，亦有武舞矣，舞干羽于兩階是也。後周朝會之禮，帝出入，奏《皇夏》；太子出入，奏《肆夏》；王公出，奏《驁夏》；諸侯獻玉帛，奏《納夏》；宗室會聚，奏《族夏》；食舉，奏《深夏》。北齊文宣之世，宗廟羣臣出入，奏《肆夏》；牲出入，薦毛血，奏《昭夏》；入門升壇，飲福就燎，奏《皇夏》。梁武之時，凡客出入及帝出閤、入寧、升坐，並奏《肆夏》。然則禹奏《九夏》而王道成，齊梁後周亦奏之而王道衰者，非《九夏》之樂不善也，爲其徒有禹樂之名，而無禹德之實故也。禹樂謂之《大夏》，而季札曰“美”，故勤而不德者，以其不自滿假有，大而能謙必豫故也。公羊子家駒曰：“朱干玉戚以舞《大夏》，八佾以舞《大武》，《大夏》，文樂也。”以八佾舞之，則可；以朱干玉戚舞之，豈所宜哉？《禮記・明堂位》言：“朱干玉戚，冕而舞《大武》；皮弁素積，裼而舞《大夏》。”《祭統》言：“朱干玉戚以舞《大武》，八佾以舞《大夏》。”其言非不當也，然不專施於周公之廟，而或用於羣公之廟，非成王崇德報功之意也。雖然，備《九夏》之樂，惟天子爲然，元侯不與焉；享元侯則《肆》、《昭》、《納》三《夏》而已，大夫不與焉。故大夫而《肆夏》，自趙文子始也。《周禮》謂之“肆昭納”，《魯語》謂之“繁遏渠”，故杜子春以爲每《夏》而有二名也。吕叔玉謂：“《肆夏》，《時邁》也；《繁遏》，《執競》也；《渠》，《思文》也。”豈非不知《王夏》禹樂[①]，非周樂然邪？

---

① “王夏”，原作“三夏”，據光緒刻本改。

樂書卷一百六十七　樂圖論

雅部

　舞

　　大濩　大武　象　勺

　　大濩

《吕氏春秋》曰：“湯命伊尹作爲《大濩》，歌《晨露》。”《韓詩外傳》曰：“湯作《大濩》，聞其宫聲，使人温良而寬大；聞其商聲，使人方廉而好義；聞其角聲，使人惻隱而仁愛；聞其徵聲，使人樂養而好施；聞其羽聲，使人恭儉而好禮。”故周人舞之，以享先妣而已，未聞有七音也；奏夷則，歌小吕而已，未聞有四清也。荀卿曰：“步中《武》、《象》，趨中《韶》、《濩》，所以養耳也。”《左傳》：“季子見舞《韶》、《濩》者，曰：‘聖人之宏也，而猶有慙德，聖人之難也。’”然則湯之作《濩》，所以潤澤生民，使脱塗炭之苦而已，豈特養吾之耳，示其有慙德哉？春秋之時，宋人作《桑林》之舞，以享晉侯，則《大濩》、《桑林》之舞，商人之後作之，非始湯也。荀卿言：“周之時，《勺》、《武》起而《韶》、《濩》廢。”是不知周兼用六樂之意也。

　　大武

《春秋傳》曰：“於文：止戈爲武。”戈則器也，所以示事；止則象也，所以示志。《詩序》曰："《桓》，講武類禡也。桓，武志也，言武志，則講武其事也。"《大武》之義，不過如此。蓋樂之一變爲一成，文樂九成，九變故也；武樂六成，六變故也。周人始作備樂，而合乎祖，不過《大武》而已，其成於變可知也。《記》曰："《武》始而北出，再成而滅商，三成而南，四成而南國是疆，五成而周公左、召公右，六成復綴以崇天子。"則二王之後戾止而觀厥成者，得非所以崇天子之意歟？《周官・大司樂》："奏無射，歌夾鐘，舞《大武》，以享先祖。"然則《武》奏《大武歌》，是詩而舞之可知矣。《記》有言"八佾以舞《大武》"，語其數也；"朱干玉戚以舞《大武》"，語其器也；"冕而舞《大武》"，語其服也。《周官》、《樂記》皆先《大夏》，後《大武》，以世次先後言之；《祭義》、《明堂位》皆先《大武》，後《大夏》者，尊時王之制故也。

象

吉事有祥，象事知器，維周之禎。則福之先見，事之有祥者也；象舞，則王事兆見事之器者也；吉事之祥，寓之於象事之器，則文王舞象成者，孰非形容文王所以有天下之象邪？《樂記》曰："樂者，非謂絃歌干揚，樂之末節也，童子舞之。"《內則》曰："成童，舞《象》。"蓋文王之時，雖王事兆見，而大統猶未既集也。以未既集之統，舞之以未成人之童，此所以謂之《象舞》歟？《文王世子》、《明堂位》、《祭統》、《仲尼燕居》皆言"下而管《象》"，《春秋傳》亦曰"《象》、《箾》、《南》"。蓋文王之樂，歌維清於堂上，奏鐘鼓於堂下，舞《象》於庭。其所形容者，熙邦國之典而已，未及於法則也；肇上帝之禋而已，未及於羣祀也。熙邦國之典，則人受之矣；肇上帝之禋，則天受之矣。然則維周之禎，豈過是哉？先儒以《象》爲武王樂，而《記》以"三象"之説，誤矣！

勺

勺水爲汋，勺酒爲酌。是酌者，有挹而損之之道也。《大武》之樂，武王作之於前，成王酌先祖之道，以成之於後，其事則武，其道則養天下。然武所以毒天下，而反有以養之者，以武有七德，而安民、和衆、阜財固在其中矣。其作樂告成而形容之，不亦可乎！《燕禮》言："若舞則《勺》。"《記》言："十有三年，舞《勺》。成童，舞《象》。"皆小舞也。朱干玉戚，冕而舞《大武》、《韶》，大舞也。《周官》：大舞以大司樂掌之，小舞以樂師掌之。然則周之舞，豈不重於武宿夜乎？此《勺》、《象》所以不言大，異乎《大武》配六樂而謂之大也，豈非以大統大勳至是然後集邪？《傳》曰："舜樂莫盛於《韶》，周樂莫盛於《勺》。"以《韶》爲盛，則是以《勺》爲盛，不知莫重於《武》之説也。《白虎通》謂"周公之樂曰《勺》"，其爲智亦疏矣。

樂書卷一百六十八　樂圖論

雅部

舞

小舞六

帗舞　羽舞　皇舞　旄舞

干舞　人舞　野舞　總論

帗　舞　　　　　　　　　羽　舞

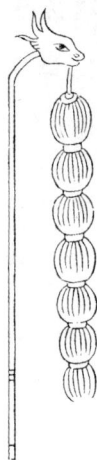

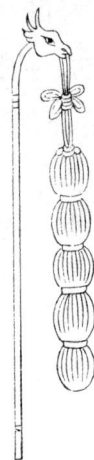

《樂師》:"掌教國子小舞,有帗舞。"《鼓人》:"凡祭祀百物之神,鼓帗舞者。"《舞師》:"掌教帗舞,帥而舞社稷之祭祀。"《女巫》:"掌歲時被除。旱暵,則舞雩。"蓋帗之爲言,被也。社稷及百物之神皆爲民被除,故以帗舞舞之。然則教國子以是責之,以保社稷故也。鄭司農曰:"帗舞者,全羽;羽舞者,析羽。"鄭康成曰：“帗，析五采繒爲之。”今靈星舞子持之是也。其亦互備之歟？

　　《樂師》：“凡國有羽舞，舞師掌教羽舞，帥而舞四方之祭祀。”《籥師》：“掌教國子舞羽龡籥。祭祀，則鼓羽籥之舞。賓客饗食亦如之。”《詩》曰：“右手秉翟。”所謂羽舞者，翟羽可用爲儀，執之以舞，所以爲蔽翼者也。春秋之時，隱公問羽數於衆仲，衆仲曰：“天子用八，諸侯用六，大夫四，士二。”羽舞之制，自天子達於士，名位不同，舞亦異數，不過降殺以兩而已，諸侯用六羽，則是考仲子之宮而用之，非僭而何！此聖人言初獻，所以貶之也。《記》曰：“比音而樂之，及干戚旄羽，謂之樂。”又曰：“干戚旄狄以舞之。”言羽又言狄，何也？《內司服》：“掌后之六服：褘衣、揄狄、闕狄。”褘衣，繢翬狄於衣，《爾雅》謂“素質五色，皆備成章者”也；揄狄，繢揄狄於衣，《爾雅》謂“青質五色，皆備成章者”也。所謂羽者，豈翬狄、揄狄之羽歟？狄言體，羽言用，其實一也。

皇　舞

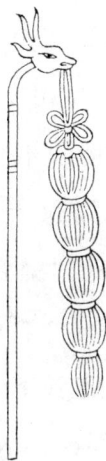

旄　舞

　　舞師，掌教皇舞，帥而舞旱暵之事。樂師，掌教國子小舞，有皇舞。蓋皇，陰類也，而能爲其類之長，陰中之陽也；旱暵，則欲

助達陰中之陽而已。故以皇舞舞之,與巫師女巫之舞同意。

《傳》曰:"葛天氏之樂,三人操氂牛尾而歌《八闋》。"則旄者,其氂牛之尾歟?古之人非特操之以歌,亦操之以舞矣。旄牛之尾,舞者所持以指麾,猶旌旗注氂牛之毛,卿士所設以標識者也。《周官·旄人》:"掌教舞散樂、舞夷樂。"然則旄舞豈亦旄人所教者邪?

干　舞

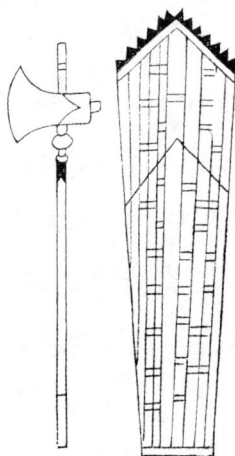

《司干》:"掌舞器。祭祀,舞者既陳,則授舞器;既舞,則受之。賓饗亦如之。"《司兵》:"祭祀,授舞者兵。"《司戈盾》:"祭祀,授旅賁戈盾,故士戈盾。授舞者兵亦如之。"言兵則不止於干,言干則一器而已。《郊特牲》曰:"朱干,故錫冕而舞《大武》。"《明堂位》曰:"朱干玉戚,冕而舞《大武》。"《樂記》曰:"樂者,非謂干揚也,樂之末節也。故童子舞之。"《祭統》曰:"及舞,君執干戚,就舞位,則干者自衛之。"兵非伐人之器也,自天子達於童子,未嘗不執是舞之,所以示其有武事也,然亦特樂之末節而已。故樂師教國子以之者,欲其由末以知本也;舞師祭山川以之者,以其有阻固扞蔽之功也。漢舞,先武德,後文始;唐舞,先七德,後九功。其意以謂:

武以威衆而平難，文以附衆而守成；平難在所先，守成在所後。唐太宗謂封德彝曰："朕雖始以武功興，終以文德綏海内。"謂文容不如蹈厲，斯言過矣。考之於古，《周官·司兵》："掌五兵五盾，以待軍事。"《詩》曰："龍盾之合。"又曰："蒙伐有苑。"《春秋傳》曰："狄虒彌建大車之輪以爲櫓。"《國語》曰："官師奉文犀之渠以爲盾。"先儒以櫓爲大盾，以伐爲中干，則盾之見於經傳，有櫓、干、伐、渠之異名，其爲盾一也。盾之爲物，以革爲之，其背曰瓦，《左傳》曰"中其楯瓦"是也。其瓦設錫，《記》曰"朱干設錫"是也。朱質而繪以龍，龍之外又繪以雜羽。蒙雜羽也。其繫之也以繡韋，其屬繡韋也以紛。《書》曰："矯乃干。"則矯者繫以紛也。《國語》曰："輕罪贖以鞼盾。"則鞼土，繡韋也。舞者所執之干，其制如此。隋初，武舞三十二人，執戈三十二人，執戚皆配以盾，而半執龍盾，半執龜盾。蓋惑於鄭氏"其背如龜"之説也，是不知所謂如龜者，其背耳，非其飾也。孔安國釋《書》之《禹謨》，以舞干羽爲文舞，又失之矣。今之鹵簿，即干櫓之櫓，豈古者櫓、鹵通用邪？

人　舞

舞以干戚羽旄爲飾，以手舞足蹈爲容。故《樂記》樂師均以人之手舞終焉。《樂記》、《詩序》言"手之舞之，足之蹈之"，孟子言"足之蹈之，手之舞之"者，主情動於中、形於外言之，則始而有終，故先手舞後足蹈；若主樂之生惡可已言之，則終而有始，故先足蹈後手舞。《通禮義纂》曰："古者臣於其君，有拜手稽首之禮。"自後魏以來，臣之受恩，皆以手舞足蹈，喜抃之極也，豈亦源流於此歟？

野舞

《地官‧舞師》："掌教兵舞①。凡野舞，則皆教之。"教舞至於野人不遺，則舞師所教，亦無所不至矣。

總論

執干揚而舞之，兵舞也；列五采繒爲之，帗舞也；析衆羽爲之，羽舞也；以凰之羽爲之，皇舞也；以旄牛之尾爲之，旄舞也。舞師先兵舞、帗舞，繼之以干與人者，樂師以教其儀爲主，則以飾之盛者爲先；舞師以教其用爲主，則以事之急者爲先故也。人君之於天下，有山川以阻固，然後能保社稷；有社稷以祓除，然後可以有事於四方；有事於四方，然後可以待變事。此山川、社稷、四方所以言祭祀而先之，於旱暵所以言事而後之也。鄭司農曰："社稷以帗，宗廟以羽，四方以皇，辟雍以旄，兵事以干，星辰以人。"鄭康成曰："四方以羽，宗廟以人，山川以干，旱暵以皇。"然古者之於大祭祀，有備樂，必有備舞。《春秋》書"有事于太廟，萬

---

① "兵舞"，原作"小舞"，誤，據《周禮》改。

入去籥”，則宗廟用干與羽矣。若夫散而用之，則有所不備，故山川以干，社稷以帗，四方以羽，旱暵以皇。二鄭之論疏矣！《大司樂》曰“舞《咸池》以祭地示”，則社稷不特帗舞也；“舞《大夏》以祭山川”，則山川不特兵舞也。於《咸池》之類，言其章，不言其器；於帗舞之類，言其器，不言其章，互備故也。樂師備六舞，先羽舞，後干舞；舞師止於四舞，先兵舞，後羽舞，何也？曰：樂師主教國子，而舞不可以不備；舞師主教野人，特其用者而已。教國子先文，與大司樂同意；教野人先武，以野人朴而武故也。《書》言“舞干羽于兩階”，《樂記》“比音而樂之，及干戚羽旄，謂之樂”，《郊特牲》、《明堂位》、《祭統》皆言“朱干玉戚，以舞《大武》；皮弁素積，以舞《大夏》”，《簡兮》之詩言“碩人俣俣，公庭萬舞”，繼之“左手執籥，右手秉翟”，要皆先武後文者。蓋堯舜揖遜，其舞先干後羽者，以苗民逆命故也；湯武征伐，其舞先武後文者，以有武功爲大故也。

樂書卷一百六十九　樂圖論

雅部

舞

舞器上　　舞器下　　相　　應　　牘

雅　　戈　　籥　　弓矢

舞器上

見乃謂之象，形乃謂之器。先王因象以制器，由器以明象，則聖人制作之意，豈徒然哉！《周頌·維清》奏《象》舞，則舞器雖於樂爲末，亦未嘗不尚象爲之也。故文舞以象德，武舞以象功。形異異名，分異異守，凡爲器皆然，況文武之舞乎？司干，掌舞器者也，祭祀、賓饗之祭，舞者既陳，則以器授之，既舞，則受而藏之，吉禮所以異於凶也；大喪則廞之，既葬，則奉而藏之，凶禮所以異於吉也。《諸子》："凡樂，授舞器。"主授國子之倅言之，與"凡舞者既陳"異矣。《司兵》、《司干盾》："祭祀授舞者兵。"不言"既舞受之"，以《司干》見之也。凡稱樂器，聲音之器也；凡稱舞器，形容之器也。聲音之器，以十有二律爲之數度，以十有二聲爲之齊量；形容之器，以干戚飾其武，以羽籥飾其文。《書》曰："舞干羽于兩階。"《郊特牲》曰："朱干設錫，冕而舞《大武》。"《明堂位》曰："朱干玉戚，冕而舞《大武》；皮弁素積，裼而舞《大夏》。"《祭統》曰："君執干戚，就舞位，冕而總干，率其羣臣，以樂皇尸。"

又曰："朱干玉戚,以舞《大武》,八佾以舞《大夏》。"《詩》曰："日之方中,公庭萬舞。左手執籥,右手秉翟。"蓋干戚,武舞之器;羽籥,文舞之器,而器豈舞哉? 然武舞之器,干飾以朱,所以象事;戚飾以玉,所以象德。或以干配戚,《記》所謂"干戚以舞之"是也;以干配戈,《記》所謂"春夏學干戈"是也;或以干配揚,《記》所謂"絃歌干揚"是也。然干之爲器,所以自衛,非所以伐人也。武舞以自衛爲主,此鼓人、舞師所以先兵舞,君舞所以重總干,而名官所以以司干也。言武舞之器如此,則文舞之器亦可知矣。故舞社稷以帗,四方以羽,旱暵以皇,四夷以旄,無非文舞武舞之器也。或以羽配旄,《記》所謂"飾以羽旄"是也;或以旄配狄,《記》所謂"旄狄以舞之"是也;或以翟配籥,《簡兮》之詩是也。文舞,陽也,陽主聲;武舞,陰也,陰主形。干則形也,武舞莫先焉;籥則聲也,文舞莫先焉。於文舞言裼,則武舞必襲;於武舞言冕,則文舞必弁;於武舞言萬舞,則文舞不必萬矣;於文舞言八佾,則武舞亦八佾矣。《公羊》言"八佾舞《大武》"可也;以朱干玉戚爲舞《大夏》,不亦誤乎?

舞器下

先王之爲樂也,發之聲音,則鑄之金而爲鐘,其用則統實以象地;節革而爲鼓,其用則大麗以象天;越之竹而爲管籥,則發猛以象星辰日月;磨之石而爲磬,則廉制以象水;形之動静,則羽籥以舞《大夏》,干戚以舞《大武》。此樂之器也,而象實寓焉。執其干戚,習其俯仰屈伸,容貌得莊焉;行其綴兆,要其節奏,行列得正焉,進退得齊焉。其治逸者,其行綴遠;其治勞者,其行綴短。一舒一疾,莫不要鐘鼓俯會之節,而兼天道焉,此樂之文也,而質寓焉。

相　　　　　　　　　應

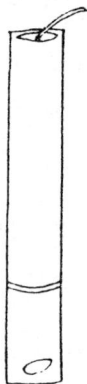

　　古者作樂，莫不文之以五聲，播之以八音。五聲以宮爲君，商爲臣；八音以鼓爲君，以相爲臣。是相爲鼓，其狀如鼙，韋表糠裏，以漆跧局，承而擊之，所以輔樂者也。《爾雅》："和樂謂之節。"《樂記》曰："治亂以相。"故諸家樂圖，多以相爲節，是相雖所以輔樂，亦所以節舞也。昔梁孝王築睢陽城，擊小鼓爲下杵之節，使相倡和，後世因爲《睢陽操》焉。聖朝太樂，武舞用之，二工在舞者之左，手撫兩端，以節舞者之步，豈亦得相之遺制歟？或謂相即拊也，誤矣。《樂記》言"會守拊鼓"於前，而以"治亂以相"繼之，則拊以倡樂，相以節樂，豈得同爲一器乎？

　　應，猶鷹之應物，其獲也小矣。故小鼓謂之應，所以應大鼓所倡之聲也；小舂謂之應，所以應大舂所倡之節也。《周官·笙師》："掌教牘。"長七尺。應則如桶，而方六尺五寸，中象柷，有推連底，左右相擊以應柷也。斯不亦大小之辨乎？《禮圖》其形正圓，而內外皆朱。《唐樂圖》及《大周正樂》皆外黑內朱。然以理推之，在木下爲本，在木上爲末，在木中爲朱。則木之爲物，含陽於內，南方之火所自而藏也，故應以木爲之，而內外朱焉，固其理也。彼持內黑之説，真臆論歟？

牘　　　　　　雅

　　古者竹簡之制，大則爲簡，小則爲牘。樂之有牘，亦如之。
蓋以竹爲之，五寸，殺其聲而使小，所以節樂也。故舂牘，《周官》
以笙師掌之，以教祴樂焉。祴，以示戒節之故也。蓋牘有長短，
長者七尺，短者三尺，虚中如箭而無底，其端有兩竅，而髹畫之，
列之於庭，以兩手築地，爲賓出之節焉。聖朝於宫縣樂舞用之。
臣嘗閲景德中李宗鍔所進《樂纂》，有舂牘之文。然考笙師於古
驗著令，於今凡爲文武之舞，特有鼗、鐸、錞、鐃、相、雅、干、戚、
籥、翟，未聞用舂牘者也，豈後人誤爲之説歟？

　　雅者，法度之器所以正樂者也。《周官・笙師》：“掌教雅，以
教《祴夏》。”蓋賓出以雅，欲其醉不失正也；工舞以雅，欲其訊疾
不失正也；賓出以雅，用《祴夏》以示戒。則工舞以雅可知。先儒
謂狀如漆桶而弇口，大二圍，長五尺六寸，以羊韋鞔之，旁有兩
紐，疏畫武舞，工人所執，所以節舞也。一曰：中有椎，髹畫爲雲
氣。豈皆有所傳聞然邪？

戈　　　　　篴

　　天下有五兵二①：施於車者，戈、殳、戟、酋矛、夷矛也；施於步者，無夷矛而有弓矢也。五者雖所用不同，其便於用者，勾兵之戈而已。蓋其柲短而易持。其胡其援廣而易入，可以捲，可以斬，可以鉤。至於戎、武、戡、伐、戰、戮，皆從戈，則戈之於用，豈不博哉！《周官・司戈盾》："祭祀、授舞者兵。"《文王世子》："春夏學干戈。"漢迎秋樂亦用之。隋初，武舞三十二人，執戈三十二人，執戚皆配以盾焉。然則古之人寓習兵於樂舞之間，至於干戈戚揚弓矢之類，靡所不執，其除戎器、戒不虞之意，亦可知矣。以古制言之，《考工記》："四分其金，而錫居一，謂之戈戟之齊。戈柲六尺有六寸，車戰常戈廣二寸，內倍之，胡三之，援四之。已倨則不入②，已句則不決，長內則折前，短內則不疾，是故倨勾外博，重三鋝。"又曰："勾兵欲無彈。"又曰："勾兵椑。"椑，隋圜也。《記》

---

① 按：此處似漏一"施"字。
② "入"，原作"及"，誤，據《周禮》改。

曰:“進戈者,前其鐏。”蓋胡則曲而下垂,援則直而上達。内則戈柲所以受胡者也,鈝則六兩三分兩之二也。倍之四寸,三之八寸,則其長也;已倨、已勾、長内、短内,則其病也。明乎倨勾外博,然後可以爲戈;明乎稗而無彈①,然後可以爲戈柲。《書》曰:“執戈尚刃。”則戈之刃與胡同嚮矣。然戈,勾兵也。或謂之“雞鳴”,或謂之“擁頸”,皆指其胡名之矣。

《周禮·籥師》:“祭祀鼓羽籥之舞。”《文王世子》曰:“秋冬學羽籥。”《賓之初筵》詩曰:“籥舞笙鼓。”《春秋經》曰:“萬入去籥。”則秉籥而舞,其來尚矣。《詩》曰“左手執籥,右手秉翟。”蓋籥,所以爲聲;翟,所以爲容。聲由陽來,故執籥於左,左陽故也;容自陰作,故秉翟於右,右陰故也。

弓

矢

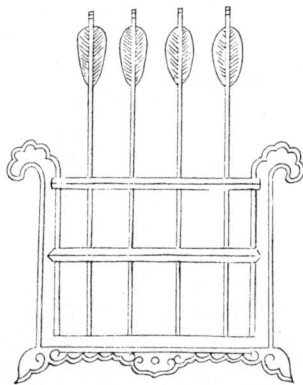

《大司樂》:“大射,令奏《騶虞》,詔諸侯以弓矢舞。”《樂師》:“燕射,帥射夫以弓矢舞。”蓋周人之制,弓之別有六,矢之別有八,故祈子帶以弓韣,生子縣桑弧蓬矢,成童則教以射,其貢之則

---

① “無彈”,光緒刻本無“無”字。

試以射。然則射固男子之所有事,大射詔諸侯以弓矢舞,燕射帥
射夫以弓矢舞,夫豈强其所無哉? 因其材性以達之而已。《祭
統》曰:"及入舞,君執干戚,就舞位,率其羣臣,以樂皇尸。"則舞
以動容,雖天子必有執也,必有帥也,况諸侯射夫乎? 祭祀,天子
執干戚而舞,所以樂尸;大射、燕射,諸侯射夫執弓矢而舞,豈非
所以樂王邪?

樂書卷一百七十　樂圖論

雅部

　舞

　　戚　揚　鉞　翟　鷺　翿　纛　羽葆幢

　　旌　節　麾　暈干　箾　不興舞

　　　　　　戚　　　　　　　　揚　鉞

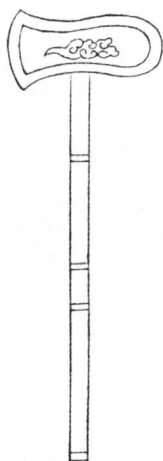

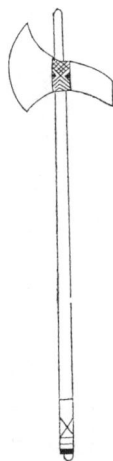

《禮》曰:"朱干玉戚,以舞《大武》。"蓋干盾也,所以自蔽;戚斧
也,所以待敵。朱干,白金以飾其背,《記》曰"朱干設鍚"是也;玉
戚,剝玉以飾其柄,楚工尹路曰"剝玉以爲鏚柲"是也。舞《武》執干
戚,則舞《夏》執籥翟矣。然朱所以象事,玉所以象德。《武》以自蔽
者爲主,而待敵者非得已也。故其宣布著盡以爲事者,欲自蔽而
已。至於持以待敵者,溫純之德耳,此武舞之道。漢高祖令舞人執

干戚舞武德之舞,光武迎秋氣,親執干戚舞《雲翹》、《育命》之舞,亦庶乎近古也。然武盡美矣,未盡善也,故干戚之舞又非所以爲備樂歟? 聖朝太樂,舞器第加繪飾而已,其去古制遠矣,可不復之乎?

《詩》曰:"干戈戚揚。"《樂記》曰:"樂者,非謂干揚也,故童子舞之。"又曰:"取彼斧斨。"《書》曰:"左仗黃鉞。"又曰:"一人執劉。"《廣雅》曰:"鉞,戚斧也。"《六韜》曰:"大柯斧,重八斤,一名天鉞。"毛萇謂:"斧,隋銎。斨,方銎。戚,斧也。揚,鉞也。"孔安國謂:"劉,斧屬。"孔穎達曰:"劉,鑱斧也。"蓋鉞、揚、戚、斨、劉,皆斧也,特所由之名異耳。《考工記・車人》:"柯長三尺,博三寸,厚一寸半,五分其長。以其一爲之首。"則首六寸矣。黃鉞,以金飾其柄也。玉戚,以玉飾其柄也。蓋皆有剛斷之材焉。

翟　　　　　　鷺

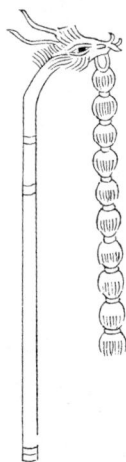

古者王后之路重翟,則重其羽而不厭;厭翟,則次其羽而不重翟;不厭,以羽飾之而已。然則羽舞亦不過翟羽而已,《詩》曰"右手秉翟"是也。《左傳》曰:"五雉爲五工正。"《爾雅》有鷂雉諸雉、鷷雉、

鳰雉①、鷩雉、秩秩海雉、鸐山雉、䎹汗雉、鶾雉、翬雉、鵫雉。南方曰
壽儔，東方曰鷂，北方曰鶾，西方曰鵫，而舞之所取者，特鸐山雉耳，
以其羽尤可用爲儀故也。南齊鄭義奏更以翟爲笛，謂笛飾以髦，籥
飾以羽。梁武帝曰：“翟是五雉之一，取其毳羽以秉之耳，寧謂羗笛
耶？”其説是也。今太樂以雉羽攢疊爲之，而髹畫其柄，豈亦近古制
歟？《春秋公羊傳》：“魯隱公六年，考仲子宮初獻六羽。”何休曰：
“鴻羽也，所以象文德之風化疾也。”是泥於《漸卦》其羽可用爲儀之
説，不知《禮》有“夏籥”之文，《詩》有“秉翟”之義也。

　　《宛丘》詩曰：“無冬無夏，值其鷺羽。無冬無夏，值其鷺翿。”
蓋鷺羽，舞者所執；鷺翿，舞者所建。既值其所執之鷺羽，又值其
所建之鷺翿，是常舞而不知反者也。《宛丘》刺之，豈不宜哉！聖
朝太樂，文舞不以翟羽，而以鷺羽之舞，素而無文，特陳國之淫
樂，非先王雅樂也。易而復古，此其時乎？

　　　翿　蠹　羽葆幢　　　　　旌

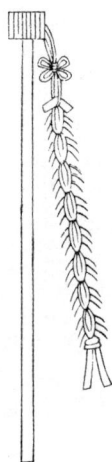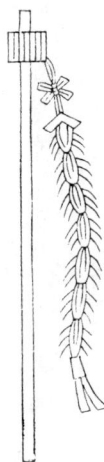

---

①　“鳰雉”，原作“鳩雉”，誤，據《爾雅》改。

君子陽陽，曰左執翿。《宛丘》詩曰：“值其鷺翿。”《爾雅》曰：“翿，纛也。”郭璞以爲今之羽葆幢。蓋舞者所建以爲容，非其所持者也。聖朝太樂所用，高七尺，干首棲木鳳，注髦一重，綴纁帛，畫升龍焉。二工執之，分立於左右，以引文舞，亦得古之遺制也。

春秋之時，宋人作《桑林》之舞，以享晉侯。舞師題以旌夏。晉侯懼，退入于房，去旌，卒享。蓋旌夏，大旌也，舞者行列，以大旌表識之也。大射禮舉旌以宮，偃旌以商，亦其類歟？然武樂，象成者也，故得以旌參之。聖朝太樂所用，注旄三重，高纛等，二工分立左右，以引武舞，亦得古之遺制也。

節　　　　　　　　　麾　暈　干

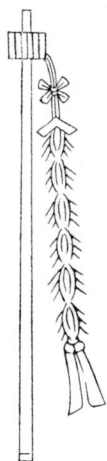

《爾雅》曰：“和樂謂之節。”蓋樂之聲，有鼓以節之；其舞之容，有節以節之。故先代之舞，有執節二人之説，至今因之。有析朱繒三重之制，蓋有自來矣。

《周官·巾車》：“掌木路，建大麾，以田，以封蕃國。”《書》曰：

"左仗黄鉞，右秉白旄以麾。"則麾，周人所建也。後世協律郎執之，以令樂工焉。蓋其制高七尺，干飾以龍首，綴纁帛，畫升龍於其上。樂將作，則舉之，止則偃之。堂上則立於西階，堂下則立於樂縣之前少西，《唐樂録》謂之"暈干"是也。今太常武舞用之。

籥

《大周正樂》："舞箭①，謂之籥。"《春秋傳》："見舞《象》箾《南》籥者。"杜預曰："舞所執。"然其詳不可得而知矣。

不興舞

先王之於祭祀，有歌以咏其聲於堂，有舞以動其容於庭，故舞師於山川、社稷、四方、旱暵之祭，莫不興舞，則其歌可知矣。《小師》："凡小祭祀、小樂事，鼓椒而不及升歌。"則其舞可知矣。是知凡小祭祀，非特不興舞，抑亦不升歌也。蓋祭祀小大，有不繫之神，而繫之事者。百物之神，小祀也，而有所謂非小祀；先聖先師，非小祀也，而有所謂小祀。故《鼓人》言："祀百物之神，則有兵舞、帗舞。"是物之神有時不以小祀之禮祀之也。《文王世子》言："釋菜於先聖先師②，則不舞。"是先聖有時以小祀之禮祀之也。然則鼓人、舞師不列之春官，而屬地官，何也？曰：六官之屬，各以其類，然有非其類而列之其間者，義有所主故也。甸師，地事也，屬之天官，以其所主者，耕王藉、共粢盛之事；職方氏、土方氏、形方氏、川師、原師之類，亦地事也，屬之夏官，以其所主

---

① "箭"，光緒刻本作"籥"。
② "釋菜"，原作"釋采"，據元刻明修本、光緒刻本改。

者，辨四方邦國之事也；弁師，禮事也，屬之夏官，以弁甲異服而同飾，故序官弁師，繼之以司甲也；行人、小行人、行夫、司儀之類，亦禮事也，秋官以禮刑相爲表裏，故《洪範》"八政"言司寇，繼之以賓也。由是推之，司干不屬夏官而屬春，司民不屬地官而屬秋，鼓人、舞師不屬春官而屬地，其義槩可見矣。

樂書卷一百七十一　樂圖論

雅部

舞

舞衣上　舞衣中　舞衣下　舞綴兆上

舞綴兆下　舞位　舞佾　天子八佾

諸侯六佾　大夫四佾　士二佾　萬舞

舞衣上冕

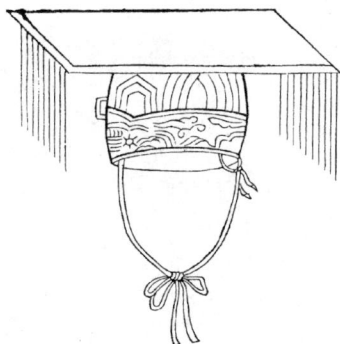

《記》曰："朱干玉戚，冕而舞《大武》。"又曰："君袞冕立于阼。"《周官・司服》："祀昊天上帝，服大裘而冕；祀五帝，亦如之；享先王，則袞冕；享先公，饗射則驚冕。"《祭統》曰："冕而總干，率其羣臣，以樂皇尸。"《樂記》曰："食三老五更於太學，天子冕而總干，所以教諸侯之弟也。"由此觀之，天子冕而總干，郊祀則裘冕也，宗廟則袞冕、驚冕也，饗、食老更則驚冕而已。漢明帝永平初，詔有司采《周官》、《禮記》、《尚書・皋陶篇》，乘輿冕服從歐陽氏説，公卿以下從大小夏侯氏説，冕皆廣七寸，長尺二寸，前圜後方，朱緑裏玄，上前垂三寸，係白玉珠，爲十二旒，以其綬采色爲組纓。三公諸侯，七旒，珠青玉；卿大夫，五旒，珠黑玉，皆有前無後，各以其綬采色爲組纓，旁垂黈纊。郊祀天地明堂，則冠之，而辨物之德，應物之事，不變之體，無方之用，莫不該存乎其間矣。唐制，天子之服大裘冕者，祀天地之服也，下至平冕者，郊廟舞郎之服也。先王之制雖不復詳於後世，至於天子冕而總干，亦不過如此。雖然，冕而總干非特施於郊廟，雖食老更於太學亦用焉。以宗廟之禮樂食老更之賢德，亦可謂敬之至矣。若夫諸侯朱干設錫，冕而舞《大武》，則又僭天子之禮，古人不爲也。由此論之，諸侯冕而舞《大武》，《禮經》猶以爲僭，況舞郎之舞，其可用平冕乎？然則如之何而可？曰：爵弁以舞文，韋弁以舞武，不亦可乎？

舞衣中_{皮弁}

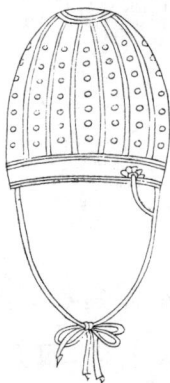

《明堂位》曰：“皮弁素積，裼而舞《大夏》。”蓋皮弁以白鹿皮爲之，則順物性之自然，而文質具焉。其衣用布十五升，其色象之，則素衣其衣也，素積其裳也。《後漢·輿服志》：“委貌冠、皮弁冠同制，長七寸，高四寸，制如覆杯，前高廣，後卑鋭，所謂‘夏之毋追①，商之章甫'也。行大射禮於辟廱，公卿諸侯大夫行禮者，冠委貌，衣玄端素裳，執事者冠皮弁，衣緇衣，皂領袖，下素裳，所謂'皮弁素積'者也。"蓋皮弁之服，天子以視朝、以宴、以聽政、服以舞《大夏》；諸侯以聽朔、以巡牲、以卜夫人世婦、以迎王之郊勞、以待聘賓；卿大夫以王命勞侯氏、以聘於鄰國、以卜宅；士以冠學士、以釋菜②。凡大夫士之朔月，皆皮弁，則皮弁之所施者衆矣。蓋人爲者多變，自然者不易，皮弁因其自然而已。此所以三王共皮弁素積，而周天子至士共用之也。今夫《大武》所以象征誅，必朱干玉戚，冕而舞之者，以武不可黷故也③；《大夏》所以象揖遜，必皮弁素積，裼而舞之者，以文不可匿故也。《記》曰："裘之裼也，見美也；服之襲也，充美也。禮不盛，服不充，故大裘不裼，則襲裘可知也。"由是觀之，裼襲未嘗相因也，干戚羽籥未嘗並用也。於《大夏》言裼而舞，則《大武》冕而舞必用襲矣；於《大武》之舞言干戚，則《大夏》之舞必用羽籥矣。

舞衣下

《書》曰："胤之舞衣，在西房。"孔安國曰："胤國所爲舞者之衣，皆中法。"然古者皮弁素積，冕服之外，無所經見，特漢舞者之衣，法五方色，謂之五行之舞。漢去三代未遠，疑亦得古遺制也。唐趙慎言曰："今祭器茵褥，總隨五方五郊，衣服獨乖其色，舞者常持皂飾，工人皆服絳衣。臣愚，竊不便之。其舞人、工人衣服，請依方色，宗廟黃色，仍各以所主摽袖。"亦可謂知言矣。今誠祖述其制而行之，

---

① "毋"，原作"母"，據光緒刻本改。
② "釋菜"，原作"釋采"，據元刻明修本、光緒刻本改。
③ "黷"，原作"覿"，據光緒刻本改。

使舞工之服，五郊各放方色，天祀以玄，地祭以黃，宗廟以繡，亦庶乎近古也。若夫宗廟以黃，則不知地示果用何色邪？

舞綴兆上

《周官·大胥》：“以六樂之會正舞位。”《小胥》：“巡舞列經曰行，其綴兆行列得正焉。”蓋位，則鄈也，所以爲綴；列，則佾也，所以爲行。正之以辨其序，巡之以肅其慢，則治民勞者，鄈遠而佾寡，其德殺故也；治民逸者，鄈短而佾多，其德盛故也。非故不同，凡各稱德而已。天子之於諸侯，生則旌以舞，没則表以諡。觀舞之行綴，足以知臨民之德；聞諡之異同，足以知爲治之行。然則爲諸侯者，孰不敏德崇行，以法天下後世爲哉？今之舞者不列於庭，而列於堂下，其退文進武，不復有出入之序，非古人所謂八佾舞於庭、序出入舞者之意也。至於進退疾徐之際，又不復盡筋骨之力，以要鐘鼓拊會之節，非古人所謂文以揖遜、武以擊刺之意也。講而習之，正今日急務也。

舞綴兆下

　　內之爲志意，外之爲容貌，陳之爲行列，變之爲進退。聽雅頌之聲，則知反情以和志，故志意得廣焉；執其干戚，習其俯仰詘伸，則不至慢易以犯節，故容貌得莊焉。行其綴兆，要其節奏，則回邪曲直各歸其分，故行列得正焉，進退得齊焉。然雅頌之聲，詩之歌也；干戚，舞之器也；俯仰詘伸，舞之容也；綴兆，舞之位也；節奏，聲之飾也。言雅頌，則風舉矣；言干戚，則羽籥舉矣；言俯仰詘伸，則疾舒舉矣；言綴兆，則遠短舉矣；言節奏，則文采舉矣。耳之所聽，志意得廣而有容；手之所執，體之所習，容貌得莊而有敬；足之所行，心之所安，行列得正，可畏而愛之；進退得齊，可則而象之。如此，則五宮皆備，而天樂全矣。其於出則征誅，入則揖遜，天下莫不聽而從服也，何有荀卿所謂歌清盡舞意？天道兼繼之，目不自見，耳不自聞，然而治俯仰屈信進退遲速，莫不廉制，盡筋骨之力，以要鐘鼓俯會之節，如此而已。

舞　位

```
┌─────────────────────────┐
│           堂             │
│           上             │
│  ┌──┐              ┌──┐  │
│  │階賓│              │階阼│  │
│  └──┘              └──┘  │
│           堂             │
│           下             │
│                         │
│           六             │
│    舞武   舞    舞文      │
│                         │
│           庭             │
│                         │
│   大 大      大 大 大 雲   │
│   武 濩      夏 韶 咸 門   │
└─────────────────────────┘
```

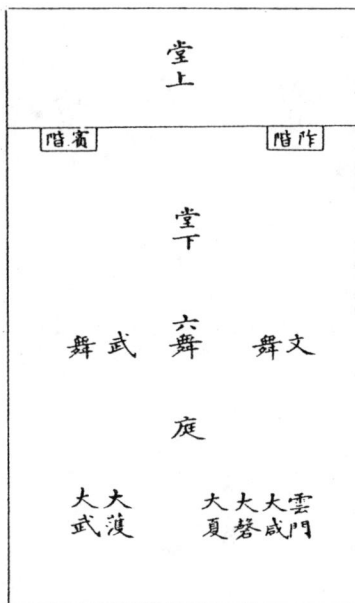

《祭統》曰：“君執干戚，就舞位。”《大胥》：“以六樂之會正舞位，以序出入舞者。”《諸子》：“掌凡樂事，正舞位，授舞器。”《書》曰：“舞干羽于兩階。”蓋位者，鄭也，正之所以辨其序。故文舞在主之東階，武舞在賓之西階，則文舞先、武舞後者，上文下武之意也。《詩》曰：“公庭萬舞。”豈非在公庭賓主兩階間邪？今之舞文武者，不復講六代之制，辨出入之序，非大胥正舞位之旨也。

舞佾

天子八佾

諸侯六佾

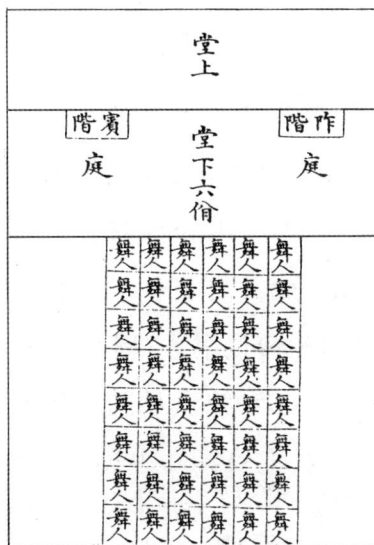

大夫四佾

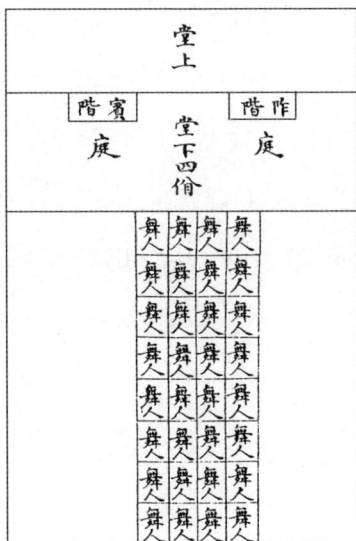

士二佾

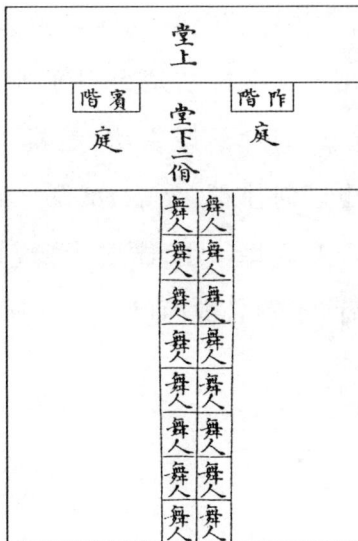

天子宮縣四面,舞行八佾;諸侯軒縣三面,舞行六佾;大夫判縣二面,舞行四佾;士特縣一面,舞行二佾。《左傳》:“隱公五年秋九月,考仲子之宮將萬焉,公問羽數於衆仲,對曰:‘天子用八,諸侯用六,大夫四,士二。’蓋舞所以節八音,而行八風,故自八以下,其説是也。公從之。於是初獻六羽,始用六佾也。”孔穎達之疏《周禮》“諸子正舞位”之文,謂:“諸公六佾,諸侯四佾。”非也。後世禮廢樂壞,八佾之舞,魯人不特用於周公之廟,而羣公之廟亦用焉;不特用於魯羣公之廟,而諸侯之廟亦用焉;非特用於諸侯之廟,而季氏之庭亦用焉。此子家駒所以深譏之於前,而孔子所以切齒於後也。《周官・小胥》:“巡舞列。”蓋防此歟?後漢獻帝初平八年,總章始復備八佾舞,袁宏《紀》云“迎氣,郊始用八佾”是也,亦可謂知古矣。

萬舞

《商頌》曰:“萬舞有奕。”《周風》曰:“公庭萬舞。”《魯頌》曰:“萬舞洋洋。”《春秋》曰:“萬入去籥。”《左氏傳》曰:“考仲子之宮將萬焉。”又曰:“楚令尹子元欲蠱文夫人,館于宮側而振萬焉。”《晉志》曰:“萬舞象功,是舞也,先王所以習戎備,自商至周所不易也。”何休釋《公羊》萬舞之説,以爲“象武王以萬人伐紂”,不亦失乎?武舞一也,謂之干舞,其名也;謂之萬舞,其數也。禮樂所謹者,不過名數而已。

樂書卷一百七十二　樂圖論

雅部

舞

聖朝樂舞　廟室樂舞　舞人

聖朝樂舞

聖朝建隆之初，竇儼首議更周樂舞之名，以《崇德》舞爲《文德》之舞，《象成》舞爲《武功》之舞，權籍教坊及開封府樂户子弟充之，冠服用唐舊制而已。太祖皇帝乾元殿朝羣臣，更詣大明殿上壽，詔用《文德》、《武功》之舞。然郊廟殿廷同制，其容綴未稱朝廷揖遜之意，故和峴建言："宜先奏文舞焉。殿廷所用文舞，宜爲《盛德升聞》之舞，取舜受堯禪、玄德升聞之義也。舞工用百二十人，八佾之數，判爲八列，列十六工，皆著履執拂，服袴褶，冠進賢，二工執五采纛引之，文容變數略倣舊儀。次奏武舞，宜爲《天下大定》之舞，取武王一戎衣而天下大定之義也。舞工亦準文舞之數，被金甲，持戟，二工執五色旗引之，一變象六師舉，二變象上黨平，三變象維揚定，四變象荆湖復，五變象卭蜀來，六變象師還振旅。至於鐃鐸雅相鐏鼙并舞，舞工冠服，仍舊而已。太宗淳化中，峴弟㠓復奏："昔改殿庭二舞，以光太祖功烈。今亦應更定舞名，其舊用《盛德升聞》，宜更名《化成天下》之舞，取《易》稱'化成天下'之義也。《天下大定》更名《威加海内》之舞，取漢高帝爲

'威加四海'之歌也。"蓋其舞亦六變焉：一變象講武，二變象漳泉歸，三變象杭越朝，四變象殄并汾①，五變象清銀夏，六變象兵還振旅。每變樂一曲而已。詔從之。和峴弟兄，可謂善因時而造者。真宗又詔殿廷二舞復用乾德舊名。祥符中，崇奉、玉清、昭應宮等諸祠，每乘輿薦獻，並作備樂，別號文舞曰《發祥流慶》之舞，武舞曰《降真觀德》之舞。又因太宗裁《萬國朝天》之曲，造《同和》之舞；裁《平晉》之曲，造《定功》之舞，郊廟並奏之。天聖中，孫奭進言："太常雅樂，郊廟酌獻上用登歌，不作文舞，亞獻又不作武舞，止奏《正安》而已。"於是劉筠等議，自是宗廟酌獻復用文舞、武舞，工先入以須亞獻，而亞獻、終獻並舞《正安》之曲。郊祀天地與宗廟既異廟室，各有稱頌功德，故文舞迎神之後，各奏《逐室》之舞②。郊祀降神，奏《高安》之曲。文舞已作，及皇帝酌泛齊惟登歌，奏《禧安》之樂，而舞綴不作，亞獻、終獻用武舞焉。明道中，冬至皇帝率羣臣於文德殿，莊獻明肅皇太后行上壽之禮，設宮縣，進《厚德無疆》之文舞，《四海會同》之武舞，各三變而罷。由此觀之，文武並用，長久之道也，豈不信哉！

廟室樂舞

聖朝建隆初，竇儼實始建議更周樂名，以《崇德》爲《文德》之舞，以《象成》爲《武功》之舞。至於祖宗廟室樂舞之名，未嘗不各稱功德之實而形容之矣。是故僖祖文獻睿和皇帝室，曰《大善》之舞；順祖惠元睿明皇帝室，曰《大寧》之舞；翼祖簡恭睿德皇帝

---

① "殄并汾"，元刻明修本、光緒刻本作"金井分"。
② "逐室"，光緒刻本作"遂室"，元刻明修本作"逐室"。

室，曰《大順》之舞；宣祖昭武睿聖皇帝室，曰《大慶》之舞；太祖啟運立極英武睿文神德聖功至明大孝皇帝室，曰《大定》之舞；太宗至仁應道神功聖德文武睿烈大明廣孝皇帝室，曰《大盛》之舞；真宗膺符稽古成功讓德文明武定章聖元孝皇帝室，曰《大明》之舞；仁宗體天法道極功全德神文聖武濬哲明孝皇帝室，曰《大仁》之舞；英宗體乾膺歷隆功盛德憲文肅武睿神宣孝皇帝室，曰《大英》之舞；神宗紹天法古運德建功英文烈武聖孝皇帝室，曰《大神》之舞；哲宗欽文睿武昭孝皇帝室，曰《大成》之舞。文懿皇后僖祖崔氏、惠明皇后順祖桑氏、簡穆皇后翼祖劉氏、昭憲皇后宣祖杜氏、孝惠皇后賀氏、孝明皇后王氏、孝章皇后太祖宋氏、淑德皇后尹氏、懿德皇后符氏、明德皇后李氏、元德皇后太宗李氏、章懷皇后潘氏、章穆皇后郭氏、章獻明肅皇后劉氏、章懿皇后真宗李氏、慈聖光獻皇后仁宗曹氏、宣仁聖烈皇后英宗高氏、欽聖憲肅皇后向氏、欽慈皇后陳氏，諸后之室，凡行酌獻之禮，孝惠、孝章位同奏《大統》之曲，淑德位奏《大昌》之曲，章懷位奏《大治》之曲，則自餘隨帝室所奏，亦可類見矣。臣竊議祖宗之室，曲異異舞，至於后室，一用文德之舞，而武舞不用焉，豈非惑於先儒婦人無武事之說邪？《春秋》書"初獻六羽"，非無武舞也，特舉羽以見干而已。如曰不然，《閟宮》祀姜嫄之詩，何以美"萬舞洋洋"乎？古人亦嘗振萬於文夫人之側，亦足考信矣。方今誠於諸后之室，併奏文武之舞，以娛樂神靈，以形容德美，真曠世甚盛之舉，而不失先王之制也。

舞人

周人教國子之舞，有大司樂，有小樂師，又舞師、下士二人，胥四人，舞徒四十人。然則古之舞者，非獨給繇役之賤者而已，雖貴爲國子，爵爲下士，亦預焉。漢太樂律，卑者之子，不得舞宗廟之酧，除吏二千石至六百石，關内侯至五大夫之子，取其適者五尺以上，年十二至三十，顔色和身體修治者，以爲舞人，古國子下士之實也。唐之郊廟，舞工不合古制，趙慎言奏議："隋代猶以品子爲之，號'二舞郎'。唐興，遂變其制。誠願復古道，取品子年二十以下，容質修正者，備二舞之員，令太常博士主之，准國子學給料，閒日得習六樂，學五禮，滿十歲，量文武授散官，號'雲門生'。"其制亦可謂近古矣。然不設課試之法、勸沮之術，未爲備制也。聖朝舞郎之制，尚仍唐舊，誠推慎言之法，輔之以課試勸沮之方，以之饗郊應，接神祇，未有不降格而來饗矣。今日不得不爲之留意也。

樂書卷一百七十三　樂圖論

胡部

舞

韎師旄人、矛舞、弓舞、鉞舞、盾舞　戟舞　劍舞　師子舞

骨鹿舞胡旋舞　城舞　倒舞　撥頭舞　弄婆羅門

韎　　師旄人、矛舞、弓舞、鉞舞、盾舞①

　　古之王者,不制夷狄禮而制夷狄樂者,以其中天下而立,革
四夷之民,使之鼓舞謳歌而樂從之也。蓋四夷之樂,東曰韎,南
曰任,西曰侏離,北曰禁。或以服色名之,或以聲音名之。服色
則韎是也,聲音則侏離是也。鞮鞻氏掌教四夷之樂,韎師則掌教

---

　①　"鉞舞、盾舞",原缺,據元刻明修本、光緒刻本補。

東夷之樂而已。然韎師之樂，施於祭祀大饗；而旄、鞮鞻之樂，施於祭祀與燕者。蓋東於西夷爲長，饗於燕爲重故也。觀韎師曰師，旄人、鞮鞻曰人與氏；師序於前，而人與氏序於後，則夷樂之別可知矣。《詩》曰：“以雅以南。”而掌四夷者亦以象胥名官，則周人於南夷之樂，又其所樂者也。先儒推四時之理，以釋四樂之名，以韎爲晦昧，任爲懷任，侏離爲離根，禁爲禁閉。又曰：“韎樂持矛舞，助時生；任樂持弓舞，助時養；株離持鉞舞，助時殺；禁樂持盾舞，助時藏。”《白虎通》又以侏離爲東樂，昧爲南樂，南樂持羽，西樂持戟；班固又以侏爲兜，以禁爲侎，以韎爲侏，蓋各述所傳然也。《周禮》掌教夷樂者，皆以所服所執所履名之。鄭氏亦以韎爲韎韐之韎，則韎爲色明矣。韎師下士一人，舞者十有六人；旄人下士四人，舞者衆寡無數。由是觀之，先王之於夷樂，雖或用之，特陳於國門右辟而已。唐之時，皆奏於四門之外，豈得古制歟？今之夷樂，不奏之國門之外，而作之皇城殿庭之內，臣恐未合先王之制，不可不革之也。

戟　舞　　　　　　　劍　舞

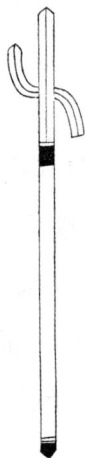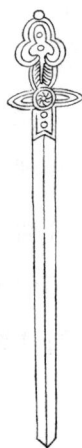

東夷之舞，緩弱而淫裔；南蠻之舞，蹻迅而促速；西戎之舞，急轉而無節；北狄之舞，沉壯而不揚。江湖之東北，東夷；荆衡之郊北，南蠻；雍涼之西北，西戎；河渭之西北①，北狄。其風俗雖異，其飾喜一也。昔魯定公會齊景公於夾谷，孔子時攝相事，齊有司趨進曰：“請奏四夷樂。”於是旌旄羽仗，矛戟劍撥，鼓譟而至。孔子趨進，歷階而登，舉袂大言曰：“吾兩君爲好會，夷狄之樂何爲？請有司却之。”齊侯乃麾而去。後漢安帝時，西南夷撣國王獻樂及幻人，能吐火，自支解，易牛馬頭，因元會作之於庭，帝與羣臣共大奇之。陳禪離席，舉手曰：“帝王之庭，不宜作夷狄之樂。”由是觀之，夷樂不可亂華音如此，古人所以外之而弗内，雖作之於國門右辟，亦特美德廣所及而已。荀卿有之：“禁淫聲，使夷俗邪音不敢亂雅，太師之職也。”今之任古太師之職者，淫聲不之禁也，夷音不之去也，而使雅鄭華夷音迭相雜亂，不亦失乎！臣嘗觀子路戎服見孔子，拔劍而舞，曰：“古之君子，固以劍自衛乎？”孔子曰：“古之君子，忠以爲質，仁以爲衛。”後世項莊、公孫氏亦效爲之②，是不知劍戟之舞，戎狄之樂也，曾謂中國之士爲之乎？

師 子 舞

---

①　“西北”，原作“間北”，據光緒刻本改。
②　“項莊”，原作“頃莊”，據光緒刻本改。

唐太平樂，亦謂之五方師子舞。師子摯獸，出於西南夷，天竺師子等國，綴毛爲之。各高丈餘，人居其中，像其俛仰馴狎之容。二人持繩秉拂，爲習弄之狀，五師子各放其方色，百四十人歌太平樂舞，以足持繩者，服飾作崑崙象。

骨鹿舞　胡旋舞

《樂府雜録》曰："舞有骨鹿舞、胡旋舞，俱於一小圓毬上，縱橫騰躑，兩足不離毬上。"其妙若此，皆夷舞也。

城舞

後周武帝平齊，作《永安》樂，行列方正，象城郭，謂之城舞。用八十人，刻木爲面，狗喙獸耳，以金飾之，垂線爲髮，畫襖皮帽，舞蹈姿制猶作羌胡狀。周武以中國之主作羌胡之舞，不亦失乎？

倒舞[①]

符堅嘗得西域倒舞伎。唐睿宗時，婆羅門獻樂舞，人倒行，以足舞於極銛刀鋒。倒植於地，低目就刃，以歷臉中，又植於背下。吹篳篥者立其腹上，而曲終無傷。又伏伸手，兩人躡之，旋身遶手，百轉無已。妙則妙矣，非雅樂之舞，君子不貴也。

撥頭舞

撥頭出於西域。胡人爲猛獸所噬，其子登八折山，求獸殺之。故爲舞曲，有八疊，戲人被髮素衣，面作悲啼之容，蓋象遭喪

---

① "倒舞"，原作"例舞"，誤，據元刻明修本、光緒刻本改。

之狀也。

　　弄婆羅門

　　婆羅門樂，與四夷同列。其樂用漆篳篥二、齊鼓一，其餘雜戲，變態多端，皆不足稱。唐太和初，有康迺、米禾稼、米萬搥，近年有李百媚、曹觸新、石寶山焉。

樂書卷一百七十四　樂圖論

胡部

舞

高麗舞　　百濟舞　　高昌舞　　龜玆舞　　安國舞

康國舞　　疏勒舞　　扶南舞　　党項舞　　附國舞

天竺舞　　越舞　　驃國舞　　南詔舞　　于闐舞

西南蕃舞　　西涼舞①　　東謝舞　　巴渝舞

悦般舞　　吳夷舞　　廣延舞　　馬韓舞

鞨鞬舞　　倭國舞　　流求舞

高麗舞

高麗國樂，工人紫羅帽，飾以鳥羽，黃大袖，紫羅帶，大口袴，赤皮靴，五色紹繩。舞者四人，椎髮於後，以絳袜額，飾以金璫。二人黃裙襦，赤黃袴，長其袖，烏皮靴，雙雙併立而舞，東夷之樂也。唐之時，高麗伎樂有十四種，而罷搊箏、義觜笛、嶜篥三種也。

百濟舞

百濟樂舞，工人紫大袖裙襦，章甫冠，皮履，東夷之樂也。章甫，商冠也，而東夷服之，豈其得中國之遺制邪？古人嘗謂禮失

---

① “西涼”，原作“西梁”，據光緒刻本改。下同。

求之四夷,亦信有之矣。

高昌舞

高昌樂舞,人白襖錦袖,赤皮靴,赤皮帶,紅袜額,西戎之樂也。

龜兹舞

龜兹樂,工人皂絲布頭巾,緋絲布袍,錦袖,緋布袴。舞者四人,紅袜額,緋襖,白袴帑,烏皮靴。其舞曲有《小天疏勒鹽》焉,西戎之樂也。

安國舞

安國樂,工人皂絲布頭巾,錦褾領,紫袖袴。舞二人,紫襖,白袴帑,赤皮靴。其舞曲《芝栖》,西戎之樂也。

康國舞

康國樂,工人皂絲布頭巾,緋絲布袍,錦領。舞二人,緋襖,錦領袖,緑綾襠袴,赤皮鞾,白袴帑,舞急轉如風,俗謂之“胡旋”,西戎之樂也。

疏勒舞

疏勒舞,曲有《遠服》。其工人皂絲布頭巾,白絲布袍,錦襟褾,白絲布袴。舞二人,白襖錦袖,赤皮鞾,赤皮帶,西戎之樂也。

扶南舞

扶南樂，舞二人，朝霞行纏，赤皮靴。隋代全用天竺樂。唐世傳之，有羯鼓、都曇鼓、毛員鼓、簫、笛、篳篥、銅鈸①，南蠻之樂也。事見《隋唐雜部伎篇》。

党項舞 附國舞

党項國之樂，用琵琶、橫吹、擊缶。附國樂，鼓簧，吹長笛。俗好歌舞，然未始傳之中國也。

天竺舞

天竺樂，工人皂絲布頭巾，白練襦，紫綾袴，緋帔。舞二人，辮髮，朝霞裌裟行纏，碧麻鞋。其舞曲有《小朝天》。蓋南蠻北狄之俗，皆隨髮際斷其髮，今舞者咸用繩圍首，反約髮杪，內於繩下，此其本也。

越舞 驃國舞、南詔舞、于闐舞

《五經通義》曰：“舞四夷之樂，明澤廣被四表也。”故越俗飲讌，舞者蹀地擊掌，應鼓拌之節。驃國之樂，式歌且舞。南詔之樂，有奉聖樂舞。于闐之舞，有佛曲，其詳不可得而知也。

西南蕃舞

聖朝至道初，蕃酋龍漢瑧，遣使率牂柯諸蠻入貢，太宗問其

---

① “銅鈸”，原作“銅鈒”，據元刻明修本、光緒刻本改。

風俗，令作本國樂。於是吹瓢笙數十輩，連袂起舞，以足頓地爲節，其曲即《水曲》也。太宗因厚錫賚之。其笙聲高下，亦不可傳矣。

西涼舞

晉宋末，中原喪亂，張軌據有河西，苻秦通涼州，旋復隔絶。其樂具鐘磬，蓋涼人所傳中國舊樂，雜以羌胡之聲也。後魏至隋，樂工平巾幘，緋褶。方舞四人，假髻，玉支釵，紫絲布褶，白大袴，五綵接袖，烏皮靴。白舞一人，史傳不載其服色，不可得而知也。

東謝舞

東謝蠻俗，凡燕集，則擊銅鼓，吹大角，歌舞以爲樂，器不傳於中國，蓋不得其詳云。

巴渝舞

《三巴記》曰：“關中有渝水，賨民銳氣，喜舞。漢高帝樂其猛銳，數觀其舞，使人習之，故名《巴渝》焉。”梁朝宣烈舞，有《牛俞弩》，俞即《巴渝舞》也。魏改爲《昭武》。隋罷而不用誠，知夷不亂華之意也。閬中有渝水，其人多居水左右，天性勁勇。初爲漢前鋒，數陷陣。俗喜歌舞，高祖觀之，曰：“此武王伐紂歌也。”乃命樂人習之。

悅般舞 吳夷舞

後魏太祖破赫連昌，獲古樂器。平涼州，得其伶人器服，並擇而存之。後通西域，又以悅般國故舞設於樂府。吳夷、東夷、西戎之舞，用之郊廟，是不知古人作胡樂於國門之外，未嘗設之樂府，用之郊廟也。

廣延舞

燕昭王時，廣延國進獻善舞者二人，一名旋波，一名提漠。其舞曲，一曰《縈塵》，次曰《集羽》，末曰《游懷》。王登崇霞之臺，召二人在側。時香風欻起，二人徘徊翔轉，殆不自支。王以纓綏屬拂之，二人舞容妖麗，而歌聲輕下。廼使伶人代唱其曲，清響流韻，雖遶梁動木，不足加焉。

馬韓舞

馬韓國，常以五月下田種畢功，因祭鬼神，晝夜聚飲，歌舞數十人，蹋地低昂，以手足相應爲節，有類鐸舞焉。十月農功既事，亦復如之。

靺鞨舞

隋開皇初，靺鞨國遣使來貢，文帝厚宴勞之。使者與其徒率皆起舞，其曲折周旋，無非戰鬬之容。帝謂左右曰：“天地間乃有若人，常作用兵意態，誠地氣使然。不爾，何其甚邪？”

倭國舞

倭國之俗，凡正朔大會，必陳儀仗，奏聲樂，而五絃、琴、笛之器備有焉。隋煬帝常遣裴清使其國，彼乃遣小德阿輩臺①，從數百人，設儀仗，鳴角歌舞而迎之，亦可謂不失尊王人之道矣。

流求舞

流求國，其俗宴會，必歌呼蹋地，交相倡和。其音亦頗哀怨，或挾女童於髀，振手而舞焉。

---

① “小德阿輩臺”，光緒刻本作“小德阿冀臺”，誤，按《隋書·倭國》正作“小德阿輩臺”。

樂書卷一百七十五　樂圖論

俗部

舞

武王象武　　西漢樂舞　　東漢樂舞　　二漢雜舞

武王象武

伏犧之代五運成立，甲歷始基，造琴瑟以諧律呂，故樂謂之《立基》。女媧氏始爲笙簧制管，以一天下之音，合日月星辰，故其樂謂之《充樂》。五絃之琴始於朱襄氏，《八闋》之歌始於葛天氏，一曰《載民》，二曰《玄鳥》，三曰《遂草木》，四曰《奮五穀》，五曰《敬天常》，六曰《達帝功》，七曰《依地德》，八曰《總萬物之極》①。《宣達》之舞始於陰康氏，《下謀》之樂始於神農氏。黃帝以仲春之月，乙卯之日，日在奎始奏之，命曰《咸池》。少昊氏德澤被物之深，命曰《大淵》。顓帝實處空桑，乃令飛龍効八風之音，命之曰《承雲》。帝嚳命咸墨作爲《唐歌》，乃令人弁；兩手相擊曰弁。或擊鼛與鐘磬，吹筶與管簾，因令鳳鳥天翟舞，命之曰《五英》。伏犧之樂，謂之《立基》，又謂之《扶來》。顓帝之樂，謂之《承雲》，仰取諸天也；又謂之《六莖》，謂之《圭水》，遠取諸物也。堯樂，謂之《大章》，又謂之《大卷》，亦此意歟？《詩》、《禮》述文王樂舞謂之《象》，武王樂舞謂之《武》。《樂

---

① "總萬物之極"，元刻明修本、光緒刻本作"禽獸之極"。

苑》以《巨業》爲文王樂,《象》爲武王樂,誤矣。今夫樂之所生,本
於度數。度數不立,則中聲不存矣。桀紂作爲淫侈之樂,以鉅爲
美,以衆爲觀,不用度數之過也。故宋之衰也,作爲千秋;鍾律之
名。齊之衰也,作爲大呂;楚之衰也,作爲巫音。由是觀之,先王
作樂以隆盛治之美,豈在夫淫侈爲哉!本之情性,稽之度數,制
之禮義,一要宿中和之紀而已。故《傳》曰:"先王之樂有五節,中
聲以降,不容彈矣。"非虛語也!

西漢樂舞

周存六代之舞。至秦,惟餘《韶》、《武》而已。漢室龍興,制
氏世職太樂,第識鏗鏘鼓舞之末節,未始知其義也。高祖時,叔
孫通因秦樂人制爲樂舞,故四年制《武德》,六年更《文始》,又作
《昭容樂》,主出《武德》舞焉;作《禮容樂》,主出《文始》、《五行》舞
焉。《五行》則秦皇所更也,《四時》則孝文所制也。孝惠承統,高
祖廟奏《武德》、《文始》、《五行》之舞;孝文廟奏《文始》、《四特》、
《五行》之舞;孝景采《武德》爲《昭德》,以尊太宗廟;孝宣采《昭
德》爲《盛德》,以尊世宗廟。諸帝之廟,皆常奏《文始》、《四時》、
《五行》之舞焉。然漢舞宗廟之酎,卑者之子不得而豫也,其豫之
者,上取二千石之子,下取五大夫之子而已。雖與周人異制,亦
未失用國子之實也。今之舞者,不過用市井畎畞之人,素不知歌
舞者爲之,其何以格神明、移風俗乎?

東漢樂舞

光武中興漢祚,而南北郊祀明堂奏《雲翹》、《育命》八佾之
舞。五郊迎氣,春歌《青陽》,夏歌《朱明》,舞《雲翹》之舞;秋歌

《西皓》，冬歌《玄冥》，舞《育命》之舞。至於先立秋迎氣於黃郊，樂奏黃鍾之宮，帝臨冕而執干戚，舞《雲翹》、《育命》之舞。四郊則有司所行，黃郊則天子所獨，此其舞所以隆殺不同也。《皇覽》以爲迎氣之禮，當順天道，唱之以角，舞之以《羽翟迎春》之樂也；唱之以徵，舞之以《鼓鞉迎夏》之樂也；唱之以商，舞之以《干戚迎秋》之樂也；唱之以羽，舞之以《干戈迎冬》之樂也。至於《宗廟》之舞，明帝不從東平王蒼《大武》之議，世祖廟但進《文始》、《五行》、《武德》之舞，諸帝室並奏《武》而已，非古人不相沿樂，以昭功德之意也。由是觀之，五郊之樂，《皇覽》之論，其庶幾乎！聖朝五郊迎氣之樂，並用黃鍾一均而已，不亦失順天道之旨邪？

二漢雜舞

西漢高帝作樂二品，一曰《昭容樂》，二曰《禮容樂》。東漢章帝作樂四品，一曰《大予樂》，郊廟上陵食舉用之；二曰《周雅頌樂》，辟廱饗射六宗社稷用之；三曰《黃門鼓吹》，宴樂羣臣用之；四曰《短簫鐃歌》，軍旅用之。蓋高祖由蜀漢定三秦，賨人從之有功，其俗喜舞，使樂人習之，有《巴渝舞》焉。魏改爲《昭武》，用牟弩舞之是也。其立靈星祠，用男舞童十六，象教田，爲耕耨穫刈春簸之形，以象其功。武帝時，用事甘泉圜丘，用女舞童三百，其施於朝者，鄭衛之聲而已。然女童之舞，非所以敬天神，失周人用雅頌之音也。至於《鞞舞》之類，未始合之鍾石，豈古人作樂之意歟？

樂書卷一百七十六　樂圖論

俗部

　舞

　　魏樂舞　　吳蜀樂舞　　晉樂舞　　宋樂舞　　齊樂舞

　　魏樂舞

漢末之亂，無金石之樂。魏武帝平荆州，獲漢雅樂郎杜夔。時鄧静、尹齊、歌師尹胡，能歌宗廟郊祀之曲，舞師馮肅、服養，曉知先代諸舞，使夔總之，始設軒縣鐘磬，復先代古樂，可謂治世之舉矣。當是時，柴玉、左延年之徒，復以新聲被寵，更其聲韻，惟夔好古存正焉。迨文帝受禪，改漢《安世樂》爲《正世》，《嘉至樂》爲《迎靈》，《昭容樂》爲《昭業》，漢《巴渝舞》爲《昭武》，《雲翹舞》爲《鳳翔》，《宥命舞》爲《靈應》，《武德舞》爲《武頌》，《文始舞》爲《大韶》，《五行舞》爲《大武》。明帝太和初，詔議廟樂改《大予樂》爲《太樂》。《太樂》，漢舊名也。太祖武皇帝樂曰《武始》之舞，高祖文皇帝樂曰《咸熙》之舞，烈祖皇帝樂曰《章斌》之舞。凡此三舞，天地宗廟薦享及朝饗用之，總名《大鈞》之樂也。王肅等議設宮縣之樂，八佾之舞，高皇大帝、太祖、高祖、文昭廟，皆當兼用先代及《武始》、《大鈞》之舞，以《文始》、《大武》、《武德》、《武始》、《大鈞》可以備四代之樂，猶周存六代之樂也。故奏黃鍾，舞《文始》，以禮天地；奏太蔟，舞《大武》，以祀五郊明堂；奏姑洗，舞《武德》、

《巡守》，以祭四望山川；奏蕤賓，舞《武始》、《大鈞》，以祀宗廟二。至祀丘澤，可兼舞四代。又漢《雲翹》、《育命》之舞，舊以祀天，今可兼以《雲翹》祀圓丘，《育命》祀方澤。卒如蕭議，亦近古盛制也。然“大予”之名，出於讖緯，其改之不亦宜乎！

吳蜀樂舞

吳蜀樂舞之制，後世無聞焉。何承天嘗謂“吳朝無雅樂”，案孫皓迎父喪明陵，唯云：“倡伎晝夜不息。”則無金石登歌可知矣。或曰：今之《神弦》，孫氏以爲宗廟登歌也。而沈約非之，曰：“案陸機：‘孫權誅而《肆夏》在廟，《雲翹》承機，不容空設。’韋昭：‘當孫休之世，上鼓吹鐃歌十二曲，表曰“當付樂官善歌者習之”。’然則吳朝非無樂官，善歌者乃能以歌辭被絲管，寧容獨以《神弦》爲廟樂乎？”《古今樂録》有《白紵舞》，蓋紵本吳地所出，疑是吳舞也。晉俳歌曰“交白緒”，豈吳呼“緒”爲“紵”邪？今宣州有白紵山，其命名之意，蓋出於此。

晉樂舞

晉武帝受命之初，百度草創，郊祀明堂禮樂，並權用魏制，但改樂章而已。繼而荀勗領其事，使郭夏、宋識等造《正德》、《大豫》二舞，又改魏《昭武舞》曰《宣武》之舞，《羽籥舞》曰《宣文》之舞。咸寧初，詔定祖宗之號，而廟樂乃廢《宣武》、《宣文》之制，同用《正德》、《大豫》之舞。勗既以新律造二舞，次更修正鐘磬。勗薨，復詔其子藩修定，以施郊廟。然則父子以禮樂名家，亦一時豪邁之士也。然晉之祖宗，異廟而同樂，果何以形容功德邪？

宋樂舞

宋武帝紹晉衰亂之後,改《正德舞》爲前舞,《大豫舞》爲後舞。文帝元嘉中,令奚縱參議宗廟舞事,會軍興而寢。至孝武,有司奏宋承晉氏,未有稱號,前舞後舞,有乖古制。於是前舞爲《凱容》之舞,後舞爲《宣烈》之舞。既而建平王宏又議以《凱容》爲《韶舞》,《宣烈》爲《武舞》,故以《正德》爲《宣化》之舞,《大豫》爲《興和》之舞。郊廟初獻,奏《凱容》、《宣烈》之舞;終獻,奏《永安》之樂。何承天《三代樂序》稱:"《正德》、《大豫》舞,蓋出三代容樂,其聲節,有古之遺音焉。"然不知二舞乃出《宣武》、《宣文》、魏《大武》三舞也。《宣武》①,魏《韶舞》也;《宣文》,魏《武始舞》也。魏改《巴渝》爲《昭武》,《五行》爲《大武》。《凱容舞》執籥秉翟,則魏《武始舞》也。《宣烈舞》有牟弩,有干戚。牟弩,漢《巴渝舞》也;干戚,周舞也。由是言之,何承天之論,未爲知樂者也。明帝又自改鞞舞曲歌辭。大明中,以鞞拂雜舞合之鐘石,施之殿庭。順帝昇明中,王僧虔以爲乖於雅體,何其知言邪!

齊樂舞

齊武帝祠南郊,初獻奏《文德》、《宣烈》之樂,次奏《武德》、《宣烈》之樂,太祖高皇帝配享,奏《高德》、《宣烈》之樂;北郊,初獻奏《地德》、《凱容》之樂,次奏《昭德》、《凱容》之樂。明堂之樂,並同二郊之奏。宗廟,大祖神室,奏《高德》、《宣烈》之樂;穆后奏《穆德》、《凱容》之樂;高祖奏《明德》、《凱容》之舞。

---

① "宣武",原作"宣舞",誤,據前"宣武"改。

樂書卷一百七十七　樂圖論

俗部

　　舞

　　　梁樂舞　　陳樂舞　　後魏樂舞　　北齊樂舞

　　　後周樂舞　　隋樂舞　　唐樂舞上　　唐樂舞下

　　　梁樂舞

　　梁室肇有天下，任昉宗王肅之議，凡郊廟備六代之樂，武帝非之，以爲仲尼晏朝之意。於是不備宮架，不徧舞六代，至於郊廟及三朝設架，則非宮非軒，非判非特，直以至恭所應施用而已，何其率邪！故其命武舞爲《大壯》，文舞爲《大觀》。南郊，舞奏黄鐘，取陽始化也；北郊，舞奏林鍾，取陰始化也；明堂宗廟，舞奏蕤賓，取恭名陰主之義也；三朝，則《大壯》奏夷則，《大觀》奏姑洗，取其月王也。彼謂魏晉以降，不應以巴渝夷狄之舞雜周舞，真篤論歟？

　　　陳樂舞

　　陳武帝即位以來，宗祀朝饗並遵用梁制，武舞奏《大壯》，夷則作夾鍾，參應之七月金始，王取其剛斷也；文舞奏《大觀》，姑洗作應鍾，參應之三月萬物必榮，取其布惠也。文帝天禧五年，詔劉平、張崖定二郊明堂儀，改天嘉中所用齊樂，盡以“韶”爲名，更舞《七德》之舞，工執干楯。曲終，復綴出就縣東，繼舞《九叙》之舞,工執羽籥。後主嗣位,荒于酒色,居嘗遣宮嬪習北方簫鼓,謂之"代北"。酒酣奏之,真所謂甘酒嗜音,未或不亡者也。彼其終滅亡,豈其有以取之邪?

後魏樂舞

後魏道武帝定中山,獲其樂縣,自制樂舞。追尊祖考諸帝,樂用《八佾》,奏《皇始》之舞。冬至祭天於南郊圓丘,樂用《皇矣》,奏《雲和》之舞;夏至祭地於北郊方澤,樂用《天祚》,奏《大武》之舞。及破赫連昌,獲古雅樂,平涼州,得其伶人器服,並擇而存之。後通西域,又以悦般國鼓舞設於樂府。文帝時,公孫崇典知樂事,嘗言於帝曰:"樂府先傳正聲,有《王夏》、《登歌》、《鹿鳴》之屬,而有《文始》、《五行》之舞。及太祖初興,所制《皇始》之舞,又有吳夷、東夷、西戎之舞,凡七舞用之郊廟。中京造次,但用《文始》、《五行》、《皇始》三舞而已。皇魏四祖三宗之樂,宜有表章。"帝乃詔劉芳更定文武二舞,始於大饗用之。後祖瑩等建言,請以《韶舞》爲《崇德》,《武舞》爲《章烈》,總名曰《嘉成》。詔可其議,特準古六代之樂,易《嘉成》爲《大成》爾。然赫連昌、涼州、悦般國之樂,吳夷、東夷、西戎之舞,並列之太樂,是不知先王之時,夷樂作於國門右辟之説也。

北齊樂舞

北齊之舞,作《覆燾》以享天地之神,作《恢祚》以獻高祖武帝之室,《宣政》以獻文襄之室,《光大》以獻文宣之室。朝饗用文武之舞,咸有階步,其雜樂歌舞之伎,自文襄以來,皆所樂好。至河清以後,傳習尤盛,無足紀焉。

後周樂舞

後周武帝初造《山雲》之舞，又定《大夏》、《大漢》、《大武》、《正德》、《武德》，以備六代之樂。南北郊、雩壇、太廟、禘祫、朝會並用之。然不制神室之舞，非古人所以昭德象功之意也。

隋樂舞

隋文帝平陳之後，盡得宋齊舊樂，更詔牛宏等定文武之舞，辨器服之異，又準《樂記》象德擬功，初來就位，總干而山立，思君道之難也；發揚蹈厲，威而不殘也；武亂皆坐，四海咸安也。武始而受命，再成而定山東，三成而平蜀道，四成而北狄是通，五成而江南是拓，六成復綴以闡太平。文帝曰："不用象功德，直象事可也。"近代舞出入皆作樂，謂之階步，咸用《肆夏》，《周官》所謂"樂出入，奏鐘鼓"是也，並依定焉。梁帝罷之，不知經之過也。魏晉以來，有矛俞、弩俞及朱儒導引之類，既非正典，悉罷不用，亦可謂治古之舉也。其後定令置七部樂，而牛宏又請存鞞、鐸、巾、拂四舞與新伎，並陳宴會，同設於西涼前奏之，帝曰："音聲節奏及舞，悉宜依舊，惟舞人不捉鞞拂爾。"牛宏當世儒宗，而措論如是，抑何不知先王雅樂之甚也哉！

唐樂舞上

唐貞觀初，詔祖孝孫制定雅樂，始改隋文舞爲治康武舞焉，以施郊廟。後詔張文收更加補緝，昊天上帝奏《豫和》之舞，皇地祇奏《順和》之舞，宗廟奏《永和》之舞。又詔八坐議洪農府君、宣簡公、懿王三廟，同奏《長發》之舞，皇帝奏《大基》之舞，元皇帝奏《大成》

之舞，高祖武皇帝奏《大明》之舞，文德皇后奏《光大》之舞，宴羣臣
奏《七德》之舞，讌三品以上奏《九功》之舞。既又燕州牧蠻夷酋長
於玄武門奏《七德》、《九功》之舞，高宗又自制《上元舞》，令大祠享
皆得陳設。後又詔施之郊廟而已，以謂文武二舞，禮不可廢，若縣
作《上元舞》，奏《神功》、《破陣》、《功成》、《慶善》樂，殿庭用武，皆引
出縣外作，并詔高萬石上《凱安》六變之法：一變象龍興參野，二變
象剋靜關中，三變象夷夏賓服，四變象江淮寧謐，五變象獫狁慴伏，
六變復位象兵還振旅。貞觀禮祭享武舞六變，豈亦倣周大武之制
與？明皇嗣位，自以獲龍池之瑞，制《龍池》之舞。天寶中，奏祠太
清宮，造《紫極》之舞。然周用六代之樂，未嘗屢變名號之別也。唐
之樂舞屢變如此，不亦失之自衒，非所以褒崇祖宗功德之意邪？

唐樂舞下

　　高宗初，詔有司造《崇德》之舞，以尊太宗之廟。武后制《鈞
天》之舞，以尊高宗。睿宗詔《大和》之舞，以尊中宗。明皇詔《景
雲》之舞，以尊睿宗。開元中，將東封太山，更定雅樂，獻祖用《光
大》之舞，懿祖用《長發》之舞，景帝用《大政》之舞。餘如舊制。
代宗以《廣運》之舞，尊明皇以《惟新》之舞，尊肅宗、德宗以《保
大》之舞，尊代宗以《坤元》之舞，尊昭德皇后、憲宗以《文明》之
舞，尊德宗以《順和》之舞，尊順宗以《象德》之舞，尊憲宗、恭宗以
《和寧》之舞，尊穆宗、文宗以《大鈞》之舞，尊恭宗、武宗以《文成》
之舞，尊文宗、宣宗以《大定》之舞，尊武宗、哀帝以《咸寧》之舞，
尊昭宗、孝恭皇帝廟奏《承先》，諸太子廟並奏《凱安》。然高宗罷
文德皇后《光大》之舞，非奉先之孝也。制《上元》之舞二十九疊，
祭享之日，三獻已終，而舞猶未畢，非大樂必易之意也。

樂書卷一百七十八　樂圖論

俗部

舞

梁樂舞　　後唐樂舞　　晉樂舞　　漢樂舞　　空璣舞

武始舞　　咸熙舞　　緝備舞　　簪筆舞

梁樂舞

梁高祖開平初,造《崇德》之舞以祀昊天,《開平》之舞以享宗廟。然廟有四室,室爲一舞:一室曰《大合》之舞,二室曰《象功》之舞,三室曰《來儀》之舞,四室曰《昭德》之舞。自五代樂舞制度苟簡,均之自鄶,無足譏焉。

後唐樂舞

後唐樂舞,無所更造,獨宗廟四室,别立舞名:懿祖用《昭德》之舞,獻祖用《文明》之舞,大祖用《應天》之舞,昭宗用《永平》之舞,莊宗用《武成》之舞,明宗用《雍熙》之舞。然以天子之尊,立一廟四室,則下士之制而已,非先王七廟之制也。

晉樂舞

晉高祖初詔崔梲等,制定樂舞。梲等講求唐制,盡復其器服工員,改文曰《昭德》之舞,武曰《成功》之舞。始爲大會陳之,並推取教坊諸工，以備行列，屈信俯仰，頗有儀度。其後太常更自廣募工員，多出市人，閱習未幾，而元會朝饗遂用寺工，以陳於庭，進退無旅，而歌如《虞殯》。當時識者觀之，知晉之將亡兆於此矣。

漢樂舞

漢高祖即位之初，太常張昭進言：“唐有《治康》、《凱安》、《七德》、《九功》四舞，不可廢罷，宜更名號，示不相襲也。”故《治康》曰《治安》之舞，《凱安》曰《振德》之舞，《九功》曰《觀象》之舞，《七德》曰《講功》之舞。《治安》、《振德》，用之郊廟；《觀象》、《講功》，施之燕享。又宗廟四室，室別名舞：一室曰《靈長》之舞，二室曰《積善》之舞，三室曰《顯仁》之舞，四室曰《章慶》之舞。未幾，高祖廟有司上《觀德》之舞云。

空璣舞

孔子相魯，齊人患其將霸，欲敗其政，乃選美女八十人，衣文錦之服，舞《空璣》之曲，以遺魯君，三日不朝，而孔子行。然則鄭聲不放，佞人不遠，可乎？

武始舞　咸熙舞

魏明帝造《武始》、《咸熙》之舞。在郊廟，則《武始》工冕，黑介幘，黝衣裳，白領袖，絳領袖，中衣，絳合幅袴，絳襪，韋鞮；《咸熙》舞工冠委貌，餘服如之。在殿庭，則《武始》工武冠，赤介幘，生絳袍，單衣，絳領袖，皂領袖，中衣，虎文畫，合幅袴，白布襪，黑韋鞮；《咸熙》工進賢冠，黑介幘，生黃袍，單衣，白合幅袴，餘服同前而已。然古者天子冕而舞《大武》，漢之舞工亦冕焉，豈非襲李唐之失邪？

緝備舞

隋平陳之後，盡得宋齊舊樂，更詔牛宏等緝備焉。文舞工六十四，並黑介冠，進賢冠，絳紗連裳，白内單，皂襈領，襈裙，革帶，烏皮履，十六工執翟，十六工執帗，十六工執旄，十六工執羽，左手皆執籥，二工執纛引前在舞員外，衣冠亦如之。武舞工六十四，並服武弁，朱襦衣，革帶，烏皮履，左執朱干，右執玉戚，二工執旄居前，二工執鞉，二工執鐸，金錞二，四工舉，二工作，二工執鐃，二工執相在左，二工執雅在右，各一工作焉。自旄以下，夾引武舞者在舞員外，衣冠亦如之。然朱干玉戚，古天子之舞也，舞工以之，不亦過乎！

簪筆舞

齊永明中，釋寶月爲太樂令，鄭義秦論曰：“笛飾以旄，籥飾以羽，今笛、籥並用羽。舊制，進賢冠幘不簪筆，朱衣襈服，中厠皂緣曲領，白布袜，複舄。”義秦乃改簪筆，笛、籥同用竹，朱漆，籥三孔，笛一頭五色毦，籥兩頭葆羽毦，著烏皮履。梁武帝辨之曰：“《詩》云：‘左手執籥，右手秉翟。’蓋五雉之羽，寧謂羌笛邪？筆笏以記事受言，舞者何事簪筆邪？”由此觀之，義秦之論，其繆甚矣！

樂書卷一百七十九　樂圖論^①

俗部

舞

鞞舞　鐸舞　幡舞　拂舞　拌舞

盤舞　公莫舞　巾舞　白紵舞

鞞舞

《鞞舞》,其來尚矣。漢代已施於燕享,傅毅、張衡之所賦,關東有《賢女》五曲,皆其遺事,沈約謂"即今之《鞞扇舞》"是也。曹植序《鞞舞歌》曰:"故漢靈帝西園鼓吹有李堅者,能鞞舞。先帝召之,依舊曲改作新歌五篇,不敢充之黄門,今以成下國陋樂焉。"晉《鞞歌》亦五篇,《法明君》是也。其舞故常二八,桓氏將僭,遺表子明啓,增爲八佾,與漢《巴渝舞》異矣。陳釋智匠以爲《鞞扇舞》,即《巴渝舞》也。案其舞,前執鞞扇上舞,作《巴渝弄》至舞終,是一舞而二名,亦猶《公莫》爲《巾舞》也。隋牛宏之説亦然。臣嘗考沈約作《宋書·志》載魏《巴渝舞》、晉《宣武曲》各四篇,及叙《鞞舞》,則曰:"不詳所起。"又曰:"即今《鞞扇舞》也。"約叙魏沿革,亦已悉矣,若《鞞扇》與《巴渝》爲一舞,無容有"不詳所起"之言,智匠、牛宏彼然而言之,詎庸知非有司失傳二舞,歌節

---

①　按:自"樂圖論"至"梁有舞槃伎",原缺,元刻明修本亦缺,據光緒刻本補。

相亂耶？

鐸舞

《鐸舞》，漢四舞之一。晉有《鐸舞》歌詩五篇，若聖人制《禮樂篇》、《雲門篇》之類是也。曹植有“一篇”之説，豈未嘗見其全邪？陳釋智匠曰：“木鐸制法度，以號令天下，故取名云。”

幡舞

晉有《幡舞》，歌辭與鐸無鼓，舞技六曲，並用諸元會。至宋、齊間，幡舞歌辭雖存，而其舞已闕矣。曹植《鞞舞歌序》載“《幡舞歌》一篇”，亦其略也。

拂舞

臣考諸前史，《拂舞》歌詩有《白鳩》、《濟濟》、《獨漉》、《碣石》、《淮南王》五篇，並施殿庭，蓋出自江左駿，其歌皆非吴辭也。舊謂之吴舞，觀楊泓序《拂舞》：“自到江南，見《白苻舞》，或言《白鳧鳩舞》，云有此來數十年矣。”察其辭旨，豈吴人患孫皓虐政而思屬晉也耶？

拌舞　盤舞

《搜神記》曰：“太康中，天下爲《晉世寧》之舞。其舞仰手執杯盤而反覆之。反覆，至危也；杯盤，酒食器也。而名‘晉世寧’者，言時人苟且飲食之間，而其智不及遠，如器在手也。”漢世惟有拌舞，晉加之以杯而反覆之邪？魏曹洪置酒大會，令女倡衣羅縠躡鼓，一座皆笑，是其事也。樂府詩曰：“妍袖陵七盤。”沈約

曰：“漢張衡賦：‘歷七盤以縱躡。’王粲《七釋》：‘七盤陳於廣庭。’
宋世顏延之曰：‘遞間關於盤扇。’鮑照：‘以杯盤起長袖闌。’《許
昌宮賦》曰：‘婉轉鼓側，蜲蛇丹筵，與七類其遞奏。’皆以七盤爲
舞也。”宋有《杯盤舞歌》一篇，其詞曰：“舞杯盤，何翩翩，舉座幡
覆壽萬年，左回右轉不相失，亦舞以拌左右輕。”則拌、盤一舞，可
知矣。後漢傅毅曰：“盻般鼓則騰清眸。”《安樂宮詞》曰：“般鼓鐘
聲。”張衡曰：“般鼓煥以駢羅。”臣竊疑般鼓者，悦般國之鼓，非杯
盤舞之鼓也。梁有舞槃伎。

公莫舞

古琴操有《公莫渡河》曲，觀《公莫舞》歌詩有云：“吾不見，公
莫時[①]，吾何嬰，公來姥？時吾哺，聲吾治，五文度，汲水吾，噫邪
哺，誰當求？”是知《公莫舞》，《公莫渡河曲》之舞也。陳智匠曰：
“尋霍里子高，晨朝刺舡而濟，有白首狂夫，被髮提壺，亂流而度，
其妻追止之不及，遂溺而死。於是鼓箜篌而歌曰：‘公無渡河，公
竟渡河[②]，將奈公何！’曲終，赴河而歿。子高聞其歌悲，援琴而哀
切，以象其聲。”是也。宋沈約文致之，以爲“《公莫害漢》，今之
《巾舞》是也”，不知奚據而云。

巾舞

沈約曰：“項莊劍舞，項伯以袖隔之，使不得害漢高祖。今之
用巾，蓋像項伯衣袖之遺式也。”

---

① “莫時”，元刻明修本作“莫時”，光緒刻本作“其時”。
② “竟”，原作“兢”，據光緒刻本改。

白紵舞

宋、齊《白紵舞》，歌詩三篇，其首篇曰“制以爲袍餘作巾，袍以光軀巾拂塵”，次篇曰“雙袂齊舉鸞鳳翔，羅裙飄颻昭儀光”，終篇曰“聲發金石媚笙簧，羅袿徐轉紅袖揚”，是其事也。然紵本吳地所出，疑吳舞也。晉俳歌曰：“皎皎白緒，節節爲雙。”吳音呼“緒”爲“紵”，則白緒、白紵一矣。今宣州有白紵山，豈因是而名之邪？

樂書卷一百八十　樂圖論

俗部

舞

破陣舞　　慶善舞　　大定舞　　上元舞

聖壽舞　　光聖舞　　燕樂舞　　長壽舞

天授舞　　萬歲舞　　龍池舞　　小破陣舞

破陣舞

　　唐太宗在位七年，制《破陣》樂舞，左圓右方，先偏後伍，魚麗鵝貫，箕張翼舒，交錯屈信，首尾廻互，以象戰陣之形。呂才依圖教樂工百二十人，被甲持戟，執纛而習之，凡舞三變，每變爲四陣，有來往疾徐擊刺之象，以應歌節。既就，令魏鄭公虞世南、李百藥等制歌詞，更名《七德》之舞。其後宴三品及州牧、蠻夷酋長，於玄武門奏之，觀者覩其抑揚蹈厲，莫不扼腕踊躍，懍然震悚，武臣烈將咸上壽曰：“此舞是陛下百戰百勝之形容也。”羣臣咸稱“萬歲”。蠻夷諸種自請率舞，亦可謂盛矣。帝嘗謂侍臣曰：“朕昔在藩邸，屢有征誅，遂有此歌。豈意今日登之雅樂，所以被於樂章，示不忘本也。”永徽以後，朝羣臣，陳樂架，帝曰：“被甲而舞者，情不忍觀，所司宜勿設。”因慘愴久之。後更詔改《破陣》樂舞爲《神功破陣》樂。儀鳳中，帝在九成宮宴韓王元嘉、霍王元凱等，方其樂作，韋萬石奏曰：“《破陣》樂舞是皇祚發迹所由，宜揚祖宗盛烈,傳之於後。自天皇臨御,寢而不作,羣臣無以稱述,將何以發孝思之情哉?臣願每大宴會,先奏此舞,以光祖宗之烈。”上改容許之。樂既闋,上歠歡謂韓王等曰:“不見此樂,垂三十年。惟往者王業艱難,朕豈一日忘武功也?古人謂富貴不與驕奢爲期,而驕奢至,使朕時見此舞,得以自誡,無滿盈之容,非爲樂而奏耳。”由此言之,勿設其舞,孝子之情也;設而自誡,賢王之道也。然則後之爲人君者,可不念哉!其後藩鎮春冬犒軍,亦舞此曲,兼用馬軍引入塲,尤壯觀也。《破陣》樂有《萬斯年》曲,是朱崖李太尉進此曲名,即《天仙子》是也。

慶善舞

唐太宗生於武功慶善宮,既貴爲天子,設燕賦詩,被之筦絃,用舞童六十人,並進賢冠,大袖裙襦,漆髻,皮履,舞蹈安徐,以象文德洽而天下安也。至高宗時,饗燕奏之,則天子避位,公卿以下坐燕者皆興。永淳中,將封泰山,裴守真建議謂:“《破陣》、《慶善》樂舞,用兼賓祭,討論經傳,未有帝王立觀之禮。況升中大事,華夷畢集,甄陶化育,莫匪神功,豈於樂府別申嚴奉?臣謂當奏二舞時,不應起立,是不知《禮經》雖天子必有尊之説也。”詔之曰可。豈明王以孝治天下之意乎?守真之言,害教莫甚焉,不爲君子取也。然舞童用進賢冠,不亦失之以儒爲戲乎?

大定舞

《大定舞》,本出《破陣》樂,舞者百四十人,被五采文甲,持槊,歌云“八紘同軌樂”,以象平遼東,而邊隅大定也。

上元舞

唐咸亨中,高宗自製樂章十四首,而《上元》居一焉。詔有司諸大祠享並奏之。《上元》、《二儀》、《三才》、《四時》、《五行》、《六律》、《七政》、《八風》、《九宮》、《十洲》、《得一》、《慶雲》之曲,凡此十四章之目。其舞亦高宗所造,用舞者百八十人,畫五色雲衣,以象元氣也。

聖壽舞

唐高宗武后作《聖壽》樂,舞用百四十人,銅冠,五色畫衣,舞之行列必成字,凡十六變而畢,有"聖超千古,道泰百王,皇帝萬年,寶祚彌昌"之字。然先王作樂,有六變而止者,有八變而止者,有九變而止者,未聞有十六變者也,不亦失大樂必易之意邪?

光聖舞

唐明皇造《光聖》樂舞,舞者八十人,鳳冠,五采畫衣,兼以《上元》、《聖壽》之容,以歌王業所興也。臣嘗觀先王之舞,天子八佾,則六十四人矣。唐之樂舞,《安樂》、《光聖》所用八十人,《太平》、《太定》、《聖壽》所用百四十人,《破陣》舞工百二十人,《上元》舞工百八十人,惟《慶善》舞童六十人,庶幾先王八佾之制也。

讌樂舞

《讌樂舞》,唐張文收所造也。舞工二十人,緋綾爲袍,絲布爲袴,又分四部:《景雲舞》八人,《慶善舞》四人,《破陣舞》四人,《承天舞》四人。樂用玉磬二格,大方響一格,搊箏、筑、臥箜篌、大箜篌、小箜篌、大琵琶、小琵琶、大五絃琵琶、小五絃琵琶，吹葉、大笙、小笙、大觱篥、小觱篥、大簫、小簫，正銅鈸、和銅鈸，長笛、短笛，楷鼓①、連鼓、鞀鼓、桴鼓各一，工歌二。開元以後並亡，唯《景雲舞》僅存爾。

長壽舞

《長壽》樂舞，唐武后長壽年所造也。舞者十有一人，衣冠皆畫焉。誠益之四人，庶幾士舞之數也，然亦非后所當用焉。古人之於樂，蓋不可以爲僞。故志於色者，其歌詩淫以麗，其音詠薄以思，其舞節促以煩，其色婉而冶；志於德者，其歌詩典以則，其音詠和以暢，其舞節舒以緩，其色溫而雅；志於武者，其歌詩激以揚，其音詠奮以烈，其節方以直，其色嚴以厲。見其樂而知制作之所從來矣。由是觀之，武后《長壽》之舞，其制作之意可知也已。

天授舞

《天授》樂舞，唐武后天授年所制也。舞四人，畫衣五采，鳳冠。然亦非天后之制也。

萬歲舞

《鳥歌萬歲》樂舞，唐武太后所造也。當是時，宮中養鳥能人言，又常稱"萬歲"，故爲樂以象之。舞者三人，緋大袖，並畫鸜鵒，冠作鳥像。嶺南有鳥，似鸜鵒稍大，乍視不可辨，久養之能

---

① "楷鼓"，原作"揩鼓"，據元刻明修本、光緒刻本改。

言,南人謂之"吉了"。_{亦云"料"。}開元初,廣州獻之,言音雄重如丈夫,委曲識人,情慧於鸚鵡遠矣。《漢書·武帝紀》書南越獻能言鳥,豈謂此邪? 此方常言鸚鴝踰嶺乃能言,傳者誤矣。

龍池舞

《龍池》樂舞,唐明皇所作也。初帝在藩邸,居隆慶坊,所居坊之南,忽變爲池,望氣者異焉。故中宗末年,汎舟池中。及即帝位,以坊爲宫,池水逾大,彌漫數里,故爲此樂,以歌其祥也。舞者十有二人爲列,服五色紗雲衣,芙蓉冠,無憂履,曰工執蓮花以引舞,一奏而五疊也。然以十有二人爲列,失八佾之義也。

小破陣舞

《小破陣》樂舞,唐明皇造也。舞者四人,金甲胄,蓋生於立部伎也。然《破陣》樂被甲持戟,以象戰爭;《慶善》樂長袖屧履,以象文德。鄭公見奏《破陣》樂,則俯而不視;奏《慶善》樂,則翫之不厭,其有旨哉!

樂書卷一百八十一　樂圖論

俗部

舞

　中和舞　凱安舞　治康舞　六合還淳舞

　順聖舞　承天舞　聖主回鑾舞　一戎大定舞

　神宫大樂舞　霓裳舞　景雲舞　坐部舞　立部舞

中和舞

唐德宗造舞，因成八卦。仲春，麟德殿會百寮，觀新樂詩，且叙其舞，曰："朕以仲春之首，紀爲令節，聽政之暇，韻於歌詩，象中和之容，作《中和》之舞。"臣嘗觀《樂記》曰："樂者，中和之紀也。"荀卿曰："樂之中和也。"揚子曰："中正則雅。"然則《中和》之舞，其亦庶乎雅樂也。

凱安舞

唐改隋武舞爲《凱安舞》，工六十四人，左執干，右執戚，又二工執旌，次執鐸，次四人對與金錞，二人奏，次執鐃，次執相者左，執雅者右，各二工。在郊廟，則平冕，而飾準文舞；在殿庭，則武弁，平巾幘，金支緋絲布袖，褠甲爲金飾，白練襠襠，錦騰虵起梁帶，豹文布，大口袴，烏皮鞾，餘工各準其飾。然古者自天子達於士，莫不有冕服，冕而總干者，特天子而已，未聞舞工用冕也。昔諸侯冕而舞《大武》,《禮經》猶以爲僭天子之制,況舞工乎！唐武舞之工,有平冕之制,不亦失乎！

治康舞

唐貞觀初,詔祖孝孫改隋文舞爲《治安》之舞,工六十四人,左執籥,右執翟,別二工執纛以引。在郊廟,則委貌冠,黝絲布大白練襦,白紗中單,絳領襈,絳絲布大口袴,革帶,烏皮履;在殿庭,則進賢冠,黃紗袍,白紗中單,皂領襈,白練襠褶,白布大口袴,革帶,烏皮履,白布襪,纛工各準其飾。此文舞之器服也。

六合還淳舞

唐調露二年,上御洛城,南樓賜宴,太常奏《六合還淳》之舞。

順聖舞

昔于司空頔撰《順聖》樂以進,每宴必使奏之。其曲將半,行綴皆伏,一人舞於中央,幕客韋綬笑曰:“何用窮兵黷舞?”觀其言雖詼諧,然亦不爲無味矣,豈古所謂譎諫者邪?

承天舞

《承天》樂,舞四人,紫袍,進德冠,並銅帶。

聖主回鑾舞

唐大定元年,天后幸京師,同州刺史蘇瓌進《聖主還京》樂舞。上御行宮樓觀之,賜以束帛,令編之樂府焉。

一戎大定舞

唐龍朔元年，上召李勣、阿史那、上官儀等，宴于城門，觀屯營新教之舞，名之《一戎大定》樂，皆親征遼東，形容用武之象也。

神宮大樂舞

唐武后長壽中，親享萬象神宮，因制此舞，用舞者九百人，作之神宮之庭焉。

霓裳舞

唐文宗每聽樂，鄙鄭衛聲，詔奉常習開元中《霓裳羽衣》舞，以《雲韶》樂和之。舞曲成，太常卿馮定總樂工，列之殿庭[1]，端凝若植。文宗乃召升階，自吟定《送客西江》詩[2]，因賜禁中瑞錦[3]，令録所著古體詩以獻，豈莊周所謂"旦莫遇之"者邪[4]？自兵亂以來，《霓裳羽衣曲》其音遂絶。江南僞主李煜樂工曹者，素善琵琶，好法曲，因案譜得其聲。煜后周氏亦善音律，又自變易。徐鉉問曹曰："法曲本緩，而此聲太急，何也？"曹曰："宮中人易之，議者以爲非吉祥也。"後歲餘，而周氏卒矣。

景雲舞

《景雲舞》，八人花錦爲袍，五綾爲袴，緑雲冠，黑皮鞾。

---

① "列之殿庭"，光緒刻本作"閲之於庭"。

② "自吟定《送客西江》詩"，原作"自吟定《送客西江》之曲"，據光緒刻本改。

③ "因賜禁中瑞錦"，原作"於禁中瑞錦"，據光緒刻本改。

④ "旦莫遇之"，原缺"旦莫遇"三字，據光緒刻本補。

坐部舞　立部舞

　　唐《安樂》、《太平》、《破陣》、《慶善》、《大定》、《上元》、《聖
壽》、《光聖》等舞，皆雷大鼓，雜以龜兹之樂。《大定》樂加金鉦，
唯《慶善舞》獨用西梁樂。舊《破陣》、《上元》、《慶善》三舞，皆更
其衣冠，合之鐘石，別享郊廟，以《破陣》爲七德之武舞，《慶善》爲
九功之文舞。自武后僭亂，毀唐宗廟，斯禮竟廢矣。《安樂》等八
舞，皆立奏之，樂府謂之“立部伎”也。自《長壽》、《天授》、《鳥歌
萬歲》、《龍池》、《小破陣》等舞皆用龜兹樂，舞人皆穿皮鞾，惟《龍
池》舞用雅樂，而無鐘石。舞《躡履》、《讌樂》等六舞，皆坐奏之，
樂府謂之“坐部伎”也。唐之雅樂，其雜夷蠻之制如此。然則卒
致胡雛之禍者，有以也夫！

樂書卷一百八十二　樂圖論

俗部

舞

劍舞　清商舞　清樂舞　傾盃舞　軟舞

健舞　雙戟舞　抃舞　掌舞　車舞　鼓舞

字舞　花舞　歜舞

劍舞

昔子路戎服見孔子，拔劍而舞曰："古之君子，固以劍自衛乎？"孔子曰："古之君子，忠以爲質，仁以自衛。"蓋所以長善而救失也。至於沛公在鴻門，范增令項莊劍舞，因擊沛公，莊反以身蔽之，則又仁於衛人，非忠以爲質也，豈非天下神器，固有所歸，非一范增得而害之歟？

清商舞　清樂舞

江左有西傖羌胡，雜舞而冠服，工員不見於史傳。而西曲自《石城樂》、《烏夜啼》、《莫愁樂》、《估客樂》、《襄陽樂》、《三州》、《襄陽》、《蹋銅鞮》、《採桑》、《度江陵樂》、《青驄白馬共戲樂》、《安東平雅》、《阿難》、《孟珠翳樂》、《青陽樂》、《楊叛兒》、《夜烏飛》，皆有舞者十六員，梁悉減爲八員，此皆因歌而有舞，音節制度大致同矣。自魏人取淮漢壽春，收其聲伎，江左所傳中原舊曲《明君》、《聖主》、《公莫》、《白鳩》之屬，及江南吴歌，荆楚西聲，總謂之《清商》。北齊、後周、隋、唐因之，故自《巴渝舞》以下，及西曲諸舞，悉名“清樂”。至開元、天寶以後，制度亡矣，削之可也。

傾盃舞

唐明皇嘗令教舞馬百駟，分爲左右部。時塞外亦以善馬來貢，上俾之教習，無不曲盡其妙。因命衣以文繡，絡以金鈴，飾其鬣間，雜以珠玉。其曲謂之《傾盃樂》，凡數十疊。奮首鼓尾，縱橫應節，又施三層板牀，乘馬而上，抃轉如飛。或命壯士舉榻，馬舞其上，樂工數十環立，皆衣以淡黄衫，文玉帶，必求妙齡姿美者充之。每遇千秋節，大宴勤政樓，奏立、坐二部伎畢，則自内廐引出舞之。其後明皇幸蜀，而舞馬散在民間，禄山頗心愛之，自是以數十疋置之范陽。後爲田承嗣所得，而雜於戰馬，實之外棧，既而軍中饗士樂作馬舞，不能自止，厮養輩謂其爲妖，擁篲以擊之，馬立[1]，其舞不中節，抑揚頓挫，尚存故態，廐吏遽以爲怪，白承嗣箠之，終斃於櫪下，惜哉！由是觀之，《山海經》述海外太樂之野，夏后啓於此舞九代馬，《穆天子傳》有馬舞之舞，亦信有之矣。

軟舞

開成末，有樂人崇胡子能軟舞，其腰支不異女郎也。然舞容有大垂手，有小垂手，或象驚鴻，或如飛鷰，婆娑舞態也，蔓延舞綴也。然則軟舞蓋出體之自然，非此類歟？

---

① “馬立”，原作“馬謂”，據元刻明修本、光緒刻本改。

健舞

唐教坊樂:《垂手羅》、《廻波樂》、《蘭陵王》、《春鶯囀》、《半社》、《渠借席》、《烏夜啼》之屬,謂之軟舞;《阿遼》、《柘枝》、《黃麞》、《拂菻》、《大渭州》、《達摩支》之屬,謂之健舞。故健舞曲有《火祅》、《阿遼》、《柘枝》、《劍器》、《胡旋》、《胡勝》,軟舞有《梁州》、《蘇合香》、《掘柘枝》、《團亂旋》、《甘州》焉。

雙戟舞

吳凌統嘗怨甘寧刃其父操,寧常備統,未嘗相見,孫權亦命統勿讎之。嘗於呂蒙舍會,酒酣,統乃以刃舞,寧起曰:"寧能雙戟舞。"蒙曰:"寧雖能,未若蒙止之也。"因操刃持楯,以身蔽之。後權知統意,因令寧將兵徙屯中州焉。

抃舞

《英雄記》:建安中,曹操攻袁譚,於南皮斬之,作鼓吹,自稱"萬歲",於馬上舞。十二年,攻烏桓蹋頓,一戰斬之,繫鞍,於馬上抃舞,勇則勇矣,非人主之道也。

掌舞

《漢書》:趙飛燕體輕,能掌上舞。妙則妙矣,非妃后之道也。

車舞

莊周謂:"如而夫,一命而呂距,再命而名諸父,三命而車上舞。"方之循墻而走者,豈不有間乎?

鼓舞

唐邠王家馮正正、心兒，薛王家高大山、李不藉，歧王家江、張生，俱以善鼓聞。然近代好《落花》及舞鼓，以此鼓變輕小，取其便易，而調高聲尖也。當是時，宋娘、祁娘俱稱善鼓，宋能作曲及舞鼓，祁王《落花》吹笛，李阿八善鼓架，凡棚車上打鼓，非《火袄》，即《阿遼破》也。

字舞　花舞

段安節《樂府雜錄》有《字舞》、《花舞》。

歎舞

唐咸通中，伶人李可及善音律，尤能轉喉爲新聲，音辭曲折，聽者忘倦，京師屠酤少年效之，謂之"拍彈"。時同昌公主喪除，懿宗與郭淑妃悼念不已，可及爲《歎百年》舞曲，舞人皆盛飾珠翠，仍畫魚龍地衣以列之。曲終樂闋，珠翠覆地，調語悽惻，聞者流涕，懿宗嘗厚賜之。時宰相曹確屢論之，不納。至僖宗朝，卒爲崔彥昭所奏，死於嶺表，豈得放鄭遠佞之意邪？

樂書卷一百八十三　樂圖論

俗部

舞

琴舞　雅舞　屬舞　拜陵舞　力士舞　沐猴舞

鴝鵒舞　輪舞　繩舞　上雲舞　竿舞

琴舞

古人之歌、舞，未嘗不以琴也。《書》曰："琴瑟以詠。"舜作五絃之琴，以歌《南風》，伯牙援琴而歌，歌以琴也；孔子遊於泰山，見榮啓期抱琴而舞，帝嘗東望，見二女舞落霞之琴，舞以琴也。和凝三樂達節，有"先生自舞琴"之句，亦本諸此。

雅舞

古者雅舞用之郊廟燕享，莫不以金石奏之。大抵不過文、武二舞而增損之，所以示不相襲也。三代之際，更增縵樂、野舞、夷樂而兼奏之。迨至秦漢，用之宴私，率多哇淫，而雅舞廢矣。故漢之《巴渝》、《鞞鐸》、《杯柈》、《公莫》，晉之《幡拂》、《白紵》，皆出自方俗，而浸陳於殿庭。元魏之後，參以胡戎之伎。隋唐亦各製舞表揚功烈，而華夷之樂雜作，又分爲坐、立二部。明皇雄侈，立部增至八舞，坐部增至六舞，《宜春》、《雲韶》宮中之樂，及《蹀馬》、《大象》之屬，尚不在其數，物盛而衰，固理之常也。聖朝承五季末流，既尅静方夏，僞藩僭侯之伎，悉輸樂府，而禁坊盛矣。然華夷之樂，混爲一區，又當留意而修正之也。

屬舞

前代樂飲，酒酣必起舞，蓋所以極歡心，叙誠意。魏晉以來，尤重以舞相屬。樂飲以舞相屬，猶飲酒以杯相屬也。故漢李陵起舞，以屬蘇武；王智起舞，以屬蔡邕；晉謝安起舞，以屬桓嗣。陳智匠曰："比見北人猶以舞相屬。"則屬舞，古人非不尚也。然田蚡與灌夫過竇嬰家，酒酣起舞屬蚡，蚡不起，夫徙坐語侵之。陶謙爲舒令，見太守張磐，磐舞屬謙，謙不爲起，固强之，雖舞，而不轉，曰："不當轉邪？"曰："不可轉，轉則勝人。"由此觀之，以舞相屬，情意一有不至，而禍患随之，可不重之哉！臣嘗觀《詩》曰："屢舞躚躚。"《書》曰："恒舞于宫。"是舞可節而不可屢，可暫而不可常，故《詩》、《書》所譏，在屢與恒，而不在於舞也。然則相屬之舞，蓋亦不可屢而恒矣。江表孫譚酒酣，屢舞而不知止，顧雍所以深責之也。唐中宗數與近臣狎宴，遞起舞，唱《下兵》、《回波辭》、《黄麞曲》，憸幸之人因之徼求官爵，君臣之禮微矣。

拜陵舞

漢儀，拜陵食舉，奏《文始》、《五行》之舞。唐制，皇帝親行奠獻及薦服玩禮畢，再拜辭退而已，未嘗奏舞焉，豈《禮》所謂"樂以迎來"之意歟？古者蓋有以義起禮，以理作樂，拜陵之樂雖不經見，要之以理而作，亦人情所當然也。

力士舞

《後魏書》述嵇康生性氣麄武，人人憚之。肅宗朝，靈太后於西林園文武坐，酒酣迭舞，至康生爲力士舞，及折旋間，每顧視太后，舉手蹈足，瞋目傾首，爲不遜之勢，真狂生所爲也，可不戒哉！

沐猴舞

漢平恩侯許伯入第，丞相以下皆詣慶，酒酣樂作，少卿檀長卿起舞，爲沐猴與狗鬥，一坐絶倒。蓋寬饒欲劾之。長卿列卿，而爲沐猴舞，失禮甚矣！許伯爲謝而解，何寬饒之不勇如是邪？

鴝鵒舞

晉王導辟謝尚爲掾，始到府，導以其有勝會，謂尚曰："聞君能作鴝鵒舞，一坐傾想，寧有此理不？"尚曰："佳。"便著元幘而舞，導坐者撫掌激節，尚俯仰有節，傍若無人矣。然則謝尚所爲，其亦檀長卿之徒歟？

輪舞

《唐書·志》有舞輪伎，蓋今戲車輪者是也。

繩舞

漢天子臨軒設樂，繩繫兩柱，相去數丈，二倡女對舞繩上，比肩而不傾，何其妙邪！

上雲舞

梁三朝樂設《寺子》、《子遵》①、《安息》、《孔雀》、《鳳凰》、《文鹿》，胡舞《登連》、《上雲樂》。歌舞伎先作《文康》辭，而後爲胡舞，舞曲有六：第一《蹋節》，第二《胡望》，第三《散花》，第四《單交路》，第五《復交路》，第六《脚擲》，及次作《上雲樂》、《鳳臺桐柏》等諸曲。

竿舞

唐明皇御勤政樓，大張聲樂。時教坊有王大娘，善戴百尺竿，竿上施木山，狀瀛洲、方丈，仍令小兒持絳節出入其間，而舞不輟。嘗令劉晏賦詩，有“樓前百戲競争新，唯有長竿妙入神”之句，因命牙笏及黃紋袍賜之。

---

① “《寺子》、《子遵》”，原作“寺子遵”，當漏一“子”字。兹據後卷一百八十七《俳倡下》有“《寺子》、《子遵》”補。

樂書卷一百八十四　樂圖論

俗部

舞

序舞　　　童舞　　　柘枝　　　劍器　　　婆羅門

醉胡　　　萬歲樂　　　感聖　　　玉兔渾脱

異域朝天[①]　　　兒童解紅[②]　　　射鵰回鶻

序舞

真宗皇帝景祐中，留意雅樂，詔有司詳制。是時宋祁上言："案武舞六十四人，左執干，右執戚，離爲八列，乃令舞工執旌居前，次執鼗，次執鐸，次執錞，次執鐃，次執相，次執雅。在左右，各分行交引，至樂作舞入，則自鼗人始大振作之，舞工定位而止；及舞將退，又振作之，舞工分隊而止。臣竊詳鼗鐸之設，義不虛生，且鼗所以導舞也，鐸所以通鼓也，錞所以和鼓也，鐃所以止鼓也，相所以輔樂也，雅所以節步也。錞于鐃鐸在周，鼓人四金之奏，以和軍旅也。武舞象功，故得以軍器參焉。是舞之容節，導於鼗，通於鐸，和於鐃，輔於相，陜於雅，義可見矣。寧有導舞方始，而止鼓參焉，止鼓既摇，通鐸亂焉。臣竊以私意度之，謂當舞入之時，鼗、鐸以先之，錞以和之，相以輔之，雅以節之；及舞之將

---

①　"異域朝天"，原作"異國朝天"，誤，據元刻明修本、光緒刻本及文中題改。

②　"兒童"，元刻明修本作"童兒"。

成也,則鳴鐃以退行列,築雅以陔步武,各分左右,與舞俱出,其鼗、鐸、相皆止而不作。"有詔內外制議定以聞。於是章得象等奏,並如祁論,制可之。祁之論信善矣,然不知樂盈而進,以反爲文,故《書》言作樂先戛而後擊,《記》言作樂先節而後奏。然則導舞方始,而止鼓參焉,真得古人以反爲文之意也,不本故事,而以私意度之,如之何而可!

童舞

成周之教成童舞《勺》,漢《郊祀歌》、《千童羅舞》,故《記》曰:"樂者,非謂絃歌干揚也,樂之末節也,童子舞之。"然則童舞其來尚矣,由漢至唐,蓋有之矣。聖朝禁坊所傳雜舞,有舞童六十四人,引舞二人,屮童四人,作語一人,凡總七十一,舞名有十焉。

柘枝舞

《柘枝舞》,童衣五色繡羅寬袍,胡帽,銀帶。案《唐雜説》,羽調有《柘枝曲》,商調有《掘柘枝》,角調有《五天柘枝》,用二童舞,衣帽施金鈴,抃轉有聲,始爲二蓮華,童藏其中,華拆而後見,對舞相占,實舞中之雅妙者也。然與今制不同矣,亦因時損益然邪?唐明皇時《那胡柘枝》,衆人莫不稱善[1]。

劍器[2]

《劍器》之舞,衣五色繡羅襦,折上巾,交脚絳繡靴,仗劍執

---

① "衆人莫不稱善",光緒刻本作"衆人莫及也"。
② "劍器",元刻明修本、光緒刻本作"劍氣"。下同。

械①。唐開元中，有公孫大娘善舞《劍器》，能爲鄰里感激。懷素見之，草書遂長，蓋狀其頓挫勢也。老杜有《舞劍器行》辭②，亦其事歟？今教坊中吕宫有焉。

婆羅門

《婆羅門舞》，衣緋紫色衣，執錫鐶杖。唐太和初，有康廼、米禾稼、米萬槌，後有李百媚、曹觸新、石寶山，皆善弄《婆羅門》者也。後改爲《霓裳羽衣》矣。其曲，開元中西涼府節度楊敬述所進也。

醉胡

《醉胡》之舞，衣紅錦襦，銀鈷鞢，氈帽。

萬歲樂

《萬歲樂舞》，衣紫緋緑，大簇花，折上巾。

感聖

《感聖樂舞》，衣青羅繪衫，帛帶，總角。

玉兔渾脱

《玉兔渾脱舞》，衣四色繡羅襦，銀帶，玉兔冠。唐天后末年，《劍器》入《渾脱》，始爲犯聲。《劍器》，宫調；《渾脱》，角調。以臣

---

① “靴仗劍執”，光緒刻本作“抹額被武”，似是因元刻明修本此四字漫漶不明臆加。

② “舞劍器行辭”，光緒刻本作“舞劍氣之辭”。

犯君，不可以訓，非中正之雅也。中宗將作大匠宗晉卿舞《渾脱》，君子鄙之。神龍初，呂元泰嘗諫曰：“比見都市坊邑相率爲《渾脱》，駿馬胡服，名爲《蘇莫遮》。旗鼓相當，軍陣之勢也；騰逐喧噪，戰争之象也；胡服相懽，非雅樂也；《渾脱》爲號，非美名也。”其後睿宗入靖内難，韋族誅廢，此其應也。

異域朝天

《異域朝天舞》，衣錦襦，銀束帶，戎冠，手執寶槃。

兒童解紅

《兒童解紅舞》，衣紫緋繡襦，銀帶，花鳳冠，綬帶。唐和凝《解紅歌》曰：“百戲罷，五音清，《解紅》一曲新教成。兩箇瑶池小仙子，此時奪却《柘枝》名。”則《童兒解紅》，柘枝之類也，其始於唐乎？

射鵰回鶻

《射鵰回鶻舞》，衣槃鵰錦襦，銀鈷鞢，持射鵰槃。

樂書卷一百八十五　樂圖論

俗部

雜樂

女樂上　女樂中　女樂下　菩薩蠻　感化

拋毬　剪牡丹　拂霓裳　採蓮　鳳迎　獻花

采雲仙　打毬　宮伶　擊鞠　偶人戲

女樂上

女樂之爲禍大矣！衆人得之而蕩心，列國資之以行間。故齊人遺魯，而孔子行；秦人遺戎，而由余去；楊阜厲聲，而曹洪爲之立罷；賈曾極諫，而皇太子爲之不閱。晉明出宋褘而疾愈，虞公受二八而政亂。然則女樂之於天下，有不爲喪身亡國之階邪？昔王導作女妓，蔡謨不悦而去，導亦知而不止之，是胥能知非者也，雖未若不作之愈，不猶愈於怗終而不知其非者邪？彼房暉遠託《關雎》之説以悦隋祖，牛宏修房中之樂以諂文帝，彼哉，彼哉，真先民之罪人也！

女樂中

唐明皇開元中，宜春院妓女謂之"内人"，雲韶院謂之"宮人"，平人女選入者謂之"搊彈家"。内人帶魚，宮人則否。每勤政樓大會，樓下出隊，宜春人少，則以雲韶足之。舞初出幕，皆純色縵衣,至第二疊,悉萃場中,即從領上褫,籠衫懷之,次第而出,繞聚者數匝,以容其更衣,然後分隊,觀者俄見藻繡爛然,莫不驚異。凡内伎出舞,教坊諸工唯舞《伊州》、《五天》二曲,餘曲盡使内人舞之。文宗時,教坊進《霓裳羽衣》舞,女三百人。唐季兵亂,舞制多失。聖朝禁坊所傳,不過小兒女樂三種而已。女伎舞六十四人,引舞四人,執花四十人,丱童四人,從伎四十人,作語一人,凡總一百五十三,舞名有十焉。

女樂下

聖朝大宴酺會,禁坊進二種舞,每舞各進一色,舞疊方半,則工伎止立,間以俳優戲畢。嘗於崇德殿宴契丹人使,但作小兒舞一種而已。其他端門望夜,錫慶院賜羣臣及酺宴,則舞工三十六人。凡此,本唐宮中嬉燕之樂,伶蕭相傳,故附曲作舞而已。雖冠服小異,而工員常定,非如坐、立二部出於當時之君,有因而作也。至於優伶常舞大曲,惟一工獨進,但以手袖爲容,蹋足爲節,其妙串者,雖風旋鳥騫,不踰其速矣。然大曲前緩疊不舞,至入破,則羯鼓、震鼓、大鼓與絲竹合作,句拍益急,舞者入場,投節制容,故有催拍、歇拍之異,姿制俯仰,百態横出,然終於倡優詭玩而已,故賤工專習焉。鄭衛之樂也,雖放之可也。

菩薩蠻

《菩薩蠻》之舞,衣絳繪窄砌衣,卷雲冠。唐咸通中,伶人李可及常於安國寺作《菩薩蠻》舞。懿宗愛之,嘗賜銀樽酒二,啓之,乃金翠也。

感化樂

《感化樂》之舞，衣青繪通衣，皆梳髻，綬帶。

抛毬樂

《抛毬樂》之舞，衣四色繡大衫，銀帶，捧繡毬。

剪牡丹

伶人《剪牡丹》之舞，衣紅繪砌衣，金鳳冠，持花。

拂霓裳

《拂霓裳》之舞，衣紅砌仙衣，碧霞帔，仙冠，紅繡抹額。

採蓮

《採蓮》之舞，衣紅繪短袖暈帬，雲鬟髻，乘綵船，持花。唐和凝《採蓮曲》曰"波上人如潘玉兒，掌中花似趙飛燕"是也。今教坊雙調有焉。

鳳迎樂

《鳳迎樂》之舞，衣仙砌衣，雲鬟，鳳髻。

獻花

《菩薩獻香花》之舞，衣繪窄砌衣，寶冠，執花盤。

采雲仙

《采雲仙》之舞，衣黃繪衣，紫霞帔，仙冠，執幢節、鶴扇。

打毬樂

《打毬樂》之舞，衣四色窄繡羅襦，銀帶，簇花折上巾，順風腳，執毬杖。蓋唐貞觀初，魏鄭公奉詔所造，其調存焉。

宮伶

唐舊制，承平無事，三二歲，必於盛春內殿錫宴宰輔及百辟，備《韶》、《濩》九奏之樂，設魚龍曼延之戲，連三日，抵暮方罷。宣宗天賦聰哲，於音律特妙，每將錫宴，必裁新曲，俾禁中女伶迭相教授。至是日，出數十百輩，衣以珠翠緹繡，分行列隊，連袂而歌，其聲清怨，殆不類人間。其曲有曰《播皇猷》者，率高冠方履，褒衣博帶，趨步俯仰，皆合規矩，于于然有唐堯之風焉；有曰《蔥西》，士女踏歌隊者，其詞大率言蔥嶺之士樂河湟故地，歸國復爲唐民也；有曰《霓裳曲》者，率皆執幡節，被羽服，態度凝澹，飄飄然，疑有翔雲飛鶴變見左右。如是者數十曲，皆治世之聲，教坊伎兒輩遂寫其曲，奏於外，自是往往流傳民間。然錫宴宰輔百辟，至於連日抵暮，是不知詩人在宗載考之意也。以禁中女伶連袂歌怨，以盡臣下之懽，豈不幾於君臣相謔邪？唐之所以衰亂不振者，彼誠有以召之也，可不戒哉！

擊鞠

唐宣宗聽政之餘，至於弧矢擊鞠，皆洞盡其妙。所御馬銜勒之外，不加雕飾，而馬趨捷特異，每持鞠杖，乘勢奔躍，運鞠於空中，連擊至數百，而馬馳不止，迅若流電焉。二軍老鞠手，咸伏其能。然以天子之貴，爲樂吏賤工所爲，雖極巧妙，君子不取也。

偶人戲

窟礧子，亦謂之魁礧子，又謂之傀儡子。蓋偶人以戲喜歌舞，本喪家樂也。蓋出於偃師獻穆王之伎，高麗國亦有之。至漢末，用之於嘉會。齊後主高緯尤好之，真失其所樂矣！《世說》：沛公在平城，爲突厥圍。突厥閼氏素妬忌，陳平設木偶美人舞於城上，閼氏望見而退兵。史書但言陳平以私計免圍，蓋鄙其策下爾。後樂家翻爲歌舞之戲。後魏有郭郎，至合爲俳優之首，時人戲爲之語曰："東家郭公九十九，伎倆肆盡入滕口。"史家以爲此語妖也，今民間多有之也。

樂書卷一百八十六　樂圖論

俗部

雜樂

散樂上　散樂下　百戲上　百戲下　鷰戲

劍戲　地川戲　龜嶽戲　扛鼎戲　捲衣戲

白雪戲　山車戲　巨象戲　吞刀戲　吐火戲

殺馬戲　剝驢戲　種瓜戲　拔井戲　莓苔戲

角觚戲　蚩尤戲　魚龍戲　漫衍戲　排闥戲

角力戲　瞋面戲　代面戲　衝狹戲　透劍門戲

蹙鞠戲　蹙毬戲　踏毬戲　緄戲　劇戲　五鳳戲

　散樂上

　散樂，其來尚矣。其雜戲，蓋起於秦漢，有魚龍蔓延、假作獸以戲。高絙、鳳皇、安息、五案、並石季龍所作，見《鄴中記》。都盧、尋橦、今之緣竿，見《西京賦》。九劍、九，一名鈴，見《西京賦》。戲車、山車、興雲、動雷、見李尤平《樂觀賦》。跟挂、腹旋、並緣竿所作，見傅玄《西都賦》。吞刀、履索、吐火、並見《西京賦》。激水、轉石、嗽霧、扛鼎、並見李尤《長樂宮詞》。象人、見《西漢書》，韋昭曰："今之假面。"怪獸舍利之戲。若此之類，不爲不多矣。然皆詭怪百出，驚俗駭觀，非所以善民心，化民俗，適以滔堙心耳，歸於淫蕩而已，先王其惡諸！《傳》曰："散樂，非部伍之聲。"豈不信哉！唐明皇之在藩邸，有散樂一部，戡定袄氛，頗藉其力。迨膺天位，常於九曲閲太常樂，凡戲輒分兩朋，以別優劣，則人心意勇，謂之“熱戲”。卒詔罷太常俳優聲兒雜伎，置左右教坊隸之，亦可謂善制矣。然溺於藩邸内養之樂，而不知淫蕩之過，亦未免乎先王所惡之域矣。

散樂下

前代失德之君，莫不以聲曲哀絶爲歡，財力侈泰爲矜。然不知聲哀者國必亡，財匱者民必叛也。故隋煬帝收周、齊故樂人及天下散樂，並萃樂府，高頴諫曰：“此樂久廢，今若召之，徒棄本逐末，遞相教習。”帝益不悦，而侈靡聲色滋甚。其後復語李懿曰：“周天元以好樂亡，商鑒不遠，安可復爾？”帝以頴訕朝政而誅之，虐莫甚焉，豈特失德而已哉！唐高祖即位，孫伏伽言於帝曰：“百戲散樂，大非正聲。有隋之末，大見崇用，是謂淫風，不可不改。廼者太常於民間借婦女裙襦五百餘具，以充散樂之服，欲於玄武門遊戲。臣竊思之，非貽厥孫謀，爲萬世之法也。《傳》曰：‘樂則《韶》舞。’以此言之，散樂定非功成之樂也。請並廢之。”若高頴、孫伏伽者，真所謂進思盡忠、退思補過之臣也，嚮使宋之孝文聞之，豈不興愧耶？周宣帝廣召雜伎，增修百戲，日夜陳之殿庭，令城市妙年有姿容者，婦服歌舞，與後庭宫人夜中連臂踏蹄而歌，觀其施設，豈長世之兆邪？惜乎無高、孫之臣，卒於滅亡而已，豈不痛哉！

百戲上

象人之戲，始於周之偃師，而百戲之作，見於後漢。故大子樂少府屬官承華，令典黄門，鼓吹百戲，師二十七人。北齊清商

令丞,掌百戲及鼓吹樂。大業中,諸夷來貢方物,乃於天津街盛
陳百戲,動以萬餘人。唐宣宗每幸十六宅諸王,無少長悉命預
坐,必大合樂,列百戲,則百戲之樂,其所從來久矣。然隋皇陳之
天津街,以詫夷人,唐帝用之内殿,以宴百辟,非所以正百官而風
天下也,君子無取焉。聖朝雜樂,有踏毬、蹙毬、踏蹻、藏挾、雜
旋、弄槍、蹙瓶、齗劍、踏索、尋橦、筋斗、拗腰、透劍門、飛彈丸、女
妓百戲之屬,皆隸左右軍而散居焉,每大饗燕宣徽院,按籍召之,
亦宜去隋唐之失也。

百戲下

　隋煬帝大業中,突厥染干來朝①,帝欲誇之,總追四方散樂,
大集東都華林苑積翠池側,帝帷宫女觀之,有舍利、繩柱等,如漢
故事。又爲夏育扛鼎,取車輪、石臼、大盆器等,各於掌上跳弄
之,并二人戴竿,其上有虎,忽然而換易之,又有神鼇,騰透負山,
幻人吐火,千變萬化,曠古莫儔。染干大駭之②。自是令太常教
習,每歲正月,萬國來朝,留至十五日,於端門外建國門内,綿亘
八里,列爲戲場,百官起棚,夾路縱觀之。伎人皆衣錦繡繒綵,歌
者多爲婦服,鳴環珮,飾以花毦者,殆三萬人。初課京兆河南製
此服,而兩京繒帛爲之中虛。三年,駕幸榆林,突厥啓民朝于行
宫。及六年,諸夷大獻方物,突厥啓民以下,皆國主親來朝賀。
乃於天津街盛陳百戲,海内凡有伎藝,無不總萃,崇侈器翫,盛飾
衣服,皆用珠翠金銀,錦罽絺繡。其營費鉅億萬,關西以安德王

---

① "染干",光緒刻本作"單于"。
② "染干",光緒刻本作"單于"。

雄總之，東都以齊王暕總之。金石匏革之聲，聞數十里外，彈絃搋管以上萬八千人，大列炬火，光燭天地。百戲之盛，振古無比，自是每年以爲常焉。大抵散樂雜戲多幻術，皆出西域，始以善幻人至中國。漢安帝時，天竺獻伎，能自斷手足，刳剔腸胃，自是歷代有之。然夷人待以淫樂，習俗導以巫風，是用夷變夏，用邪干正，聖王不貴也。唐高宗嘗惡其驚俗，勅西域關津不令入中國，亦甚盛之舉歟？

劍戲　鷰戲

宋有蘭子者，以技干宋元君，以雙技長倍其身，属其蹕並趨並馳，弄七劍，迭而躍之，五劍常在空中。元君大驚，立賜金帛。又有蘭子能鷰戲者，亦謂之“燕濯”，若今絶倒技也，復以干元君。元君大怒曰：“昔以異技干寡人，寡人懽心，彼必聞此而進。”乃拘而戮之。然則元君之舉，其亦過人遠矣。昔隋高帝初不好聲伎，遣牛洪定樂，非正聲清商及九部四舞之色，一切罷去。觀其措心，非無元君之舉也。已而從臣奏括天下周齊梁陳樂家子弟，皆籍爲樂户，其六品以下至于民庶，有善音樂及倡優百戲者，皆直太常。是後異伎淫聲，咸萃樂府，悉置博士弟子，遞相誨導，增益樂人，動至三萬餘矣，無復初舉之意也！豈非從臣有以逢君之惡而長之，有至於是邪？

地川戲　龜抃戲　扛鼎戲　捲衣戲　白雪戲

高絙紫鹿，跂行鼈食，及齊王捲衣笮兒、夏育扛鼎、巨象行乳、神龜抃舞、背負靈嶽、桂木白雪、畫地成川之伎，漢世有之，江左尤盛焉。晉成帝時，咸康中顧臻上章，以謂“末代之樂，設禮外之”。觀逆行連倒，四海朝覲，言至帝庭，而足以蹈天，頭以履地，反天地之順，傷彝倫之大。乃命太常悉罷之，可謂知去淫樂矣。然其後復高絙紫鹿①，又有天台山伎，噫，孰若不罷之爲愈哉！

山車戲　巨象戲　吞刀戲　吐火戲
殺馬戲　剥驢戲　種瓜戲　拔井戲

北齊神武平中山，有魚龍爛漫、俳優侏儒、山車、巨象、吞刀、吐火、殺馬、剥驢、種瓜、拔井之戲。周宣召齊樂，並會關中，亦可謂盛矣。隋開皇初，並散遣之，何其睿智邪！

莓苔戲

齊永明中，赤城令鄭義泰按孫興公賦，爲天台山伎作莓苔石橋、道士捫翠屏之狀，尋亦省焉，非雅樂也。或謂武帝遣主書董仲民爲之，豈古今傳聞不同邪？

角觝戲　蚩尤戲

角觝戲，本六國時所造，秦因而廣之。漢興，雖罷，至武帝復采用之。元封中，既廣開上林，穿昆明池，營千門萬戶之宮，設酒池肉林，以饗四夷之客，作巴渝、都盧、海中、《碭極》、李奇曰：“《碭極》，樂名。”漫衍、魚龍、角觝，以觀示之。角者，角其伎也，兩兩相當，角及伎藝射御也，蓋雜伎之總稱云。或曰：蚩尤氏頭有角，與黃帝鬬，以角觝人，今冀州有樂名《蚩尤戲》，其民兩兩載牛角而相觝。漢造此戲，豈其遺象邪？後魏道武帝天興中，詔太樂總章

---

① “高絙紫鹿”，原作“高絙紫度”，誤，據前有“高絙紫鹿”改。

鼓吹,增修雜戲,造五兵角觝、麒麟、鳳凰、仙人、長蚷、白象舞及諸畏獸、魚龍、辟邪、鹿馬、仙車、高絙、百尺、長趫、緣橦、跳丸、五案,以備百戲,大饗設於殿前。明元帝初,又增修之,撰合大曲,更爲鐘鼓之節,是不知夷樂作於中國之庭,陳禪所以力排之也。

魚龍戲　漫衍戲

漢天子正旦臨軒,設九賓樂。舍利獸從西方來,戲於殿庭,激水成比目魚,跳躍嗽水,作霧翳,日化成黃龍,長七八丈,聳踴而出,耀熿日光,張衡所謂“海鱗變而成龍”也。樂畢,作魚龍蔓延,黃門鼓吹三通,亦百戲之一也,張衡所謂“巨獸百尋,是爲漫衍”者是已。北齊命爲“爛漫”云。

排闥戲

唐昭宗光化中,孫德昭之徒刃劉季,述帝反正,命樂工作樊噲排闥戲以樂焉。

角力戲

壯士裸裎相搏而角勝負,每羣戲既畢,左右軍雷大鼓而引之,豈亦古者習武之變歟?

瞋面戲

唐有此戲,其狀以手舉腳加頸上。時劉吃陁奴能不用手,而腳自加頸,何其妙邪?

代面戲①

北齊蘭陵王長恭才武而貌美，常被假面以對敵，擊周師金墉下，勇冠三軍，齊人壯之，故爲此舞，以象其指撝擊刺之容，俗謂之《蘭陵王入陣曲》，然亦非雅頌之聲也。《樂府雜録》謂代面廼北齊神武之弟，有膽勇，善鬪戰，以其顏貌雌，無威於敵者，非矣。

衝狹戲　透劍門戲

漢世卷簟席，以矛插其中，伎兒以身投，從中過之，張衡所謂"衝狹燕濯，胸突鋒鋋"也。後世攢劍爲門，伎者裸體擲度，往復不傷，亦衝狹之變歟？

蹴鞠戲　蹴毬戲

蹋鞠之戲，蓋古兵勢也。《漢·兵家》有《蹵鞠》二十五篇。李尤《鞠室銘》曰："員鞠方牆，放象陰陽，法月衝對，二六相當。"霍去病在塞外穿域，蹋鞠亦其事也。蹴毬，蓋始於唐。植兩修竹，高數丈，絡網於上爲門，以度毬。毬工分左右朋，以角勝否，豈亦蹵鞠之變歟？

踏毬戲

踏毬，用木毬，高尺餘，伎者立其上，圓轉而行也。

---

① "代面戲"，原作"代面"，據元刻明修本、光緒刻本補。

絚戲

漢世以大絲繩繫兩柱頭間，相去數丈，兩倡對舞，行於繩上，對面道逢，肩相切而不傾，張衡所謂"跳丸劍之揮霍，走索上而相逢"是也。梁三朝伎謂之"高絚"，或曰"戲繩"，今謂之"踏索"焉。

劇戲

聖朝戲樂，鼓吹部雜劇員四十二，雲韶部雜劇員二十四，鈞容直雜劇員四十，亦一時之制也。

五鳳戲

唐明皇在東洛，大酺於五鳳樓下，命三百里內守令，率聲樂赴闕，較勝負而賞罰焉。時河內守令樂工數百人於車上，皆衣以錦繡，服箱之牛蒙以猛獸皮，及爲犀象形狀，觀者駭目。時元魯山遣樂工數十人，聯袂歌《于蔿》之文①，明皇聞而嘆之曰："賢人之言也。"其後謂宰臣曰："河內之人，其在塗炭乎？"促命召還，授以散秩。每賜宴設酺會，御勤政樓，昧爽陳仗，盛列旗幟，或被金甲，或衣短後繡袍，太常陳樂，衛尉張幕。後諸蕃酋長就食郡邑，教坊大陳山車、旱舡、尋橦、走索、丸劍、角抵、戲馬、鬬雞，又令宮嬪數百飾珠翠，衣錦繡，自帷內出，擊雷鼓爲《破陣》、《太平》、《上元》等樂，又引大象、犀牛入場拜舞，動中音律。每正月望夜，又御勤政樓作樂，達官戚里並設看樓觀之。夜闌，遣宮嬪於樓前歌舞，何其盛歟？奈何不知好樂無荒，而君臣幾於同讌，卒墮天寶之禍，豈不誠有以召之邪？

---

①　"于蔿"，元刻明修本作"于蒍"，光緒刻本作"于蔿"。

樂書卷一百八十七　樂圖論

俗部

雜樂

俳倡上	俳倡下	爛漫樂	猨騎戲	鳳凰戲
參軍戲	假婦戲	蘇范戲	橦末伎	舞盤伎
長蹻伎	跳鈴伎	擲倒伎	跳劍伎	吞劍伎
舞輪伎	透峽伎	高絙伎	獼猴幢伎	緣竿伎
椀珠伎	丹珠伎	都盧伎	車輪折脰伎	辟邪伎
青紫鹿伎	白虎伎	擲蹻伎	擲倒案伎	
透須彌伎	透黄山伎	透三峽伎	受猾伎	麒麟伎
長蚭伎	鳳書伎	檐橦胡伎	藏挾伎	雜旋伎
弄槍伎	蹩瓶伎	擎戴伎	拗腰伎	飛彈伎

俳倡上

《春秋元命苞》曰："翼星主南宫之羽儀，爲樂庫，爲天倡。先王以賓于四門，而列天庭之衛，主俳倡近太微而爲尊。"然則俳倡之樂，上應列星，蓋主樂府以爲"羽儀非所以導人主於流淫"也，故秦侏儒優游以一笑言之故，休陛楯之士，豈曰小補之哉！唐開元中，有黄幡綽，亦優游之亞匹也。臣觀先王作樂，通天下之情，節羣生流放，故上自天下，下達士庶，未嘗去樂，而無非僻之心。

及周道衰微，日失其序，亂俗先之以怨怒，亡國從之以哀思，獲雜子女，蕩悅淫心，充庭萬舞，則以魚龍靡漫爲瓌瑋；會同饗覿，則以吳趨楚舞爲妖妍。纖羅霧縠侈其衣，疏金鏤玉砥其器。在上班賜寵臣，羣下亦從風而靡。王侯將相，歌伎填室；鴻商富賈，舞女成羣。競相誇大，互有爭奪，如恐不及，莫爲禁令，傷物敗俗，莫不在此，可不誠謹之哉！彼張野狐、安不闍，雖爲俳優之善，亦不足道也。昔衛侯喜鶴貴優，而輕大臣，羣臣或諫，則面而叱之。及翟伐衛，寇挾城堞矣，衛君泣拜臣民曰：“寇迫矣，士民其勉之！”士民曰：“亦使君之貴優愛鶴以守戰矣，我儕棄人也，安能守戰？”及潰門而出走，翟入，衛君奔死，遂喪其國。然則貴優之害，有至於此，爲人君者，不可不察也。昔商仲文勸宋武帝畜伎，帝答曰：“不解聲。”仲文曰：“但畜自解。”答曰：“畏解，故不畜。”由是觀之，宋武帝可謂賢君矣。然則商仲文豈不爲逢君之惡之臣邪？

俳倡下

優倡之伎，自古有之。若齊奏宮中之樂，倡優侏儒戲於前。漢惠帝世安、陵啁之類。武帝時幸倡，郭舍人滑稽不窮。魏武好倡優，每至歡笑，頭没杯案中。梁三朝樂有俳伎小兒讀俳，寺子遵安息孔雀、鳳凰、文鹿胡舞①，登連《上雲樂》歌舞伎。魏邯鄲淳詣曹植，必傅粉科頭，拍袒胡舞，誦俳優小説。則傅粉塗墨，更衣易貌，以資戲笑，蓋優倡常態也。故唐時謂優人辭捷者爲“斫

---

① “寺子遵”，四庫本作“寺子子遵”，元刻明修本、光緒刻本作“寺子予導”，按後一“子”（“予”）當爲衍文，兹據《隋書·音樂志上》改。

撥”，今謂之“雜劇”也。有所敷叙曰“作語”，有誦辭篇曰“口號”，凡皆巧爲言笑，令人主和悦者也。苟好而幸之，未有不敗政傷俗者矣，可不戒哉！

爛漫樂

《列女傳》曰：“夏桀播棄禮義，淫於婦人，求四方美人，積之後宮，爲爛漫之樂。”此所謂作爲淫巧以悦婦人，亡國之音也，比於慢矣！晉平公之作新聲，豈溺於此歟？今夫亡國之戮民，非無樂也，雖樂不樂；溺者非不笑也，雖笑不樂；罪人不歌也，雖歌不樂。亡國之音，有似於此矣，不可不知也。

猨騎戲　鳳凰戲

石虎《鄴中記》述：虎正會殿前作樂，《高絙》、《龍魚》、《鳳凰》、《安息》、《五案》之屬，莫不畢備。有額上緣橦，至上鳥飛，左廻右轉；又以橦着口齒上，亦如之。設馬車，立木橦其車上，長二丈，橦頭安横木，兩伎各坐木一頭，或鳥飛，或倒掛。又依伎兒作獼猴之形，走馬上，或在馬脅，或在馬頭，或在馬尾，走如故，名爲“猨騎”。初，晉中朝元會，設卧騎，倒顛騎，自東華門馳至神虎門，皆其類也，其術亦可謂妙矣。奈何戎狄之戲，非中華之樂也。在石虎樂之可也，若真主樂之，豈所宜哉！今軍中亦有馬戲伎者，其名甚衆，但不謂猨騎爾。

參軍戲

《樂府雜録》述：弄參軍之戲，自後漢館陶令石聘有贓犯始也。蓋和帝惜其才，特免其罪，每遇宴樂，即令衣白夾衫，命優伶戲弄辱之，經年乃釋，謂之"後爲參軍"者，誠也。唐開元中，有李仙鶴善爲此戲，明皇特授韶州同正參軍，是以陸鴻漸撰詞云"韶州參軍"，蓋由此矣。武宗朝，有曹叔度、劉泉水；咸通以來，有范傳康、上官唐卿、吕敬儉、馮季皋，亦其次也。趙書謂石勒參軍周延爲館陶令，如此，豈傳聞之誤邪？

假婦戲

唐大中以來，孫乾飯、劉璃瓶、郭外春、孫有態善爲此戲。僖宗幸蜀時，戲中有劉真者，尤能之，後隨車駕入都，籍于教坊矣。

蘇葩戲

後周士人蘇葩，嗜酒落魄，自號"郎中"。每有歌塲，輒自入歌舞，故爲是戲者，衣緋袍，戴席帽，其面赤色，蓋象醉狀也，何其辱士類邪？唐鼓架部非特有蘇郎中之戲，至於代面、鉢頭、踏摇娘、羊頭、渾脱、九頭師子、弄白馬、益錢[①]、尋橦、跳丸、吞刀、吐火、旋盤、觔斗，悉在其中矣。

> 橦末伎　舞盤伎　長蹻伎　跳鈴伎　擲倒伎
> 跳劍伎　吞劍伎　舞輪伎　透峽伎　高絙伎
> 獼猴橦伎　緣竿伎　椀珠伎　丹珠伎

漢世有橦末伎。又有盤舞，梁謂之舞盤伎。又有獼猴橦伎、長蹻伎、跳鈴伎、擲倒伎、跳劍伎、吞劍伎，唐世並存。當時又有舞輪伎，蓋戲車輪者也。透三峽，蓋透飛梯之類也。高絙伎，蓋

---

① "益錢"，原作"意錢"，據元刻明修本、光緒刻本改。

戲繩者也。又有緣竿伎、獼猴緣竿伎、弄椀珠伎、丹珠伎。歌舞戲有代面、撥頭、踏搖娘、窟礧子等戲，明皇以其非正聲，置教坊於禁中以處之。然置教坊以處雜戲可也，必於禁中者，豈古人所謂放鄭聲、遠佞人之意耶？

都盧伎①

緣橦之伎衆矣，漢武帝時，謂之“都盧”。都盧，都盧國名，其人體輕而善緣也②。又有跟掛腹旋，皆因橦以見伎。張衡《西京賦》：“侲童程材，上下翩翻。突倒投而跟掛，若將絕而復聯。百馬同轡，騁足並馳，橦末之伎，態不可彌。彎弓射乎西羌，又顧發乎鮮卑。”此皆橦上戲作之狀。至梁時，設三朝大會，四十九等，其二十三刺長追華橦伎，三十二青絲橦伎，三十三一繖華橦伎，三十四雷橦伎，三十五金輪橦伎，三十六白虎橦伎，三十八獼猴橦伎，三十九啄木橦伎，四十五案橦咒願伎。雖有異名，要之，同為緣橦之一戲也。唐曰“竿木”，今曰“上竿”，蓋古今異名而同實也。

車輪折脰伎　辟邪伎　青紫鹿伎　白虎伎
擲蹻伎　擲倒案伎　透須彌伎　透黃山伎
透三峽伎　受猾伎　麒麟伎　長蚭伎

梁三朝樂有車輪折脰伎、辟邪伎、青紫鹿伎、白虎伎、擲蹻伎、受猾伎、擲倒案伎，擲倒，即筋斗，因倒而加以案也。又有透須彌山、

①　自“都盧伎”至“謂之都盧”，原缺，據光緒刻本補。
②　自“其人體輕而善緣也”至“後魏有鳳凰伎，亦其類也”，原四庫本多有缺失，不堪卒讀，兹據光緒刻本補成完篇。

黃山、三峽等伎，唐謂之“透飛梯”也。後魏有麒麟伎、長蚭伎，張衡稱“水人弄蚭”是也。

鳳書伎

宋齊以來，三朝設鳳凰銜書伎。是日，侍中於殿前跪取其書，舍人受書，升殿跪奏，皆有歌辭。梁武帝即位，克自抑損，乃下詔罷之。後魏有鳳凰伎，亦其類也。

檜橦胡伎

秦主苻堅得伎[①]，傳之江左。齊東昏侯能檜橦。以人主之尊，親爲樂伎之事，豈足以宰制羣臣，而令天下乎？

藏挾伎　雜旋伎　弄槍伎　蹙瓶伎　擎戴伎　拗腰伎　飛彈伎

藏挾，幻人之術，蓋取物象而懷之，使觀者不能見其機也[②]。雜旋之伎，蓋取雜器圓旋於竿標，而不墜也。弄槍之伎，蓋工裸帶數環捲，一工立數十步外，連擲十餘槍以度之，既畢，迺以一捲受其槍也。蹙瓶之伎，蓋蹙其瓶，使上於鐵鋒杖端，或水精丸與瓶相值，回旋而不失也。擎戴之伎，蓋兩伎以首相抵戴而行也。拗腰，則翻折其身，手足偕至於地，以口銜器而復立也。飛彈，則置丸於地，反張其弓，飛丸以射之也。

---

① “秦主”，光緒刻本作“晉破”。
② “也”，原缺，據光緒刻本補。

樂書卷一百八十八　樂圖論

俗部

　雜樂

　　雅樂部　　俗樂部　　雲韶部　　清樂部

　　鼓吹部　　騎吹部　　熊羆部　　鼓架部

　　龜兹部　　胡部　　鈞容直^①　　法曲部

　　教坊樂　　東西班樂　　四時樂　　瀟湘樂

　　　雅樂部

　　唐雅樂部,宫架四面,軒架三面,判架兩面,特架一面。宫架四面,各五架,共二十架。其上安金銅仰陽,以鷺鷥及孔雀羽飾之,兩面綴以流蘇雜彩,以彩翠絲絨爲之也。十二律鍾,上有九乳,依月律排之,每面石磬及編鍾各一架,每架各列編磬十二,亦依律吕編之。四角鼗鼓四坐,一曰應鼓,四傍有小鼓,謂之引鼓;二曰頫鼓;三曰鷺鼓;四曰雷鼓。皆彩繪,上各安寶輪,用彩翠裝之。樂有簫、笙、竽、塤、篪、籥、跋膝、琴、瑟、竽,次有登歌,皆奏宴羣臣,奏《鹿鳴》。近代内宴,全不用法曲。郊天及諸壇祭祀,奏《大和》、《仲和》、《舒和》三曲。凡奏法曲,登歌先引,諸樂遂奏之,其樂工皆戴平幘,衣緋,大袖,每色十二人,於樂架内已上,謂

―――――――――――

①　"鈞容直",光緒刻本作"鈞容部"。

之坐部伎。八佾舞六十四人，文、武各半，皆着畫衣幘，俱在樂架之北，文舞居東，手執翟，狀如鳳尾，衣幘長大；武舞居西，手執干戚，衣幘短小，鐘師及登歌、八佾舞、諸色舞，通謂之立部伎。柷敔樂架既陳，太常卿居樂架之北面，太常令、鼓吹令俱在太常卿之後，協律郎二人皆執暈竿，亦彩用翠裝之，一人在殿上，一人在樂架西北面立，將發樂，殿上暈竿倒，下亦倒之，遂奏樂，其協律郎皆衣綠衣，大袖，戴冠也。然則跋膝之樂，法曲之調，諸色之舞，並用諸雅部，未絕乎先王之制也。

俗樂部

唐俗樂部，屬梨園新院。院在太常寺內之西壁，開元中始別置左右教坊。上都在延政里，東都在明義里，以中官掌之。至元和中，祇置一所，入於上都廣化、太平等里，各置樂院一所。洎于離亂，禮寺隳頹，簨簴既移，警鼓莫辨，梨園弟子半已淪亡，樂府歌章咸悉喪墜，教坊之記雖存，亦未爲周備爾。

雲韶樂

唐雲韶部，用玉磬四架，樂有琴、瑟、筑、簫、箎、籥、跋膝、笙、竽，登歌、拍板樂分堂上堂下，登歌四人，在堂下坐，舞童子五人，衣繡衣，各執金蓮花，以引舞者。金蓮花，如佛家行道者也。舞者在階下設錦筵，宮中別有雲韶院，故樓下戲出隊，宜春院人少，則以雲韶增之。雲韶謂之“宮人”，蓋賤隸也，與宜春院人帶魚謂之“內人”異矣。聖朝開寶中平嶺表，擇中人警悟者，得八十員，置簫韶部，使就教坊習樂。至雍熙初，改爲雲韶焉，以宮寺內品充之。凡歌員三，笙、琵琶、箏、拍板員各四，方響員三，笛員七，觜篥員各二,雜劇員二十四,傀儡員八。每正月望夜及上巳端午觀水嬉,命作樂宮中。冬至元會,清明元社,宮中燕射用之。然雜奏胡俗之樂於宮庭,臣恐未合先王之制也。

清樂部

唐清樂部樂,有琴、瑟、雲和箏、笙、竽、箏、簫、方響、篊、跋膝、拍板。戲即弄大賈臘兒也①。

鼓吹部　騎吹樂

唐鼓吹部,有鹵簿鉦、鼓及角,樂用絃、鼗、笳、簫,凶用哀笳,以羊骨爲管,蘆爲頭也。警鼓二人,執朱幡引樂,衣彩衣,戴冠,皆乘馬,謂之騎吹樂,俗樂亦有樂吹也。天子鹵簿,用大全杖,鼓百二十面,金鉦七十面。郊天謁廟,吉禮即雷花黃衣,鼓四下,鉦二下;山陵凶禮,即雲衣白衣,鼓二下,鉦亦二下。册皇后、太后、太子,用鼓七十,鉦四十,謂之小全仗。公主出降及册三公,并附禮。葬並用大半仗,鼓四十,鉦二十。諸侯用小半仗,鼓三十,鉦二十四。惟皇太子已下,册禮及葬祔廟,並無警鼓,此尊卑之辨也。

熊羆部

唐熊羆部,其庫在望仙門内之東壁。其十二案,用木雕之,悉高丈餘,其上安板牀,後施寶幰,皆用金彩飾其上。凡奏雅樂,御含元殿方用此,故奏《十三時》、《萬宇清》、《月重輪》三曲,亦謂

---

① 是句"弄"字、"臘"字原缺,據光緒刻本補。

之《十二案樂》也。

鼓架部

唐鼓架部，樂有笛、拍板、搭鼓、_{腰鼓也}。兩杖鼓。戲有代面、撥頭、蘇郎中、踏搖娘、羊頭、渾脱、九頭師子、弄白馬、益錢①、尋橦、跳瓦、吞刀、吐火、旋盤、觔斗之屬。

龜兹部

隋開皇中，龜兹樂大盛於世，新聲音變，朝改暮易，文帝深疾而救止之，終莫能救，浸以靡曼，遂至於亡。至唐，龜兹部樂有觱篥、笛、拍板、四色鼓、楷鼓、腰鼓、羯鼓、雞婁鼓。戲有五方師子，高丈餘，各依方色。每一師子有十二人，戴緋抹額衣，執紅拂，謂之"列師子郎"。舞《太平樂》曲，而《破陣樂》亦屬此部，秦王所製，舞用一千人，皆畫衣甲，執旗旆。外藩鎮春冬犒軍設，亦舞此曲，兼馬軍引入塲，尤壯觀也。《萬斯年曲》，是朱崖李太尉進，曲名即《天仙子》是也。聖朝大中祥符中，諸工請增龜兹部如教坊云，其曲有雙調《宇宙清》、《感皇恩》也。

胡部

唐胡部樂，有琵琶、五絃箏、箜篌、笙、觱篥、笛、拍板，合諸樂擊小銅鈸子，合曲後立唱歌。戲有參軍、婆羅門、《涼州曲》。此曲本在正宮調，有《大遍》者，即貞元初康崑崙飜入琵琶也。玉宸宮調，初進曲時在玉宸殿也。合諸樂，即黃鍾宮調也。《奉聖樂

---

① "益錢"，原作"意錢"，據元刻明修本改。

曲》,韋南康鎮蜀時,南詔所進在宮調,并進舞伎六十四人,遇內宴,於殿前更番立奏樂;若宮中宴,即坐奉之,故俗樂有坐部伎、立部伎也。

鈎容直[①]

聖朝太平興國五年,詔籍軍中之善樂者,號"引龍直"[②]。淳化三年,改爲"鈎容直"[③],以內侍統之。押班二排,樂四十主,作歌辭一,其樂有笙、笛、觱篥、琵琶、方響、拍板、杖鼓、羯鼓、大鼓。雜劇之類,始用一百三十六員,後增至二百餘人。

每巡省遊幸,則騎導車駕而奏樂焉,亦可謂盛矣! 誠去胡俗之樂,專奏雅頌之音,則樂行而民向方矣。臣觀西漢嘗詔不應經法、成鄭衛之聲者,皆罷去之,真英斷之舉也! 苟祖而行之,豈小補哉!

法曲部

法曲興自於唐,其聲始出清商部,比正律差四。鄭衛之間,有鐃、鈸、鐘、磬之音。太宗《破陣樂》,高宗《一戎大定樂》,武后《長生樂》,明皇《赤白桃李花》,皆法曲尤妙者,其餘如《霓裳羽衣》、《望瀛》、《獻仙音》、《聽龍吟》、《碧天雁》、《獻天花》之類,不可勝紀。白居易曰:"法曲雖已失雅音,蓋諸夏之聲也,故歷朝行焉。"明皇雅好度曲,然未嘗使蕃淩雜奏。天寶中,始詔道調法曲與胡部新聲合作,君子非之。明年,果有禄山之禍,豈不誠有以

---

①　"鈎容直",光緒刻本作"鈎容部"。

②　"引龍直",光緒刻本作"卧龍部"。

③　"鈎容直",光緒刻本作"鈎容部"。

召之邪？聖朝法曲，樂器有琵琶、五絃筝、箜篌、笙、笛、觱篥、方響、拍板，其曲所存，不過道調《望瀛》、《小訖食》、《獻仙音》而已，其餘皆不復見矣。

教坊部

聖朝循用唐制，分教坊爲四部。取荆南，得工三十二人；破蜀，得工一百三十九人；平江南，得工十六人，始廢坐部；定河東，得工十九人，藩臣所獻八十三人。及太宗在藩邸，有七千餘員，皆籍而内之，繇是精工能手大集矣。其器有琵琶、五絃筝、箜篌、笙、簫、觱篥、笛、方響、杖鼓、羯鼓、大鼓、拍板，并歌十四種焉。自合四部以爲一，故樂工不能徧習，第以大曲四十爲限，以應奉遊幸二燕，非如唐分部奏曲也。唐全盛時，内外教坊近及二千員，梨園三百員，宜春、雲韶諸院及掖庭之伎，不關其數，太常樂工，動萬餘户。聖朝教坊裁二百員，并雲韶、鈞容、東西班，不及千人，有以見祖宗勤勞庶政，罔淫于樂之深意也。然均調尚間以讌樂、胡部之聲，音器尚襲法曲、龜兹之陋，非先王制雅頌之意也，革而正之。豈非今日急務邪？

東西班樂

聖朝太宗朝，選東西兩班善樂者，充而名之。其器獨用小觱篥、小笙、小笛，每騎從車駕奏焉。或巡狩，則夜奏行宮之庭。又諸營軍皆有樂工，率五百人，得樂工五十員，每乘輿奉祠還宮，則諸工雜被絳緑衣，自帷宮幔城至皇城門，分列馳道，左右作樂，迎奉絲竹鼕鼓之聲，相屬數十里。或軍中宴，亦得奏之，有棹刀槍盾、蕃歌等戲。大中祥符中，建玉清昭應等宫，亦選樂工教於鈞

容,詔中人掌之。春秋賜會諸苑及館伴契丹使,又有親從親事營
之樂,及開封府牙前諸工,凡天下郡國,皆有牙前樂營,以籍工伎
焉。然蕃歌胡樂,以之待契丹使可也;乘輿行幸在國門外則可,
在國門內亦用焉,臣未知其可也。

四時樂

《王子年拾遺録》述師涓當衛靈公之世,能寫列代之樂,造新
曲,以代古聲,故有四時之樂:春有《離鴻》、《鴈去》、《蘋生》之歌,
夏有《明晨》、《焦泉》、《朱華》、《流金》之調,秋有《商飆》、《白雲》、
《落葉》、《吹蓬》之曲,冬有《嚴凝》、《流陰》、《沉靈》之操。靈公耽
而惑之,忘於政事。蘧伯玉諫曰:"此雖以發揚氣緯,終爲沉湎靡
曼之音,無會於風雅,非下臣宜薦於君也。"靈公乃去新聲,親政
務,故衛人美其化焉。師涓悔之,乃退而隱,其歌曲湮滅,唯紀其
篇目大略云。

瀟湘樂

《王子年拾遺録》述洞庭之山,浮於水上,其下金堂數百間,
帝女居之,四時金石絲竹之音,徹於山頂。楚懷王與羣臣賦詩於
水湄,故謂之《瀟湘洞庭》之樂。聽者令人難老,雖《咸池》、《簫
韶》,無與爲比。凡四仲節,王常環山遊宴,各舉節氣以爲樂章,
惟仲夏律中夾鍾,乃作《輕風》、《流水》之詩,宴於山南。時中蕤
賓,乃作《照露》、《秋霜》之曲。自時而後,懷王好進姦雄,羣賢逃
越。屈平以忠見斥,隱於沅澧之間,赴清泠之汨以死,楚人思慕
之,謂之"水仙",其事雖涉怪誕,然不知放鄭聲,遠佞人,亦足爲
後世戒矣。

樂書卷一百八十九　樂圖論

吉禮

五禮論　吉禮論　祀圓丘　祀明堂　祈穀　祈穀實

五禮論

五禮之於天下，本於天之所秩，成於人之所庸。天之道，以陰爲體，以陽爲用。麗乎陽者，其禮为吉，爲賓，爲嘉；麗乎陰者，其禮爲凶，爲軍。凡此，蓋始於伏羲，備於堯舜。匪伏匪堯，禮義哨哨，聖人不取也。舜當洪水方割之後，禮文不行，民無則焉，於是因巡狩而修禮，凡以視道升降，察時豐殺，爲之節文而已，自非知禮以時爲大，從宜爲貴，孰與此哉！以迹求之，吉禮見於類帝禋宗，凶禮見於遏密八音，賓禮見於賓于四門，軍禮見於征苗，嘉禮見於嬪。虞舜之所修，不過此爾。《周官》大宗伯之職，以吉禮事邦國之鬼神示，以凶禮哀邦國之憂，以賓禮親邦國，以軍禮同邦國，以嘉禮親萬民。由是觀之，周十二載，始一脩法則，蓋以此也。然先王之世，禮不徒設，必有樂以樂之。臣因五禮之實，辨六樂之用，庶幾禮樂並行，有以形容太平之極功也，豈不盛哉！

吉禮論

凡治人之道，莫急於禮；禮有五經，莫重於祭。故舜命伯夷作秩宗，典朕三禮，夙夜惟寅，直哉惟清。周命大宗伯掌建邦之天神地示人鬼之禮，以佐王建保邦國，以吉禮事邦國之鬼神示。由是觀之，舜之秩宗，周之大宗伯，其職雖異世而殊名，要之莫先於天地人之三禮。蓋所以佐帝王交三靈之奧，而建保邦國者也，豈不重矣哉！唐吉禮之儀五十有五：一冬至祀圜丘，二祈穀于圜丘，三孟夏雩祀于圜丘，四季秋大享于明堂，五立春祀青帝於東郊，六立夏祀赤帝於南郊，七季夏祀黃帝於南郊，八立秋祀白帝於西郊，九立冬祀黑帝於北郊，十臘日蜡百神於南郊，十一春分朝日於東郊，十二秋分夕月於西郊，十三祀風師、靈星司、中司、命司、人司禄，十四夏至祭方丘於北郊，十五立冬祭神州於北郊，十六祭太社，十七祭五岳四鎮，十八祭四海四瀆，十九時享太廟，二十祫享太廟，二十一禘享太廟，二十二拜陵，二十三巡陵，二十四享先農，二十五享先蠶，二十六享先代帝王，二十七薦新于太廟，二十八祭司寒，二十九祭五龍壇，三十皇帝視學，三十一皇太子釋奠，三十二國學釋奠，三十三釋奠齊太公，三十四巡狩告社稷，三十五巡狩告宗廟，三十六巡狩，三十七封太山，三十八禪社首，三十九祈太廟，四十祈太社，四十一祈北郊，四十二祈嶽瀆，四十三諸州祈社稷，四十四諸州釋奠，四十五諸州祈禜，四十六諸縣祭社稷，四十七諸縣釋奠，四十八諸縣祈禜，四十九子廟時享，五十王公已下時享，五十一王公已下祫享，五十二王公已下禘享，五十三四品時享，五十四六品已下春祠，五十五王公已下拜掃。其間或用樂，或不用樂，凡各視禮為之節文而已。聖朝景德中，詔夏至祭皇地祇，孟冬祭神州地祇，二社臘祭太稷，春秋二仲祭九宮貴神，春秋二分朝日夕月臘蜡百神，立春祀青帝，立夏祀赤帝，季夏王季祀黃帝，立秋祀白帝，立冬祀黑帝。凡二十四祭，並用樂焉。其它祭或當（此下原闕二頁）

乘輿國門外作胡樂[1]古賓夷樂作於國門右辟，内中國、外四夷之意也[2]。

鐵拍板	歌	歌	歌	歌	歌	歌	歌	鐵拍板
方響	搊箏	搊箏	箜篌	箜篌	臥琴	臥箏	臥箏	方響
方響	頌簫	頌簫	觱篥	蘆管	蘆管	琵琶	琵琶	方響
方響	胡琥	胡琥	塤坿	塤坿	𪛛	羌笛	羌笛	方響
方響	小胡笳	小胡笳	大胡笳	大胡笳	大橫吹	小橫吹	小橫吹	方響
方響	中鳴角	中鳴角	玉蠡	玉蠡	胡缶	長鳴角	長鳴角	方響
方響	齊鼓	齊鼓	銅鈸	銅鐃	銅鐃	鞉牢	鞉牢	方響
方響	擔鼓	擔鼓	銅鼓	銅鉦	銅鉦	羯鼓	羯鼓	方響
方響	毛員鼓	毛員鼓	都曇鼓	都曇鼓	答臘鼓	拍鼓	拍鼓	方響
舞	舞	舞	舞	旄人	韎師	舞	舞	舞

　　《周頌·昊天有成命》，郊祀天地也。《周官·大宗伯》：“以禋祀祀昊天上帝。”《大司樂》：“以六律、六同、五聲、八音、六舞、大合樂，以致鬼神示。”又曰：“凡樂，圜鍾爲宮，黃鍾爲角，太蔟爲徵，姑洗爲羽。靁鼓靁鼗，孤竹之管，《雲和》之琴瑟，《雲門》之舞。冬日至，於地上之圜丘奏之，若樂六變，則天神皆降，可得而禮矣。”古者祀天之禮衆矣，而莫盛於冬至，莫大於圜丘，以其祀及於昊天上帝而百神舉矣。故其降神之樂，宜主以帝所世之方

---

① “作胡樂”，原作“作胡部”，據光緒刻本改。
② “内中國、外四夷”，原缺“中國外”三字，據光緒刻本補。

及其格也，大合六代之樂，文之以五聲，播之以八音，而配以祖焉。在《易·豫》，所謂“先王作樂崇德，殷薦之上帝，以配祖考”是也。唐祖孝孫以十二月律各順其月，旋相爲宮，制十二和之樂，合三十一曲，八十四調，祭圜丘以黄鍾爲宮，尚溺於七音六十律之失也。至張文收始改用圜鍾爲宮之制，庶乎復古矣。然《周禮》圜丘方澤之祭，酌而不祼，舞而不歌，所以尊天地也。合六代之樂而舞之，所以盛其禮也。後世天地之祭，升歌於壇上，用時王之舞，而不及六樂，甚者至於席用八彩，樂用玉女，豈知先王禮樂之制哉！若夫商人尚聲，樂三闋然後迎牲，滌蕩其聲，所以詔告於天地之間，又與周六變之樂異矣。臣竊觀唐凡郊廟祭享，祀前二日，太樂令設宮架之樂於壇廟南中壝之外，其陳宮架之法，東方西方磬虡，起北，鍾虡次之；南方北方磬虡，起西，鍾虡次之。設十二鎛鍾於編架間，各依辰位，植雷鼓於北架之内道之左右，植建鼓於四隅，置柷敔於架内左右①，柷在左，敔在右。設歌鍾、歌磬於壇廟之上，近南北向，磬虡在西，鍾虡在東，其匏竹者立於階間，重行，北面相對，爲首凡架皆展而編之。凡設宮架之樂准此。然古者祭天帝之樂，宮架四隅，設雷鼓、雷鼗；地示，宮架四隅，設靈鼓、靈鼗；宗廟，宮架四隅，設路鼓、路鼗；而建鼓、鞞應特設於朝會饗燕而已。聖朝天地宗廟之祭，不進宮架於堂下，不退二舞於庭中，四隅既設建鼓、鞞應，又設雷、靈、路鼓、鼗於其中，而廟朝堂上之樂，又不設特磬、特鍾，節歌者之句，非古人所謂架一鍾一磬尚拊之意也，豈先王之禮哉！秦祀天不於圜丘，謂天好陰而兆於高山之下；祭地不於方丘，謂地貴陽而兆於澤中之圜丘。漢祀天不於南郊，而於甘泉；

---

① “柷敔”，原作“祝敔”，據元刻明修本、光緒刻本改。

祭地不於北郊，而於汾陰、河東。元始之間，春則天地同牢於南郊，冬夏則天地分祭於南北。光武兆南郊於雒陽之陽，兆北郊於雒陽之陰。其禮儀度數，一遵元始之制，先王之禮，自是掃地矣！《春秋繁露》曰："春秋之義，國有大故，廢宗廟之祭，不廢郊祀者，不敢以父母之喪廢事天之禮也。"斯不亦合越紼行事之制乎！

祀明堂

堂下宮架

堂上樂器　　　　　　降神作旋宮

拊　　　　　　　　　　六變

擊憂　玉金
　　　磬鐘

雲雲雲雲雲雲雲雲雲雲雲　　姑太黃圜
和和和和和和和和和和和　　洗蔟鐘鐘
琴琴琴琴琴琴琴琴琴琴琴　　為為為為
　　　　　　　　　　　　羽徵角宮
雲雲雲雲雲雲雲雲雲雲雲
和和和和和和和和和和和
瑟瑟瑟瑟瑟瑟瑟瑟瑟瑟瑟

降神舞雲門　　　　　酌獻舞六樂

架宮
矗旄
麾麾

舞舞舞舞舞舞舞
人人人人人人人
舞舞舞舞舞舞舞　　　　　大合樂
應　人人人人人人人　鎛
舞舞舞舞舞舞舞　　東階　　西階
雅　人人人人人人人　鐲
舞舞舞舞舞舞舞　　　文　武
相　人人人人人人人　鐃　舞　舞
舞舞舞舞舞舞舞　　　位　位
牘　人人人人人人人　鐸
舞舞舞舞舞舞舞
人人人人人人人　　　雲大大大大大大
舞舞舞舞舞舞舞　　　門卷咸韶夏濩武
人人人人人人人

乘輿馳道作雅樂古者帝王出入奏《王夏》,則帝王出入當用雅樂,非用教坊樂也。

壎 壎 壎 壎 壎 壎 壎 壎 壎 壎 壎

缶 缶 缶 缶 缶 缶 缶 缶 缶 缶 缶

簴 簴 簴 簴 簴 簴 簴 簴 簴 簴 簴

籈 籈 籈 籈 籈 籈 籈 籈 籈 籈 籈

簫 簫 簫 簫 簫 簫 簫 簫 簫 簫 簫

竽 竽 竽 竽 竽 竽 竽 竽 竽 竽 竽

笙 笙 笙 利 笙 笙 笙 和 笙 笙 和

籥 籥 籥 籥 籥 籥 籥 籥 籥 籥 籥

管 管 管 管 管 管 管 管 管 管 管

特　特　特
磬　鐘　磬　鐘　磬　鐘

歌 歌 歌 歌 歌 歌 歌 歌 歌 歌 歌
歌 歌 歌 歌 歌 歌 歌 歌 歌 歌 歌
歌 歌 歌 歌 歌 歌 歌 歌 歌 歌 歌
歌 歌 歌 歌 歌 歌 歌 歌 歌 歌 歌
瑟 瑟 瑟 瑟 瑟 瑟 瑟 瑟 瑟 瑟 瑟
琴 琴 琴 琴 琴 琴 琴 琴 琴 琴 琴

鐘　磬　拊　戞　擊

乘輿門外作胡樂古者夷樂作於國門右辟，內中國、外四夷之意也。

鐵拍板	歌	歌	歌	歌	歌	歌	鐵拍板
方響	搊箏	搊箏	箜篌	箜篌	臥箏	臥箏	方響
方響	頌簫	頌簫	嗛篥	蘆管	琵琶	琵琶	方響
方響	胡蘆	胡蘆	塤箎	塤箎	羌笛	羌笛	方響
方響	小胡笳	小胡笳	大胡笳	大觱	小橫吹	小橫吹	方響
方響	中鳴角	鳴角	玉磬	玉磬	長鳴角	長鳴角	方響
方響	齊鼓	齊鼓	銅鐃	銅鐃	鞉牢	鞉牢	方響
方響	擔鼓	擔鼓	銅鼓	銅鉦	羯鼓	羯鼓	方響
方響	毛員鼓	毛員鼓	都曇鼓	答臘鼓	拍鼓	拍鼓	方響
舞	舞	舞	舞	旄人鞂師	舞	舞	舞

《孝經》曰："祀文王於明堂，以配上帝。"《月令》："乃命樂正習吹，享帝於明堂。"《續漢書》曰："明堂奏樂，如南郊。"《唐開元禮》："季秋大享帝於明堂，奏圜鍾六變之樂，以致其神。"由此觀之，天則遠人而尊，帝則近人而親。郊祀后稷以配天，推尊尊之義，而事之以天道也；宗祀文王於明堂以配上帝，推親親之仁，而以人道事之也。以天道事之，則尊祖之義著矣；以人道事之，則嚴父之仁著矣。其事之之禮雖殊，而樂之之樂蓋未始不一也。方其降神也，奏圜鍾之宮；及其終也，大合六代之樂。然則《月

令》所謂"習吹"者，豈非孤竹之管歟？《詩序》曰："豐年，秋冬報也。"秋報者，季秋之於明堂也；冬報者，冬至之於郊也。然郊主昊天上帝，明堂主上帝而已。蓋昊天上帝，則天之衆神在焉；上帝，則一而已。此明堂主於嚴父，所以不及昊天五帝也。《禮記外傳》"或以明堂獨一室"是已，以爲五室者，非也。《唐開元禮》："郊及明堂，皆祀昊天上帝。"蓋不考《孝經》之過也。宗祀文王，則成王矣。成王不祀武而祀文者，蓋於時成王未畢喪，武王未立廟，故宗祀文王而已，此所以周公其人也。明堂之祀，於郊爲文，於廟爲質，故郊掃地藁秸而已，明堂則有堂有筵，郊特牲而已；明堂則維羊維牛，郊有燔燎，明堂固有升煙矣。漢武帝明堂禮畢，燎于堂下，蓋古之遺制也。唐郊廟降神樂，凡昊天上帝，以圜鍾三奏，黃鍾、太蔟、姑洗各一奏，作文武之舞六成；祭地示，林鍾、太蔟、姑洗、南呂各再奏，作文武之舞八成；宗廟，黃鍾二奏，大呂、太蔟、應鍾各再奏，作文武之舞九成。是不知古之用舞，天以《雲門》，地以《咸池》，人鬼以《九磬》，各以聲類求也；亦不知古之作樂，五聲八音並奏，未嘗分而奏之也。今太常所用之樂，尚因循未改，真有待聖朝制作，以發揚太平極功也。袁子《正論》曰："明堂、宗廟、太學，禮之大物事，又不同而論者，合以爲一，失之遠矣！"斯言當也。《禮含文嘉》曰："明堂，所以通神靈，感天地，正四時。"説者謂八窗四達，窗通八卦之氣，布政之宫在國之陽面，三室四面，十二法十二月也。天子孟春上辛於南郊，總受十二月之政，還藏於祖廟，月取一政，班於明堂也；諸侯以孟春之月朝于天子，受十二月之政，藏於祖廟，月取一政行之，閏月无常處，則闔門而居之，亦在可參酌而用也。

祈穀　祈穀實

宮架奏黃鍾

歌大呂

拊

擊憂　　玉　金
　　　　磬　鐘

琴 琴 琴 琴 琴 琴 琴 琴 琴 琴 琴

瑟 瑟 瑟 瑟 瑟 瑟 瑟 瑟 瑟 瑟 瑟

歌 歌 歌 歌 歌 歌 歌 歌 歌 歌 歌

歌 歌 歌 歌 歌 歌 歌 歌 歌 歌 歌

歌 歌 歌 歌 歌 歌 歌 歌 歌 歌 歌

歌 歌 歌 歌 歌 歌 歌 歌 歌 歌 歌

舞雲門

架宮　　旌麾
纛麾　　　麾

應雅相牘　舞人舞人舞人舞人舞人舞人舞人　錞鐲鐃鐸

（舞人）（舞人）（舞人）（舞人）（舞人）（舞人）（舞人）
（八行八列舞人排列）

《周頌·噫嘻》之詩，春夏祈穀于上帝。《左傳》曰："郊祀后稷，以祈農事。故啟蟄而郊，龍見而雩。"《月令》："孟春，乃以上辛元日祈穀于上帝；孟夏，命有司大雩帝，用盛樂。"由此推之，春夏祈于上帝，而不及昊天之眾神，其所以用盛樂者，不過若《大司樂》"分樂而序之，乃奏黃鍾，歌大呂，舞《雲門》，以祀天神"而已，非若冬至之圜丘，季秋之明堂，降之以旋宮，合之以六樂也。《唐開元禮》："冬至，圜丘。春夏，祈雩。皇帝親祀，并有司攝事，咸用圜鍾之樂六變。六變，角、宮奏三，角、徵、羽各奏一。是不知天子躬行，有司攝事，其禮固有大小，其樂固有隆殺也。杜佑疑郊祀無樂，真陋儒邪！唐凡祀天，奠玉帛，登歌以大呂之均，進熟俎；入奏以黃鍾之均；自後接神，皆作黃鍾也。

樂書卷一百九十　樂圖論

吉禮

　祀青帝　祀赤帝　祀黃帝　祀白帝　祀黑帝

　祀朝日　祀夕月　祭星　祭司中　祭司命

　祭司禄　祭司人　祭風師　祭雨師　祭雷師

　　祀青帝　祀赤帝　祀黃帝　祀白帝　祀黑帝

　　　兆列宮架奏黃鍾

歌大呂

拊

擊憂　　玉金
　　　磬鐘

琴琴琴琴琴琴琴琴琴琴琴琴

瑟瑟瑟瑟瑟瑟瑟瑟瑟瑟瑟瑟

歌歌歌歌歌歌歌歌歌歌歌歌

歌歌歌歌歌歌歌歌歌歌歌歌

歌歌歌歌歌歌歌歌歌歌歌歌

歌歌歌歌歌歌歌歌歌歌歌歌

舞雲門[①]

架宮

　蠹　旌
　麾　　麾

應　舞舞舞舞舞舞舞　錞
　　人人人人人人人
雅　舞舞舞舞舞舞舞　鐲
　　人人人人人人人
相　舞舞舞舞舞舞舞　鐃
　　人人人人人人人
　　舞舞舞舞舞舞舞　鐸
牘　人人人人人人人
　　舞舞舞舞舞舞舞
　　人人人人人人人
　　舞舞舞舞舞舞舞
　　人人人人人人人

①　"舞雲門"圖原缺，據元刻明修本、光緒刻本補。

《周官》司樂祀昊天上帝，則服大裘而冕①，祀五帝亦如之②。是五帝奠位於五方③，上帝則一而已④。祀昊天上帝於圜丘，以報本⑤；兆五帝於四郊⑥，以迎氣。故立春日祀青帝者，迎春氣於東郊也；立夏日祀赤帝者，迎夏氣於南郊也；季夏日祀黃帝於南郊者⑦，以季夏土德王也；立秋日祀白帝者，迎秋氣於西郊也；立冬日祀黑帝者，迎冬氣於北郊也。凡此，皆爲兆域祭之而已，非一於圜丘之壇也⑧。典瑞以青圭禮東方，以赤璋禮南方，以蒼璧禮天，黃琮禮地，白琥禮西方，元璜禮北方。玉各放其色者，以禮辨異故也；樂則一於奏黃鐘，歌大呂，舞《雲門》者，以樂統同故也。唐開元以前，祀青帝奏角音之樂，祀赤帝奏徵音之樂，祀黃帝奏宮音之樂，祀白帝奏商音之樂，祀黑帝奏羽音之樂。雖非先王之制，亦不失爲理作之樂也。開元以後，並改用圜鐘六變之樂⑨，若然，何以別圜丘四郊隆殺之制，召四氣之和邪？聖朝每歲四郊迎氣，及先三日祀五方上，以五人帝配三官三光七宿從祀⑩。又於正月上辛祀感生帝，並用黃鍾而已，宜在所釐正也。先儒謂祀青帝，以太皥伏犧氏配座，以勾芒歲星三辰七宿從祀；元帝以炎帝大昊氏配座⑪，以祝融熒惑

---

① "司樂祀昊天上帝，則服大裘而冕"，原缺，據光緒刻本補。
② "祀"，原缺，據光緒刻本補。
③ "是五帝奠位於五方"，原缺，據光緒刻本補。
④ "上帝"，原缺，據光緒刻本補。
⑤ "以報本"，原缺，據光緒刻本補。
⑥ "五帝於"，原缺，據光緒刻本補。
⑦ "季夏"，原缺，據光緒刻本補。
⑧ "一於"，原缺，據光緒刻本補。
⑨ "圜鐘"，原缺"圜"，據光緒刻本補。
⑩ "三官三光七宿"，光緒刻本作"五宮三元七宿"。
⑪ "大昊氏"，光緒刻本作"大庭氏"。

星三辰七宿從祀；黃帝軒轅氏配座，以后土填星三辰從祀①；祀白帝，以少昊金天氏配座，以蓐收太白星三辰七宿從祀；祀黑帝，以顓頊高陽氏配座，以玄冥之辰星三辰七宿從祀。蓋有所感一也②。《傳》曰："天子迎春夏秋冬之樂，以順天道，距冬至四十八日，天子迎春於東堂，距邦八里，堂高八尺，堂楷八等，青稅八乘，旌旄尚青，田車載矛，號曰"助天生"，倡之以角，舞之以羽，此迎春之樂也③；自春分四十六日，天子迎夏於南堂，距邦七里，堂高七尺，堂階七等，赤稅七乘，旌旄尚赤，田車載戈，號曰"助天養"，倡之以徵，舞之鼓鼗，此迎夏之樂也；自夏至四十六日，天子迎秋於西堂，距邦九里，堂高九尺，堂階九等，白稅九乘，旌旄尚白，田車載戟，號曰"助天收"④，倡之以商，舞之以干戚，此迎秋之樂也；自秋分四十六日，天子迎冬於北堂，距邦六里，堂高六尺，堂階六等，黑稅六乘，旌旄尚黑，田車載甲，號曰"助天誅"，倡之以羽，舞之以籥，此迎冬之樂也。其言遠也，服色歌舞，各適時宜，於理或然。至於所迎之地，不於壇而於堂，失古人埽地而祭之意也。聖朝乾德元年，聶崇義請以赤帝爲感生帝，每正月別壇而祭。二年，禮院上言："舊例三月上辛祀昊天上帝，以五方帝從祀⑤，是一日兩祭，或在從祀之列，非所以尊之也。"其後祀昊天上帝，從祀不設赤帝座，特於別壇祭之，盡尊尊之義也，亦義起之禮，君子有取焉。

---

①　"填星"，光緒刻本作"鎮星"。

②　"蓋有所感一也"，光緒刻本作"蓋有所受之也"。

③　"以羽此"，原缺，據光緒刻本補。

④　"收"，原缺，據光緒刻本補。

⑤　"五方帝"，原作"三（闕）帝"，據光緒刻本改。

祀朝日　祀夕月

壇坎宮架奏黃鍾

　　　　應應　　　應應　　　　鐘
　　　林林　夾夾　　太太　　　　
　　　鐘鐘　鐘鐘　　蔟蔟　　　　
　　　呂呂　　　　　　　　　　　
　　　中中　　蕤蕤　　　　　　　

夷則　　　　　　　　　　　　　夾鐘
編鍾　壎壎壎壎壎壎壎壎壎　編鍾
編磬　缶缶缶缶缶缶缶缶缶　編磬

姑姑　　篪篪篪篪篪篪篪篪篪　　南呂
洗洗　　簜簜簜簜簜簜簜簜簜　　編鍾
編編　　簫簫簫簫簫簫簫簫簫　　編磬
鍾磬　　竽竽竽竽竽竽竽竽竽　　
　　　　笙笙笙笙笙笙笙笙笙　　

無射　　篪篪篪篪篪篪篪篪篪　　蕤賓
編鍾　　管管管管管管管管管　　編鍾
編磬　　　　　　　　　　　　編磬

　　　大大　應應　　黃黃　
　　　呂呂　編編鍾　編鍾編
　　　編編　磬磬　　磬鐘磬
　　　磬鐘　鐘　　　　　　

歌大呂

拊

　擊憂　　玉　金
　　　　磬　鐘

琴 琴 琴 琴 琴 琴 琴 琴 琴 琴 琴

瑟 瑟 瑟 瑟 瑟 瑟 瑟 瑟 瑟 瑟 瑟

歌 歌 歌 歌 歌 歌 歌 歌 歌 歌 歌

歌 歌 歌 歌 歌 歌 歌 歌 歌 歌 歌

歌 歌 歌 歌 歌 歌 歌 歌 歌 歌 歌

歌 歌 歌 歌 歌 歌 歌 歌 歌 歌 歌

舞雲門

架宮

鑫　旌

麾　　　麾

應　舞人舞人舞人舞人舞人舞人舞人　錞

雅　舞人舞人舞人舞人舞人舞人舞人　鐲

相　舞人舞人舞人舞人舞人舞人舞人　鐃

續　舞人舞人舞人舞人舞人舞人舞人　鐸

　　舞人舞人舞人舞人舞人舞人舞人

　　舞人舞人舞人舞人舞人舞人舞人

　法象莫大乎天地，垂象著明莫大乎日月。故先王之制，祭祀父天母地而爲之子，兄日姊月而爲之倫。是以冬日至，祀天於南郊；夏日至，祭地於北郊，所以示其盡子道也。春分朝日於東郊，秋分夕月於西郊，所以示其盡弟道也。《禮記・祭義》曰：“祭日於壇，祭月於坎，以別幽明，以制上下；祭日於東，祭月於西，以別内外，以端其位。日出於東，月生於西，陰陽長短，終始相巡，以致天下之和。”《祭法》曰：“王宮祭日也，夜明祭月也。”《語》曰：“大采朝日，少采夕月。”揚雄曰：“日月合離，君臣義也。”由此觀之，日爲太陽之精，其運行湛而無爲，有君之道焉，故其壇位於東，而命之以“王宮”；月爲太陰之精，其運行遄而無不爲，有臣之道焉，故其坎位於西，而命之以“夜明”。於日言王宮，則祭月爲臣宮可知；於月言夜明，則祭日爲晝明可知，豈非所以別幽明内外而制上下之意歟？然日之與月，無非天神也，則知分樂序之，亦不過黃鍾之奏，大呂之歌，《雲門》之舞也。唐自開元定禮，朝日夕月，設宮架，用二舞，改黃鍾三成之樂，而用圜鍾六變以降神，非先王制禮作樂以辨尊卑之意也。漢武帝因郊泰畤，朝出竹宮，東向揖日，其夕西向揖月，失東西郊之禮也。魏文帝正月祀日於東門之外，失春分之禮也。齊何佟之曰："天地至尊，故用其始，而祭以二至；日月次天地，故祭以二分。"其義與馬、鄭合，可謂知言矣。盧植謂："朝日夕月，用立春。"魏靖謂："朝日宜用仲春之朏。"失之遠矣。聖朝天禧初，夕月之祭用晝，後因御史王博聞上言，改晝祭之禮於未後三刻行之，誠得古人之意也。然止用登歌[①]，作《高安》之樂，而不用宮架，豈古人以天子配日、以后配月之旨邪？後周朝日以《大夏》，降神《大濩》，獻熟夕月以《正德》，降神《大濩》，獻熟其庶矣乎？聖朝大祠與國忌日，同樂架而不作。

祭星　祭司中　祭司命　祭司禄　祭司人

軒架奏黃鍾

---

① "登"，原缺，據光緒刻本補。

歌大呂　　　　　　　　　　舞雲門

架軒

柎　　　　　　　　　　　　　𪔛旌
　　　　　　　　　　　　　　麾　麾

擊㪉　歌　歌　　　　　　舞舞舞舞舞舞
　　　磬　鐘　　　　　　人人人人人人
　　　　　　　　　　　　舞舞舞舞舞舞
　　　　　　　　　　　　人人人人人人
琵琶琶琶琶琶琶琶琶琶琶　應　　舞舞舞舞舞舞　錞
必必必必必必必必必必必　　　　人人人人人人
　　　　　　　　　　　　雅　　舞舞舞舞舞舞　鐲
　　　　　　　　　　　　　　　人人人人人人
歌歌歌歌歌歌歌歌歌歌歌　相　　舞舞舞舞舞舞　鐃
　　　　　　　　　　　　　　　人人人人人人
　　　　　　　　　　　　牘　　舞舞舞舞舞舞　鐸
歌歌歌歌歌歌歌歌歌歌歌　　　　人人人人人人
　　　　　　　　　　　　　　　舞舞舞舞舞舞
　　　　　　　　　　　　　　　人人人人人人
　　　　　　　　　　　　　　　舞舞舞舞舞舞
　　　　　　　　　　　　　　　人人人人人人

古者日月星辰其運行無常也，以氣類爲之位而已。故兆日於東郊，兆月於西郊，兆司中、司命於南郊。《周禮·大宗伯》："以實柴祀日月星辰，以檦燎祀司中、司命。"典瑞圭璧以祀日月星辰。《小宗伯》："兆五帝於四郊，四望、四類亦如之。"《左傳》曰："日月星辰，則雲霜風雨之不時，於是乎禜之。"蓋日月星辰，古人謂之四類。祀日月既奏黄鍾，歌大呂，舞《雲門》，則祀星辰、司中、司命、司禄、司人之樂，從可知矣。鄭氏釋祀天神之文，謂"五帝及日月星辰日生辰以人舞"，蓋有所考信矣。《晉志》曰："三台六星，兩貫兩而居。西近文昌二星曰上台，爲司命，主壽；次二星曰中台，爲司中，主宗室；東二星曰下台，爲司禄，主兵。"宋伯疏："上台司命爲太尉，中台司中爲司徒，下台司禄爲司空。"《隋志》曰："車府東南五星曰人星，主静，衆庶柔遠能邇也。"然司中、司命後世以爲小祀，聖朝升爲中祠，有司攝事，不設登歌焉，臣恐未合古人以禮樂接神之意也。北齊孟扶迎太白，候夕見於西方。先見三日，太司馬戒具，遂建旗於陽武縣武門外，司空除壇，其有司薦毛血，登歌奏《昭夏》，在位者拜事畢出。其日中後十刻，六軍士馬俱介冑集旗下，左右武伯督十二師嚴街，侍臣文武俱介冑奉迎，樂師撞蕤賓鐘，右五鐘皆應，帝介冑警蹕以出。太白未見五刻，中外皆嚴，帝就位，軍鼓譟行三獻之禮，每獻譟如初獻。事訖，燔燎，賜胙畢，鼓譟而還。

祭風師　祭雨師　祭雷師

軒架奏黃鍾

塤　塤　塤　塤　塤　塤　塤　塤
缶　缶　缶　缶　缶　缶　缶　缶
篪　篪　篪　篪　篪　篪　篪　篪
籈　籈　籈　籈　籈　籈　籈　籈
簫　簫　簫　簫　簫　簫　簫　簫
竽　竽　竽　竽　竽　竽　竽　竽
笙　笙　笙　笙　笙　笙　笙　笙
簫　簫　簫　簫　簫　簫　簫　簫
管　管　管　管　管　管　管　管

大大　　黃黃　　應應
大呂編磬　大呂編鐘　黃鍾編磬　黃鍾編鐘　應鍾編磬　應鍾編鐘

歌大吕　　　　　　　舞雲門

架軒
熹旌
麾麾

柎
擊憂　歌鐘
　　　歌磬

琴琴琴琴琴琴琴琴琴琴琴
今今今今今今今今今今今

應　　　錞
雅　　　鐲
相　　　鐃
牘　　　鐸

舞舞舞舞舞舞
人人人人人人
舞舞舞舞舞舞
人人人人人人
舞舞舞舞舞舞
人人人人人人
舞舞舞舞舞舞
人人人人人人
舞舞舞舞舞舞
人人人人人人
舞舞舞舞舞舞
人人人人人人
舞舞舞舞舞舞
人人人人人人
舞舞舞舞舞舞
人人人人人人

歌歌歌歌歌歌歌歌歌歌歌

歌歌歌歌歌歌歌歌歌歌歌

《月令》："正月，命有司祭風師。四月，命有司祭雨師。"蓋風師，箕星也，先王於立春後丑日，祀之於東南郊。巽，東南也，其象爲風。雨師，畢星也，先王於立夏後申日，祀之於北郊。坎，正北方也，其象爲雨。風能散物於春，雨能潤物於夏故也。《周官》之論四類，而風師、雨師預焉，無非天神也。然則所用之樂，亦不出於黄鍾、大吕、《雲門》歟？唐祭，樂用軒架，律奏姑洗之均三成，是知《周官》姑洗祀四望，非祀天神也。唐開元前，禮風師、雨師爲小祀。明皇以其功大，升爲中祀。德宗曾親展拜焉。聖朝每歲以立春後祭風伯，立夏後祭雨師、雷師，諸州亦如之，並比附祭社儀注，惟神位南向爲異。

樂書卷一百九十一　樂圖論

吉禮

　　祭靈星　祭壽星　祭大火　祭司寒　祭方丘
　　祭后土　祈社稷　報社稷　祠高禖①

　　祭靈星

判　架

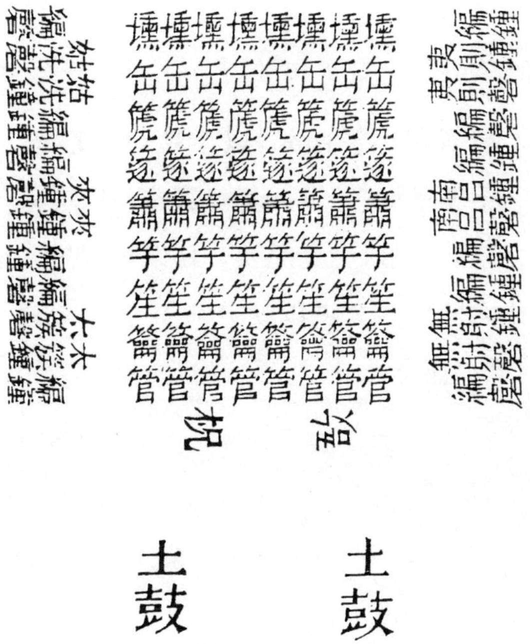

（判架圖：右起縱列樂器排列）

夷則　編鐘　編磬
南呂　編鐘　編磬
磬　磬　磬　磬　磬　鐘

壎
缶
篪
籩
簫
竽
笙
篴
管
（柷　敔）

箾　洗　編鐘　磬　編鐘　磬　磬　鐘
洗　編鐘　磬　編鐘　磬　磬　鐘

六　大

柷

土鼓　　　土鼓

---

① “祠高禖”，原作“高禖”，據文中題補“祠”字。

歌 絲 衣

拊

歌　憂　歌　歌
擊　磬　歌　鍾

琴　琴　琴　琴　琴　瑟

歌　歌　歌　歌　歌　歌

　　靈星,農祥也。先王祀之,而配以后稷,歌《絲衣》之詩以樂之[①],故高子以絲衣之尸爲靈星之尸是也。漢高帝八年,立靈星祠,蓋亦有志乎復古矣。

祭壽星

　　唐開元中,置壽星壇於南郊,以千秋節日祭老人星及角亢七宿,著之祀典。聖朝景德中,王欽若建議按《月令》秋分日享壽星於南郊,宜詔禮官以崇祀事,由是用秋分日以祀靈星。小祠之禮祀之於南郊,亦希代之舉也。今誠以秋分之祭移之,天寧節日舉之,庶幾有合唐制而來福應也。

---

　　① 　"樂",光緒刻本作"繼"。

祭大火

軒　架①

塤塤塤塤塤塤塤塤塤
缶缶缶缶缶缶缶缶缶
篪篪篪篪篪篪篪篪篪
籛籛籛籛籛籛籛籛籛
簫簫簫簫簫簫簫簫簫
竽竽竽竽竽竽竽竽竽
笙笙笙笙笙笙笙笙笙
箎箎箎箎箎箎箎箎箎
管管管管管管管管管

（左）枯枯　死死　六六
編祝祝編　编编　大大
磬祝祝鍾編鐃鏃編编
　編鍾磬磬鍾鏃鍾鍾編

（右）夷夷　南南　無無
編　則則編　呂呂编
鍾射射鍾編編鍾編
磬磬鍾磬磬鍾磬磬鍾鍾

大大　黄黄　　應應
編呂呂編編鍾鍾編編鍾鍾編
磬磬鍾鍾磬磬鍾鍾磬磬鍾鍾

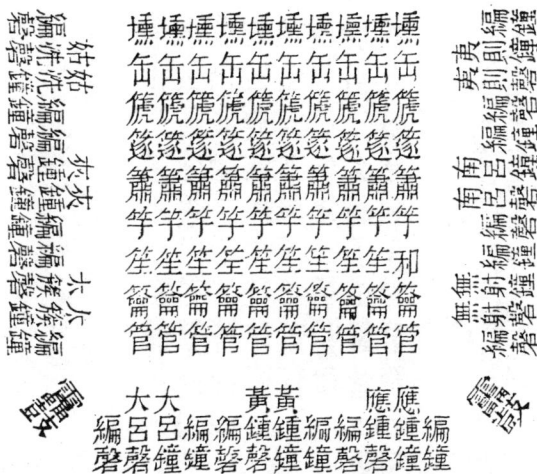

聖朝康定初，胡宿建議："按《春秋》士弼對晉侯曰：'古之火正，或食於心，或食於味。陶唐氏火正閼伯居商丘，祠大火，以紀時焉。'考之商丘，今在南京，太祖皇帝受命之地，當房心之次。聖宋有天下，文號用火紀德，蓋取諸此。今閼伯祠在商丘之上，不領於天子祠官，非報本尊始、崇秩祀禮之意也。"廼詔有司，於商丘之地作爲壇兆，秩祀大火，以閼伯配侑，建辰建戌之月，内降祝版，留司長史奉祭行事，籩豆牲殽之類，皆准中祝之禮焉，真聖代甚盛之舉也！誠更即南郊之旁，設爲壇兆，歲遣有司行事，不特專委應天府留守而已，則是合報本尊始、崇秩祀禮之意，其庶矣乎！壇高五尺，廣二丈四，出陛設一壇焉②。

---

① 此圖采自光緒刻本，按：四庫本此圖下"編鍾——編磬"一排上有"祝敔"二字。
② "壇"，光緒刻本作"壝"。

祭司寒

判　架①

鎛鐘
夷則編鐘磬
夷則編鐘
編磬
無射編磬　無射射則夷夷
編磬　　　南南呂編編鐘磬
　　　　　　南呂編編鐘磬

壎壎壎壎壎壎
缶缶缶缶缶缶
篋篋篋篋篋篋
簋簋簋簋簋簋
簠簠簠簠簠簠
竽竽竽竽竽竽
笙笙笙笙笙笙
籥籥籥籥籥籥
管管管管管管

土鼓　　　土鼓

柷柷
敔敔
編磬沈編鐘磬
簨簴編鐘磬簨簴編鐘
大　　大

歌　豳　詩

拊

歌　歌　憂　擊
鐘　磬

琴　琴　琴　琴　琴　琴

歌歌歌歌歌歌

　　古者日在北陸,而藏冰西陸,朝覿而出之。祭司寒而藏之,
獻羔而啓之。其出也,朝之祿位、賓食、喪祭於是乎用之。《月
令》:"仲春,天子乃獻羔開冰,先薦寢廟。"《七月》詩曰"二之日,
鑿冰沖沖。三之日,納于凌陰。四之日,其蚤獻羔祭韭"是也。
《周官》:"凡小祭祀,小樂事,鼓朄。"然則祭司寒豈亦歌《豳詩》
邪?《唐開元禮》:"孟冬,遣某官告于玄冥之神,乃開冰以薦太
廟。"淳化中,李至上言:"按《詩·豳·七月》曰:'四之日,獻羔祭
韭。'即今之二月也。又《月令》:'仲春,天子獻羔開冰,先薦寢
廟。'則開冰之祭,當在春分,非四月所當行也。"帝覽奏曰:"韭長
可以苦屋矣,何謂薦新?"令春分開冰,祭司寒,冰井務卜日薦冰
於太廟,季冬藏而設祭,亦如之,真萬世不刊之典也!

夏至祭方丘

壇下宮架[1]

壇缶簴簫竽笙簫孫竹管　壇缶簴簫竽笙簫孫竹管　壇缶簴簫竽笙簫孫竹管……

（宮架樂器排列圖）

大大　　黃黃　　應應
大呂　　編編鍾鍾　　編編鍾鍾
編磬編磬鍾鍾磬磬鍾鍾磬磬鍾鍾

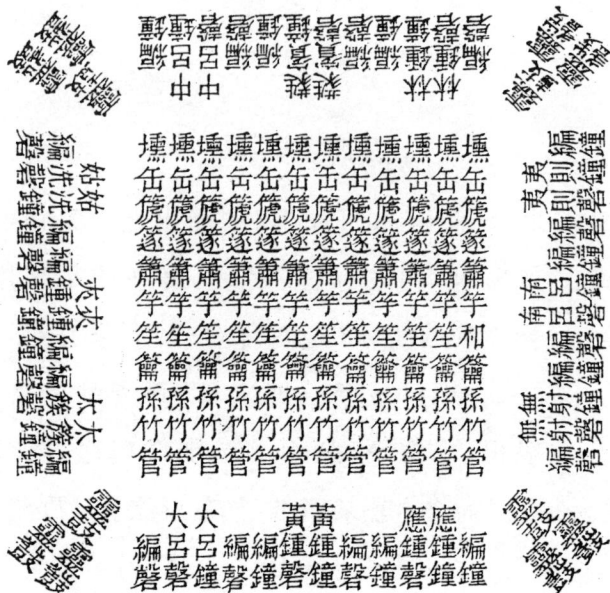

①　此圖采自光緒刻本，按：元刻明修本、四庫本此圖下"編鐘——編磬"一排上有"柷敔"二字。

壇上樂器

拊

擊柷　玉磬　金鐘

空空空空空空空空空空空
桑桑桑桑桑桑桑桑桑桑桑
琴琴琴琴琴琴琴琴琴琴琴

空空空空空空空空空空
桑桑桑桑桑桑桑桑桑桑
瑟瑟瑟瑟瑟瑟瑟瑟瑟瑟

降神作旋宮

八變

南姑太函
呂洗簇鐘
爲爲爲爲
羽徵角宮

降神舞咸池

架宮　旄
鼗　旌
麾　　麾

應雅相牘

舞人舞人舞人舞人舞人舞人舞人　錞
舞人舞人舞人舞人舞人舞人舞人　鐲
舞人舞人舞人舞人舞人舞人舞人　鐃
舞人舞人舞人舞人舞人舞人舞人　鐸
舞人舞人舞人舞人舞人舞人舞人
舞人舞人舞人舞人舞人舞人舞人

酌獻舞六樂

大合樂

東階　　　　西階

文舞之位　武舞之位

雲門　大咸　大夏　大武
大卷　大韶　　大濩

乘輿馳道作雅樂①

古者帝王出入，奏《王夏》，則帝王出入當用雅樂，非用教坊樂也。

鐘　磬　拊　㩧　擊

乘輿國門外作胡樂<small>古者夷樂作於國門右辟，内中國、外四夷之意也。①</small>

鐵拍板									鐵拍板
	歌	歌	歌	歌	歌	歌	歌	歌	
方響	搊箏	搊箏	箜篌	箜篌	鲍琴	鲍琴	臥箏	臥箏	方響
方響	頌簫	頌簫	簥篥	簥篥	蘆管	蘆管	琵琶	琵琶	方響
方響	胡虎	胡虎	埍圩	埍圩	胡鹿	胡鹿	羌笛	羌笛	方響
方響	小胡笳	小胡笳	大胡笳	大胡笳	大橫唉	大橫唉	小橫唉	小橫唉	方響
方響	中鳴角	中鳴角	玉螺	玉螺	胡岳	胡岳	長鳴角	長鳴角	方響
方響	齊鼓	齊鼓	銅鈸	銅鈸	銅鐃	銅鐃	鞉牢	鞉牢	方響
方響	擔鼓	擔鼓	銅鼓	銅鼓	銅鉦	銅鉦	羯鼓	羯鼓	方響
方響	毛員鼓	毛員鼓	都曇鼓	都曇鼓	簉臟鼓	簉臟鼓	拍鼓	拍鼓	方響
舞	舞	舞	舞	旄人	缺師	舞	舞	舞	舞

古者至敬不壇②，掃地而祭。故爲高必因丘陵，而祀天即地下之圜丘；爲下必因川澤，而祭地即澤中之方丘。蓋所以因天事天，因地事地也。雖然，至敬不壇，而祭天必於泰壇者，燔柴之所也；祭地必於泰折者，瘞埋之所也。<small>泰壇設於圜丘之南，泰折設於方正。</small>柴以升裡於樂六變之前，瘞埋以達氣於樂八變之前，達誠之義也。《周官·大司樂》："凡樂，圜鍾爲宮③，太蔟爲角，姑洗爲徵，南呂爲羽，靈鼓靈鼗，孫竹之管，空桑之琴瑟，《咸池》之舞。夏日

---

① 按：此題原缺，元刻明修本僅有"内中国、外四夷之意也"九字可辨。兹據前"祀明堂"補。

② 按：自"古者至敬不壇"至"唐自開元"，原缺，據光緒刻本補。

③ "圜鍾"，原作"函鍾"，誤，據《周禮》改。

至於澤中之方丘,若樂八變,則地示皆出可得而禮矣。"又曰:"以六律、六同、五聲、八音、六舞、大合樂,以致祭鬼神示。"由是觀之,周之祭地示於澤中之大丘,其聲樂備具如此。蓋函鍾八變之樂,所以降之也;大合六代之樂,所以致之也。降之於其始,致之於其終,先王之禮也。《月令》以五月中氣,祭皇地祇於方丘。唐自開元定禮,夏至之日,祭崑崙皇地祇,皇帝親祠,并有司攝事,皆用函鍾宮架八變之樂,而以嶽瀆之神從祀,亦可謂合先王之禮矣。然於立冬之後,又祭神州地祇於北郊,豈感《河圖括象》、《孝經緯》之説而遂誤邪[1]? 按《五禮祭地數》云:"祭地有二:一云皇地祇,是崑崙大地之祇,上配昊天,方丘所祭者也;一云崑崙,四面有四和,其東南地方五千里[2],是其一和,各曰'神州',即帝王封域之内地祇,乃此郊別祭者也。"若如其説,帝王封域之内地示,則王社而已,非有兩地示也,其祭之,不亦宜乎?《周官》凡以神仕者,次冬日至致天神人鬼,以夏日至致地示物魅,致天神而人鬼預之者,荀卿所謂"郊則并百王於上天而祭之"是也。郊天合百王,則郊地合物魅,固其理也。鄭氏謂:"夏至,於方丘之上祭崑崙之示;七月,於泰折之壇祭神州之示。"非矣。國朝嘉祐中,司馬光言:"方今凡奏告于地,宗廟、社稷、皇地祇止於圜丘望告耳。王者父天母地,其尊一也。今社稷之祀,位爲上公,猶獨遣官奏告,而皇地示寓於南郊,失尊卑之叙。欲乞遣宰臣詣北郊行事。"詔太常禮院詳定。既而請自今非次奏告,差官專詣廟行事,從之。

祭后土

漢武帝祠后土於汾陰,宣帝祠后土於河東,宋梁之祠地,皆謂之后土,則古人固命地示爲后土矣,左氏曰"君,戴皇天而履后

---

① "感",元刻明修本作"感",光緒刻本作"惑"。
② "其東南",原缺"其"字,據元刻明修本、光緒刻本補。

土"是也。《大宗伯》:"大封先告后土。""太祝建邦國,先告后土。"則后土土神,黎民所食者,非社神,亦非地示也。聖朝開寶中,詔徙汾陰后土廟於舊廟之南。興國中,詔依前代帝王用祠。景德中,升爲大祠。祥符中,詔用皇后禮。然黎民所食者,土神而已,以后禮祭之,臣恐未合禮制也。

祈社稷　報社稷

軒架奏太蔟

壎　壎　壎　壎　壎　壎　壎　壎　壎
缶　缶　缶　缶　缶　缶　缶　缶　缶
簴　簴　簴　簴　簴　簴　簴　簴　簴
籈　籈　籈　籈　籈　籈　籈　籈　籈
簫　簫　簫　簫　簫　簫　簫　簫　簫
竽　竽　竽　竽　竽　竽　竽　竽　竽
笙　笙　笙　笙　笙　笙　笙　笙　笙
簫　簫　簫　簫　簫　簫　簫　簫　簫
管　管　管　管　管　管　管　管　管

祝　　　黃黃　　　　敔
大大　　鍾鍾　　應應
編呂呂編編鍾鍾編編鍾鍾編
磬磬鐘鐘磬磬鐘鐘磬磬鐘鐘

靈
鼓

歌　應　鍾

拊

擊　戞　　　歌　歌
磬　　　　　鐘

琴 琴 琴 琴 琴　琴 琴 琴　琴 琴 琴 琴

歌 歌 歌 歌 歌　歌 歌 歌　歌 歌 歌 歌

歌 歌 歌 歌 歌　歌 歌 歌　歌 歌 歌 歌

舞　咸　池

架軒
纛　旌
麾　　麾

應　舞人 舞人 舞人 舞人 舞人 舞人　錞
雅　舞人 舞人 舞人 舞人 舞人 舞人　鐲
相　舞人 舞人 舞人 舞人 舞人 舞人　鐃
牘　舞人 舞人 舞人 舞人 舞人 舞人　鐸
　　舞人 舞人 舞人 舞人 舞人 舞人
　　舞人 舞人 舞人 舞人 舞人 舞人

先王立五土之神社以爲社，而配以后土氏；立五穀之神祀以爲稷，而配以后稷氏。故《月令》："仲春之月，擇元日，命民社。"《周頌·載芟》春藉田而祈社稷，《良耜》秋報社稷。蓋社稷之神，先王以血祭祭之，以帗舞舞之，祈之於仲春，報之於仲秋，故所奏者太蔟，所歌者應鍾，所舞者《咸池》，非若唐用函鍾宮架八變之樂也。漢興，始特立社稷，更爲官稷。魏晉以後，皆兩立，一稷用樂，兩準雩壇。後周拜社以《大濩》，降神以《大武》，獻熟作《正德》之舞。隋牛洪議：祭社稷，設宮架，奏夷則，歌小呂，降神用樂一變。唐因之，奏姑洗之均三變。明皇天寶初，更作函鍾之均八變，奏樂如方丘；又皇帝將有事巡守，則告于社；將有事親征，則宜于社，皆用備樂焉。聖朝第立社稷，不立帝社。社有二：一曰太社，在庫門之西；一曰王社，在耤立之。春秋有司奉祀，止用登歌而已。然配祭之神位爲上公，登歌則失之太輕，宮架則失之太重。宜莫若軒架，奏太蔟，歌應鍾，舞《咸池》，爲得其中。自顓帝以來①，以句龍爲社，柱爲稷。及湯之旱，以棄易柱，至於句龍爲社，《書》以爲“欲遷不可”者，豈非以古者治水土之神，其功皆莫逮句龍邪？然則曷爲不以禹爲之？曰：禹雖有水土之大功，然已爲君，苟社而稷之，非所以尊之也。蓋國以社爲主，所以示本也，故爲群姓立之，謂之大社，以合群姓而後大故也；王自爲立之，謂之王社，以其有以爲人歸往故也；諸侯爲百姓立之，謂之國社，國以百姓爲本故也；諸侯自爲立之，謂之侯社，以其有所斥塉故也；大夫以下，成群而立之，謂之置社，以大夫而下作而行事有所營置故也。豈非名位不同，禮樂亦異等故邪？考之於《禮·郊特牲》：“天子大社，必受霜露風雨，以達天地之氣。”所謂大社也②；《小宗伯》：“右社稷。”《封人》：“掌王之社壝。”所謂王社也；《小司徒》：“凡建邦國，立其社稷。”“凡封國，設其社稷之壝。”所謂侯社也；《大司徒》：“設其社稷之壝，而立之田主。”所謂國社也；“造都邑，封域，令社稷之職③。”所謂置社也。社雖不同，其祭土而主陰氣，其舞帗而用靈鼓，未始不一也。漢有里社、公社之別，亦其遺制與？

---

① 按：自“自顓帝以來”至“亦其遺制與”，原缺，據光緒刻本補。
② “所謂大社也”，原無“也”，對照下句，當漏一“也”字，兹據補。
③ “社稷之職”，原作“社稷之戰”，誤，據《周禮·封人》改。

祠高禖

宮架奏夷則

歌小呂

拊

撃敔　　玉磬　金鐘

琴琴琴琴琴琴琴琴琴琴琴
瑟瑟瑟瑟瑟瑟瑟瑟瑟瑟瑟
歌歌歌歌歌歌歌歌歌歌歌
歌歌歌歌歌歌歌歌歌歌歌
歌歌歌歌歌歌歌歌歌歌歌
歌歌歌歌歌歌歌歌歌歌歌

舞　大　濩

架宮
虡旌
虡　　庀

舞舞舞舞舞舞舞舞
人人人人人人人人
舞舞舞舞舞舞舞舞　　鐏
人人人人人人人人　　鐲
舞舞舞舞舞舞舞舞　　鐃
人人人人人人人人　　鐸
應舞舞舞舞舞舞舞舞
雅人人人人人人人人
相舞舞舞舞舞舞舞舞
牘人人人人人人人人
舞舞舞舞舞舞舞舞
人人人人人人人人
舞舞舞舞舞舞舞舞
人人人人人人人人

　　求福莫大於寧神，寧神莫大於宮廟。高禖宮廟，自古有之。
臣謹按《周禮·大司樂》：“奏夷則，歌小呂，舞《大濩》，以享先妣；
奏無射，歌夾鍾，舞《大武》，以享先祖。”先妣序先祖之上，則姜
嫄，先祖所自出，後世時祀以爲禖神，故周之七廟，而守祧八人，
則兼守姜嫄宮故也。魯公亦立閟宮於前，僖公新其廟於後，故其
詩頌“閟宮有侐”，終之以“新廟奕奕”。《月令》：“仲春之月，玄鳥
至之日，禮天子所御，帶以弓韣，授以弓矢，于高禖之前。”鄭康成
以爲：“禮之於庭，蓋有廟必有庭，未有庭而不廟者也。”康成在
漢，去周未遠，其傳聞尤詳，則享高禖姜嫄之神，天子親往，后帥
九嬪御，宜在交覆重闈之中，備禮樂以祠之，然後其神安樂而兆
嘉祥矣。漢魏以來，雖祠于城南，禮以特牲，樂以升歌，類皆暴露
於郊野，壇壝未嘗立宮廟焉，是違聖經先王之制，非所以安神靈、
求福應之道也。今朝廷法度修明，中外綏服，功成治定，美瑞薦

臻，講廟制，調雅樂，所以粉澤治具，襃揚先烈，將以被後世，垂無窮，真太平之盛舉矣！然禖神宫廟之制，尤務之先急，未聞建議，誠闕典也。推而行之，實在聖時矣。漢、隋以來，使有司攝事，其樂章禮儀，並准祀青帝，樽器神座如勾芒，惟受福不飲酒、回受中人爲異。寶元初，詔爲皇太子降誕，報祠高禖，不設弓矢弓韣。康定中，著爲常祀①，遣兩制行禮攝事。

---

① "著"，光緒刻本作"詔"。

樂書卷一百九十二　樂圖論

吉禮

祭五嶽　祭四瀆　祭四鎮　祭四海　祭五祠

五嶽

立春祭岱嶽　立夏祭衡嶽　季夏祭嵩嶽

立秋祭華嶽　立冬祭常嶽

四瀆

立春祭淮瀆　立夏祭江瀆　立秋祭河瀆

立冬祭濟瀆

四鎮

立春祭沂鎮　立夏祭會稽鎮　立秋祭吳鎮

立冬祭北鎮曁巫閭鎮

四海

立春祭東海　立夏祭南海　立秋祭西海

立冬祭北海

五祠

春祠勾芒　夏祠祝融及黎　秋祠蓐收

秋祀祊　冬祠玄冥

祭五嶽

立春岱嶽　立夏衡嶽　季夏嵩嶽　立秋華嶽　立冬常嶽

祭四瀆

立春淮瀆　立夏江瀆　立秋河瀆　立冬濟瀆

祭四鎮

立春沂鎮　立夏會稽鎮　立秋吳鎮　立冬北鎮暨巫閭鎮

祭四海

立春東海　立夏南海　立秋西海　立冬北海

軒架奏姑洗

（軒架樂器陳設圖）

塤缶篪籈簫竽笙籥管　應鐘編鐘
塤缶篪籈簫竽笙籥管　應鐘編磬
塤缶篪籈簫竽笙籥管黃鐘編鐘
塤缶篪籈簫竽笙籥管　黃鐘編磬
姑洗編鐘　柷　大呂編鐘
姑洗編磬　大呂編磬

靈鼓

歌南吕

柎

擊憂　　歌磬　歌鐘

琴 琴 琴 琴 琴 琴 瑟 瑟 瑟 瑟 瑟 瑟

歌 歌 歌 歌 歌 歌 歌 歌 歌 歌 歌 歌

歌 歌 歌 歌 歌 歌 歌 歌 歌 歌 歌 歌

舞大磬

架軒

纛　　旌

麾　　麾

應
雅
相
牘

舞人 舞人 舞人 舞人 舞人 舞人 舞人 舞人 舞人 舞人
舞人 舞人 舞人 舞人 舞人 舞人 舞人 舞人 舞人 舞人
舞人 舞人 舞人 舞人 舞人 舞人 舞人 舞人 舞人 舞人
舞人 舞人 舞人 舞人 舞人 舞人 舞人 舞人 舞人
舞人 舞人 舞人 舞人 舞人 舞人

錞
鐲
鐃
鐸

《周官・小宗伯》："祀五帝于四郊，四望亦如之。"《牧人》："望祀，各以其方之色牲毛之。"則知方丘之祀，無所不通，是以五嶽、四鎮、四海、四瀆，每歲五郊，迎氣日各祭之也。蓋東嶽岱宗，祭於兗州；南嶽衡山，祭於衡州；中嶽嵩山，祭於河南；西嶽華山，祭於華州；北嶽恒山，祭於定州；東鎮沂山，祭於沂州；南鎮會稽，祭於越州；西鎮吴山，祭於隴州；北鎮醫巫閭，祭於營州。東海，祭於萊州；南海，祭於廣州；西海，祭於同州；北海，祭於河南。東瀆大淮，祭於唐州；南瀆大江，祭於益州；西瀆大河，祭於同州；北瀆大濟，祭於河南。凡王者所祭，不能以徧至，必望秩而祭之，是之謂"四望"也。《大宗伯》："國有大故，則旅四望。"《典瑞》："兩圭有邸，以旅四望。"《司服》："毳冕以祀四望。"《大司樂》："乃奏姑洗，歌南吕，舞大磬，以祀四望。"是四望之祭，兩邸以爲圭，毳冕以爲服，方色以爲牲，其樂則姑洗、南吕、《大磬》而已，此其祭所以次於郊歟？春秋魯僖公免牲，猶三望，左氏曰："望，郊之細也。"宣公不郊而望，左氏曰："望，郊之屬也。"公羊曰："天子有方望之事，無所不通。三望者何？泰山、河、海也。"楚昭王曰："三代命祀，祭不越望，江漢睢漳楚之望也。韓宣子寢疾，並走羣望。周共王立子，有事羣望。"由是觀之，天子四望，諸侯三望，蓋所以定尊卑也。四望、三望，別而言之也；羣望，統而言之也。《三正記》："郊後必望。"則方望之事如此其廣，豈不爲郊之屬邪？《詩》於柴望言"懷柔百神，及河喬嶽"，其禮樂槩可見矣。先儒訓四望之義，鄭司農於《大宗伯》言"日月海"，杜預於《左傳》言"分野之星及山川"，許慎於《説文》言"日月星辰，河海泰山"，鄭康成於《大司樂》言"司中司命，飌師雨師"，於《舞師》言"四方"，於《大宗伯》言"五嶽四瀆"。其言五嶽、四瀆、河海，則是；其言日月星辰、司中司命，不待攻而破矣。國朝淳化中，李至言："按五郊迎氣之日，皆祭諸方嶽鎮海瀆之神。自唐亂離之後，有不在封域者，闕其祭。國家克復，四方間雖奉詔特祭，未著常祀。望遵舊禮，就迎氣日，各祭於所隸州，長史以次爲獻官。"從之。其後立春日，祀東嶽岱山天齊王於兖州，東鎮沂山東安公於沂州，東海廣德王於萊州，淮瀆長源公於唐州；立夏日，祀南嶽衡山司天王於衡州，南鎮會稽山永興公於越州，南海廣利王於廣州，江瀆廣源公於成都府；立秋日，祀西嶽華山金天王於華州，西鎮吳山成德公於隴州，西海廣潤王、河瀆靈源公並於河中府、西海就河瀆廟望祭；立冬，祀北嶽恒山安天王、北鎮醫巫閭山廣德公，並於定州、北鎮就北嶽廟望祭，北海廣澤王、濟瀆清源公並於孟州、北海就濟瀆廟望祭；土王日，祀中嶽嵩山中天王於河南府，中鎮霍山應聖公於晉州。康定初，詔封四瀆爲王，其四海仍加美號：東海爲淵聖廣德王，南海爲洪聖廣利王，西海爲通聖廣潤王，北海爲中聖廣澤王，江瀆爲廣源王，河瀆爲顯聖靈源王，淮瀆爲長源王，濟瀆爲清源王。

祭五祠

春祠勾芒　夏祠祝融及黎　秋祠蓐收　秋祠祊　冬祠玄冥

判　架

歌　　　　　　　　舞　羽

架判

拊　　　　　　　蠹　旌

麾　　麾

擊戛歌歌　　　　舞舞舞舞
磬鐘　　　　　　人人人人
　　　　　　　　舞舞舞舞
　　　　　　　　人人人人　錞
應　　　　　　　舞舞舞舞
　　　　　　　　人人人人　鐲
雅　　　　　　　舞舞舞舞
　　　　　　　　人人人人　鐃
琴琴瑟瑟瑟瑟　　舞舞舞舞
相　　　　　　　人人人人　鐸
　　　　　　　　舞舞舞舞
牘　　　　　　　人人人人
　　　　　　　　舞舞舞舞
　　　　　　　　人人人人
歌歌歌歌歌歌　　舞舞舞舞
　　　　　　　　人人人人

　　《周官・大司馬》：“春祭社，秋祀祊。”《舞師》：“教羽舞，帥而舞四方之祭祀。”《甫田》詩曰：“以我犧羊，以社以方。”《雲漢》詩曰：“祈年孔夙，方社不莫。”《大田》詩曰：“來方禋祀。”由是言之，古之人言郊必言望，言社必及祊。望爲郊之細，則祊亦社之神歟[①]？鄭康成釋曲禮，謂“四方五官之神：東勾芒，南祝融及黎，西蓐收，北玄冥”，蓋有所受之也。先王之祀四方，其位四郊，其壝蕝尊，其牲色各以其方，其牲體則膌而不全，其樂則羽舞而已。或以四方爲四望，或以四方爲百物八蜡也。然《鄙人》：“四方，在山川之下。”《大司樂》：“四望，在山川之上。”則四方非四望也。《鼓人》：“凡祭祀，百物之神，鼓兵舞帗舞。”則四方非百物八蜡也。

———

　　①　“神”，原作“細”，據光緒刻本改。

樂書卷一百九十三　樂圖論

吉禮

祭山林　祭川澤　祭百物　祭先農　祭先蠶

表貉　大禘　大祫　諸侯祫　大夫時祭　士時祭

祭山林　祭川澤

軒架奏蕤賓①

壎壎壎壎壎壎壎壎壎
缶缶缶缶缶缶缶缶缶
篪篪篪篪篪篪篪篪篪
籥籥籥籥籥籥籥籥籥
簫簫簫簫簫簫簫簫簫
竽竽竽竽竽竽竽竽竽
笙笙笙笙笙笙笙笙笙
管管管管管管管管管

大大　　黃黃　　　應應
編呂編編鐘鐘編編鐘鐘編
磬磬鐘鐘磬磬鎛鎛磬磬鐘鐘

路鼓

① 此圖采自光緒刻本，按：元刻明修本、四庫本此圖下"編鐘——編磬"一排上有"柷敔"二字。

1089

歌函鍾

柎

擊戞　　　　歌　歌
　　　　　　磬　鐘

琴 琴 琴 琴 琴 琴 琴 琴 琴 琴 琴 瑟
歌 歌 歌 歌 歌 歌 歌 歌 歌 歌 歌 歌
歌 歌 歌 歌 歌 歌 歌 歌 歌 歌 歌 歌

舞大夏

架宮

　　麤　　旌
　　麾　　　麾

應
雅
相
牘

舞人 舞人 舞人 舞人 舞人 舞人 舞人 舞人
舞人 舞人 舞人 舞人 舞人 舞人 舞人 　　錞
舞人 舞人 舞人 舞人 舞人 舞人 舞人 　　鐲
舞人 舞人 舞人 舞人 舞人 舞人 舞人 　　鐃
舞人 舞人 舞人 舞人 舞人 舞人 舞人 　　鐸
舞人 舞人 舞人 舞人 舞人 舞人 舞人
舞人 舞人 舞人 舞人 舞人 舞人 舞人

　　山莫大於五嶽，川莫大於四瀆。五嶽藏神，則静而育物，有仁之德也；四瀆含靈，則動而利物，有智之德也。聖王之制祭祀，非有功於民，皆所不祭。五嶽宗山，四瀆長川，皆有功於民，祀典所不廢也。有天下國家者，如之何不視爵秩爲之祭報哉！故五嶽之祭，視三公之秩；四瀆之祭，視諸侯之秩。其器服幣玉，一視之以爲節，凡各稱其德而已。蓋山川之祭，所以儐鬼神也。然山有東西南北之殊，方川有江河淮濟之異，地必將周流徧至而祭之，則力有所不給，禮有所不周，特望所在而秩祭之，此所謂望秩于山川也。《周官·大宗伯》："以血祭祀五嶽，以貍沉祭山川。"《司服》："祀山川，則毳冕。"《典瑞》："章邸射，以祀山川。"堯舜之時，其祭山川禮樂雖不可考，亦可類推矣。《祭法》曰："山林川谷丘陵，能出雲，爲風雨，見怪物者，皆曰神。有天下者祭百神。"《舞師》："掌教兵舞，帥而舞山川之祭祀。"《大司樂》："奏蕤賓，歌函鍾，舞《大夏》，以祭山川。"由此觀之，山林言川以見澤，山林川澤之祭，一以《大夏》之文舞，兵舞之武舞，其功同，則其樂同，理固然也。後世禮廢樂壞，五嶽之秩不視三公，而視王，四瀆之秩不視諸侯，而視公，抑又不設樂焉，豈先王之意歟？

祭百物

軒架

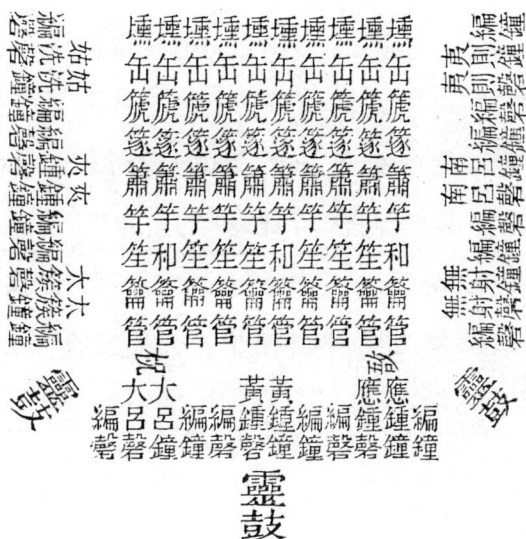

```
塤 塤 塤 塤 塤 塤 塤 塤 塤
缶 缶 缶 缶 缶 缶 缶 缶 缶
篪 篪 篪 篪 篪 篪 篪 篪 篪
籈 籈 籈 籈 籈 籈 籈 籈 籈
簫 簫 簫 簫 簫 簫 簫 簫 簫
竽 竽 竽 竽 竽 竽 竽 竽 竽
笙 和 笙 笙 和 笙 笙 和 笙
篪 篪 篪 篪 篪 篪 篪 篪 篪
管 管 管 管 管 管 管 管 管

黃黃                應應
編編    大大    編鍾
磬鍾    呂呂    鍾鍾
        編編
        磬鐘

大大            應應
編呂            編鍾
磬磬            磬鍾
鍾鐘

靈鼓
```

舞 執兵、執帗

架軒
韗　旌
麾　麾

應　　　　　　錞
雅　舞人……　鐲
相　（舞隊）　鐃
牘　　　　　　鐸

《周官·鼓人》：“凡祭祀，百物之神，鼓兵舞帗舞者。”蓋先王作樂，發諸聲音，而以鼓爲之君；形諸動静，而以舞爲之容。故凡神在天地之間，自有聲至於無聲，吾皆有以鼓之；自有形至於無形，吾皆有以舞之。然則鼓之舞之，有不盡神者乎？由此觀之，凡祭祀百物之神，舞之在舞師，則鼓之在鼓人矣。鼓兵舞，則有所扞蔽，而災害未然者不至；鼓帗舞，則有所被除，而災害已然者去矣。黨正祭禜，族師祭酺，皆此意歟？《舞師》：“凡小祭祀，不興舞。”則百物之神有舞者，非小祭祀也。《記》言：“聚萬物而索饗之，則蜡而已。”祭祀百物之神，非特蜡也。先主之於百物，致而祭之以秋，索而饗之以冬，謂之“凡祭祀百物”，則不主一時可知矣。

祭先農

宮　架①

---

① 此圖采自四庫本，按：光緒刻本此圖上面缺"土鼓——土鼓"一排。

登　歌

附

撃　戞　　　　玉　金
　　　　　　　　磬　鐘

琴 琴 琴 琴 琴 琴 琴 琴 琴 琴 琴

瑟 瑟 瑟 瑟 瑟 瑟 瑟 瑟 瑟 瑟 瑟

歌 歌 歌 歌 歌 歌 歌 歌 歌 歌 歌 歌

歌 歌 歌 歌 歌 歌 歌 歌 歌 歌 歌 歌

歌 歌 歌 歌 歌 歌 歌 歌 歌 歌 歌 歌

歌 歌 歌 歌 歌 歌 歌 歌 歌 歌 歌 歌

舞

架宮
纛　旌
麾　　麾

應雅相牘

舞人 舞人 舞人 舞人 舞人 舞人 舞人 舞人

舞人 舞人 舞人 舞人 舞人 舞人 舞人 舞人 鐃

舞人 舞人 舞人 舞人 舞人 舞人 舞人 舞人 鐲

舞人 舞人 舞人 舞人 舞人 舞人 舞人 舞人 鐃

舞人 舞人 舞人 舞人 舞人 舞人 舞人 舞人 鐸

舞人 舞人 舞人 舞人 舞人 舞人 舞人 舞人

舞人 舞人 舞人 舞人 舞人 舞人 舞人 舞人

　　《周官·籥章》:“凡祈年于田祖,吹《豳雅》,擊土鼓,以樂田畯。”《甫田》詩曰:“琴瑟擊鼓,以御田祖。”則田祖,先嗇也,神農也;田畯,司嗇也,后稷也。皆本始農事,其祭以禮樂,亦報本反始之義也。由漢而下,其詳不可得知。梁東耕樂略準南郊。後周武帝始用六舞耕藉,降神以《正德》之舞,獻熟以《大濩》之舞。北齊祠先農神農,於壇上列宮架。唐制,天子親祠先農,宮架同圓丘,以角音奏《永和》之樂,以姑洗爲均三成,若有司攝事,樂亦如之。聖朝端拱明道中,行籍田禮,樂用宮架二舞,如唐制,鹵簿作鼓吹,如南郊。初,有司攝事,不作樂,後詔得用登歌焉。然則神農,古帝王也,用宮架二舞之樂,爲得其制。臣嘗觀歷代之祭先農,其日或以乙,或以亥,其牲或以太牢,或以羊,雖異,皆未爲遠禮。至於唐祝欽明奏改先農壇爲帝社,豈傅會《詩序》而遂失實邪?後漢用乙日,北齊用亥日。歷代用太牢,獨梁用羊。二聖朝享先農之樂,降神,奏《靖安》之曲,《文德》之舞;皇帝行止升降,奏《隆安》之曲;奠幣,奏《嘉安》之曲;迎俎,奏《豐安》之曲;初獻及飲福,奏《乾安》,退文舞,迎武舞;亞獻、終獻,並奏《正安》,作武功之舞;送神,奏《靖安》;及車駕回,奏《采茨》;御樓、索扇、升座、降座,並奏《隆安》。

享先蠶

宮架

壎壎壎壎壎壎壎壎壎壎
缶缶缶缶缶缶缶缶缶
篪篪篪篪篪篪篪篪篪篪
篴篴篴篴篴篴篴篴篴篴
簫簫簫簫簫簫簫簫簫簫
竽竽竽竽竽竽竽竽竽
笙笙笙笙笙笙笙笙和
簫簫簫簫簫簫簫簫簫簫
管管管管管管管管管管

大大　黃黃　　　應應
大呂　黃鐘　編編　應鐘
編編　鐘鐘　　　編編
磬鐘　磬鐘　鐘磬　磬鐘

歌肅和

柷

擊敔　歌鐘
磬　　歌磬

琴琴琴琴琴琴琴琴琴琴琴琴

瑟瑟瑟瑟瑟瑟瑟瑟瑟瑟瑟

歌歌歌歌歌歌歌歌歌歌歌

歌歌歌歌歌歌歌歌歌歌歌

歌歌歌歌歌歌歌歌歌歌歌

歌歌歌歌歌歌歌歌歌歌歌

漢舊儀，皇后帥公卿諸侯夫人蠶，乘鸞輅，設鹵簿，黃門鼓吹，導桑于蠶宮，祠先蠶，羣臣妾從，桑還獻繭，皆賜樂。唐制，皇后享先蠶，設宮架，用諸女工①，又爲採桑壇，施帷幛，設司樂位於架間，作姑洗之均，奏《肅和》之曲。酌獻飲福，作《壽和》之曲，尚宮引皇后就採桑位，樂作，尚宮奉金鈎，自北陸進。皇后採桑禮畢還宮，鼓吹振作。厥明，設勞酒於正殿，如元會焉。有司攝事，亦得施宮架也。臣嘗歷觀載籍，先蠶之神，漢儀以爲苑窳婦人，寓氏公主，北齊以爲黃帝，後周以爲西陵氏神，李林父以爲天駟。然蠶與馬同祖，則天駟可以爲蠶祖，非先蠶者也。蠶則婦人之事，非黃帝也。《史記》"黃帝娶西陵氏"，豈西陵氏其先蠶之神歟？是禮也，必皇后親享。北齊使公卿祠之，非古也。北齊季春穀雨後，吉日享之。隋制，季春上巳享之。唐亦以吉日。聖朝景德中，太常禮院詳歷代沿革，請約附故事，築壇於東郊，從桑生之義，其壇酌中，用北齊之制，設一壇，二十五步，如淳化四年中祠禮例，從之。後即舊九宮壇爲之，亦盛舉也。然特遣有司行事，如先農之禮，而中宮不預焉，未免爲盛時闕典也。設壇東郊，而不於北郊，亦未合乎先王禮意也。

---

① "女工"，原作"女士"，據光緒刻本改。

表貉

宮　架

埙 埙 埙 埙 埙 埙 埙 埙 埙 埙
缶 缶 缶 缶 缶 缶 缶 缶 缶 缶
篪 篪 篪 篪 篪 篪 篪 篪 篪 篪
籈 籈 籈 籈 籈 籈 籈 籈 籈 籈
簫 簫 簫 簫 簫 簫 簫 簫 簫 簫
竽 竽 竽 竽 竽 竽 竽 竽 竽 竽
笙 笙 笙 笙 笙 笙 和 笙 笙 和
籥 籥 籥 籥 籥 籥 籥 籥 籥 籥
管 管 管 管 管 管 管 管 管 管

大大　黃黃　　應應
編呂呂編編鍾鍾編編鍾鍾編
磬磬鍾鐘磬磬鐘鐘磬磬鐘鐘

濩大歌

宮架

旌 纛

麾 麾

錞
鐲
鐃
鐸

應
雅
相
牘

舞人（陣列）

　　古者將射，則祭侯；將用馬，則祭馬祖。然則將師田而祭貉，蓋使有司爲之，而立表於陳前，肆師爲位，甸祝掌祝號，既事，然後誓衆而師田焉，《周官》所謂“表貉誓民”是也。《周官》言貉詩，與《禮記》、《爾雅》言禡，其實一也。北齊天子出征，將至其地，爲墠而禡祭，大司馬奠矢，有司奠幣①，而舞《太濩》之樂，亦時王之制也。今夫貉祭之神，先儒以爲蚩尤。管仲稱蚩尤作劍戟，《史記》稱黃帝與蚩尤戰，蓋戰陣之興，自此始也。唐制，禡祭爲壇墠，設瘞埳，皇帝齊於行宮②，從官齊於軍幕，置甲冑弓矢於神座之側，建稍於神座之後③，而牲幣犧象，皆有儀度，豈有所傳聞然耶？

大禘　大祫

宮架

___

① “奠幣”，光緒刻本作“奠毛血”。
② “設瘞埳皇帝齊於行”，原缺，據光緒刻本補。
③ “稍”，原缺，據光緒刻本補。

堂上樂品　　　　降神作旋宮

拊

擊戞　玉金
　　磬鐘

九
嶷

龍龍龍龍龍龍龍龍龍龍龍龍
門門門門門門門門門門門門
琴琴琴琴琴琴琴琴琴琴琴琴

應太大黃
鍾蔟呂鍾

龍龍龍龍龍龍龍龍龍龍龍龍
門門門門門門門門門門門門
瑟瑟瑟瑟瑟瑟瑟瑟瑟瑟瑟瑟

爲爲爲爲
羽徵角宮

歌九德①　　　　歌九磬

拊

擊戞　　玉金
　　　　磬鐘

架宮
蠹旌
麾　麾

琴琴琴琴琴琴琴琴琴琴琴琴
瑟瑟瑟瑟瑟瑟瑟瑟瑟瑟瑟瑟
歌歌歌歌歌歌歌歌歌歌歌歌
歌歌歌歌歌歌歌歌歌歌歌歌
歌歌歌歌歌歌歌歌歌歌歌歌
歌歌歌歌歌歌歌歌歌歌歌歌

應雅相牘

舞舞舞舞舞舞舞舞舞舞舞舞
人人人人人人人人人人人人
舞舞舞舞舞舞舞舞舞舞舞舞
人人人人人人人人人人人人
舞舞舞舞舞舞舞舞舞舞舞舞
人人人人人人人人人人人人
舞舞舞舞舞舞舞舞舞舞舞舞
人人人人人人人人人人人人

錞鐲鐃鐸

① 按：光緒刻本圖第四行十二個瑟作"琴瑟琴琴琴琴琴琴琴琴琴琴"。

乘輿馳道作雅部

塤塤塤塤塤塤塤塤塤塤
缶缶缶缶缶缶缶缶缶缶
簫簫簫簫簫簫簫簫簫簫
籈籈籈籈籈籈籈籈籈籈
籥籥籥籥籥籥籥籥籥籥
竽竽竽竽竽竽竽竽竽竽
笙笙笙笙笙笙笙笙笙和
籥籥籥籥籥籥籥籥籥籥
管管管管管管管管管管

特鐘　特磬　特鐘　特磬
特鐘　特磬　特鐘

歌歌歌歌歌歌歌歌歌歌歌歌歌
歌歌歌歌歌歌歌歌歌歌歌歌歌
歌歌歌歌歌歌歌歌歌歌歌歌歌
歌歌歌歌歌歌歌歌歌歌歌歌歌
瑟琴瑟琴瑟琴瑟琴瑟琴瑟琴瑟
琴

鐘　磬　柎　戛　擊

廟門外作胡部

鐵拍板	歌	歌	歌	歌	歌	歌	歌	歌	鐵拍板
方響	搊箏	搊箏	箜篌	箜篌	鲍琴	臥箏	臥箏		方響
方響	頌簫	頌簫	觱篥	蘆管	蘆管	琵琶	琵琶		方響
方響	胡虎	胡虎	埒圩	埒圩	胡蘆	胡蘆	羌笛	羌笛	方響
方響	小胡笳	小胡笳	大胡笳	大胡笳	大橫吹	小橫吹	小橫吹		方響
方響	中鳴角	中鳴角	玉蠡	玉蠡	胡缶	胡缶	長鳴角	長鳴角	方響
方響	齊鼓	齊鼓	銅鈸	銅鈸	銅鐃	銅鐃	鞉牢	鞉牢	方響
方響	擔鼓	擔鼓	銅鼓	銅鼓	銅鉦	銅鉦	羯鼓	羯鼓	方響
方響	毛員鼓	毛員鼓	都曇鼓	都曇鼓	答臘鼓	答臘鼓	拍鼓	拍鼓	方響
舞	舞	舞	舞	旄人	鞢師	舞	舞	舞	舞

《周官·大宗伯》:"以肆祼獻享先王,以饋食享先王。"《司尊彝》:"凡四時之間祀,追享,朝享。"蓋肆祼獻、饋食在時享之上,追享、朝享間於時享之間。古者喪除,朝廟合羣祖而祭之,故祫謂之朝享,而以饋食爲主,猶生時之有食也;以合羣祖爲不足,又推其祖之所自出,故禘謂之追享,而以肆祼獻爲主,猶生時之有饗也。自此五年而再盛祭,三年一祫,又二年一禘,《傳》曰"三年一祫,五年一禘"是也。宗廟之祭,以禘祫爲大;禘祫之樂,以九變爲盛,《禮》曰"凡樂,以黃鍾爲宮,大呂爲角,太蔟爲徵,應鍾爲羽,路鼓路鼗,陰竹之管,龍門之琴瑟,《九德》之歌,《九磬》之舞,於宗廟之中奏之,若樂九變,則人鬼可得而禮"是也。禘祫之禮神,既以《九磬》九變之樂,則其享之也,又兼六代之樂而致之,

《記》所謂"備其禮樂"，不過是矣，孰謂禘祫之禮有小大之辨哉？唐制，天子親奉及有司攝事，皆備宮架，鄭康成《禘祫志》曰："祫用六代之樂，而禘則四代而下，必無降神之樂。"不知奚據而云？聖朝之制，行祫禮而廢禘禮，又乘輿不親奉祀，而有司以登歌卒事，自餘諸后廟祠之。真宗親享元德皇太后廟，詔施登歌。仁宗親享奉慈廟，具宮架，設文舞，不設武舞，又以《大磬》易鎛鐘之制，臣恐非所以尊祖所自出，揄揚先烈而褒崇之也；又況三歲一禘，五歲一祫，未應古禮，其可不釐正之邪？禘以序昭穆之尊卑①，必於四月，以其陽上陰下，有尊卑之義也；祫以合羣祖，必於十月，以其萬物歸根，有合本之義也。國朝景德中，孫奭上言："立冬祀黑帝，配帝以下②，不設席尊，不加羃。望自今祠祭，設犧樽以獻神，山罍以飲福。"詔太常詳定，李宗諤上言："按郊祀緣天地日月五方帝，九宮並席以藁秸，餘以莞。唐制，天地日月社稷五方加褥，又天地以下樽罍，凡樽加勺羃。"並依奭奏。

<hr/>

① "序"，原作"禘"，據光緒刻本改。
② "以下"，元刻明修本、光緒刻本作"巳下"。

諸侯祫祭

軒架

塤塤塤塤塤塤塤塤塤
缶缶缶缶缶缶缶缶缶
簴簴簴簴簴簴簴簴簴
簽簽簽簽簽簽簽簽簽
簫簫簫簫簫簫簫簫簫
竽竽竽竽竽竽竽竽竽
笙和笙笙和笙笙笙和
簫簫簫簫簫簫簫簫簫
管管管管管管管管管

大大　　黃黃　　應應
編呂呂編編鍾鍾編編鍾鍾編
磬磬鍾鍾磬磬鍾鍾磬磬鍾鍾

路鼓

大夫時祭

判　架

編鐘

黃鐘　則　編磬

夷　則　編鐘　編磬

南呂　編鐘　編磬

無射　林鐘　編鐘　編磬

應鐘　族　編磬　金錞

壎缶簼簺簫竽笙籥管

壎缶簼簺簫竽笙籥管

壎缶簼簺簫竽笙籥管

壎缶簼簺簫竽笙籥管　祝

壎缶簼簺簫竽笙籥管　路鼓

壎缶簼簺簫竽笙籥管　敔

壎缶簼簺簫竽笙籥管　路鼓

姑洗　編鐘　編磬

姑洗　編鐘　編磬

編磬　天　編鐘　編磬

　　　天　大鏃　編鐘

　　　大鏃　編磬　金鐘

士時祭

特　架

壎缶簼簺簫竽笙籥管

壎缶簼簺簫竽笙籥管

壎缶簼簺簫竽笙籥管

壎缶簼簺簫竽笙籥管

壎缶簼簺簫竽笙籥管　祝

壎缶簼簺簫竽笙籥管　敔

壎缶簼簺簫竽笙籥管　特磬

先王制禮，必合諸天道。是以日祭象日，月祭象月，時享象時，三年之祫象閏，五年之禘象再閏。故《儀禮》曰："學士大夫知尊祖矣，諸侯及其太祖，天子及其始祖之所自出。"《大傳》曰："禮不王不禘，王者禘其祖之所自出，以其祖配之。諸侯及其太祖。大夫有事，省於其君，於祫及其高祖。"是學士大夫知尊祖而已，有時祭而無祫；諸侯及其太祖而已，有祫而無禘。大夫有事，省於其君，然後有祫。則周公有大勳勞，省於成王，然後有禘。《明堂位》曰："成王命魯公也，世祀周公以天子禮樂。"是以魯君季夏六月以禘禮祀周公於太廟，升歌《清廟》，下管《象》，朱干玉戚，冕而舞《大武》，皮弁素積，裼而舞《大夏》。則宮架之樂，施於周公廟可也；施於羣公廟，則僭矣。《郊特牲》曰："諸侯之宮架，祭以《白牡》，擊玉磬，朱干設錫，冕而舞《大武》，諸侯之僭禮也。"豈謂是歟？由是觀之，諸侯祫祭不過用軒架，大夫時祭不過用判架，士不過用特架爾。聖朝天聖中，王欽若奏："祫者，合也。宗廟之禮，每三年權遷神主出廟室，就前檻祭，以象大宗子有收族合食之義。"

樂書卷一百九十四　樂圖論

吉禮

　春祠　夏禴　秋嘗　冬烝　臘享　告朔

　月祭　祀聖祖　薦新　祭祊　配享

　　春祠　夏禴　秋嘗　冬烝

　　　堂下宮架①

① 此"堂下宮架"圖采自元刻明修本、光緒刻本,四庫本此圖差異较大,著録於
下:

歌夾鍾

拊

擊憂　玉金
　　　磬鐘

琴 琴 琴 琴 琴 琴 琴 琴 琴 琴 琴 琴

瑟 瑟 瑟 瑟 瑟 瑟 瑟 瑟 瑟 瑟 瑟

歌 歌 歌 歌 歌 歌 歌 歌 歌 歌 歌

歌 歌 歌 歌 歌 歌 歌 歌 歌 歌 歌

歌 歌 歌 歌 歌 歌 歌 歌 歌 歌 歌

歌 歌 歌 歌 歌 歌 歌 歌 歌 歌 歌

武　大　舞

宮架

鼖　旌

麾　　麾

錞
鐲
鐃
鐸

應
雅
相
牘

舞人舞人舞人舞人舞人舞人舞人舞人
舞人舞人舞人舞人舞人舞人舞人舞人
舞人舞人舞人舞人舞人舞人舞人舞人
舞人舞人舞人舞人舞人舞人舞人舞人
舞人舞人舞人舞人舞人舞人舞人舞人
舞人舞人舞人舞人舞人舞人舞人舞人
舞人舞人舞人舞人舞人舞人舞人舞人
舞人舞人舞人舞人舞人舞人舞人舞人

祭不欲數而煩，亦不欲疏而怠。故禴祠烝嘗之祭，所以應霜露雨露之感，而順天道也。蓋其享之之日，禮交動乎上，樂交應乎下，不過用時王六變之樂而已，《周官·大司樂》"分樂而序之，奏無射，歌夾鐘，舞《大武》，以享先祖"是也。禘祫大祭，用先王九變之樂；時享中祠，用時王七變之樂，斯不亦適隆殺以爲之節文乎？漢高帝時，叔孫通因秦樂人制宗廟樂，大祝迎神于廟門，奏《嘉至》，猶古降神之樂也。皇帝入廟門，奏《永至》，爲行步之節，猶古《采薺》、《肆夏》也。乾豆上奏登歌，獨上歌，不以管絃亂人聲，欲在位者徧聞之，猶古《清廟》之歌也。登歌再終，下奏《休成》之樂，美神明既饗也。皇帝就酒，東廂坐定，奏《永安》之樂，美禮已成也。漢禮雖沿秦制，然去三代未遠，亦庶幾焉。唐享宗廟之樂，皆九成，其餘祭祀用姑洗，均三成而已。施之禘祫可也；

施之時享,不合周人六成之制,未爲完禮也。黃鍾宫三成,太呂角二成,太簇徵三成,應鍾羽一成。聖朝沿襲唐制,時享不即太廟,而即景靈宫焉,亦一時義起之禮也。今誠於孟享之際,皇帝分日詣東西二宫酌獻,每殿一獻,各宫架歌舞,使皇太子親王亞獻終獻而卒事,則九殿二日而禮可畢矣。古人所謂禮煩則亂,事神則難,非虛言也!春礿夏禘,夏禮也;春祠夏禴,周禮也。《禮記》曰"大嘗",《周禮》曰"大烝",則春祠爲小矣。景祐中,賈昌朝言:"凡郊禋,前唯朝廟之禮,本告以配天享侑之意,所宜奉行。其景靈宫朝謁,蓋沿唐朝大清宫故事,有違經訓,固可改革。俟郊祀禮畢,駕幸諸寺觀日①,首詣景靈宫,謝禮官,以真宗奉□□祖②,不可簡易仍舊。"

臘享蜡

宮架

---

① "駕",光緒刻本作"車駕"。

② 按:光緒刻本於"以"後缺一字。

歌 甌 頌

拊

擊 敔　　歌磬 歌鐘

琴 琴 琴 琴 琴 琴 琴 琴 琴 琴 琴 琴

瑟 瑟 瑟 瑟 瑟 瑟 瑟 瑟 瑟 瑟 瑟 瑟

歌 歌 歌 歌 歌 歌 歌 歌 歌 歌 歌 歌

歌 歌 歌 歌 歌 歌 歌 歌 歌 歌 歌 歌

歌 歌 歌 歌 歌 歌 歌 歌 歌 歌 歌 歌

歌 歌 歌 歌 歌 歌 歌 歌 歌 歌 歌 歌

舞 六 樂 執兵、執帗

架宮

鼗 旌

麾 麾

舞舞舞舞舞舞舞
人人人人人人人
舞舞舞舞舞舞舞
人人人人人人人
應　舞舞舞舞舞舞舞　錞
　人人人人人人人
雅　舞舞舞舞舞舞舞　钃
　人人人人人人人
相　舞舞舞舞舞舞舞　鐃
　人人人人人人人
牘　舞舞舞舞舞舞舞　鐸
　人人人人人人人
舞舞舞舞舞舞舞
人人人人人人人
舞舞舞舞舞舞舞
人人人人人人人

《周官·鼓人》:"凡祭祀,百物之神,鼓兵舞帗舞。"《大司樂》:"凡六樂者,一變而致羽物,及川澤之示;再變而致贏物,及山林之示;三變而致鱗物,及丘陵之示;四變而致毛物,及墳衍之示;五變而致介物,及地示;六變而致象物,及天神。"《籥章》:"國祭蜡,則吹《豳頌》,擊土鼓,以息老物。"《月令》:"孟冬,天子乃臘,先祖五祀,勞農而休息之。"然則臘亦謂之蜡矣。古者蜡,則飲酒于序;既蜡,則臘先祖于廟。其樂六樂,其奏六變,其吹《豳籥》,其歌《豳頌》,其擊土鼓,其舞兵帗。至於所致者,川澤山林以至土示天神,莫不豫焉。是孟冬合萬物而索饗之者,非特先嗇、司嗇、百種、農郵、表畷、禽獸、坊水、庸之八神而已;舉其八者,以其尤有功於田畝故也。聖朝以戌日爲臘,以蜡百神,以祀社稷,以享宗廟,其樂當各從其祀,並仍《周官》之舊,萬世不易之典也。鄭氏謂:"東方之祭用太簇、姑洗,南方用蕤賓,西方用夷則、無射,北方用黃鍾爲均。"於義或然。蜡祭禮始於伊耆氏,夏曰"嘉平",商曰"清祀",周曰"蜡",漢曰"臘"。漢以火德,戌日爲臘,田獵禽獸,以享百神,報終成之功也。唐乘土德,貞觀初以前,黃蜡百神,卯日祭社宮,辰日享宗廟。開元間,三祭皆用臘辰,以應土德也。臣嘗考周蜡於十二月,晉侯以十二月滅虢襲虞,宮之奇曰:"虞不臘矣!"秦臘於孟冬,皆建亥之月,則臘在蜡月,二祭異名而同實也①。古者臘有常月,而無常日;祖在始行,而無常時。由漢以來,溺於五行之説,以壬日祖,以辰日臘,其失先王之禮遠矣!後周兼五天帝五人帝,與百神蜡於五郊。唐不祭五天帝五人帝,特蜡百神於南郊,闕其方之不登者。然蜡因順成之方以報神,因州之序以樂民,則唐一之於南郊,非也。蜡及天宗,則不過日月星辰之類,後周兼天帝而祭之,亦非也。聖朝太平興國六年,以冬至親祀,停臘享焉。

───────────

① "異名",原作"各異",據元刻明修本、光緒刻本改。

告朔_{月祭}

《周語》:"祭公謀父曰:'甸服者祭,侯服者祀,賓服者享,要服者貢。日祭、月祀、時享、歲貢。'"《楚語》:"觀射父曰:'先王日祭、月享、時類、歲祀,諸侯舍日,卿大夫舍月,士庶人舍時。'"韋成、韋昭之徒曰:"天子日祭於祖考,月祀於曾高,時享於二祧,歲貢於壇墠。"此與漢法日祭於寢,月祭於廟,時祭於便殿,其事相類,而甸侯綏要荒五服之制,與《禹貢》相合。蓋夏商之禮如此,故左丘明、荀卿、司馬遷皆得以傳之也。《周禮》有時祭,無月祭,以頒朔見之也;祭法有月祭,無日祭,舉月以見之也。今夫先王之禮,告朔於廟,饋以特牲,謂之月祭,故魯文公不行告朔之禮,第親至廟拜謁而已。故《春秋》譏之,《穀梁》言:"天子告朔于諸侯,諸侯受于禰廟,禮也。"又曰:"閏月不以告朔。"然受朔于禰,則異於《玉藻》"諸侯聽朔於太廟"之説也;閏月不以告朔,則異於左氏"閏以正時,不告朔棄時政"之説也。《祭法》諸侯月祭不及祖考,其説與《穀梁》同,不知何據然邪? 鄭氏釋《論語》,謂"人君每月告朔有祭,謂之'朝享'",然《周官》"朝享則祫祭,自喪除朝廟始",非所謂告朔也。淳化三年冬至,罷十一月望朔祭^①。

---

① "淳化三年冬至,罷十一月望朔祭",原缺,據元刻明修本、光緒刻本補。

祀聖祖

宮　架

塤塤塤塤塤塤塤塤塤
缶缶缶缶缶缶缶缶缶
麂麂麂麂麂麂麂麂麂
篴篴篴篴篴篴篴篴篴
簫簫簫簫簫簫簫簫簫
竽竽竽竽竽竽竽竽竽
笙笙笙笙笙笙笙笙笙
籥籥籥籥籥籥籥籥籥
管管管管管管管管管

大　大　　黃黃　　應應
編　呂　編編　鐘鐘　編編　鐘編
磬　磬　鐘磬　鐘鐘　磬磬　鐘鐘

歌

柎

擊戞　　　　歌　歌
　　　　　　磬　鐘

琴 琴 琴 琴 琴 琴 琴 琴 琴 琴 琴 琴

瑟 瑟 瑟 瑟 瑟 瑟 瑟 瑟 瑟 瑟 瑟 瑟

歌 歌 歌 歌 歌 歌 歌 歌 歌 歌 歌 歌

歌 歌 歌 歌 歌 歌 歌 歌 歌 歌 歌 歌

歌 歌 歌 歌 歌 歌 歌 歌 歌 歌 歌 歌

歌 歌 歌 歌 歌 歌 歌 歌 歌 歌 歌 歌

舞

架宮

簴　　旌

麾　　　　麾

應　　　　　　　　　　　舞舞舞舞舞舞舞舞
　　　　　　　　　　　　人人人人人人人人
雅　舞舞舞舞舞舞舞舞　錞
　　人人人人人人人人
相　舞舞舞舞舞舞舞舞　鐲
　　人人人人人人人人
瀆　舞舞舞舞舞舞舞舞　鐃
　　人人人人人人人人
　　舞舞舞舞舞舞舞舞　鐸
　　人人人人人人人人
　　舞舞舞舞舞舞舞舞
　　人人人人人人人人
　　舞舞舞舞舞舞舞舞
　　人人人人人人人人

　　後漢桓帝延熹中，親祠老子於濯龍宮，文罽爲壇，飾純金釭器①，設華蓋座，用郊天樂。唐乾封初，追號老君爲“太上元皇帝”。文明初，册其妻爲“先天太后”。開元中，又追尊其父爲“先天太皇”，並立廟以祠之。天寶中，改兩京元廟爲太上元皇，又西京改爲太清宮，東京改爲太微宮，天下諸郡爲紫極宮，更祝板爲清詞，其告獻辭及奏樂章，別具儀注。今有司每孟月修薦，獻上香之禮，聖朝祠聖祖於景靈宮，諸州祠於道觀，並行朝謁之禮，踵唐太清宮故事也。其禮樂並同廟享儀，亦得古人禘祖所自出之意也。今也每五年誠講禘禮而行之，不亦太平之盛舉邪？

---

①　“釭”，原作“釦”，據光緒刻本改。

薦新

《既夕禮》：“朔月，若薦新，不饋於下室。”《檀弓》曰：“有薦新，如朔奠。”《月令》：“仲春，天子乃鮮羔開冰，先薦寢廟。”“仲夏①，天子乃以雛嘗黍羞，以含桃先薦寢廟。”“孟秋，天子嘗新，先薦寢廟。”由此推之，人子之於親，飲食與藥，必先嘗而後進；四時新物，必先獻而後食，先王之禮也。鄭康成釋《王制》，謂：“大夫士祭以首，時薦以仲月，然後致禮而有常；月祭以致孝，而無常時。”《周官》：“王者享禘享祫之畋，皆在仲月。”是祭有常月也。《月令》：“王者薦新，或於孟月，或於仲季，唯其時物而已。”是薦無常時也。高堂隆謂：“天子諸侯月有祭事：孟月，四時之祭也；仲、季月，薦新之祭也。”豈惑鄭康成之説然邪？韋玄成謂：“廟歲二十五祠，而薦新在焉。唐禮，使太常卿一人奉薦新物，有司行事焉。”聖朝淳化初，詔寢廟薦新，春分開冰而已。至景祐中，禮官請每歲孟春薦蔬韭、菘以卵；仲薦冰，季薦蔬以筍，果以含桃；孟夏嘗麥以彘，仲薦果以苽、林檎，季薦果以芡、芰；孟秋嘗稬、粟以雞，果以梨、棗，仲嘗酒、稻，蔬以芰、筍，季嘗豆、喬；孟冬羞以兔、果以栗、蔬以諸蒬，仲羞以麇、雁，季羞以魚。凡二十六種，亦可謂内盡志、外盡物矣。

---

① “仲夏”，原作“季春”，誤，據《月令》改。

祭祊

歌　絲　衣①

附

擊戞歌歌
磬鐘

瑟瑟瑟瑟

歌歌歌歌

　　古者直祭祝于主，索祭祝于祊，故宗廟當祭之日，爲祊乎廟門内之西室，直祭之祊也，《詩》所謂“祝祭于祊”是已；祭之明日，爲祊乎廟門外之西室，索祭之祊也，《禮》所謂“爲祊乎外”是已。昔衛莊公變宗廟，易市朝，高子問於孔子曰：“《周禮》繹祭於祊，祊在廟門之西。今衛君更之，如之何？”孔子曰：“繹之於庫門内，祊之於東方，失之矣！”蓋繹，又祭也。夏曰復胙，商曰肜日，周曰繹。其樂則歌《絲衣》而已。《絲衣序》曰：“繹賓尸也。”賓尸，則祭日而已，《儀禮》“有司徹，掃堂攝酒，迎尸而賓之”是也。繹於明日，則異牲，《詩》曰“自羊徂牛”是也；賓尸於祭日，則用正祭之牲，有司徹鬏音尋。尸俎是也。蓋正祭重而主於禮神，繹祭輕而主於禮尸，故省視具在宗伯，輕故使士焉，則“絲衣其紑，載弁俅俅”者，士而爵弁緇衣者也。主於禮神，故在室；主於禮尸，故在堂。則“自堂徂基”，掃堂設筵者，爲堂上之事可知矣。

---

　　①　此圖采自光緒刻本，按：“瑟瑟瑟瑟”，元刻明修本、四庫本作“琴琴瑟瑟”。

功臣配享

《商書·盤庚》曰："兹予大享于先王,爾祖其從與享之。"《周官·司勳》曰："凡有功者,銘書于王之大常,祭於大烝。"則功臣配享,其來尚矣。古者祭祀之禮,並傚生時尊卑之叙,以奠位次,功臣配食於先王,不過象生時之侍燕也。《燕禮》："大夫以上皆升堂,以下則位於庭。"然則功臣配享,蓋所以崇德明勳而勸嗣臣也。漢祭功臣於庭,使與士庶並列,是爲貶損,非所以寵異之也。《周志》曰："勇則害上,不登於明堂。"魏之祫祭,唐之禘祭,並不及功臣,其所配特大烝而已,是不知司勳舉時祭以見禘祫之意也。

樂書卷一百九十五　樂圖論

吉禮

釋奠東序　釋奠西序　釋菜合舞　頒學合聲

祀先代　祀先賢上　祀先賢下　封禪　祀戶

祀竈　祀中霤　祀國門　祀國行　祀泰厲

釋奠東序　釋奠西序　釋菜合舞　頒學合聲

軒架

大合樂[①]

大合樂

東階　　西階

文舞位　武舞位

雲門　大卷　大咸　大韶　大夏　大同　大濩　大武

歌清廟[②]

拊

擊　戛　歌磬　歌鍾

瑟瑟瑟瑟瑟瑟瑟瑟瑟瑟瑟

歌歌歌歌歌歌歌歌歌歌歌

歌歌歌歌歌歌歌歌歌歌歌

舞大武

軒架

纛　旌

麾　麾

應　　舞人舞人舞人舞人舞人舞人　　錞
雅　　舞人舞人舞人舞人舞人舞人　　鐲
相　　舞人舞人舞人舞人舞人舞人　　鐃
牘　　舞人舞人舞人舞人舞人舞人　　鐸
　　　舞人舞人舞人舞人舞人舞人
　　　舞人舞人舞人舞人舞人舞人
　　　舞人舞人舞人舞人舞人舞人
　　　舞人舞人舞人舞人舞人舞人

成周之制，《大胥》："春，入學，舍菜合舞。秋，頒學合聲。"故

① 此圖采自光緒刻本，按：元刻明修本、四庫本圖中無"大同"。

② 此圖采自光緒刻本，按：元刻明修本、四庫本圖中"瑟瑟瑟瑟瑟瑟瑟瑟瑟瑟瑟"作"琴琴琴琴琴琴瑟瑟瑟瑟瑟"。

《禮記·文王世子》：“凡釋奠，必有合也，有國故則否。凡大合樂，必遂養老。”又曰：“釋奠於先聖先師先老，終之遂發咏焉，登歌《清廟》，下管《象》，舞《大武》而已。”《月令》：“仲春上丁，命樂正習舞釋菜。”蓋學校之於天下，禮樂之所自出，小有釋菜，而以食爲主；大有釋奠，而以飲爲主。其習舞與聲，而大合六代之樂，一也。北齊天子講畢，以太牢釋奠，孔子配以顏回，設軒架之樂，六佾之舞。唐開元中，釋奠文宣王，始用宮架之樂。然孔子，人臣也，用軒架足以爲禮，用宮架則過矣。聖朝春秋上丁，釋奠于東序；上戊，釋奠于西序，並設登歌之樂，不用軒架，而用判架，抑又不施之堂下，而施之堂上，於其庭又不設舞焉，是有歌奏而無舞，非古人習舞合樂之意。釐而正之，以廣禮樂之教於天下，實聖朝急務也。景祐元年，詔釋奠用登歌。

祀先代

宮　架

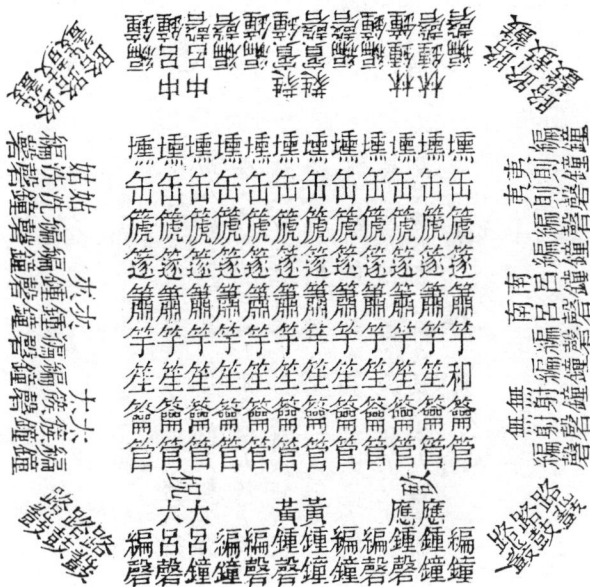

登　歌

柎

擊憂　　玉金
　　　　磬鐘

琴 琴 琴 琴 琴 琴 琴 琴 琴 琴 琴 琴

瑟 瑟 瑟 瑟 瑟 瑟 瑟 瑟 瑟 瑟 瑟 瑟

歌 歌 歌 歌 歌 歌 歌 歌 歌 歌 歌 歌

歌 歌 歌 歌 歌 歌 歌 歌 歌 歌 歌 歌

歌 歌 歌 歌 歌 歌 歌 歌 歌 歌 歌 歌

歌 歌 歌 歌 歌 歌 歌 歌 歌 歌 歌 歌

舞　干　羽

柎

蠹　旌
麾　　　麾

應
雅
相
牘

舞 舞 舞 舞 舞 舞 舞　錞
人 人 人 人 人 人 人
舞 舞 舞 舞 舞 舞 舞　鐲
人 人 人 人 人 人 人
舞 舞 舞 舞 舞 舞 舞　鐃
人 人 人 人 人 人 人
舞 舞 舞 舞 舞 舞 舞　鐸
人 人 人 人 人 人 人
舞 舞 舞 舞 舞 舞 舞
人 人 人 人 人 人 人
舞 舞 舞 舞 舞 舞 舞
人 人 人 人 人 人 人
舞 舞 舞 舞 舞 舞 舞
人 人 人 人 人 人 人
舞 舞 舞 舞 舞 舞 舞
人 人 人 人 人 人 人

　　後漢章帝東巡狩，遣使祠帝堯於濟陰。後魏祀堯於平陽，祀舜於廣寧，祀禹於安邑。隋制，使祀先代王公，帝堯於平陽，以契配；帝舜於河東，以咎繇配；夏禹於安邑，以伯益配；商湯於汾陰，以伊尹配；文武於灃渭之郊，以周、召配；漢帝於長陵，以蕭何配。其牲各以太牢，而無樂，則祀先代帝王有自來矣。有禮無樂，豈仁君所以禮先代之意哉？唐天寶中制，三皇以前帝王並於皇城內置一廟祠之，仍與三皇五帝廟相近，以時致祭天皇氏、地皇氏、人皇氏、有巢氏、燧人氏，其祭用禮樂，並准三皇五帝廟。以春秋享祭歷代帝王肇迹之地，未有祠宇者，所由郡置一廟享祭，仍取當時將相德業可稱者二人配享，則武王下車之舉，不過如此。聖朝之制，前代帝王陵廟未嘗不定配享功臣以崇祀之，以至守陵有戶，樵採有禁，亦可謂至矣。然未嘗考唐人之制，都城置廟以祠之，更定禮樂，以稱情文，臣恐未盡所以崇祀之意也。

祀先賢上

　　後漢章帝元和中，東巡狩幸魯祠孔子七十二弟子。唐貞觀中，制詔左丘明、卜子夏、公羊高、穀梁赤、伏勝、高堂生、戴聖、毛萇、孔安國、劉向、鄭眾、杜子春、馬融、盧植、鄭康成、服虔、何休、王肅、王弼、杜元凱、范寧、賈逵，總二十二人，與顏子俱配孔子於太學，並爲先師。開元中，勅顏子等十哲爲坐像，悉應從祀。曾參大孝，德冠同列，特爲塑像，坐於十哲之次。圖畫七十子及二十二賢於廟壁，以顏子亞聖，親爲之贊，閔損以下，令文士分爲之。既又追贈孔子爲文宣王，南面而坐，內出王者袞冕之服以衣之。十哲等東西列侍，顏子特優其秩，贈兗國公，閔子騫而下，並贈侯焉。閔子騫，費侯；冉伯牛，鄆侯；冉伯弓，薛侯；宰予我，齊侯；端木貢，黎侯；冉子有，徐侯；仲子路，衛侯；言子游，吳侯；卜子夏，魏侯。諸郡邑廟宇，但移南面兩京，樂用宮架。春秋上丁，令三公攝行祀事，七十子皆贈爲伯，真一時盛典也！曾參，郕伯；顓孫師，陳伯；澹臺滅明，江伯；虙子賤，單伯；原憲，原伯；公冶長，莒伯；南宮子容，郯伯；公晳哀，郳伯；曾點，宿伯；顔路，杞伯；商瞿，蒙伯；高柴，共伯；漆雕開，滕伯；公伯寮，任伯；司馬牛，向伯；樊遲，樊伯；有若，卞伯；公西赤，郜伯；巫馬期，鄫伯；梁鱣，梁伯；顔柳，蕭伯；冉孺，紀伯；曹卹，曹伯；伯虔，聊伯；公孫龍，黄伯；冉季，東平伯；秦子南，少梁伯；漆雕子斂，武城伯；顔子精，琅邪伯；漆雕徒父，須句伯①；壤駟赤，北微伯；商澤，睢陽伯；石作蜀，石邑伯；任不齊，任城伯；公夏守，凡父伯①；公良孺，東牟伯；后處，營丘伯；秦子開，彭衙伯；奚容箴，下邳伯；公肩定，新田伯；顔襄，臨沂伯；鄡單，銅鞮伯；句井疆②，淇陽伯；罕父黑，乘丘伯；秦商，上洛伯③；申黨，邵陵伯；公祖子之，期思伯；榮子期，雩婁伯；縣成，鉅野伯；左人郢，臨淄伯；燕伋，漁陽伯；鄭子徒，榮陽伯④；顔之僕，東武伯；原亢籍，萊蕪伯；樂顔，昌平伯；廉梁，莒父伯；顔何，開陽伯；叔仲會，瑕丘伯；狄黑，臨濟伯；邦巽，平陸伯；孔忠，汶陽伯；公西輿如，重丘伯；公西箴，祝阿伯；蓬瑗，衛伯；施常，乘氏伯；林放，清河伯；秦非，汧陽伯；陳亢⑤，穎伯；申棖，魯伯；琴牢顔噲，朱虛伯；步叔乘，淳于伯；琴張，南陵伯。聖朝建隆元年，太祖幸國子監，詔塑繪先聖先賢先儒之像，帝親撰文宣王、兗國公之贊；先賢先儒，勅侍臣范質而下分撰焉。真宗大中祥符元年，東封禮畢，鑾輿幸闕里，詔追諡文宣王爲至聖。明年，追封弟子顔子爲兗國公，費侯閔損而下爲公，費侯閔損，進封琅邪公；薛侯冉雍，進封下邳公；齊侯宰予，進封臨淄公；黎侯端木賜，進封黎陽公；徐侯冉求，進封彭城公；衛侯仲由，進封河内公；吳侯言偃，進封丹陽公；魏侯卜商，進封河東公。郕伯曾參而下爲侯，郕伯曾參，進封瑕丘侯；陳伯顓孫師，進封宛丘侯；江伯澹臺滅明，爲金鄉

---

① "凡父伯"，光緒刻本作"兄父伯"。
② "句并疆"，光緒刻本作"句井疆"。
③ "上洛伯"，光緒刻本作"上咨伯"。
④ "榮陽"，據下疑當作"滎陽"。
⑤ "陳亢"，原作"陳元"，據後"陳亢"改。

侯；單伯處不齊，爲單父侯；原伯原憲，爲任城侯；莒伯公冶長，爲高密侯；郯伯南宮縚，爲龔丘侯；杞伯公晳哀，爲北海侯；宿伯曾點，爲萊蕪侯；杞伯顔無繇，爲曲阜侯；蒙伯商瞿，爲須昌侯；共伯高柴，爲共城侯；滕伯漆雕開，爲平輿侯①；任伯公伯寮，爲壽張侯；向伯司馬耕，爲楚丘侯；樊伯樊須，爲益都侯；郜伯公西赤，爲鉅野侯；卞伯有若，爲平陰侯；鄆伯巫馬施，爲東阿侯；潁伯陳亢，爲南頓侯；梁伯梁鱣，爲千乘侯；蕭伯顔辛，爲陽穀侯；紀伯冉孺，爲臨沂侯；東平伯冉季，爲諸城侯；聊伯伯虔②，爲沭陽侯；黄伯公孫龍，爲拔江侯③；彭衙伯秦寧，爲新息侯；少梁伯秦商，爲鄄城侯；武城伯漆雕哆，爲濮陽侯；琅邪伯顔驕，爲榮澤侯④；須句伯漆雕徒父，爲高苑侯；北微伯壤駟赤，爲上邽侯；清河伯林放，爲長山侯；睢陽伯商澤，爲鄒平侯；石邑伯石作蜀，爲成紀侯；任城伯任不齊，爲當陽侯；魯伯申棖，爲文登侯；東牟伯公良孺，爲牟平侯；曹伯曹卹，爲上蔡侯；下邳伯奚容箴，爲濟陽侯；邵陵伯申黨，爲淄川侯；期思伯公祖句兹，爲即墨侯；雩婁伯榮期，爲厭次侯；鉅野伯縣成，爲成武侯；臨淄伯左人郢，爲南華侯；漁陽伯燕伋，爲沂源侯；滎陽伯鄭國，爲朐山侯；汧陽伯秦非，爲華亭侯；乘氏伯施常，爲臨濮侯；朱虚伯顔噲，爲濟陰侯；淳于伯步叔乘，爲博昌侯；東武伯顔之僕，爲宛句侯；衛伯蘧瑗，爲内黄侯；瑕丘伯叔仲會，爲博平侯；開陽伯顔何，爲堂邑侯；臨濟伯狄黑，爲林慮侯；平陸伯邽巽，爲高唐侯；汶陽伯孔忠，爲鄆城侯；重丘伯公西輿，爲臨朐侯；祝阿伯公西箴，爲徐城侯；南陵伯琴張，爲頓丘侯。**先儒左丘明等應未有爵封者，皆賜爲伯或賜三公焉。**左丘明，封瑕丘伯；荀況，封蘭陵伯；公羊高，臨淄伯；穀梁赤，龔丘伯；伏勝，乘氏伯；高堂生，萊蕪伯⑤；毛萇，樂壽伯；孔安國，曲阜伯；劉向，彭城伯；揚雄，成都伯；鄭衆，中牟伯；杜子春，緱氏伯；馬融，扶風伯；鄭康成，高密伯；服虔，滎陽伯；賈逵，岐陽伯；王弼，偃師伯；范寧，新野伯；韓愈，昌黎伯；蘭陵，亭侯；王肅，贈司空當陽侯；杜預，贈司徒。**神宗皇帝追封孟軻爲鄒國公，塑像與顔子並配享，荀況、揚雄、韓愈繪像於從祀之列，荀況在左丘明之下，揚雄在劉向之**

---

① “平輿侯”，光緒刻本作“平夷侯”。
② “聊伯”，光緒刻本作“朐伯”。
③ “拔江侯”，光緒刻本作“枝江侯”。
④ “榮澤侯”，光緒刻本作“雷澤侯”。
⑤ “萊蕪伯”，原作“萊苑伯”，據光緒刻本改。

下，韓愈在范寧之下，其尊德樂道之意，亦可謂至矣！唐永徽之制，欲從孔子爲先師，顏回、左丘明從祀而已，豈不過甚矣哉！

祀先賢下

唐開元中，兩京及天下諸郡，各置太公廟，以張良配享。其後于休烈建言：“太公人臣，不合以張良配享。請移於漢高祖廟。”從之。至上元初，追封太公爲武成王，選自古名將功成業著者爲亞聖，及十哲等享祭之，典一同文宣王。既而李紓進説曰：“文宣垂訓百代宗師，生民以來，一人而已。樂用宫架，獻用太尉，尊師重道，雅合正經。太公述作，止於《六韜》，勳業成於一代，豈可擬其盛德，均其殊禮哉？”後勅以上將軍充獻官，昭告爲致祭，祝板不親書，與文宣王異矣。聖朝因而不革，太祖仍親撰武成王、留侯二贊，自餘七十三人，勅侍臣張昭、范質而下分撰焉。春秋祭享，以國子祭酒、司業、博士充獻官，又與用上將軍者異矣。齊相管仲，大司馬田穰苴，吳將軍孫武，秦武安君白起，燕昌國君樂毅，漢淮陰侯韓信，蜀丞相諸葛亮，唐衛國公李靖，英國公李勣，中書令郭子儀，越相范蠡，魏西河太守吳起，齊將孫臏，安平君田單，趙將信平君廉頗，馬服君趙奢，武安君李牧，秦將王翦，漢相平陽侯曹參，梁王彭越，右丞相周勃，條侯周亞夫，前將軍李廣，長平侯衛青，冠軍侯霍去病，營平侯趙充國，高密侯鄧禹，執金吾寇恂，夏陽侯馮異，膠東侯賈復，廣平侯吳漢，好畤侯耿弇，新息侯馬援，新豐侯段熲，槐里侯皇甫嵩，魏晉陽侯張遼，太尉鄧艾，蜀漢壽侯關羽，西鄉侯張飛，吳南郡太守周瑜，屠陵侯吕蒙，丞相陸遜，大司馬陸抗，晉南城侯羊祜，當陽侯杜預，襄陽侯丘濬，長沙公陶侃，康樂公謝元，前燕太宰慕容恪，前秦丞相王猛，宋武陵侯檀道濟，征虜將軍王鎮惡，後魏太尉長孫嵩，北齊右丞相咸陽王斛律光，左僕射慕容紹宗，梁太尉永寧公王僧辯，後周大冢宰齊王宇文憲，太傅燕公于謹，鄭國公韋孝寬，陳南平公吳明徹，隋越國公楊素，新義公韓擒虎，宋國公賀若弼，太平公史萬歲，唐河間王李孝恭，鄂國公尉遲敬德，邢國公蘇定方，喜縣公裴行儉，夏官尚書王孝傑，韓國公張仁亶，中山郡公王晙，代國公中書令李晟。

封禪

宮架

壎壎壎壎壎壎壎壎壎壎
缶缶缶缶缶缶缶缶缶缶
篪篪篪篪篪篪篪篪篪篪
籈籈籈籈籈籈籈籈籈籈
簫簫簫簫簫簫簫簫簫簫
竽竽竽竽竽竽竽竽竽竽
笙笙和笙笙笙和笙笙和
籥籥籥籥籥籥籥籥籥籥
管管管管管管管管管管

大大　　黃黃　　應應
呂呂　　鍾鍾　　鍾鍾
編編磬磬　編編鍾鍾編　編編鍾鍾編

壇上樂器①　　　　　降神作旋宮

附

擊敔　玉磬　金鍾

雲雲雲雲雲雲雲雲雲雲
和和和和和和和和和和
琴琴琴琴琴琴琴琴琴琴

雲雲雲雲雲雲雲雲雲雲
和和和和和和和和和和
琴琴琴琴琴琴琴琴琴琴

六變

姑　太　黃　圜
洗　簇　鍾　鍾
爲　爲　爲　爲
羽　徵　角　宮

---

① 按："壇上樂器"下，光緒刻本有"不登歌"三字。

樂　六　作

大合樂

東階　　　　西階

文舞位　武舞位

雲門　大卷　大咸　大韶　大夏　　　大濩　大武

羽　干　舞

宮架

旌　纛

庵　麾

鎛
鐲
鐃
鐸

舞人舞人舞人舞人舞人舞人舞人舞人舞人
舞人舞人舞人舞人舞人舞人舞人舞人舞人
舞人舞人舞人舞人舞人舞人舞人舞人舞人
舞人舞人舞人舞人舞人舞人舞人舞人舞人
舞人舞人舞人舞人舞人舞人舞人舞人舞人
舞人舞人舞人舞人舞人舞人舞人舞人舞人
舞人舞人舞人舞人舞人舞人舞人舞人舞人
舞人舞人舞人舞人舞人舞人舞人舞人舞人
舞人舞人舞人舞人舞人舞人舞人舞人舞人

應
雅
相
牘

古者帝王之興，必封泰山者，所以告成功也。蓋其禮始於無懷氏，其後始於秦漢。故秦始皇平天下，封泰山，禪梁甫，有金冊石函、金泥玉檢之事焉。兩漢因之，用樂如南郊，歷代沿襲不改。故隋王通譏之曰：“封禪之費，非古也，其秦漢之侈心乎？”聖朝太宗皇帝太平興國中，宰臣宋琪等表請東封，及詔下而罷。至真宗祥符初，宰臣王旦等請表五上，始一行之。泰山圓臺上，設登歌，鐘、磬各一虡，封祀壇設宮架二十虡，四隅植建鼓，并設二舞，社首上下壇之制，悉如泰山，其朝覲壇宮架二十虡，不用熊羆十二案，昊天之樂奏《封安》，皇地祇之樂奏《禪安》，亦一時盛禮。然用玉牒玉冊，尚仍秦漢之侈，登歌建鼓，尚溺隋唐之失，臣恐未合先王之制也。

祀户　祀竈　祀中霤　祀國門　祀國行　祀泰厲

《禮記·曲禮》：“天子諸侯大夫祭五祀歲徧。”《月令》：“孟春，其祀户。孟夏，其祀竈。中央土，其祀中霤。孟秋，其祀門。季冬，其祀行。”《禮運》曰：“降于五祀之謂度。”又曰：“禮行於五祀，而正法則焉。”然則五祀之祭，非特以其制度之所自出，而其法則亦所自正也。蓋七祀之祭，見於《祭法》，鄭氏以爲周制，五祀爲商祭。然《周官》天子亦止於五祀，《儀禮》雖士亦禱五祀，則五祀無尊卑隆殺之數矣。《祭法》自七祀推而下之，至於適士二祀，庶人一祀，非周禮也。兩漢魏晉之立五祀，而井居一焉。特隋唐參用《月令》、《祭法》之説，五祀祭行。至李林父修《月令》，復以井易行，歷代沿革不同然也。五祀之説，《家語》以爲重、該、脩熙、黎、句龍，《月令》以爲門、行、户、竈、中霤，《白虎通》劉昭、范寧、高堂隆之徒以爲門、井、户、竈、中霤。其名雖同，其祭各有所主也。

樂書卷一百九十六　樂圖論

吉禮

祀九宮　祠五龍　祭樂祖　王日食一舉

王大食三宥　王出入奏王夏　尸出入奏肆夏

牲出入奏昭夏　薦齍　徹食　行以肆夏

趨以采薺　環拜以鐘鼓　受寶册

祀九宮

宮　架

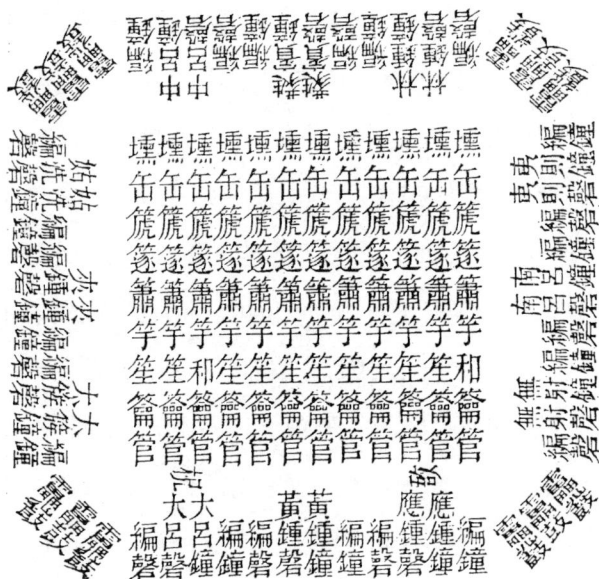

安　樂　歌

柎

金　　玉　　憂　　擊
鐘　　磬

琴　琴　琴　琴　琴　琴　琴　琴　琴　琴　琴

瑟　瑟　瑟　瑟　瑟　瑟　瑟　瑟　瑟　瑟　瑟

歌　歌　歌　歌　歌　歌　歌　歌　歌　歌　歌

歌　歌　歌　歌　歌　歌　歌　歌　歌　歌　歌

歌　歌　歌　歌　歌　歌　歌　歌　歌　歌　歌

歌　歌　歌　歌　歌　歌　歌　歌　歌　歌　歌

羽　干　舞

宮　架

旌　　纛

麾　　　麾

鐏
鐲
鐃
鐸

應
雅
相
瀆

舞人　舞人　舞人　舞人　舞人　舞人　舞人
舞人　舞人　舞人　舞人　舞人　舞人　舞人
舞人　舞人　舞人　舞人　舞人　舞人　舞人
舞人　舞人　舞人　舞人　舞人　舞人　舞人
舞人　舞人　舞人　舞人　舞人　舞人　舞人
舞人　舞人　舞人　舞人　舞人　舞人　舞人
舞人　舞人　舞人　舞人　舞人　舞人　舞人
舞人　舞人　舞人　舞人　舞人　舞人　舞人

　　《史記・封禪書》曰："天神之貴者，曰太一；太一之佐，曰五帝。"蓋九宮所主，風雨霜雪雹疫之事。唐天寶中，述九宮貴神，次昊天上帝，類天地神祇，蓋嘗躬親祀之。文宗太和中，降爲中祀。武宗會昌中，復爲大祀焉。奏樂六成，以黃鍾爲均也。聖朝祥符初，東封泰山，詔九宮之神，就行宮之東別興壇墠，致享用大祀之禮。自後親祀南郊，遣官就祭之，樂用登歌，作《樂安》之曲焉。臣嘗考天聖七年己巳，入歷太一在一宮，歲進一位，飛棊巡行，周而復始，故聖朝每祭，遣司天監官，就祠所逐歲貴神，飛棊之方，旋定位次，有協唐天寶故事，亦一時盛典也。郤良遇太一九宮法，有飛棊立成圖，歲一移，兼推九宮災害之法。又唐天寶中，術士蘇嘉慶始基九宮壇於城東，其壇一成，高三尺，四階，上依位置九小壇，東南曰招搖，正東曰軒轅，東北曰太陰，正南曰太一，中央曰天符，正北曰天一，西南曰攝提，正西曰咸池，西北曰青龍。五數中，戴九履一，左三右七，二四爲上，六八爲下，符於遁甲。此則九宮定位，每歲祭以四孟，隨歲改位行棊，謂之飛位焉。

祭五龍

判　架

<pre>
　　登　歌　　　　　　　　　　　舞

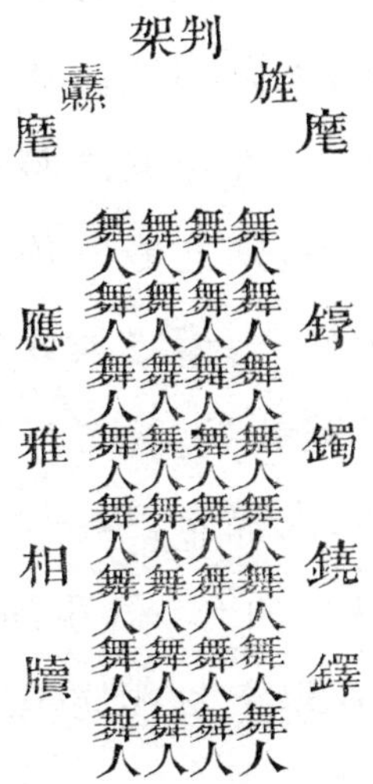

　　　　　　　　　　　　　　　判架
　　　　　　　　　　　　　　羽　旌
　　　　　　　　　　　　麾　　　　麾
　　　柎　　　　　　　舞舞舞舞
　擎簴　歌歌　　　應　人人人人　錞
　　　　磬鐘　　　　　舞舞舞舞　鐲
　琴琴琴瑟瑟瑟　　雅　人人人人
　　　　　　　　　　　舞舞舞舞
　歌歌歌歌歌歌　　相　人人人人　鐃
　　　　　　　　　　　舞舞舞舞
　　　　　　　　　　牘　人人人人　鐸
　　　　　　　　　　　舞舞舞舞
　　　　　　　　　　　人人人人
</pre>

　　唐明皇即位之始，自以爲獲龍池之瑞，因興慶善宮建五龍祠，樂用判架，奏姑洗之均三成，又制舞，以童十二爲佾，設登歌，如軒架，奏南呂之均，亦一時之制。後世有其廢之，莫敢舉也。聖朝誠舉而行之，以崇明祀，以福羣生，不亦可乎？

祭樂祖

　　《周官》："大司樂掌成均之法，凡有道者有德者，使教焉。死則以爲樂祖，祭於瞽宗。"蓋生爲樂職之長，而教於成均；死爲樂祖，而祭於瞽宗，《祭法》所謂"有功德於民則祭之"是也。《明堂位》曰："瞽宗，商學也。"此言成均，周學也。先儒以瞽宗爲廟，以成均爲五帝學，亦已誤矣！

王日食一舉

　　古者天子食日舉以樂，卒食，以樂徹于造，蓋無大喪、大荒、大札，無天地之烖、邦之大故，則王可以樂之時也①。《語》曰："亞飯干適楚，三飯繚適蔡，四飯缺適秦。"每飯異樂，每樂異工②，侑食之樂，大致如此。然王日一舉以樂侑食者，膳夫之職；至於大食三侑，又大司樂之職也。古者飯必告飽，告飽必侑特牲，三飯告飽而侑，則九飯三侑矣。荀卿、大戴皆言三侑之不食，則以樂侑食至於三，禮之大成也。禮之大成者，皆令奏鐘鼓，則非三侑之食無鐘鼓矣。《傳》曰："王者飲食，有食舉之樂，所以順天地，養神明，求福應。"蓋本諸此。漢太樂舊傳食舉十三曲，章帝惟用《鹿鳴》一曲③。晉荀勖去《鹿鳴》舊歌，更造食舉東西箱樂歌。宋、齊食舉十曲，則以樂侑食，先王所不廢，況後世乎？

王大食三侑

《膳夫》："掌王之飲食膳羞，以養王。""王日一舉，鼎十有二，物皆有俎④。""以樂侑食，卒食，以樂徹于造。"凡此王常食之食，非大食之食也，常食之食以樂侑之，則大食以樂侑之可知矣。《公食大夫禮》："三飯而後侑。"則以樂侑食，猶《儀禮》以幣侑食也。三侑之樂，皆令奏鐘鼓，則鐘鼓，樂之盛也；大食，禮之盛也。有盛禮必有盛樂，以樂之非王者，以大臨物，安足享此？禮成於三，而樂亦如之。故王大食，則其禮具；三侑，則其樂備。王者以樂侑食，豈特樂吾一身爲哉？乃所以樂天下也。隋制，食舉，上壽奏《需夏》之曲；殿上登歌，用文武之舞。聖朝侑食，奏《和安》

---

① "蓋無大喪大荒大札，無天地之烖，邦之大故，則王可以樂之時也"，原作"蓋無大喪大荒大禮，則必以樂侑食，使聞和聲，則心平而氣行也"，據光緒刻本改。
② "每樂異工"，原作"每大食爲"，據光緒刻本改。
③ "惟"，原作"推"，據元刻明修本、光緒刻本改。
④ "物皆有俎"，原作"物"，據《周禮・膳夫》補。

之曲，亦一時之制也。

王出入奏王夏　尸出入奏肆夏　牲出入奏昭夏

《書》曰：“勸之以《九歌》，俾勿壞。”《瞽矇》：“掌《九德》之歌，以役太師。”《大司樂》：“奏《九德》之歌，《九磬》之舞。”由是言之，《磬》，舜樂也，謂之《九磬》之舞；《夏》，禹樂也，《九德》之歌得不爲《九夏》乎？宗廟九變之樂，必奏《九德》之歌、《九磬》之舞者，豈非舜行天道以治人，禹行人道以奏天，而其樂有以相成歟？《九夏》之樂，以《王夏》爲首，以明王道自禹始故也。王於尸爲尊，必北面事之，以其在廟門內，則全於君故也，乃若廟門外則疑於臣，此王所以先尸也。牲所以奉神，而尸象神而已，此所以先牲也。王也，尸也，牲也，方宗廟祭祀之時，其出入未始不均也，王則中心無爲，以守至正，非有出入也，其出入，則以送逆尸與牲而已。故王出入，令奏《王夏》；繼之以尸出入，奏《肆夏》；牲出入，奏《昭夏》也。大饗之禮，有施之祭祀者，有施之賓客者，《禮記》郊血，大饗不問卜，此施之祭祀也；大饗尚腶脩，大饗有四，此施之賓客也。是大饗之禮，非特仁鬼神於幽，亦所以仁賓客於明矣。古人之饗賓，如承大祭，其所異者，特不入牲而已。蓋饗鬼神在廟門內，故君必入牲而親殺之；既祭饗賓，則在廟門外，其何入牲之有？

薦齍

天子父天下，王后母天下，其正位雖有內外，要之於宗廟享薦以禮羞，徹以樂，蓋未始不一。天子聽外治，故及於賓客之饗；王后聽內治，止於羞獻而已，《周官·外宗》“掌宗廟之祭祀。王后以樂羞盉則贊，凡王后之獻，亦如之"是也。天子雖主外治，而以同族之内宗佐之，以内佐外也；王后雖主内治，而以異族之外宗贊之，以外贊内也。

徹食

《周官・膳夫》："以樂侑食。卒食，以樂徹于造。"《樂師》："凡樂成告備。及徹，帥學士而歌徹。"《小師》："掌大祭祀。徹歌，大饗亦如之。"《内宗》："掌宗廟之祭祀。及以樂徹，則佐傳豆籩，賓客之饗食亦如之。"《外宗》："佐王后薦玉豆，及以樂徹，亦如之。"由此觀之，徹食之樂，天子與后未嘗不並用，其所異者，特天子以《雛》，諸侯以《振羽》而已。然則三家歌之於堂，聖人奚取焉？

行以肆夏　趨以采薺　環拜以鐘鼓

堂上謂之行，堂下謂之步，門外謂之趨。《樂師》："教之樂儀，堂下行以《肆夏》，門外趨以《采薺》。車亦如之。"《大馭》："凡馭路[①]，行以《肆夏》，趨以《采薺》。凡馭路儀，以和鸞爲節。"《記》曰"和鸞中《采薺》"是也。車出以鐘鼓，奏《九夏》。然則教樂之儀，或行，或趨，或環珮而拜，如之何不以鐘鼓爲節乎？《禮》曰："升車有鸞和之聲，行步有環佩之聲。"則環佩而拜，其聲與鐘鼓之節相應，固其理也。《書大傳》："天子左五鐘，右五鐘。出撞黃鐘，右五鐘皆應，然後太師奏登車，告出也；入撞蕤賓，左五鐘皆應，然後太師奏登堂，就席告入也。"由是觀之，黃鐘所以奏《肆

---

① "凡馭路"，原作"凡路"，漏一字，據《周禮・大馭》補。

夏》也,蕤賓所以奏《采薺》也。出撞陽鐘,而陰應之,是動而節之以止,《易·序卦》"物不可以終動"之意也;入撞陰鐘,而陽應之,是止而濟之以動,《序卦》"不可以終止"之意也。《樂師》行以《肆夏》,先趨以《采薺》,豈主出言之邪?《禮記》趨以《采薺》,先行以《肆夏》,豈主入言之邪?《大戴禮》言"步中《采薺》,趨中《肆夏》",誤矣。後世奏《永至》之樂,爲行步之節,豈效古《采薺》、《肆夏》之意歟?《采薺》之詩,雖不經見,大致不過若采蘩、采蘋之類也。

受寶册

宮架

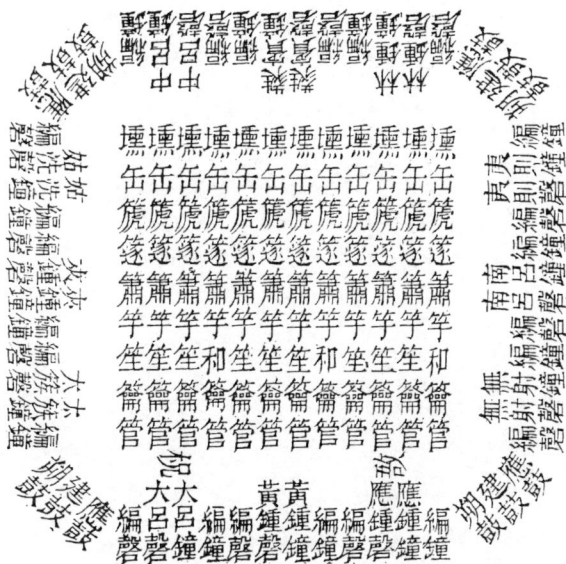

聖朝之制,凡皇帝受尊號寶册,前期尚食,設御幄,坐於殿中,南向;又設太尉、司徒奉册寶褥位於御坐前。大樂令展宮架於庭,鼓吹令置熊羆十二案於建鼓之外,協律郎設舉麾位於殿上及樂架

之北，羣臣就位，如入閣之儀。是日，皇帝服袞冕御輿，將出仗動，協律郎舉麾，奏《乾安》之樂。皇帝御坐，樂止。公卿入門，奏《正安》之樂。至位，樂止。凡太尉行，皆作《正安》。通事舍人引册，太常卿前導，吏部侍郎押册案，太尉奉册，樂作，禮部侍郎押寶案，司徒次之。至解鈕位，樂止。升階，樂作。至褥位，樂止。太尉捧册案跪置訖，中書令進讀訖，降階寶案，升階樂作。至位，樂止。司徒進讀訖，降復位。太尉升階稱賀，侍中宣制，羣臣皆三稱"萬歲"。禮畢，奏《乾安》之樂。皇帝入自東房，戞敔，樂止，以義起之制也。

樂書卷一百九十七　樂圖論

凶禮

凶禮論

旅上帝　　旅五帝　　旅四望　　舞雩　　類社稷

類宗廟　　去樂　　去籥　　弛架　　徹架　　廞樂器

藏樂器　　陳樂器　　廞筍簴　　廞樂器　　弔日不樂

忌日不樂　　齊不舉樂　　服不舉樂　　殯葬不舉樂

祥禫樂作　　上陵樂

旅上帝　　旅五帝　　旅四望①

先王之設旅祭，上自上帝，中自五帝，下自四望。凡國有大故，未嘗不旅其神而祭之。則旅祭之設，姑使其神託宿於此，非常祭之禮也。《眡瞭》："大喪，廞樂器。大旅亦如之。"《笙師》："大喪，廞其樂器。大旅，則陳之。"然則旅祭之於樂器，陳之而不架，廞之而不鼓，豈非以其凶災，而以喪禮處之邪？先儒以旅之廞樂器為明器，失之遠矣。

舞雩

《周禮·舞師》："掌教皇舞，帥而舞旱暵之事。"《司巫》："若

---

① "旅五帝，旅四望"，原缺，據光緒刻本補。

國大旱,則帥巫而舞。"巫,女巫;旱暵,則舞雩。凡邦之大烖,歌哭而請。《月令》:"仲夏,命樂師脩鞀、鞞、鼓、均、琴、瑟、管、簫,執干戚戈羽,調竽笙笆簧,飭鐘磬柷敔。命有司爲民祈祀山川百源。"大雩帝用盛樂。《爾雅》曰:"舞,號雩也。"然則大雩帝,則昊天上帝及五帝也;用盛樂,則宫架,歌黄鍾,奏大吕,舞《雲門》也。今夫雩樂以舞爲盛,後世或選善謳者歌詩而已,則北齊之禮,非古制也。

類社稷　類宗廟[①]

《周官·小宗伯》:"兆五帝於四郊,四望、四類亦如之。"凡天地之大烖,類社稷,宗廟則爲位。然類祭所施,非特社稷宗廟也,或施於上帝,《書》所謂"肆類上帝"是也;或施於日月星辰,前所謂"四類"是也;或施於巡守,《記》所謂"天子將出,類于上帝"是也;或施於征伐,《大祝》所謂"太師造于祖類上帝"是也。

去樂　去籥　弛架　徹架

《周官·大司樂》:"凡日月食,四鎮五嶽崩,大傀異,諸侯薨,令去樂。大札、大凶、大烖、大臣死[②],凡國之大憂,令弛架。"《春秋》:"宣八年,辛巳,有事于太廟,仲遂卒于垂。壬午,猶繹,萬入,去籥。"昭十五年書:"癸酉,有事于武宫。籥入,叔弓卒,去樂,卒事。"蓋先王吉凶與民同患,大則去樂,小則去籥。弛架、徹架者,憂以天下故也。《曲禮》曰:"大夫無故不徹架。"亦此意歟?

---

① "類宗廟",原缺,據元刻明修本、光緒刻本補。

② "大札",原作"大禮",誤,據《周禮·大司樂》改。

後漢建安中,晉康帝建元初,以正會日蝕廢樂,亦得先王恐懼修省之意也。

廞樂器　藏樂器　陳樂器　廞筍虡　廞舞器

《周官·大司樂》:“大喪,廞樂器。及葬,藏樂器亦如之。”《樂師》:“凡喪,陳樂器,則帥樂官。”《太師》:“大喪,帥瞽而廞。”《眡瞭》:“大喪,廞樂器。”《笙師》、《鎛師》:“大喪,廞其樂器。及葬,奉而藏之。”《典庸器》:“大喪,廞筍虡。”《司干》:“大喪,廞舞器。”則樂器,聲音之器也;舞器,形容之器也;筍虡,廞陳之器也。喪則陳而廞之,葬則奉而藏之,過密故也。與《檀弓》所謂“琴瑟張而不平,竽笙備而不和,謂之明器”者異矣。

弔日不樂　忌日不樂

天之道,陰陽不同時,則當寒而燠者,逆道也;人之理,哀樂不同日,則弔與忌日而樂者,逆理也。弔日不樂,斯須之喪也;忌日不樂,終身之喪也。然先代故無忌月禁樂,若有忌月,即有忌時、忌歲矣。晉、唐欲入忌月,不作樂,非先王之制也。聖朝凡遇祖宗忌日,祭祀登歌,皆設而不作,何其仁孝之至耶?

齊不舉樂

《禮志》:“三日齊,一日用之,猶恐不敬,二日伐鼓,何居?”蓋祭祀之齊,君子所以致精明之德,心不苟慮,必依於道;手足不苟動,必依於禮,夫然後可以交神明矣。其將齊也,不敢聽樂,以散其志,況已齊者乎?《周官·膳夫》:“王以樂侑食,而齊則不樂。”此其意歟? 後漢仲長統曰:“散齊,可宴御。”晉荀彧、董遇曰:“散齊，宜得宴樂。"不知先王制禮之意也。

服不舉樂

父有服宫中，子不與於樂；母有服，聲聞焉，不舉樂；妻有服，不舉樂於其側。大功將至，辟琴瑟；小功至，不絶樂。蓋樂不止於琴瑟，而琴瑟特常御者而已。《曲禮》曰："君子無故不徹琴瑟。"大功之親有服，其將至，則爲有故矣，雖辟琴瑟可也；未至，則不必辟矣。小功之親有服，雖至，不絶樂；其將至，又可知矣。若夫於已有小功之喪，議而及樂，又禮之所棄也。

殯葬不舉樂

諸侯五月而葬，同等至七月而卒哭；大夫三月而葬，同位至五月而卒哭；士三月而葬，外姻至是月而卒哭。君之喪五日而殯，大夫三日而殯，士三日而殯。君於卿大夫比葬，不食肉；比卒，哭不舉樂，則比殯可知矣。爲士比殯，不舉樂，則比葬比卒哭可知矣。《王制》言"三日而殯"，合大夫士庶言之，豈先王禮意哉？考之春秋晉大夫智悼子未葬，平公作樂，爲屠蒯所譏。晉武帝故事，王公大臣卒，三日朝發哀，踰日不舉樂。其一朝發哀，三日不舉樂，豈亦得先王之禮邪？

祥禫樂作

魯人朝祥而暮歌，孔子以爲踰月，則其善也。孟獻子禫縣而不樂①，孔子以爲加於人一等矣。蓋朝祥暮歌者，於禮爲不及，故

---

①　"縣"，元刻明修本、光緒刻本作"架"。

必踰月然後善；禫縣而不樂者①，於禮爲過，故不謂之知禮，特謂之加於人一等而已。祥而縞是月，禫徙月樂。然則祥而外無哭者，禫而内無哭者，非樂當作之時也；祥而踰月，禫而徙月，樂作之時也。祥禫而樂作，豈先王因人情而爲之節文邪？

上陵樂

三代以前，未有墓祭。至秦，始出寢起於墓側。漢因秦，上陵皆有園寢、寢殿，起居衣服象生人之具，古寢之意也。後漢都洛陽，于正月上丁祀郊廟畢，講上陵之禮。百官、四姓、婦女、公主、諸大夫、外國朝者、侍子、郡國計吏會陵，晝漏上水，大鴻臚設九賓随立，寢殿前鐘鳴，謁者治禮引客，羣臣就位如儀，乘輿自東箱下太常道出，西向行禮，太官上食，太常樂奏食舉，舞《文始》、《五行》之舞。至唐，罷上陵之樂，是不知《禮經》所謂"樂以迎來，哀以送往"之意也。

---

① "縣"，元刻明修本、光緒刻本作"架"。

樂書卷一百九十八　樂圖論

賓禮

　賓禮論

　　春朝　夏宗　秋覲　冬遇　時會

　　衆同　時聘　衆頫　遣勞使臣　侯王用樂

　　饗四夷　宴蕃主　宴蕃使

軍禮

　軍禮論

　　師出用律　遣勞將士　王師奏愷　合朔伐鼓

　　賓禮論

《周官·大宗伯》：“以賓禮親邦國，春見曰朝，夏見曰宗，秋見曰覲，冬見曰遇。時見曰會，衆見曰同，時聘曰問，衆頫曰視。”沿襲至唐，賓客之儀有六：一蕃主來朝，二蕃主朝見，三蕃主奉見，四受蕃使書幣，五宴蕃主，六宴蕃使。其詳略雖不同，要之其致一也。

　　春朝　夏宗　秋覲　冬遇　時會　衆同　時聘　衆頫

《周官·行人》：“春朝諸侯，而圖天下之事；秋覲，以比邦國之功；夏宗，以陳天下之謨；冬遇，以協諸侯之慮；時會，以發四方之禁；衆同，以施天下之政。”蓋成周之制，因地以辨服，因服以制朝，因朝以入貢，則遠者不至疏而懈，邇者不至數而罷。故侯服歲一見，甸服二歲一見，男服三歲一見，衛服五歲一見，要服六歲一見。是侯服每歲朝，甸服二歲朝，男服三歲朝，采服四歲朝，衛服五歲朝，要服六歲朝。而要服朝之歲五服盡朝於王都，則侯服更六見，甸服更四見，男、采、衛各三見矣。《書》曰“六年五服一朝”，而不及要服者，以其當朝之年不數故也。又“六年王乃時巡”，則從王巡守，各會于方嶽矣。晉叔向曰：“明王之制，歲聘以志業，間朝以講禮，再朝而會以示威，再會而盟以顯昭明。”先儒以爲間朝在三年，再朝在六年，再會在十二年，而再朝、再會之年，適與《書》合，則叔向以爲明王之制，乃周制也。周制朝覲宗遇、會同聘視之禮如此，及其往之以來，王獻之以來享，而天子未嘗不大合六代之樂以樂之也。《大司樂》：“以六律、六同、五聲、八音、六舞、大合樂，以合邦國。”不過如此而已。

遣勞使臣

《詩序》曰：“《四牡》，勞使臣之來，有功而見知則説也。”“《皇皇者華》，君遣使臣也，送之以禮樂，言遠而有光華也。”蓋君之於使臣，有事功之勞，不有以知而勞之，不足以全君臣之道，使臣之於君，既受命於聘好，不能延譽於四方，不足以全忠信之德。遣之勞之者，禮也；歌詩以叙其情者，樂也。君之於臣，必先遣而後叙；序詩者，必先勞而後遣，蓋所以示勸也。

侯王用樂

古者天子爲樂，所以賞有德諸侯，故賜諸侯樂，則以柷將之；

賜伯子男樂,則以鼗將之,未有無功德於民而得者也。自漢以來,諸侯王略存鐘鼓,公卿以下樂制不立。故郡國守相得用工歌樂架、黃門鼓吹,下偪於大夫,而其禮爲不及。光武賜東海王彊,宮殿設鐘虡,上擬乘輿,而於禮爲過。唐制,三品以上,聽有女樂一部,五品以上,不過三人,亦不得具鐘磬焉,何其每下邪? 聖朝府州郡守,一切不設鐘磬之樂,以其總領軍事,並如軍中給鼓角,自三萬人以上至不滿萬人,各有差等。然鼓角,胡人之制,非華音也。以之施邊郡,接蕃部,可也;以之施於州郡,化天下,無乃失古人雅樂之正耶①?

饗四夷

西漢武帝設酒池肉林,以饗四夷之客,作巴渝、都盧、海中、碭極、漫衍、魚龍、角抵之戲。《唐開元禮》:蕃主奉見,服其國服,立於闕外西廂,蕃官各立其後。帝出自西房,即御坐,奏《太和》之樂,以姑洗之均。蕃主入門,奏《舒和》之樂。侍中承制,降勞蕃主,升坐樂作,又勞還館,典謁承引,降階樂作。帝還東房,奏樂如初。其受表幣,使者入門及出還館,並作樂焉。非若漢武、隋皇窮天下之力,極天下之音,以奉溪壑無厭之樂也,可不惜哉! 臣嘗觀聖朝乾德中,鎮州進善習高麗部樂,伶人二十八輩,悉賜衣帶遣歸。雍熙中,以北戎侵軼,惡軍中習蕃歌,以雜華樂,詔天下禁止之,亦可謂希代聖王之舉也。方今誠推祖宗之意而廣行之,則夷俗之樂將不亂於雅,然後區別而用之,內外風俗未有不移易者矣。

---

① “無乃失古人雅樂之正耶”,元刻明修本、光緒刻本作“無乃失古人內國外夷狄之意邪”。

宴蕃主　宴蕃使

宮架

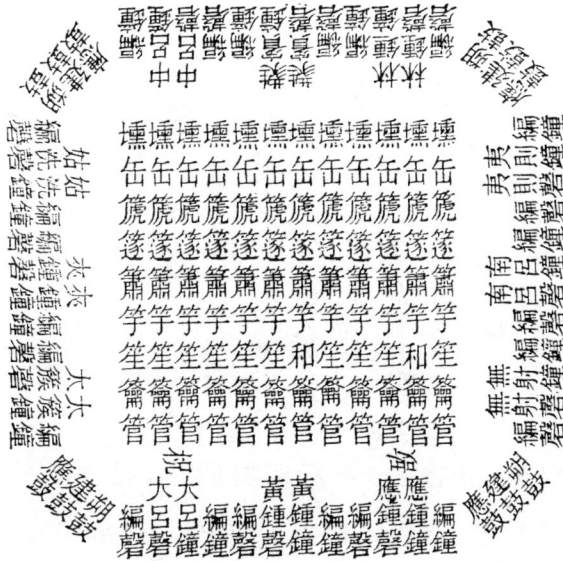

登歌

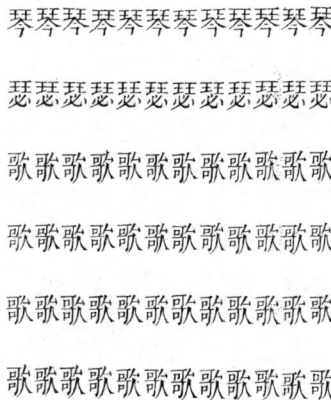

舞干羽

```
            宮
          架
    纛          旌
  麾              麾
```

應雅相瀆　舞人舞人舞人舞人舞人舞人舞人舞人　錞鐲鐃鐸

自漢唐以來，宴蕃主，陳宮架於殿庭，設登歌於上，如元會焉。蕃主入門升階，樂作。初舉爵登歌，奏《昭和》之樂三終，觴三行，食舉，作《休和》之樂。酒再行，入會畢，引蕃主降，樂作，若有篚，則拜而受之。出門，樂作。至於宴蕃使，則受表及幣，並設架作樂，而去登歌焉。聖朝宴契丹使於紫宸殿，教坊應奉，惟作小兒伎舞及雜劇而已，未嘗專待以胡部之樂也。然用胡部樂以宴蕃使，宜於國門外玉津園作之，或在殿庭，當一用雅樂焉，斯得古人內中國、外夷狄之意也。

軍禮論

《周官·大宗伯》："以軍禮同邦國，大師之禮，用眾；大均之禮，恤眾；大田之禮，簡眾；大役之禮，任眾；大封之禮，合眾。"至唐推而廣之，其儀二十有三：一親征類上帝，二宜于太社，三告太廟，四禡於所征之地，五載于國門，六告所過山川，七宣露布，八勞軍將，九講武，十田狩，十一帝射于射宮，十二帝觀射于射宮，十三遣將出征宜于太社，十四遣將告太廟，十五遣將告太公廟，十六祀馬祖，十七享先牧，十八祭馬社，十九祭馬步，二十合朔伐鼓，二十一合朔諸州伐鼓，二十二大儺，二十三州縣儺。其簡博雖不同，要之同邦國一也。

師出用律

《周官·太師》：“掌執同律，以聽軍聲，而詔吉凶。”蓋人之生也，一氣消息，一體盈虛，未嘗不與陰陽流通，物類相應；而律同，則述陰陽氣數，通物類終始，凡音聲所加，凶吉所兆，皆得考其詳焉。然則以同律聽軍聲，使吉凶不待陳而知，勝負不待戰而決，豈有他哉？本諸五聲而已。蓋角主軍擾，而士心失；商主戰勝，而軍士彊；徵主將急，而軍士勞；羽主兵弱，而威明喪；宮主軍和，而士心寧。其聞而聽之，聽而詔之，則吉可馴致，凶可豫防，而坐收百勝萬全之效矣。此武王所以知商之不敵，師曠所以知楚之不競也。《傳》曰：“望敵知吉凶，聞聲效勝負。”不過如此。在《易·師》之初六，以柔下之才，處一卦之始，師始出之象也。據《坎》之體，於象爲耳，而主聽以律之象也。方是時，吉凶未明，勝負未決，以律則惠廸吉，失律則從逆凶。《春秋傳》曰：“執事順成爲臧，逆爲否。以律不臧，無害爲吉，不失勝之道故也；失律而臧，無害爲凶，失勝之道故也。”周之出師，有太師抱天時，太卜正龜兆，太師執同律，皆所以謹戎事，重民命，則易之興。當周之盛德，其師出以律，豈不信然！以初六爲師出之始，則上六師旋之時也①,出而以律,所以存豫戒之智,旋而左執之,所以示愷禮樂之仁②,非憂樂與民同,孰與此哉?後世王師不用同律以詔吉凶③,其勝亦幸矣。

遣勞將士

文王之時,《天保》以上治内,《采薇》以下治外,西攘昆夷之患,北夷玁狁之難,方出而行師,則將役均在所遣,故歌《采薇》以遣之,所以一貴賤之心也,與荀卿所謂“百將一心,三軍同力”同意。及旋而班師,則尊卑不可不辨,故歌《出車》以勞率,歌《杕杜》以勞役,所以明貴賤之分也,與《禮記》所謂“賜君子小人不同日”同意。天地之於萬物,出乎《震》,所以遣之也;歸乎《坎》,所以勞之也。文王之於將役,致義以遣之,致仁以勞之,亦何異此?遣之勞之,禮也;必歌詩以樂之,樂也。後世浸廢此禮,而將士不勸,亦誠有以召之也。

王師奏愷

《周官·大司樂》:“王師大獻,則令奏愷樂。”《樂師》:“凡軍大獻,教愷歌。”《司馬法》曰:“得意則愷樂,所以示喜也。”蓋師出以律,所以示其憂;師還以愷,所以示其喜。昔晉文公敗楚於城濮,猶且振旅,愷入于晉,況王者親征之師,大獻功于社乎?此愷樂、愷歌所以不可廢於天下也。《大司馬》:“若師有功,則愷樂獻于社。”古之制也。鄭氏謂:“獻捷于祖,趙商詰之,宜矣。”後世如

---

① “六爲師出之時,則上六師旋之”,原缺,據光緒刻本補。
② “戒之智,旋而左執之,所以示愷”,原缺,據光緒刻本補。
③ “王師不”,原缺,據元刻明修本、光緒刻本補。

唐秦王之平薛仁杲、破宋金剛、俘王世充、擒竇建德，李勣之平高麗，李靖之俘頡利，蘇定方之執賀魯，高偘之執車鼻，皆備軍容，愷歌以入，豈亦得古之制歟？聖朝因之，上以翊天威，下以鼓士勇，西無元昊跳梁之患，北無契丹跋扈之憂，則愷樂之效，豈小補哉！

合朔伐鼓

《周官》救日月，則鼓人詔王鼓，太僕贊王鼓。《書》曰：“瞽奏鼓。”蓋日有食之，天子不舉樂，素服，置五麾，陳五鼓五兵，又以朱絲縈社，伐鼓而責之。諸侯置三麾，陳三鼓三兵，用幣于社，伐鼓于朝。大夫擊門，士擊柝。則合朔救日用伐鼓，其來尚矣。左丘明謂：“惟正月之朔，慝未作，於是用牲于社，伐鼓于朝。”然日食奏鼓，先王之禮也，《春秋》特譏用牲而已，非爲九月六月不鼓也。古人救日月之法，非特乎此，庭氏又有救日之弓，救月之矢。日月食皆陰爲之災，必有鼓者，所以進陽也。以鼓進陽，以弓退陰，尚何天變之有？雖然，君子以爲文，庶人以爲神矣。漢制，天子救日食，素服，避正殿，陳五鼓五兵，以朱絲縈社，內外嚴警。太史登靈臺，候日月有變，伐鼓。太僕贊，祝史陳辭以責之，侍臣赤幘，帶劍入侍，三臺令史以上，並持劍立户前，衛尉驅馳繞縈，察守備，日復常，乃罷。後漢朔前後祭日，日變，割羊以祀社，執事冠長冠，衣皂單衣①，絳領袖緣中衣，絳緣，以行禮。至唐，合朔伐鼓，《開元禮》具焉。齊永明中，臘祠社稷，而日食未殺牲，而不廢祀事，是不考孔子對曾子之説也。

---

① “皂單衣”，原作“帛單衣”，誤，據《後漢書》卷十四《禮儀志》改。

樂書卷一百九十九　樂圖論

軍禮

　時儺　蒐狩　講武　大射　鄉射　類上帝

　宜太社　造宗廟　禡征地　告山川　釋奠于學

　軷國門　祀馬祖　享先牧　祭馬社　祭馬步

嘉禮

　天寧節燕　春燕羣臣　秋燕羣臣　御門賜酺

　曲燕　觀稼　觀燈　賞花　遊幸　朔日受朝

　冬至朝賀　元日朝賀　曲水宴羣臣

時儺

　　三代而上，有公厲、族厲、泰厲之祭。至周，始用方相氏掌蒙熊皮，黃金四目，玄衣朱裳，執戈揚楯，帥百隸而時儺，以索室毆疫。《月令》："季春，命國儺，九門磔攘，以畢春氣。仲秋，天子乃儺，以達秋氣。季冬，命有司大儺，旁磔以送寒氣。"後漢季冬先臘大儺，謂之逐疫。於是中黃門倡，侲子和，曰："甲作食殃，胇胃食虎，雄伯食魅，騰蘭食不祥①，攬諸食咎，伯奇食夢，强梁、祖明食磔死，委隨食觀，錯斷食巨，窮奇、騰根食蠱。"因作方相與十二獸儺，嚾呼鼓譟，持炬送疫，出端門，投之水中。北齊因之

---

① "騰蘭"，《後漢書・禮儀志》作"騰簡"。

以戲射，魏帝因之以閲武。至唐，季冬大儺，及郡邑儺，《開元禮》載之詳矣[1]。蓋以晦日於紫宸殿前，設宮架之樂，前期先閲儺，并樂。是日，大宴三府，朝臣家皆上棚觀之，百姓亦預焉，頗謂壯觀也。惟歲除前一日，於金吾仗龍尾道下重閲，即不用樂矣。觀孔子有鄉人儺之説，未嘗用樂也。然則驅儺用宮架之樂，其後世之制歟？

蒐狩

梁、陳田獵之制，前期遣馬騎布圍，領軍督左右，軍將、軍督、右大司馬董正諸軍。獵日，侍中三奏，一奏槌一鼓爲一嚴，三嚴訖，引仗爲小駕鹵簿，皇帝乘馬戎服，從者悉絳衫幘，黄麾。警蹕，鼓吹如常儀。既事，宴會享勞，比校多少，戮一人以懲亂法，亦追古之制也。

講武

東晉成帝詔内外諸軍，戲於南郊之塲，故其地因名“閲塲”焉。後魏武帝因歲除大儺，耀兵示武，更爲制令。步兵陳於南，騎士陳於北，各擊鐘鼓以爲節度，聲鼓則進，鳴金則止，周旋轉易，以相赴就，有飛龍騰蛇之變。爲函相魚鱗四門之陣，凡十餘法，跪起前却，莫不應節。陣畢，南北二軍皆鳴鼓角，衆盡大譟，各令騎將六千人，去來挑戰，步兵更進退，以相拒擊，南敗北捷，以爲威觀，亦一時講武之盛也。

---

① “載”，原作“制”，據光緒刻本改。

大射

宮　架

登　歌

柎

擊　戛　歌磬　歌鐘

琴琴琴琴琴琴琴琴琴琴琴琴

瑟瑟瑟瑟瑟瑟瑟瑟瑟瑟瑟瑟

歌歌歌歌歌歌歌歌歌歌歌歌

歌歌歌歌歌歌歌歌歌歌歌歌

歌歌歌歌歌歌歌歌歌歌歌歌

歌歌歌歌歌歌歌歌歌歌歌歌

舞干羽

宮架
旄　　　轟　旌
麾　　　　　　麾

舞人舞人舞人舞人舞人舞人舞人舞人舞人
舞人舞人舞人舞人舞人舞人舞人舞人舞人
舞人舞人舞人舞人舞人舞人舞人舞人舞人
舞人舞人舞人舞人舞人舞人舞人舞人舞人
舞人舞人舞人舞人舞人舞人舞人舞人舞人
舞人舞人舞人舞人舞人舞人舞人舞人舞人
舞人舞人舞人舞人舞人舞人舞人舞人
舞人舞人舞人舞人舞人舞人舞人舞人

應雅相瀆

錞鐲鐃鐸

　　周制，天子之大射，《天官·司裘》：“供虎侯、熊侯、豹侯，設其鵠。”《夏官·射人》：“以射法治射儀。王以六耦射三侯，三獲三容，樂以《騶虞》，九節五正；諸侯以四耦射二侯，二獲二容，樂以《貍首》，七節三正；孤卿大夫以三耦射一侯，一獲一容，樂以《采蘋》，五節二正；士以三耦射豻侯①，一獲一容，樂以《采蘩》，五節二正。”故其射令奏《王夏》、《騶虞》，在《大司樂》；帥瞽而歌射節，在《太師》。使射者持弓矢，審固其容，體比於禮，其節比於樂，而不專於主皮也。先王擇士封侯，蓋由於此。雖本在戢敵，實寓大政也。周衰禮廢，尚主皮之射，而不知有禮樂，天子之制無聞，其所存者，特諸侯大射儀而已，可不惜哉！孔子所以譏之曰：“射不主皮，古之道也。”宋武帝重陽日，出項羽戲馬臺射。北

---

① “侯”，原缺，據光緒刻本補。

齊上巳日，帝常服詣射所，升堂而坐，皇太子及羣臣即席登歌，進酒行爵，帝入便殿，更衣以出，驊騮令進御馬，有司進弓矢①。帝射既畢，還御坐，射掛侯。又畢，羣臣乃射五埒。至季秋大射，帝服御七寶輦，射七埒。唐制，帝射宫，則張熊侯，射觀于射宫，則張麋侯，皆去殿九十步。大樂令設宫架之樂，鼓吹令設十二按於殿庭，若遊宴射，則不陳樂架。上巳重陽日，並賜百寮射。大抵沿襲宋齊故事，許景先駁之，以謂"鳴鏑亂下，率以苟獲爲利，以偶中爲能，非有五善之容，三侯之禮也②"，不亦宜乎？聖朝淳化中，太祖有意大射，命有司草定其禮，羣臣朝謁如元會儀，酒三行，有司請賜王公以次射，侍中稱制可，皇帝改服武弁射於殿上，布七埒於殿下，王公以次射，設樂架於東西廂，熊虎等侯，並圖冠冕表著之位以進。帝覽而善之，謂宰臣曰："俟弭兵，當行此禮。"方今誠講祖宗之意行之，追復成周之制，以習禮樂，以觀盛德，則内順治，外無敵，功成而天下安矣。

鄉射

鄉射之禮，所以仁鄉黨也。故周鄉射之制，《地官·鄉大夫》："各掌其鄉之政。正月之吉，受法于司徒，退而以鄉射之禮五物詢衆庶，一曰和，二曰容，三曰主皮，四曰和容，五曰興舞。"而其詳見於《儀禮》。劉琨在新都時，教授生徒，每春秋饗射，常備列典儀，以素木匏葉爲俎豆，桑弧蒿矢以射免首。晉庾亮征西，行鄉射之禮，洋洋然有洙泗之風焉。然則鄉射合樂，大射則

---

① "驊騮令進御馬，有司進弓矢"，原缺，據光緒刻本補。
② "三侯"，光緒刻本作"王侯"。

否,何也？韋玄成曰:"鄉本無樂,故合樂,歲時所以合和百姓,以同其意也。"至諸侯當有樂。《傳》曰:"諸侯不釋架,明用無時也。"君臣朝廷固當有之矣。必須合樂而後合,故不言合樂,於義或然。戴聖曰:"鄉射至而合樂者,質也。大射,人君之禮儀多,故不合樂。"失之矣。大射,鐘人以鐘鼓奏《陔夏》;鄉射,以鼓奏《陔夏》。以君尊,故有鐘鼓;大夫士卑,特用鼓也。王射以《騶虞》,大夫士鄉射亦以《騶虞》者,鄉射之詢衆庶,亦欲官備於天子故也。

類上帝　宜太社　造宗廟　禡征地

先王之享上帝,豈徒致恭敬以文之哉？凡以盡吾仁義而已。蓋類者,仁之善;宜者,義之適。上帝,陽祀也,仁則陽之德而已;太社,陰祀也,義則陰之德而已。以義祀社,謂之宜;以仁祀帝,謂之類。不亦宜乎？《周官·肆師》:"類造上帝。"則爲位太祝六祈,一曰類,二曰造。太師造于祖,類上帝,大會同造于廟。《禮記》:"天子將出,征類于上帝。"宜乎社,造乎禰,禡於所征之地。《詩》曰:"宜于冢土。"《爾雅》亦曰:"是類是禡,師祭也。"由此觀之,古之師祭,上以類帝,下以宜社,外以禡征地,內以格宗廟,靡神不告矣。然則天子出征,豈不重矣哉!

告山川　釋奠于學

周制,天子將出征,類于上帝,宜乎社,造乎禰,禡於所征之地,受命于祖,以遷廟主,載于齊車以行;無遷主,以幣帛皮珪告于祖禰,遂奉以出,載于齊車以行。每釋奠焉,而後就舍反,必告設奠,卒,斂幣玉,藏諸兩階之間,乃出,蓋貴命也。受成於學,過大山川,則用事焉。出征執有罪反,釋奠于學,以訊馘告。諸侯將出征,宜社造禰,及無遷主,以主命,並如天子之制。隋唐凡天子行幸,有司祭所過名山大川,岳瀆以太牢,山川以少牢。若親征,則類上帝,宜造社廟,還禮亦如之。

軷國門

周制,天子將出師,太馭掌馭玉輅以祀,及犯軷,王自左馭,馭下祝,登受轡,犯軷,遂驅之。及祭,酌僕,僕左執轡,右祭兩軹,祭軌,乃飲。隋制,皇帝行幸,親巡守,則軷祭。有司於國門外,委玉爲山象,設埋塯,有司封羊,陳俎豆。駕將至,委奠幣,薦脯,加羊饌,埋於塯。駕至,太僕祭兩軹,及軌,乃飲授爵,遂轢軷上而行,此其制也。

祀馬祖　享先牧　祭馬社　祭馬步

古者仲春祭馬祖,執駒。仲夏祭先牧,頒馬,攻特。仲秋祭馬社,臧僕。仲冬祭馬步,獻馬講馭夫。並用仲月剛日祭於大澤,《詩》所謂“既伯既禱”是也。隋唐因之,牲用少牢,積柴於燎壇,其儀具《開元禮》焉。馬祖,天駟也。先牧,始養馬者。馬社,始乘馬者。馬步,災害馬者。聖朝祭四者之神,並各有壇,以一羊祀之。然則謹微之事,豈特吉日美宣王而已哉!

天寧節燕　春燕羣臣　秋燕羣臣　御門賜酺
曲燕　觀稼　觀燈　賞花　遊幸

宮架

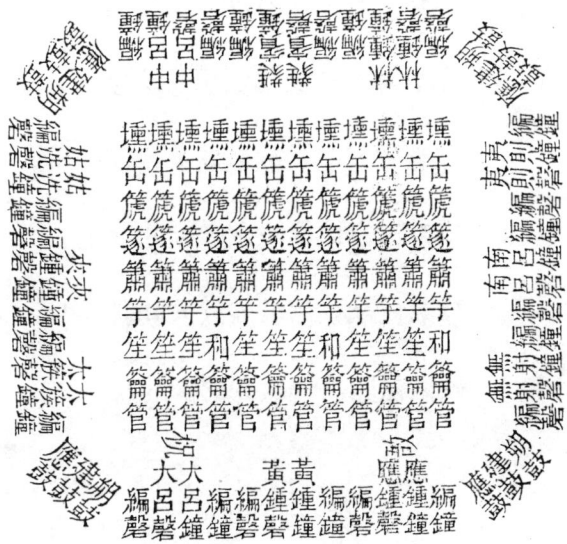

大合樂

大合樂

東階　　　　　西階

文舞之位　　武舞之位

雲門　大卷　大咸　大韶　大夏　大濩　大武

登歌

拊

擊　戞　玉　金
　　　磬　鐘

琴琴琴琴琴琴琴琴琴琴琴

瑟瑟瑟瑟瑟瑟瑟瑟瑟瑟瑟

歌歌歌歌歌歌歌歌歌歌歌

歌歌歌歌歌歌歌歌歌歌歌

歌歌歌歌歌歌歌歌歌歌歌

歌歌歌歌歌歌歌歌歌歌歌

羽干舞

宮架
旌蠹
麾　麾

鐸　舞人舞人舞人舞人舞人舞人舞人舞人舞人舞人

鐃　舞人舞人舞人舞人舞人舞人舞人舞人舞人舞人

鐲　舞人舞人舞人舞人舞人舞人舞人舞人舞人

錞　舞人舞人舞人舞人舞人舞人舞人舞人舞人

牘　舞人舞人舞人舞人舞人舞人舞人舞人

相　舞人舞人舞人舞人舞人舞人舞人

雅　舞人舞人舞人舞人舞人舞人

應　舞人舞人舞人舞人舞人

□□□□□□①

鐵拍板	歌	歌	歌	歌	歌	歌	歌	歌	鐵拍板
方響	搊箏	搊箏	箜篌	箜篌	雅琴	雅琴	卧箏	卧箏	方響
方響	頌簫	頌簫	簫篥	簫篥	蘆管	蘆管	琵琶	琵琶	方響
方響	胡虔	胡虔	埍竽	埍竽	翹鼙	翹鼙	羌笛	羌笛	方響
方響	小胡觱	小胡觱	奚觱	奚觱	尖橫觱	尖橫觱	尖橫觱	尖橫觱	方響
方響	鸜角	鸜角	玉磬	玉磬	胡缶	胡缶	長鳴角	長鳴角	方響
方響	齊鼓	齊鼓	銅鈸	銅鈸	銅鐃	銅鐃	鞉牢	鞉牢	方響
方響	擔鼓	擔鼓	銅鼓	銅鼓	銅鉦	銅鉦	羯鼓	羯鼓	方響
方響	音貢鼓	音貢鼓	都曇鼓	都曇鼓	簾籠鼓	簾籠鼓	拍板	拍板	方響
舞	舞	舞	舞	舞	旄人	㪉師	舞	舞	舞

　　聖朝天寧誕節及春秋讌羣臣，前期宿駕，翼日，皇帝御集英殿升座，羣臣班於庭中，宰臣升殿進爵，次皆翰林使進②。教坊諸工先奏簫篥，衆樂合奏曲止，賜羣臣爵就席。宰臣舉爵，作《傾盃曲》，百官舉爵，作《三臺》。此下羣臣百官再舉爵，悉用是儀。舉爵③，羣臣興，立席後，凡皇帝舉爵皆然。以歌發樂。三舉、四舉並准此。三舉爵，而食舉，百戲合作。四舉爵，樂工道詞，以述德美，羣臣與焉。詞畢，再拜，乃合奏大曲。五舉爵，琵琶工升殿，獨進大曲④，曲工下

---

①　按：此題原缺，元刻明修本有題，模糊不明。

②　"次皆翰林使進"，原缺"翰林"二字，據光緒刻本補。

③　"舉"，原作"奉"，據光緒刻本改。

④　"獨進大"，原缺，據光緒刻本補。

引小兒舞伎,間以雜戲。舞者既出,皇帝更衣,再升座①,初舉爵,笙工升殿,進曲畢,殿下進蹴毬。伎再舉爵,箏工升殿②,進曲畢,下引女舞伎,間以雜劇。三舉爵,下奏鼓笛③,曲或用法曲龜兹部樂。四舉爵,食舉畢,下出爲角觝伎④。皇帝還宫,御宣德門,賜酺,同大讌儀。上元觀燈,楼前設露臺⑤,奏教坊樂,進小兒伎舞伎。放燈,山下設百戲,集府縣樂,進女舞伎,其餘曲宴、賞花、觀稼及他遊幸,但奏樂行酒,惟進雜劇。天寧聖節上壽及將相入辭,賜酒,上進樂而已。凡曲宴,宰相羣臣雖各舉酒,通用縵曲,而無《三臺》焉。臣考先王饗讌之樂,堂下先管,而不用觱篥;樂用雅部,而不用教坊;歌用《鹿鳴》,而不用《三臺》;堂上用琴瑟,而不用琵琶笙箏。况法曲之胡部,子女之溺音乎?革而去之,以追先王雅樂之制,堂上增歌工之員,堂下屏雜伎之樂,至於角觝、蹴毬、雜劇、百戲之類,凡遇遊幸池苑而後用之,庶乎所舉之樂,遠邇觀聽,足以移風易俗矣。

---

① "皇帝更衣,再",原缺,據光緒刻本補。
② "毬,伎再舉爵,箏",原缺,據光緒刻本補。
③ "三舉爵,下",原缺,據光緒刻本補。
④ "畢,下出",原缺,據光緒刻本補。
⑤ "樓",原作"闕"字,按《宋史・樂志・志十七》此"闕"字爲"樓"字,兹據補。

朔日受朝　冬至朝賀　元日朝賀

宮架

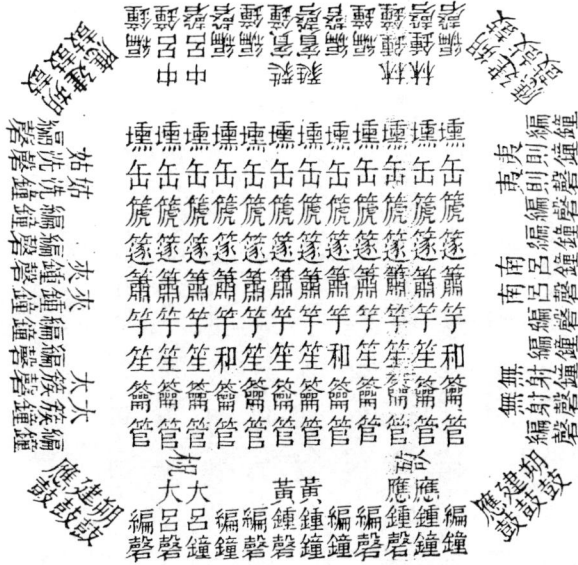

塤 塤 塤 塤 塤 塤 塤 塤 塤
缶 缶 缶 缶 缶 缶 缶 缶 缶 缶
篪 篪 篪 篪 篪 篪 篪 篪 篪 篪
篷 篷 篷 篷 篷 篷 篷 篷 篷 篷
簫 簫 簫 簫 簫 簫 簫 簫 簫 簫
竽 竽 竽 竽 竽 竽 竽 竽 竽 竽
笙 笙 和 笙 笙 笙 和 笙 笙 和
籥 籥 籥 籥 籥 籥 籥 籥 籥 籥
管 管 管 管 管 管 管 管 管 管

登歌

柎
擊　戞　歌　歌
　磬　鐘

琴 琴 琴 琴 琴 琴 琴 琴 琴 琴 琴 琴
瑟 瑟 瑟 瑟 瑟 瑟 瑟 瑟 瑟 瑟 瑟 瑟
歌 歌 歌 歌 歌 歌 歌 歌 歌 歌 歌 歌
歌 歌 歌 歌 歌 歌 歌 歌 歌 歌 歌 歌
歌 歌 歌 歌 歌 歌 歌 歌 歌 歌 歌 歌
歌 歌 歌 歌 歌 歌 歌 歌 歌 歌 歌 歌

舞

宮架　旌

纛庵　　庵

　　　　　　　舞人舞人舞人舞人舞人舞人舞人舞人
　　　　　　　舞人舞人舞人舞人舞人舞人舞人舞人
錞　　　　　　舞人舞人舞人舞人舞人舞人舞人舞人
鐲　應　　　　舞人舞人舞人舞人舞人舞人舞人舞人
鐃　雅　　　　舞人舞人舞人舞人舞人舞人舞人舞人
鐸　相　　　　舞人舞人舞人舞人舞人舞人舞人舞人
　　續　　　　舞人舞人舞人舞人舞人舞人舞人舞人
　　　　　　　舞人舞人舞人舞人舞人舞人舞人舞人
　　　　　　　舞　舞　舞　舞　舞　舞　舞　舞

唐因隋制，饗燕參用十部伎樂。太宗又增《七德》、《慶善》樂。明皇每燕饗酺會，必登勤政樓，前期金吾引駕仗，北牙四軍甲士陳仗，衛尉張設。遲明，帝捲簾受朝，禮畢，索扇垂簾，百僚與焉。常參供奉官、貴戚二王後、諸蕃酋長就坐，樂工擊鼓，聲震城闕，太常卿引雅樂，每色數十人，自南魚貫而進，列於樓下，鼓笛雞婁充庭考擊，立、坐部伎鼓舞振作，間以胡人之戲。日旰，內廄引舞馬，為《傾盃樂》曲，復出宮嬪數百，擊雷鼓為《破陣》、《太平》、《慶善》、《上元》等樂。又五坊使引巨象入場，或拜或舞，曲中音律。既日而罷。聖朝饗宴，襲唐舊樂，更裁新曲。皇帝侑食，奏《和安》；大朝會，奏《永安》。太祖乾德中，冬至御乾元殿，朝羣臣畢，更詣大明殿上壽，始改用宮架，奏登歌，二舞。是時天下交貢瑞物，乃作《白龜》、《甘露》、《紫芝》、《嘉禾》、《玉兔》五曲，凡朝會登歌奏之。太宗又爲《祥麟》、《丹鳳》、《河清》、《白龜》、《瑞麥》五曲。太平興國初，冬至羣臣上壽，更用教坊樂。淳化中，正會，復用宮架。雍熙初，賜酺，集都城及畿縣音樂，皇帝御丹鳳樓，宴從官及耆老於樓下。真宗祥符中，更作《醴泉》、《祥芝》、《慶雲》、《靈鶴》、《瑞木》五曲，宴則歌之。仁宗冬至大饗，作《甘露》、《瑞木》、《嘉禾》曲舞。天聖中，奉事之樂，是日，皇帝與羣臣先詣會慶殿，朝莊獻明肅皇太后，行上壽禮，作教坊樂畢，乃朝羣臣。乾道初，莊獻皇太后始行饗禮，更詔作《厚德無疆》、《四海會同》之舞，及《玉芝》、《壽星》、《連理》曲，以備升歌焉。然唐之饗燕，間以胡戲，娛以宮嬪，雜以馬象，非所以示臣子、法後世也。聖朝因之，神宗皇帝一新儀制，而土貢瑞物無所不備，亦可謂盛矣。哲宗屢講不廢，然朝賀上壽，尚用教坊雜樂，未講先王雅頌之制，二變四清雜然並舉，非先王以六律、六同、五聲、八音、六舞、大合樂之意也。可不釐正之，以和臣鄰、化天下邪？今正至會，前期尚舍奉御設幄，坐於天安殿，太樂令展宮架於殿庭，設協律郎位二，一於殿上西階之西前楹間，一於樂架西北東向。其日，羣臣賓使陪位官等入就位，鳴鞭，大樂令令撞黃鍾之鐘，右五鐘皆應。皇帝服袞冕，御輿以出，協律郎俛伏，興舉麾，太樂令奏《隆安》之樂，鼓吹振作。皇帝執珪出自西房，即御坐，偃麾，戛敔樂止。禮官宣事，舍人分引文武三品以上官、尚書省四品自天安門入。初入門，《正安》之樂作。至位，樂止。中書門下、翰林學士、兩省御史臺、供奉官就橫行位北向立，樂止。典儀曰"再拜"，在位官再拜，舞蹈，三稱"萬歲"。太尉詣西階下位，解劍脫舄，升階御坐前，北向跪稱賀，俛伏興，降階，佩劍納舄，太尉還位，在位官再拜，舞蹈如初。侍中進當御坐前，承旨退，臨階西向宣制旨，在位官復再拜舞蹈。禮畢，太樂令令撞蕤賓之鐘，左五鐘皆應，協律郎跪，俛伏興，舉麾，太樂令令奏《隆安》之樂，鼓吹振作。皇帝降坐，御輿入自東房，戛敔樂止，上壽，皇帝受朝訖。有司設上下食案，太樂令設登歌於殿上，二舞立於宮架南，尚舍奉御坐如常儀，羣臣各就次。又設中書門下、翰林學士、兩省常侍以下、舍人以上、御史中丞、文武二品以上、尚書省三品兼北朝使副於御坐之前，文武東西相向，位重行，如侍宴之儀。太尉造壽酒位，當御坐前，尚食奉御設壽樽於殿東序之南。俟鳴鞭，太樂令令撞黃鍾，右五鐘皆應，皇帝服承天冠，絳紗袍，御輿以出，協律郎舉麾，太樂令令奏《隆安》之樂，鼓吹振作。皇帝即御坐，偃麾，戞敔樂止。太尉詣東階下位，解劍脫舄，升詣酒樽所，尚食奉御酌御酒一爵，授太尉，太尉詣御坐前跪進，上稱“萬歲”，上壽降階，在位官皆再拜，三稱“萬歲”。皇帝初舉爵，宮架《和安》之樂作。飲訖，太尉降階，在位官皆再拜舞蹈，三稱“萬歲”。延公王等升殿，再拜舞蹈如初。太樂令引歌者及琴瑟至階下，升就位坐，笙管進詣陛間。皇帝再舉爵，登歌作《醴泉》之樂。太官令行羣臣酒，宮架《正安》之樂作。尚食奉御進食，升階至御坐前，又設羣臣食。凡設食訖，太官令奏食遍。食舉，太樂丞引《盛德》、《升聞》之舞，入作三變，正立於樂架之北。皇帝三舉爵，登歌作《神芝》之樂，又行羣官酒，《正安》之樂作。再食舉，太樂丞又引《盛德》、《升聞》之舞，作三變而退。皇帝四舉爵，登歌奏《慶雲》之樂，其禮如第三爵之儀。太官令又行羣臣酒，如第三爵之儀。三食舉，太樂丞引《天下大定》之舞入，作三變而止，立於樂架之北。皇帝五舉爵，登歌奏《靈鶴》之樂。四食舉，《天下大定》之舞，作三變退。皇帝六舉爵，登歌奏《瑞木》之樂。禮畢，太樂令令撞蕤賓之鐘，左五鐘皆應，協律郎跪，俛伏興，舉麾，太樂令令奏《隆安》之樂，鼓吹振作，皇帝降坐，御輿入自東房，戞敔樂止。

曲水宴羣臣

梁制，上巳日曲水會，古禊祭也。帝乘小駕幸樂遊苑，太樂令設絲竹於殿庭，王公以下就席，奏絲竹歌舞，次奏舞，次奏舞曲，又次設諸伎、鼓吹，又次設胡伎等樂。帝及羣臣出入，隨奏《皇雅》、《俊雅》。重陽日，設絲竹如曲水焉。北齊正晦，汎舟，乘輿，鼓吹至行殿，遂與王公登舟置酒，至今相承，爲百戲之具焉，亦一時之制也。引流行觴，遂成曲水。

樂書卷二百　樂圖論

嘉禮

天子視學　諸侯視學　鄉飲酒　食老更　大饗

諸侯相饗　饗孤子　食耆老　冠禮　昏禮

燕族人　飫族人　賓射　饗射　燕射　投壺

册命中宮　册命東宮　帝幸東宮　東宮燕會

東宮見保傅　册命王公　册命婦　讀時令

總論

天子視學　諸侯視學

古者天子視學，命有司行事，祭先聖先師，釋奠先老，設老更、羣老之席位，適饌省醴而發咏焉。及登歌《清廟》①，下管《象》，舞《大武》，大合衆以事，慮之以大，終之以仁，而衆皆知其德之備也。非特天子如此，雖諸侯亦然，《詩》述魯侯“在泮飲酒”、“獻囚”、“獻功”、“獻馘”是也。蓋以謂學校，禮樂之所自出，教化之所由興，賢能之所由成，刑政之所由措，凡所以化民成俗者，未有不本於此，天子、諸侯不得不視之也，故行祭祀，養老更，適饌省醴，而無所不備，視之之禮也；歌《清廟》，舞《大武》，而合樂下管，無所不至，視之之樂也。賈誼曰：“帝入東學，上親而貴

---

① “及”，原作“反”，據光緒刻本改。

仁；入南學，上齒而貴信；入西學，尚賢而貴德；入北學，上貴而尊爵。"入太學，承師問，道人君尊德樂道如此，未有不大有爲於天下矣。漢明帝親臨辟雍，養老更，行饗射，正座自講，縉紳之士圜橋門而觀者，蓋億萬計，民到于今稱之，真盛德之舉也！皇上聖敬日躋，留意學校，凡所以教養之術，勸沮之方，靡不具舉，而布衣韋帶之士，蒙嘉惠，被休光，有日於茲矣。其所以拭目傾耳，以幸鑾輿之親臨，載色載笑，匪怒伊教者，又非一日也。苟乘斯時，先朝太廟以尊祖，繼視太學以尊師，幸秘閣以尊經，然後郊祀以尊天地，天下之達尊五，而陛下並行而不偏廢，則道德一，風俗同，可坐而致也。

鄉飲酒

判　架

（樂器陳設圖）

壎 壎 壎 壎 壎 壎 壎
缶 缶 缶 缶 缶 缶 缶
簴 簴 簴 簴 簴 簴 簴
篴 篴 篴 篴 篴 篴 篴
簫 簫 簫 簫 簫 簫 簫
竽 竽 竽 竽 竽 竽 竽
笙 和 笙 笙 笙 和
篪 篪 篪 篪 篪 篪
管 管 管 管 管 管

建鼓　　建鼓

登　歌^①

擊磬　戞　^拊歌磬　歌鐘

瑟　瑟　瑟　瑟　瑟　瑟

歌　歌　歌　歌　歌　歌

鄉飲酒之禮，立賓主以象天地，介僎以象陰陽，三賓以象三光，仁義以相接，俎豆以辨等，而孝悌之教行焉，是所以爲禮也；工入升歌三終，笙入三終，間歌三終，合樂三終，工告樂備，又立司正以糾之，而和樂不流之教行焉，是所以爲樂也。由此觀之，禮樂豈不爲君子之深教乎？漢明帝永平中，郡國行鄉飲酒禮於學校。晉武帝亦臨辟廱而行之，卿大夫行之於鄉，有判架、登歌之樂，則天子行之於學校，固當用宮架之樂矣。孔子曰："吾觀於鄉，而知王道之易易也。"蓋鄉飲之禮，因民情而爲之節文，行之一鄉，一鄉興善；行之一國，一國興善；況行之天下，而王道不易易乎！今國家承平日久，而天下之民拭目而盻，傾耳而聽者，禮樂之教而已。誠自近行之，以達於天下，則貴賤之義別，隆殺之義辨，和樂而不流，安燕而不亂，悌長而無遺，豈特一鄉之民而已！故仲尼有云："鄉飲酒之禮廢，則長幼之序失，而爭鬬之獄蕃矣^②！"如之何不審而行之乎！

---

① 此圖采自光緒刻本，按：四庫本此圖中，"瑟瑟瑟瑟瑟瑟"作"琴琴琴瑟瑟瑟"。

② "蕃"，光緒刻本作"繁"。

食老更

宮　架

廟清歌

拊
歌　歌　戞　擊
鐘　磬　　　磬

琴琴琴琴琴琴琴琴琴琴琴

瑟瑟瑟瑟瑟瑟瑟瑟瑟瑟瑟

歌歌歌歌歌歌歌歌歌歌歌

歌歌歌歌歌歌歌歌歌歌歌

歌歌歌歌歌歌歌歌歌歌歌

歌歌歌歌歌歌歌歌歌歌歌

羽干舞

宮架
旌　　蠹
庵　　庵

錞
鐲
鐃
鐸

應
雅
相
牘

舞人舞人舞人舞人舞人舞人舞人舞人舞人舞人舞人
舞人舞人舞人舞人舞人舞人舞人舞人舞人舞人舞人
舞人舞人舞人舞人舞人舞人舞人舞人舞人舞人舞人
舞人舞人舞人舞人舞人舞人舞人舞人舞人舞人舞人
舞人舞人舞人舞人舞人舞人舞人舞人舞人舞人舞人
舞人舞人舞人舞人舞人舞人舞人舞人舞人舞人舞人
舞人舞人舞人舞人舞人舞人舞人舞人舞人舞人
舞人舞人舞人舞人舞人舞人舞人

《樂記》曰："食三老五更於太學，天子袒而割牲，執醬而饋，冕而總干，所以教諸侯之弟也。"《文王世子》曰："天子釋奠於先老，設三老五更羣老之席位，適饌省醴。養老之珍具，遂發咏焉。繼之升歌《清廟》，下管《象》、《武》。"《行葦》述養老乞言之禮，亦曰"或歌或咢"。是知夏商食老更之禮，堂上未嘗無歌，堂下未嘗無管，則其用宮架可知矣。其舞既冕而總干，而《周官》凡饗食鼓羽籥之舞，則其舞兼備文武可知矣。

大饗

宮架

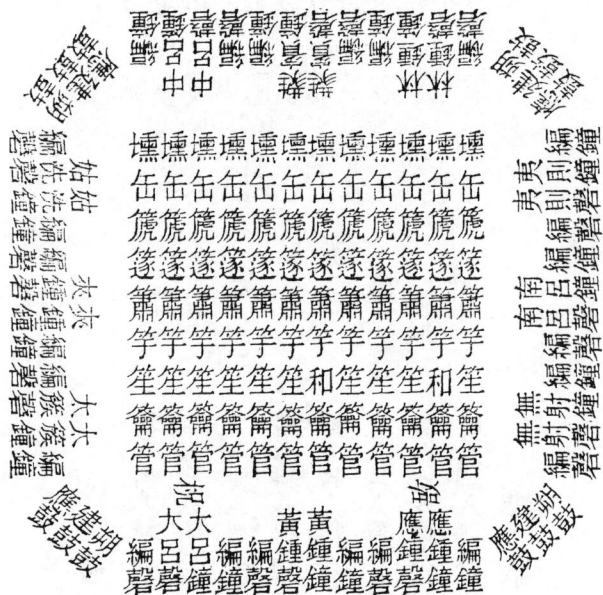

大　合　樂

大合樂

東階　　　　　西階

文舞位　　武舞位

大卷　雲門　大章　大磬　大夏　　大濩　　大武

歌

拊

擊　戛　歌磬　歌鐘

琴琴琴琴琴琴琴琴琴琴琴琴

瑟瑟瑟瑟瑟瑟瑟瑟瑟瑟瑟瑟

歌歌歌歌歌歌歌歌歌歌歌歌

歌歌歌歌歌歌歌歌歌歌歌歌

歌歌歌歌歌歌歌歌歌歌歌歌

歌歌歌歌歌歌歌歌歌歌歌歌

舞

架宮　旌
毳蠹　　　麾

舞舞舞舞舞舞舞舞舞
人人人人人人人人人人
舞舞舞舞舞舞舞舞舞
人人人人人人人人人人　錞鐲鐃鐸
舞舞舞舞舞舞舞舞舞
應人人人人人人人人人
雅舞舞舞舞舞舞舞舞舞
相人人人人人人人人人
牘舞舞舞舞舞舞舞舞舞
人人人人人人人人人
舞舞舞舞舞舞舞舞舞
人人人人人人人人人
舞舞舞舞舞舞舞舞
人人人人人人人人

先王之爲饗禮，蓋有小大焉。故春秋之饗聘，卿與大夫之相饗，非大饗也；郊明堂之饗帝，宗廟之饗先王，以至王饗諸侯，兩君相見，然後謂之大饗。《月令》：“季秋，饗上帝。”此饗帝之大饗也。《禮器》曰：“大饗，其王事歟？”此饗先王之大饗也。《大司樂》所謂“大饗比王饗”，諸侯之大饗也。《哀公問》所謂“大饗”，此兩君相見之大饗也。先王之於帝也，親之與祖考同，故均謂之饗；其於賓也，敬之與人鬼同，故亦謂之饗。饗賓之禮，所乘則齊車，所即則宗廟，所用則祭器，裸以鬱鬯，尚以玄酒，設則庭燎，樂則《肆夏》，牲則房烝，故《大司樂》云：“大饗不入牲。”其他皆如祭祀之禮。《春秋傳》曰：“魯有禘樂，賓祭用之。”《曲禮》曰：“大饗不問卜。”則饗賓謂之大饗，宜矣。

諸侯相饗

軒架

壎缶籈篴簫竽笙籥管
壎缶籈篴簫竽笙籥管
壎缶籈篴簫竽笙籥管
壎缶籈篴簫竽笙籥管
壎缶籈篴簫竽笙籥管
壎缶籈篴簫竽笙籥管
壎缶籈篴簫竽笙籥管
壎缶籈篴簫竽笙籥管
壎缶籈篴簫竽笙和籥管

姑姑　　夾夾　　敔敔
洗洗編鐘編鐘編磬編
編編鐘編磬鐘編磬鐘
磬磬鐘磬　　鐘

大大　　黃黃　　應應
大呂　黃鐘　應鐘編鐘
編磬　編磬　編鐘
磬鐘　磬鐘　磬

祝　　建鼓

建鼓

歌　清　廟①

拊

擊　憂　　　歌　歌
磬　　　　　鐘

琴 琴 琴 琴 琴 琴 瑟 瑟 瑟 瑟 瑟 瑟

歌 歌 歌 歌 歌 歌 歌 歌 歌 歌 歌 歌

歌 歌 歌 歌 歌 歌 歌 歌 歌 歌 歌 歌

舞　夏　籥

架　軒
蠢　　　旌
庲　　　　　庲

舞 舞 舞 舞 舞 舞
人 人 人 人 人 人 錞
舞 舞 舞 舞 舞 舞 鐲
人 人 人 人 人 人 鐃
舞 舞 舞 舞 舞 舞 鐸
人 人 人 人 人 人
舞 舞 舞 舞 舞 舞
人 人 人 人 人 人
舞 舞 舞 舞 舞 舞
應 人 人 人 人 人 人
雅 舞 舞 舞 舞 舞 舞
相 人 人 人 人 人 人
賡 舞 舞 舞 舞 舞 舞
　 人 人 人 人 人 人
　 舞 舞 舞 舞 舞 舞
　 人 人 人 人 人 人
　 舞 舞 舞 舞
　 人 人 人 人

① 此圖采自光緒刻本，按：元刻明修本、四庫本此圖中，"琴琴琴琴琴琴瑟瑟瑟瑟瑟瑟"作"瑟瑟瑟瑟瑟瑟琴琴琴琴琴琴"。

諸侯之禮有九，而大饗居四焉。揖遜而入門，入門而樂興，一也；揖遜而升堂，升堂而樂闋，二也；升歌《清廟》，三也；下而管《象》、《夏籥》，序興而舞，四也。古者兩君相見，顧豈親相與言哉？不過以禮樂相示而已。《郊特牲》言入門而奏止於《肆夏》，言升歌不及《清廟》，言匏竹不及《象》與《夏籥》者，《哀公問》主言大饗之禮，《郊特牲》兼燕饗而言故也。

饗孤子　食耆老

古者制食饗之禮，所以仁賓客也。故春饗孤子，秋食耆老，所以賓之也。春饗孤子以樂，象雷之發聲於春也；秋食耆老不以樂，象雷之收聲於秋也。《月令》於仲春雷乃發聲言習樂，於仲秋言雷乃收聲而不及樂者，良以此爾。《周官》凡饗食之禮，樂師、鐘師奏燕樂，籥師鼓羽籥之舞，則知食禮無樂，非周制也。

冠禮

古者聖王重冠，筮日筮賓所以敬冠事，敬冠事所以重禮，重禮所以爲國本也。二十而冠，士禮也；十九而冠，天子、諸侯禮也。《儀禮》士冠無祼享之禮，金石之樂，而季武子《家語》皆曰："君冠，必以祼享之禮行之，金石之樂節之。"豈國君之禮歟？今夫二十而冠，可以舞《大夏》，則冠之用樂，不足疑矣。

昏禮

孔子曰："嫁女之家，三夜不息燭，思相離也；取婦之家，三日不舉樂，思嗣親也。"《記》曰："昏禮不用樂，幽陰之義也。樂，陽氣也。"《遂人》："以樂昏擾畋。"古者婚禮在所不賀，嘉事在所不善，況取婦之家可舉樂乎？蓋取婦之禮，本以嗣親也，既老矣，而以子婦嗣之，傷之可也，樂之非也。昔裴嘉有婚會，薛方士預焉，酒中而樂作，方士非之而出。王通聞之曰："薛方士知禮矣，然猶在君子之後乎？"蓋善其知禮，而不善其不預告之也。雖然，取婦之家，必爲酒食以召鄉黨僚友，雖曰以厚其別，亦不舉樂也；舉之，其在三日之後乎？前乎三日而舉樂，是忘親也；後乎三日而不舉樂，是忘賓也。不忘親，仁也；不忘賓，義也。先王制禮，豈遠乎哉？節文仁義而已矣！至於遂人以樂昏者，權以擾無知之甿故也。

燕族人

古者燕族之禮，宰夫爲主，異姓爲賓。王與族人燕於堂后，帥內宗之屬燕於房。其物餚烝，所以合好也；其食世降一等，所以辨親疏也。昭穆以序之，所以明世次也；夜飲以成之，所以別異姓也。若夫几席之位，升降之儀，脫屨而坐，立監相禮羞庶羞以盡愛，爵樂無筭以盡驩，其大率蓋與諸侯燕禮不異。諸侯燕族人，與父兄齒，雖王之尊，蓋亦不以至尊廢至親也。

飫族人

古者合族之禮，方其無虞，則有燕以申好，而其儀多及；有大疑，則有飫以圖事，而其禮簡。《國語》曰："王公之有飫禮，將以講事成章，建大德，昭大物，故立成禮烝而已。"《傳》曰："武王克商，作詩以爲飫歌，名之曰《支》，以遺後人，使永監焉。"以其戒謹，尤在於厭飫之時故也。

賓射　饗射　燕射

《周官·樂師》："燕射,帥射夫以弓矢舞。"《眂瞭》："掌凡樂事,賓射皆奏鐘鼓。"《笙師》："凡饗射,共其鐘笙之樂。"《鎛師》[①]："凡祭祀,鼓其金奏之樂。饗食、賓射亦如之。"《典庸器》："凡祭祀,帥其屬而設筍虡。饗食、賓射亦如之。"由此觀之,射有五:一曰大射,二曰燕射,三曰饗射,四曰賓射,五曰鄉射。其射雖不同,至於循聲而發,以鐘鼓爲節,一也。聖朝嘗講習射曲讌之禮,第奏樂行酒,進雜劇而已,臣恐未合先王之制也。

投壺

古者燕飲,有投壺之禮。故投籌謂之矢,勝算謂之馬。贊其禮則以司射,實其算則以射中,絃其詩則以射節之《貍首》,鼓其節則以射鼓之半,而釋算數算,勝飲不勝,皆與射禮相類。則投壺亦兵象,人情所惡也;飲酒相樂,人情所欲也。先王因人情所欲而寓所惡,使樂爲之而不憚,則平日所習,乃異日所用也。昔晉侯與齊侯宴,投壺祭遵臨戎,雅歌投壺。然則投壺之樂,鼓各有節,豈間於貴賤軍國爲哉?然投壺輕於射禮,故用鹿中而已,鄭氏謂:"用鹿中者,大夫、士之禮。"是以射禮言投壺,非也。後世有驍壺之樂,豈古遺制歟?古之射禮,天子奏《騶虞》,諸侯奏《貍首》,卿大夫奏《采蘋》,士奏《采蘩》,而投壺特奏《貍首》者,取其樂時會故也。然諸侯奏《貍首》可也,大夫亦奏之者,其猶鄉射大夫奏《騶虞》歟?

---

① "鎛師",原作"鐘師",誤,據《周禮》改。

册命中宫

唐制，納后之禮，將行納采，皇帝臨軒，命太尉爲使，宗正少卿爲副，太樂令設宫架於殿庭，如元日之儀，鼓吹備而不作。皇后受册，臨軒命使，如納采命使之儀，皇后重翟入大門，鳴鼓，受羣臣賀。帝會羣臣，並如正至儀，唯樂備而不作，以全幽陰之義也。聖朝之制，並遵唐舊，其所異者，特改納后爲聘爾。晉帝迎后[①]，無舉麾鳴鐃之條，其鼓吹備設而不作。

册命東宫

唐制，臨軒册命皇太子之禮，太樂令展宫架於殿庭，帝衮冕，御輿以出，鼓吹振作，奏《太和》之樂。帝即御坐，樂止。舍人引皇太子入門就位，作《舒和》之樂。至位，樂止。中書令讀册畢，皇太子再拜，受命以退。初行，樂作；出門，樂止。惟册妃，鼓吹備而不作。聖朝采用有唐故事，皇太子出入，宫架作《正安》之樂。仁宗初即儲邸，真宗皇帝詔別造《明安》之曲以行禮，亦一時盛典也。

---

① 按：自"晉帝迎后"至"三王教世子"，光緒刻本皆闕，元刻明修本亦漫漶莫識。

帝幸東宮　東宮讌會　東宮見保傅①

軒架

建鼓

歌

拊

擊　戛　歌磬　歌鐘

琴琴琴琴琴琴瑟瑟瑟瑟瑟瑟

歌歌歌歌歌歌歌歌歌歌歌歌

歌歌歌歌歌歌歌歌歌歌歌歌

舞

架宮

壽　旌

庵　　　庵

應	舞人	舞人	舞人	舞人	舞人	鐸
	舞人	舞人	舞人	舞人	舞人	
	舞人	舞人	舞人	舞人	舞人	
雅	舞人	舞人	舞人	舞人	舞人	鐲
	舞人	舞人	舞人	舞人	舞人	
相	舞人	舞人	舞人	舞人	舞人	鐃
	舞人	舞人	舞人	舞人	舞人	
牘	舞人	舞人	舞人	舞人	舞人	鐸

　　三王教世子，必以禮樂，安得不設樂乎？故梁武帝天監中，東宮新成，皇太子出宮後，於崇正殿宴會，司馬褧請奏金石軒架之樂，賀瑒請備文武二舞。元會上壽，奏《介雅》，亦殆先王之制也。隋太子勇元正張樂受賀，宮臣及京官北面稱慶，不亦僭乎！

唐先天初，皇太子令宮臣就率更寺閲女樂，而賈魯以敗國亂人諫之，何其忠之至邪！至於帝幸東宮，晉武蓋嘗用鼓吹矣。東宮見保傅，唐制蓋嘗設樂矣。

册命王公

梁制，諸臨軒日，太樂令步置宮架鐘鼓及諸樂器宿架於殿庭，太樂令入殿下立，樂人以次位於架後。上水五刻奏樂，王公以下殿前位，北向西上，重行立定，黃門侍郎舉麾，殿下掌故亦舉麾，自此作樂、止樂皆同。樂止。帝服袞冕，虎賁應鞞如常儀，奏《皇雅》，黃鍾格，鐘磬作大呂、太蔟、夾鍾、姑洗、仲呂，動者皆應，鼓吹振作。帝升座，鼓鐘止。謁者引護，王著空頂黑介幘，黃紗單衣，執召板入，奏《俊雅》，夷則格，鐘磬作夾鍾參作，鼓吹振作。王就位，北向①，樂止。王再拜興，謁者引護如初。王出，奏《寅雅》，夷則格，鐘磬作夾鍾參作，鼓吹振作。王出畢，樂止。王公以下皆再拜，謁者引出，奏《俊雅》，林鍾格，鐘磬作太蔟參作，鼓吹振作。王公以下出畢，樂止。帝興，奏《皇雅》，蕤賓格，鐘磬作林鍾、夷則、南呂、無射、應鍾，静者皆應，鼓吹振作。侍臣以下從至閤，樂止。唐制因之，亦展宮架，受册者服朝服，帝服絳紗袍，通天冠，出入奏《太和》之樂。若册三師、三公、親王，帝服袞冕，鼓吹令設十二案，受册者入門，奏《舒和》之樂，皆一時盛典，頗爲榮觀者也。聖朝復而行之，不亦可乎！右者命將帥，遣使者，尚皆有樂，況册命王公歟？晉咸康中，臨軒遣使拜太傅、太尉、司空儀注，太樂有宿架殿庭之文，其儀注雖起於後世，亦可祖述而行也。

————————

① “北向”，光緒刻本作“北向立”。

册命婦

唐制,册命婦之禮,二品以上,典儀設册使於肅章門外,使者公服,登朝堂,乘路,備鹵簿鼓吹,亦一時之制,不可格于後。

讀時令

漢儀,太史每歲上年歷,先立春、立夏、大暑、立秋、立冬常讀《五時令》,帝所服色倣之,無聞有用樂之事。唐讀《時令》於明堂及太極殿,太樂令設宮架於聽政之庭。帝將出,奏《太和》,至太極門,樂止。出太極門,奏《采茨》,出嘉德門,樂止。駕動警蹕,鼓吹振作而行。帝降路御輿大次,羣臣就位,刑部以《月令》置案,令史對舉,立於武官五品東南。帝入門,樂作,即御坐,樂止。通事舍人引王公以下入就北面坐,公入門,奏《舒和》,至位,樂止。詔延王公,升樂作,解劍,樂止。刑部引案立於陛下,侍中跪奏,請讀《月令》,制可。刑部奏令升階,王公以下並就坐。既事,王公以下復位。公初行,樂作,至位,樂止。再拜而出,樂止。帝興,樂作,出便次,樂止。入嘉德門,奏《采茨》,至太極門,樂止。入太極門,奏《太和》,至閣,樂止。其制雖起於漢唐,然其意乃所以調四時,和陰陽,諧萬民,遂萬物,其用禮樂,亦應一時,以義起,以理作,要之亦不失周人讀邦法之實也。聖朝誠略倣而行之,以完闕典,亦甚盛之舉也。

總論

《周官·大宗伯》以嘉禮親萬民,以飲食之禮親宗族兄弟,以昏冠之禮親成男女,以賓射之禮親故舊朋友,以饗燕之禮親四方之賓客，以脤膰之禮親兄弟之國，以賀慶之禮親異姓之國。至唐，引而伸之，其儀五十焉：（一）皇帝加元服；（二）皇帝納后；（三）皇帝正至受皇太子朝賀；（四）皇后正至受皇太子朝賀；（五）皇帝正至受皇太子妃朝賀；（六）皇后正至受皇太子妃朝賀；（七）皇帝正至受羣臣朝賀；（八）千秋節受羣臣朝賀；（九）皇后正至受羣臣朝賀；（十）皇后受外命婦朝賀；（十一）皇帝於明堂讀春令；（十二）讀夏令；（十三）讀秋令；（十四）讀冬令；（十五）養老于太學；（十六）臨軒册皇后；（十七）臨軒册皇太子；（十八）內册皇太子；（十九）臨軒册王公；（二十）朝堂册諸臣；（二十一）册內命婦；（二十二）遣使受官爵；（二十三）朔日受朝；（二十四）朝集使相見；（二十五）皇太子加元服；（二十六）太子納妃；（二十七）太子正至受羣公賀；（二十八）太子正至受宮臣賀；（二十九）太子與師傅相見；（三十）受朝集使參辭；（三十一）親王冠；（三十二）親王納妃；（三十三）公主降嫁；（三十四）三品以上冠；（三十五）四品五品冠；（三十六）六品以上冠；（三十七）三品以上婚；（三十八）四品五品婚；（三十九）六品以下婚；（四十）朝集使禮見及辭；（四十一）任官初上；（四十二）鄉飲酒；（四十三）正齒位；（四十四）宣赦書；（四十五）羣官詣闕上表；（四十六）羣官起居；（四十七）遣使慰勞諸蕃；（四十八）遣使宣撫諸州；（四十九）遣使諸州宣制；（五十）遣使諸州宣赦書。然周之禮雖有吉、凶、軍、賓、嘉之別，亦皆不過五而止爾。唐則吉禮五十五、賓禮六、軍禮二十三、嘉禮五十、凶禮十八，其煩如此，不亦失大禮必簡之意乎？臣聞古者大有爲之君，治定必先制禮，功成必先作樂，誠以治道急務，有在於此也。古人嘗謂禮樂必待百年而後興，君子尚竊遲之，以爲不忠不恕之論，況聖代祖宗之盛，重熙累洽幾二百年，而禮樂獨未興乎？推之天意，真若有待！伏惟陛下以至德繼統，期月之間，大功數十，寰海之内，萬物盛多，天將顯相陛下興禮樂之時也！臣家世之學，大槩淵源六藝，折中周孔[①]，排異端，尊聖人[②]，使百家異學，莫能少窺，其說雖名正禮樂，而實翼諸經也。陛下誠詔大臣，講求故實，起千載絶文，完一代盛典[③]，襲五經而六之，所以粉澤太平，褒揚先烈，被後世，垂無窮，則千載一時之盛，此其會也！顧雖五帝不足六，三王不足四，况漢唐區區鄙陋苟簡之制，豈足爲今日道哉！揚雄有云："吾見諸子之小禮樂，不見聖人之小禮樂也。"惟陛下加意焉。

---

①　"周孔"，光緒刻本作"周禮"。
②　"尊聖人"，光緒刻本作"一聖人"。
③　"一代"，光緒刻本作"六代"。

圖書在版編目(CIP)數據

樂典之屬.第2冊/束景南,蔡堂根點校.—杭州：
浙江大學出版社，2016.9
（中華禮藏.禮樂卷）
ISBN 978-7-308-11592-6

Ⅰ.①樂… Ⅱ.①束… ②蔡 Ⅲ.①禮樂—中國—
古代 Ⅳ.①K892.9

中國版本圖書館 CIP 數據核字(2013)第 115095

中華禮藏·禮樂卷·樂典之屬　第二冊

束景南　蔡堂根　點校

出 品 人	魯東明
總 編 輯	袁亞春
項目統籌	黄寶忠　宋旭華
責任編輯	宋旭華　胡　畔　張小苹
封面設計	張志偉
出版發行	浙江大學出版社
	（杭州市天目山路 148 號　郵政編碼 310007）
	（網址:http://www.zjupress.com）
排　　版	浙江時代出版服務有限公司
印　　刷	浙江印刷集團有限公司
開　　本	710mm×1000mm　1/16
印　　張	34.5
字　　數	370 千
版 印 次	2016 年 9 月第 1 版　2016 年 9 月第 1 次印刷
書　　號	ISBN 978-7-308-11592-6
定　　價	300.00 圓